国家出版基金项目
NATIONAL PUBLICATION FOUNDATION

中国互联网文化产业

政 策 研 究

（1994—2015）

龙　莉　蔡尚伟　严昭柱／著

ZHONGGUO HULIANWANG WENHUA CHANYE
ZHENGCE YANJIU（1994—2015）

四川大学出版社

责任编辑：毕　潜　杨丽贤
责任校对：杨　果
封面设计：墨创文化
责任印制：王　炜

图书在版编目（CIP）数据

中国互联网文化产业政策研究：1994—2015 / 龙莉，
蔡尚伟，严昭柱著. —成都：四川大学出版社，
2016.12
　ISBN 978-7-5690-0214-0

　Ⅰ.①中… Ⅱ.①龙… ②蔡… ③严… Ⅲ.①互联网
络-文化产业-产业政策-研究-中国-1994-2015
Ⅳ.①G124

中国版本图书馆 CIP 数据核字（2016）第 308078 号

书　名	中国互联网文化产业政策研究（1994—2015）	
著　者	龙　莉　蔡尚伟　严昭柱	
出　版	四川大学出版社	
地　址	成都市一环路南一段 24 号（610065）	
发　行	四川大学出版社	
书　号	ISBN 978-7-5690-0214-0	
印　刷	四川盛图彩色印刷有限公司	
成品尺寸	185 mm×260 mm	
印　张	18	
字　数	460 千字	
版　次	2016 年 12 月第 1 版	
印　次	2016 年 12 月第 1 次印刷	
定　价	68.00 元	

◆读者邮购本书，请与本社发行科联系。
　电话:(028)85408408/(028)85401670/
　(028)85408023　邮政编码:610065
◆本社图书如有印装质量问题，请
　寄回出版社调换。
◆网址:http://www.scupress.net

前　言

　　改革开放尤其是党的十六大以来，中国的互联网文化产业政策经历了一个从无到有、从简单到自成体系的发展过程，政策的制定与不断完善促进了中国互联网文化产业的发展繁荣。这些政策的实施成效是推动中国互联网文化产业发展和完善互联网文化产业政策体系的宝贵经验。本书从历史的角度对我国互联网文化经济政策和互联网文化产业政策进行一次全面的梳理，系统总结了中国互联网文化产业政策制定和执行过程中的成功与失误，特别是党的十六大以来互联网文化产业全面发展时期的各种经验教训，为今后互联网文化产业政策的制定和执行能够提供重要的参考。

　　本书旗帜鲜明地高举"建设学派"大旗，以建设学派"大文化、大传播、大产业"理念为指导，坚持"学术利国利民利己"的思想，坚持"百痛千问"的问题导向，强调在文化产品创作中研究文化政策，在文化产业实践中研究互联网文化产业政策。围绕"政策效果""政策问题""政策建议"三个核心，系统梳理我国互联网文化产业政策发展历程，深入分析政策问题，科学提出合理建议。

　　本书坚持"元素—结构—程序—模式"分析方法，从根本上回答"政策是什么""政策元素有哪些""政策内部结构如何""政策制定程序如何""政策模式有哪些"等问题。通过这种彻底的逻辑性的分析方法，去研究中国互联网文化产业政策的历史和现状，为未来政策的制定提供科学参考。

　　本书主要包括六个部分：第一部分重点分析互联网文化产业政策研究的理论基础和现实依据；第二部分采用比较研究的方法，深入分析互联网文化产业的特殊性及其对产业政策制定的影响；第三部分采用历史研究方法，系统梳理中国互联网文化产业发展演变的历程；第四部分重点建构中国互联网文化产业政策的理论模型，系统分析政策体系；第五部分通过对产业发展现状和政策效果问题的研究，深入分析中国互联网文化产业重点行业政策；第六部分在总结前文的基础上，科学合理地提出对未来中国互联网文化产业政策的建议。

著　者

2016 年 10 月

目　录

第一章 绪 论

第一节 研究背景

一、我国互联网文化产业进入快速发展时期

知识经济时代，随着数字技术和网络技术的不断发展，互联网成为社会变革、产业转型升级的重要助推力。互联网作为一种文化媒介和传播载体，正在对文化产品的传播、社会文化的形成与发展产生巨大影响。网络文化作为一种新兴的文化形态，裹挟着势不可挡的数字技术渗透进社会文化发展的各个领域，极大地改变着世界的文化格局和人们的文化消费习惯，日益成为现代文化创作、生产、传播、消费的重要平台，极大地改变了文化产业格局。作为信息网络技术、数字技术与文化产业的融合产物，互联网文化产业既是传统文化产业的升级换代，又是数字技术催生的新型产业，是信息时代文化产业的重要组成部分，在国际上又被称为"数字娱乐产业"或"数字内容产业"。

从 20 世纪 90 年代互联网开始向大众普及开始，经过多年的发展，互联网文化产业已然成为世界各国文化产业新的增长点，初步形成了以网络游戏、新媒体动漫、网络视听、网络出版、网络服务为核心的产业格局。自 2001 年以来，全球数字内容产业增长速度保持在 40％以上，增长速度远远超过传统文化产业。清华大学国家文化产业研究中心发布的《世界数字内容产业研究报告 2014》显示，2013 年全球数字内容产业的总体规模达570 亿美元，同比增长 30％，数字内容产业已然成为推动世界经济发展的新动力。

从 1994 年我国正式接入国际互联网开始，我国互联网文化产业经过 20 多年的发展已初具规模，进入快速发展时期。

一是形成了巨大的互联网消费群体。网民群体是互联网文化产业的主要消费群体，网民的数量及消费能力在很大程度上决定了一个国家互联网文化产业的市场规模。早在2008 年我国网民数量就已达到了 2.53 亿，首次大幅度超过美国，跃居世界第一位。根据国家互联网信息中心最新统计数据显示，截至 2014 年底，我国网民规模已达 6.49 亿，互联网普及率高达 47.9％，已然成为全球第一网络大国，如图 1-1 所示。网民数量的不断增长，为我国互联网文化产业的发展提供了广阔的空间。同时，在我国网民人口中，10～39 岁的中青年网民占总网民人数的 78.1％，中国网民年龄结构呈年轻化特点，如图 1-2 所示。从商业角度来说，每一个网民，尤其是具有较强文化消费能力的网民都是互联网文化产业的潜在消费者，不断增长的网民数量无疑给产业的发展带来了一个壮丽的市场前景。

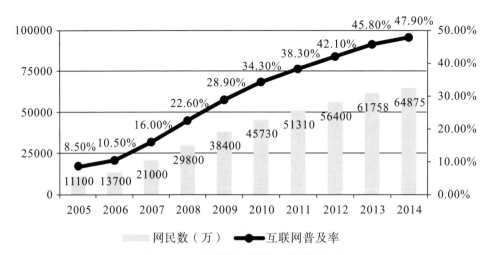

图1-1　中国网民规模及互联网普及率

（数据来源：国家互联网信息中心）

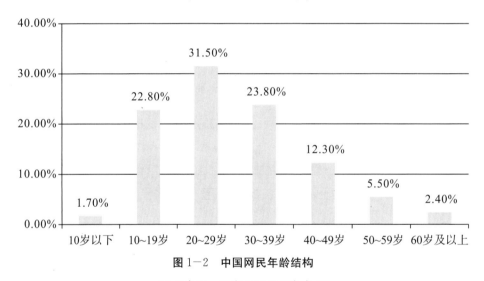

图1-2　中国网民年龄结构

（数据来源：国家互联网信息中心）

二是互联网信息技术迅猛发展。近年来，我国政府非常重视互联网信息技术的发展，出台了一系列支持互联网信息技术研究和文化科技发展的规划和政策，如《信息产业发展规划》《国家文化科技创新工程纲要》《文化部"十二五"文化科技发展规划》《关于下一代互联网"十二五"发展建设的意见》等，启动了一系列与此有关的科研工作，包括"宽带中国"工程、国家重点基础研究发展规划（"973"计划）、国家自然科学基金、国家高技术研究发展计划（"863"计划）、发展和改革委员会的CNGI项目等。在这一系列政策措施的支持下，我国互联网信息技术发展迅猛，基于IPv6的下一代互联网技术、新一代移动通信技术、三网融合等新兴信息技术都获得了较快发展。同时，一系列推动网络游戏、新媒体动漫、网络视听、网络出版发展的核心技术，如Flash技术、3D技术、数字影音技术、多媒体通信技术等，也在我国迅猛发展和运用。

三是重点产业快速发展，成为文化产业重要的新增长点。我国的互联网文化产业主要包括网络游戏、新媒体动漫、网络视听、网络出版等重点行业。经过多年发展，这些行业都已初具规模，成为我国文化产业的重要增长点。在网络游戏产业方面，据文化部发布的《2014 中国网络游戏市场年度报告》显示，2014 年中国网络游戏市场整体销售收入为 1062.1 亿元，同比增长 29.1%，首次突破千亿元大关。尤其是移动游戏发展迅速，年市场销售收入为 268.6 亿元人民币，比 2013 年增长了 109.1%，市场占有率达到 24%。同年国产游戏出口快速增长，收入达到 26.8 亿美元，增速较 2008 年增长近 37 倍。在网络视听产业方面，根据文化部发布的《2014 中国网络音乐市场年度报告》显示，2014 年网络音乐用户规模增长至 4.78 亿人，网络音乐仍在我国网民中拥有最多的用户，网络音乐市场规模达到 75.5 亿元人民币。另据《2014 中国网络视听产业报告》显示，经过十年的发展，"我国网络视听产业（狭义）的市场规模将达到 378.4 亿，比 2013 年的 254.2 亿增长 48.8%"。[1] 在互联网出版方面，我国网络出版产业发展势头强劲，据中国新闻出版研究院发布的《2014—2015 中国数字出版产业年度报告》显示："2014 年数字化阅读方式（网络在线阅读、手机阅读、电子阅读器阅读、光盘阅读、Pad 阅读等）的接触率为 58.1%，较 2013 年的 50.1% 上升了 8.0 个百分点，首次超过了图书阅读率。在收入规模方面，互联网期刊收入 14.3 亿元；电子书（含网络原创出版物）45 亿元；数字报纸（不含手机报）10.5 亿元；博客 33.2 亿元。"[2] 传统出版行业开始逐渐向网络出版、数字出版转型，数字呈现、网络呈现成为未来人们日常阅读的首要方式，网络出版产业市场空间巨大。

二、国家出台多项政策支持互联网文化产业发展

从 1994 年互联网正式登陆我国起，我国的互联网经历了一个从无到有、从小到大的发展蜕变过程，互联网文化产业也在这个过程中不断蓬勃发展，产业规模不断扩大，产业边界不断拓展，产业内容不断丰富。为了更好地规范我国互联网文化产业发展，我国政府对互联网文化产业的管理规制也经历了一个从无到有、从单一到多元、从规制到扶持的过程。

（一）我国互联网文化产业政策起始于国家对网络发展的规制

1994 年 2 月 18 日，国务院颁布了我国第一个关于网络信息技术的政策文件——《中华人民共和国计算机信息系统安全保护条例》，由此拉开了我国网络管制的序幕。在 1994—1999 年这一时期，为了保护我国网络系统安全，加强对网络信息系统的规范和管理，我国政府出台了多条规制政策，如《计算机信息网络国际联网安全保护管理办法》等。这些政策的出台为我国互联网经济的健康有序发展奠定了基础。

---

① 2014 中国网络视听产业报告［EB/OL］. 数字电视中文网，http://www. dvbcn. com/2014/12/11-115039. html.

② 魏玉山. 2014—2015 中国数字出版产业年度报告［EB/OL］. 中国出版网，http://cips. chinapublish. com. cn/chinapublish/cbsd/201507/t20150715 _ 168554. html.

（二）我国互联网文化产业政策丰富于国家对文化产业的重视

2000 年中共中央出台《中共中央关于制定国民经济和社会发展第十个五年计划的建议》，第一次明确提出文化产业的概念。2009 年 7 月，国务院审议通过了我国第一部文化产业专项规划——《文化产业振兴规划》，文化产业正式上升为国家战略性产业。随后国务院各部委相继出台了《关于金融支持文化产业振兴和发展繁荣的指导意见》《文化部关于加快文化产业发展的指导意见》等众多支持文化产业发展的政策措施，为我国文化产业的发展提供了重要的政策要素支持。作为文化产业重要组成部分的互联网文化产业受到这些政策的强力支持，进入了快速发展期。

随着信息网络技术与传统文化产业的不断融合，网络游戏、动漫、网络视听、网络出版等新兴文化产业业态日益发展壮大，我国政府对这些新兴重点行业的规制也日益完善，众多针对这些行业的管理政策、扶持政策陆续出台。2002 年 6 月，国家新闻出版总署和信息产业部联合发布《互联网出版管理暂行规定》，这是我国第一部专门针对互联网文化产业的政策文件。它的出台标志着我国互联网文化产业政策正式进入了由技术规制到产业管理的时代，政策制定主体由单一的国家信息产业管理部门扩展到新闻出版、广播电视、文化等众多相关部门。随后几年，随着网络游戏产业、动漫产业、网络视听产业的快速发展，我国政府相继出台了《关于网络游戏发展和管理的若干意见》《关于推动我国动漫产业发展的若干意见》《互联网视听节目服务管理规定》等涉及产业发展与行业规范的政策措施，进一步规范和推动了我国互联网文化产业的发展。

综上所述，目前我国已经建立了一个从整体产业发展到具体行业扶持，从网络安全保护到网络信息传播规范，从产业规范到产业扶持的全方位、多角度的互联网文化产业政策体系。

（三）我国互联网文化产业政策发展于国家互联网战略的初步形成

2013 年 8 月 17 日，国务院正式对外公布了"宽带中国"战略实施方案。这一方案的公布，标志着"宽带中国"正式上升为国家战略，为未来我国宽带建设奠定了重要国家战略基础。随后国务院发布的《国务院关于促进信息消费扩大内需的若干意见》明确提出："丰富信息消费内容。大力发展数字出版、互动新媒体、移动多媒体等新兴文化产业，促进动漫游戏、数字音乐、网络艺术品等数字文化内容的消费。"[①] 同时该意见还从数字传输技术、文化传播体系、内容制作能力、文化传播能力、新媒体建设、信息内容工程、网络文化产品生产传播等方面进行了相应的政策规定。该意见的发布，为进一步促进我国互联网文化产业发展提供了政策支持。2015 年 3 月，李克强总理在政府工作报告里提出制定"互联网＋"行动计划，并明确指出应进一步推动互联网与其他行业的融合发展，带动相关产业的转型升级。互联网文化产业是"互联网＋"文化产业的最好体现，"互联网＋"上升为国家战略后，为我国相关部委进一步制定推动互联网文化产业发展的相关政策提供了政策依据。

---

① 国务院. 国务院关于促进信息消费扩大内需的若干意见［EB/OL］. 中国政府网，http://www. gov. cn/zwgk/2013-08/14/content_2466856. htm.

第二节　研究综述

一、国内互联网文化产业政策相关研究

随着我国互联网文化产业的快速发展，国内很多学者都关注到了我国互联网文化产业政策制定执行中的各种问题，并就这些问题开展了较为深入的研究。这些研究主要集中在以下几个方面：一是互联网文化产业及产业政策的界定研究；二是互联网文化产业政策发展历程研究；三是互联网文化产业政策问题研究；四是重点互联网文化行业政策研究。这些研究较好地分析了我国互联网文化产业政策问题，为国家科学制定互联网文化产业政策，规制扶持互联网文化产业健康发展提供了学理依据和理论指导。

但是相较于丰富、系统的文化产业政策研究，我国互联网文化产业政策研究还缺乏系统性，相关研究成果主要分散在单篇论文里，缺少相关专著。这一方面是由于我国互联网文化产业本身是一个新兴产业，互联网文化产业政策文本较少，政策体系不完善，管理机制不明确，为系统研究带来了巨大的困难；另一方面是由于政策本身不断地变化和演进，以及政策制定、执行过程中一些非理性因素加大了理论研究的难度。因此，我国互联网文化产业政策研究还相对不成熟。

（一）直接与互联网文化产业政策相关的研究

1. 互联网文化产业界定研究

研究互联网文化产业政策，首先要界定互联网文化产业政策的边界，即研究范围。而互联网文化产业政策的范围是由互联网文化产业的内涵、外延决定的。因此，我们首要研究的是互联网文化产业的界定。虽然国内学者对于互联网文化产业的界定并未形成统一的共识，但是综合各种研究成果，我们可以看出，我国学界对互联网文化产业的界定主要有两种：一是强调互联网文化产业的信息技术属性，将互联网文化产业约等同于信息产业。田贵平在"刍议网络文化产业经济发展中的问题与对策"中指出："所谓互联网文化产业是指以网络技术为依托，以产业化的方式提供文化产品和服务的信息经济。"[①] 在他看来，互联网文化产业包括了所有以数字技术终端设备为核心和载体的信息技术、服务和内容产业。他关于互联网文化产业的定义强调了互联网文化产业的数字信息属性，但是忽视了互联网文化产业作为文化内容产业的特殊性。二是融合说，这种观点认为，互联网文化产业是数字技术和传统文化产业的融合，既包括传统文化产业的网络化升级，也包括网络技术与文化创意结合产生的新兴产业业态。刘广伟在"论信息技术与网络文化产业的互动关系"中指出："互联网文化产业是指基于网络平台进行文化内容的生产、创造和传播的产业。"[②] 这种界定既明确了互联网文化产业的信息技术属性，又强调了互联网文化产业独

[①] 田贵平. 刍议网络文化产业经济发展中的问题与对策［J］. 现代财经，2008，28（6）：85−88.

[②] 刘广伟. 论信息技术与网络文化产业的互动关系［J］. 经济研究导刊，2010（33）：177−180，261.

特的文化内容属性，相较于信息说更科学合理。

2. 互联网文化产业政策界定研究

由于学界对互联网文化产业的内涵和外界界定不一，因此，对互联网文化产业政策的界定也各不相同。最早对我国互联网文化产业政策进行界定的学者是陆地和陈学会老师，他们在《中国网络文化产业发展报告》中指出："互联网文化产业政府规制是我国政府对互联网文化产业制定的发展规划和管理制度。"① 其他学者更多从文化产业总体角度详细界定了我国文化产业政策的概念。胡惠林教授在《文化产业学——现代文化产业理论与政策》中指出："文化产业政策是从经济学的角度来考察文化，是政府根据国民经济发展的要求和文化需求，以及一定时期内文化产业发展的现状和变动趋势，以市场机制为基础，规划、引导和干预文化产业形成和发展的制度体系，具有双重导向性、管制与规范的兼容性，用以引导产业结构调整、规范文化企业市场行为，实现整个文化产业的合理与高度化。"②

3. 互联网文化产业政策发展历程研究

互联网文化产业政策作为国家规制互联网文化产业发展的政策工具，它的发展演变历程与我国互联网文化产业的发展历程基本是同步的，它蕴藏在我国互联网文化立法的过程中。刘爽认为："我国互联网文化产业的政策实践过程主要蕴藏在对网络文化的立法进程中，网络政策管理前期（1987—1993 年），网络政策管理初期（1994—1998 年），网络政策管理发展期（1999 年至今）。纵观我国的互联网文化产业政策，我国的网络立法及其制定政策的核心是'加强管理'。这在很大程度上促进了互联网文化产业的建设和管理，使得互联网文化产业的发展依据灵活多样，互联网文化产业的信息安全得到有效保障。"③

也有学者认为，我国互联网文化产业规制大致经历了一个从缺乏管制、自由发展到不断加强规制的过程。在这个过程中，作为政策主体的国务院及相关部委，不断针对我国互联网文化产业实践中出现的各种问题，出台相关政策，规范产业发展。胡惠林在《我国文化产业政策文献研究综述 1999—2009》中认为："我国关于网络文化的政策文本类型中，法律性文化、司法解释、行政法规都是比较少的，但是却发挥着纲领性作用；部门规章的数量比较多，起着重要的作用；规范性文件的数量最多，大多都是针对具体的事情具体制定的，指导意义最具体。"④在他看来，国家互联网文化产业政策的这种特性正是我国互联网文化产业快速发展而相关产业政策法规制定相对滞后造成的。

4. 互联网文化产业政策问题研究

我国学者在互联网文化产业政策问题研究领域取得了较丰硕的成果。

首先在政策主体研究方面，很多学者认为，我国互联网文化产业采取的是分部门、属地化管理的基本模式。但是由于互联网文化产业本身的融合性、交叉性，使得这种传统的产业管理模式很难完全适应互联网文化产业多向度融合发展的要求，因此，出现了政出多门、重复管理的问题。而这种问题在网络游戏、新媒体动漫产业领域尤其突出。陆地和陈

---

① 陆地，陈学会. 中国网络文化产业发展报告 [M]. 北京：新华出版社，2010：345－362.
② 解学芳. 我国文化产业政策的关联性偏差及矫正 [J]. 中共长春市委党校学报，2008 (6)：23－26，29.
　胡惠林. 文化产业学——现代文化产业理论与政策 [M]. 上海：上海文艺出版社，2006：302－303.
③ 刘爽. 1999~2009 年我国网络文化产业政策综述 [J]. 江汉大学学报（人文科学版），2011 (6)：37－41.
④ 胡惠林. 我国文化产业政策文献研究综述 1999—2009 [M]. 上海：上海人民出版社，2010：370－378.

学会认为，互联网文化产业领域的"多头管理降低了工作效率"，且监管协作机制存在结构性缺陷，效率不足，制约了互联网文化产业的发展。李璐在"网络游戏产业监管体制研究"中指出："2009 年 9 月由中央编办颁发了针对《'三定'规定》的解释，明确了网络游戏产业主管部门的权责，简化相关审批流程，但并没有彻底改变网游产业多头管理的局面。"①

其次是政策效力研究。学者普遍认为，我国互联网文化产业领域存在立法进程缓慢、产业政策滞后、层级不高的问题。解学芳认为："科技创新周期日益缩短、新技术应用于互联网文化产业的速度不断加快，使互联网文化产业新业态层出不穷，但新问题、新情况也不断凸显，与此同时互联网文化产业管理制度的出台却远远滞后于产业的发展，成为互联网文化产业发展的障碍。"② 张晓玲认为："立法分散，位阶低，缺少系统性。目前多通过行政法规、规章、政策来调整，分散且缺少法律层次的立法。在频繁颁布的众多规定中，相互矛盾的规定普遍存在。"③

（二）直接与重点互联网文化行业相关的研究成果

1. 关于网络游戏产业政策的研究

网络游戏产业是我国互联网文化产业的重要组成部分，关于网络游戏产业政策的研究成果较为丰富。我国关于网络游戏产业政策的研究主要集中在以下几个方面：一是网络游戏的市场监管模式和监管制度研究；二是网络游戏对青少年的影响研究；三是网络游戏的虚拟财产研究；四是网络游戏的版权保护研究。

首先是网络游戏的市场监管模式和监管制度研究。孟琦认为："网络游戏市场监管模式是国家监管权力机构、立法机构与司法机构针对网络游戏市场失灵制定的全部相关法律以及以法律为基础的公共政策行为的制度安排的一般形式。"④ 因此，构建合理、有效、合法的网络游戏市场监管模式是保证我国网络游戏市场健康发展的基本前提。而我国的网络游戏监管制度长期存在相关立法缺失、政府职能部门权责不明、公众参与制度缺位等问题。刘亚娜等认为："应加快相关法律法规的制定和推出，给网络游戏产业带来良性的约束和规制，有效地帮助企业履行自身的社会责任和义务，促进网络游戏产业的持续发展。"⑤

其次是网络游戏对青少年的影响研究。我国学者重点从应用心理学、法学等角度关注了网游游戏中的暴力、色情内容对青少年的影响，以及国家相关规制政策的发展。雷霁认为："青少年若长期沉迷于暴力网络游戏，对游戏中的'死亡''暴力'等现象熟视无睹，久而久之，必将降低他们的正常移情反应，这样可能不仅会影响他们对死亡这一生命现象的认识，把人的生死与网络游戏中的'角色人物'相比，混淆虚拟的游戏'人物'与现实生命之间的区别，对死亡概念的理解可能产生不利影响，而且还可能提高其在现实生活中

---

① 李璐. 网络游戏产业监管体制研究 [D]. 长春：吉林大学，2010.

② 解学芳. 网络文化产业的公共治理：一个网络生态视角 [J]. 毛泽东邓小平理论研究，2012（3）：45-50.

③ 张晓玲. 我国网络文化产业相关法律制度的完善 [J]. 情报杂志，2007（1）：86-88.

④ 孟琦. 我国网络游戏市场监管模式的法律研究——基于《魔兽世界》"审批门"事件的法律分析 [D]. 成都：西南财经大学，2011.

⑤ 刘亚娜，宫倩，冯冠. 论我国网络游戏监管制度的完善 [J]. 吉林工商学院学报，2012，28（1）：83-86.

的攻击性。"① 也有学者认为，网络游戏中的暴力内容与青少年的暴力行为并不存在明确的因果关系，青少年更多地通过网络游戏中的协作与互动实现新的自我形塑。黄少华、刘赛认为："在网络游戏中，青少年更偏向通过游戏实现社会互动、团队协作和自我认同。"② 为了减低网络暴力内容对我国青少年的不良影响，长期以来我国出台了多项内容监管政策规制网络游戏产业的发展。刘建银、周轶对我国青少年网络游戏监管政策进行了系统梳理和历时性分析，他们认为："旨在保护青少年的网络游戏监管政策大致经历了从笼统监管到专项监管两个阶段。监管的领域和手段主要体现在：对网络游戏内容的行政审批、对网络游戏出版与经营单位资质的行政审批、对网络游戏经营活动的行政与技术监管以及对网络游戏经营场所的行政监管等。目前，网络游戏监管政策仍存在多头监管和监管职能重复设定、针对青少年消费者尤其是未成年网络游戏行为的监管及保护有效性不足、监管政策技术和手段过于滞后等问题，亟待通过进一步研究加以完善。"③

最后是网络游戏的版权保护研究。互联网的虚拟性和传播便捷性加大了互联网文化产品的版权保护难度。在众多的互联网侵权行为中，网络游戏的侵权行为具有不同的行为模式，给网游企业带来了巨大的损失，阻碍了网络游戏产业的健康发展。许国堂认为，我国的网络游戏侵权行为主要表现为三种形式：一是传统盗版，游戏软件的盗版；二是私服，不法商家私自设立非法网络服务器；三是外挂，即通过改变游戏程序而获得利益的作弊程序。这些侵权行为极大地危害了我国网络游戏产业的健康发展，一方面，侵权行为侵害了合法企业的利益；另一方面，侵权行为损害了企业的创新动力，在一定程度上造成了我国网络游戏的同质化。而这种侵权行为长期存在的一个主要原因是由于我国网络游戏著作权保护相关法律法规不完善。霍诚认为："在互联网时代的现实情况中，思想和创意是核心，是一部作品具有原创性最重要的内容。如果用现在标准衡量，只要编程人员运用编程技术，将原有游戏程序进行反编程、反汇编就会形成一款不能认定为抄袭的抄袭作品。如此一来，网络游戏的版权保护无从谈起。"④ 因此，作为产业主管部门的政府机构，必须建立健全适合网游特性的具有前瞻性和可操作性的版权保护体系，推动网游产业快速发展。赵雁认为："网络游戏的版权保护不能照搬某一类法规笼统加以保护，而应当根据侵犯类型的不同采取双重保护模式——即作为计算机程序的保护和作为图像音像制品的输出的保护。"⑤ 同时，很多学者认为应加大对网络游戏侵权行为的惩罚力度，大幅提升违法企业的违法成本。一些学者更进一步提出网络游戏的侵权行为应适用刑法打击。俞锋、周宏伟认为："从立法上来看，相关的国际公约中已经确认了侵犯著作权行为的刑事罚则。其次，从司法实践上来看，对计算机程序的著作权进行刑法保护是打击这类行为的需要。"⑥ 因此，通过刑法打击网络游戏侵权行为是非常必要的。在众多的网络游戏侵权行为中，学者认为最适用刑法打击的侵权行为是网络游戏中的私服和外挂行为。苏彩霞认为："网络游

① 雷霓. 暴力网络游戏对青少年的死亡认知及攻击性的影响 [D]. 北京：首都师范大学，2007.

② 黄少华，刘赛. 青少年网络游戏行为的结构 [J]. 兰州大学学报（社会科学版），2013，41（5）：55—62.

③ 刘建银，周轶. 我国青少年网络游戏监管政策的十年回顾与分析 [J]. 重庆邮电大学学报（社会科学版），2013（1）：28—29.

④ 霍诚. 中国网络游戏版权保护的研究 [D]. 保定：河北大学，2013.

⑤ 赵雁. 网络游戏的版权保护 [J]. 电子制作，2013（2）：92.

⑥ 俞锋，周宏伟. 试论网络游戏著作权的刑法保护 [J]. 中国出版，2013（4）：33—36.

戏私服，其侵犯对象是著作权法所保护的计算机软件，而非其他作品；行为属性是未经许可，复制发行著作权人的游戏软件，而非销售侵权复制品或非法经营；其主观上一般具有营利目的，但必须根据具体案件情形来判断其主观目的，营利并非其本质特点。网络游戏私服只可能构成侵犯著作权罪，而非销售侵权复制品罪或非法经营罪。"① 关于网络外挂是否适用刑法打击，学界存在较大争议，这种争议主要在于：网游外挂是否构成侵犯著作权罪，网游外挂是否构成破坏计算机信息系统罪，网游外挂是否构成非法经营罪。

2. 关于新媒体动漫产业政策的研究

新媒体动漫是一种新兴的动漫产业业态，目前国内学者关于新媒体动漫产业政策的研究成果相对较少，研究主要集中在新媒体动漫发展现状和整个动漫产业政策研究等领域。研究内容主要包括动漫产业政策的概念界定、动漫产业政策问题、动漫产业分级制度、新媒体动漫发展现状、新媒体动漫版权保护等。

第一，动漫产业政策概念界定研究。王静在"中国动漫产业政策探析"中认为："动漫产业政策就是各国政府根据本国宏观经济情况、动漫产业特征和发展规律，所采取的一系列提升或保持动漫产业竞争力、优化产业资源配置的政策措施的总和。"②

第二，动漫产业政策问题研究。李波在"我国动漫产业政策研究"中认为："我国动漫产业政策存在以下缺陷：一是，政策主体分散；二是，政策权威性不够；三是，政策针对性不强；四是，政策扶持力度较小；五是，政策程序不科学。我国需进一步完善动漫产业政策，这必须从以下方面入手：一是，加强部门协作；二是，完善法律体系；三是，扩大扶持范围；四是，增强扶持力度；五是，改善实施程序。"③

第三，动漫产业分级制度研究。很多学者认为，合理的动漫产品分级制度既能有效地过滤有害信息，保护未成年人的利益，又能给成人动漫的发展提供一定的政策空间，改变我国动漫产品低龄化、缺乏国际竞争力的问题。郝园园认为："建立动漫分级制度有助于动漫内容的多元化发展，有利于内容制作有据可依、内容监管有法可循。"④

第四，新媒体动漫发展现状研究。很多学者认为，随着互联网和移动互联网的不断普及，新媒体动漫将是我国动漫产业发展的重要突破口，更是中国动漫产品走出去与日韩动漫产品争夺国际市场的重要力量。佟婷、彭乔认为："我国的新媒体消费市场的基数巨大，互联网用户特别是移动互联网用户数的增长，极大地鼓励了新媒体动漫的发展势头。"⑤

第五，新媒体动漫版权保护研究。方云涛认为："新媒体动漫版权侵权具有以下特点：（一）侵权数量大、速度快、危害广；（二）侵权形式隐蔽，参与主体增多；（三）侵权成本低，维权成本高。"⑥ 因此，"企业应当设立专人来负责企业的知识产权日常管理工作。对动漫作品建立分阶段、有重点的全面保护体系，政府应尽快完善《中华人民共和国著作权法》，加快电子证据立法的进程。"

---

① 苏彩霞. 网络游戏私服的刑法定性 [J]. 国家检察官学院学报，2013，21（4）：91—97.

② 王静. 中国动漫产业政策探析 [D]. 沈阳：东北大学，2009.

③ 李波. 我国动漫产业政策研究 [D]. 长春：长春工业大学，2012.

④ 郝园园. 中国动漫分级势在必行 [J]. 出版广角，2014（9）：10—11.

⑤ 佟婷，彭乔. 探索期中国新媒体动漫的发展与前景 [J]. 现代传播，2014（6）：121—125.

⑥ 方云涛. 新媒体动漫版权侵权特点及保护 [J]. 中国律师，2013（4）：71—72.

3. 关于网络视听产业政策的研究

网络视听产业是网络技术与传统影视产业和音乐产业融合的产物。它的发展极大地改变了世界各国影视产业和音乐产业的格局，几乎颠覆了传统音乐产业的盈利模式。我国的网络视听产业政策研究主要集中在网络视听产业的市场准入政策、内容监管政策、版权保护政策等方面。

相较于网络游戏产业和新媒体动漫产业，网络视听产业是消费群体规模最大、消费者最多元、产品潜在影响力最大的互联网文化行业，因此，我国学者都认为政府管理是保证网络视听产业健康发展，构建和谐良好互联网文化环境的基础条件。但是，在加大管理的同时，我国网络视听政策也存在一定问题。一是重规制轻扶持的政策倾向，不利于产业快速发展。关萍萍在"媒介融合背景下网络视频产业政策的内容分析"中认为："我国现有政策的管理倾向多以限制性条款为主，鼓励性政策为辅。各管理规定除了用许可制度、审查制度等对互联网信息传播行为和主体进行管理之外，都明确规定了各种惩罚办法，包括整改、停办、罚款以及追究刑事责任等，对互联网信息传播主体进行约束性管理。而鼓励性政策相对较少，因此，在未来的政策制定中需要注重对发展性和鼓励性条款的添加，从而在目标导向上，既能实现产业良性发展、保证社会文化安全，又能有利于信息技术普及和发展、保障公众信息权利。"① 二是版权保护仍然是政策难点。一方面，加强版权保护是我国网络视听产业长期可持续发展的基本前提；另一方面，过高的版权壁垒在一定时期内将对我国网络视听企业造成巨大的冲击。陆地、陈学会认为："2008年以来，政府加大网络视频行业监管的力度，广电总局颁布《互联网视听节目服务管理规定》；2009年，广电总局正式宣布将全面禁止没有许可证的海外影视剧在互联网上播放。视频分享网站因侵权行为、内容低俗等原因，发放营业牌照的速度放缓，面临各项政策风险大。同时，长期依赖国内知识产权保护能力较弱的市场环境发展起来的视频分享类网站，随着政府产权职能部门监管力度的加大，以及整个社会产权保护意识的加强，其版权纠纷问题成为发展桎梏。一方面盗版内容难以获取广告商的支持，盗版行为严重阻碍了视频网站商业模式的发展，另一方面，产权明晰后造成网站视频资源的匮乏导致其产品和服务质量下降，流量降低。"②

我国学者关于网络音乐产业政策的研究重点集中在网络音乐版权保护方面。有的学者借鉴国外网络音乐版权保护的经验，提出我国网络音乐版权保护的集体管理模式。李先波、何文桃在"网络音乐作品著作权集体管理制度探析"中认为："在新的网络平台上，著作权人对音乐著作权的个人管理显得更加束手无策，以对著作权更好地予以保护为前提，著作权人今后应更大可能地将权利委托给音乐著作权集体管理组织来处理，网络音乐著作权集体管理组织将在著作权人维权的呼声中确立自己应有的地位。"③ 西方国家大多采用集体管理的方式来管理网络音乐版权，而在我国网络音乐版权集体管理制度还存在以下问题："缺乏有效的网络音乐集体管理机制；没有抑制非法从事集体管理的制度；平行授权机制缺失。"④ 同时，很多学者认为《信息网络传播权保护条例》中的"避风港"规

---

① 关萍萍. 媒介融合背景下网络视频产业政策的内容分析［J］. 电视研究，2011（8）：52—55.
② 陆地，陈学会. 中国互联网文化产业发展报告［M］. 北京：新华出版社，2010：224—225.
③ 李先波，何文桃. 网络音乐作品著作权集体管理制度探析［J］. 人民音乐，2009（10）：86—87.
④ 李先波，何文桃. 网络音乐作品著作权集体管理制度探析［J］. 人民音乐，2009（10）：86—87.

定客观上为网络音乐的侵权行为提供了庇护。谭谊、谢亚可认为："避风港的规定使一些采用用户上传资源进行数字音乐共享模式的运营商和网站将法律规避方式放在了用户身上，如果版权方提出交涉，在一定时间内删除便可以免责。但是用户上传的资源是不断更新的，甚至有部分网站是内部人员以用户身份上传数字音乐资源来充实音乐数据库。因此这种侵权行为不会因为版权方的交涉而真正停止，它将会持续不断下去。"[①] 因此，学者认为，在加大对网络音乐版权的技术保护的同时，应该进一步完善相关网络版权保护制度，借鉴别国经验，探索适合中国的网络音乐著作权集体管理制度。

4. 关于网络出版产业政策的研究

我国学者关于网络出版产业政策的研究主要集中在以下方面：一是政府对网络出版的宏观管理政策研究；二是传统出版向网络出版转型的扶持政策研究；三是网络出版的标准化政策研究。

魏巍在"关于我国网络出版产业政府宏观管理政策问题的思考"中认为："网络出版业中政府宏观管理政策存在以下主要问题：一是网络出版业政府的统计工作存在着不规范和缺失问题；二是网络出版产业结构不合理问题；三是相关法规滞后和缺失问题。因此，要妥善解决我国网络出版产业宏观政策问题就必须从以下方面入手：一是制定统一的行业统计标准；二是调整和优化网络出版业结构，突出发展社会效益好的出版业态；三是修订网络出版法规应注意的问题。"[②]

黄先容、赵礼寿、刘玲武在"数字技术环境下的出版产业政策调整——基于 2000年—2010 年数字出版的政策分析"中认为："在数字技术环境下，政府应充分发挥出版产业政策的作用，积极利用政府的'有形之手'来引导出版产业在数字技术环境下的进一步发展。在出版产业结构政策调整方面，应该调整传统出版，引导传统出版走数字化道路；加大对数字出版的投入。其次，在出版产业组织政策调整方面，应促进出版产业内的有效竞争，实现资源的优化配置；鼓励原创，打造核心竞争力；进一步加强网络监管，净化网络环境。第三，在出版产业技术政策调整方面，要鼓励先进出版技术的自主研发和引进；加大对出版新技术的财政支持；加强知识产权管理。第四，在出版产业布局政策调整方面，应保证出版产业地区间相对均衡发展。"[③]

钱明辉、林法纲在"信息资源产业的融资结构及政策优化——以数字出版行业为例"中认为："从数字出版业的融资实践来看，我国信息资源产业存在着较大的信息不对称和投融资风险，严重制约了产业发展潜力的发掘，成为产业发展中急需解决的问题。信息资源产业的投融资体系建设离不开国家的政策支持，当前，最行之有效的莫过于通过建立政府融资支持体系，发挥政府支持政策的杠杆作用和示范效应，以引导社会资本流向，发挥资本市场的积极作用。然而，我国信息资源产业的融资类政策、法律、法规较为滞后，需进一步完善产业发展的政策法规环境。我国目前关于信息资源产业融资的政策法规散见于鼓励支持文化产业发展的法规规章中，专门针对信息资源产业融资的比较详细的融资政策

---

① 谭谊，谢亚可. 数字音乐作品版权保护策略探析 [J]. 出版发行研究，2012 (10)：71-73.

② 魏巍. 关于我国网络出版产业政府宏观管理政策问题的思考 [J]. 经济研究导刊，2011 (2)：188-191.

③ 黄先蓉，赵礼寿，刘玲武. 数字技术环境下的出版产业政策调整——基于 2000 年—2010 年数字出版的政策分析 [J]. 编辑之友，2011 (7)：15-18.

法规尚不多见，这严重制约了我国数字出版产业融资。"①

马艳霞在"网络出版标准若干问题研究"中指出："信息技术尤其是网络技术的发展为实现信息资源共享奠定了技术基础，那么规范化和标准化则为资源共享的实现提供了必要条件。众所周知，网络信息资源共享的核心是数据交换的实现，其前提就是数据格式的规范化与标准化。也就是说，信息的组织、描述、提示、交换和检索等方面的标准与规范的制定和应用，是实现网络出版在内的网络信息资源共享的关键。从信息传播的角度来说，实施规范化，可以克服网络出版传播利用范围的局限性，使其可为不同学科、不同领域、不同层次的用户所利用，从而充分实现资源的共享。"②

5. 关于三网融合产业政策的研究

从 2010 年三网融合正式上升为国家战略开始，我国学者对国内外三网融合的发展历程、存在问题等方面进行了较深入的研究，以期通过这些研究为我国三网融合的顺利推进提供理论指导。这些研究主要集中在我国三网融合的政府监管机制研究、三网融合的政府责任研究、三网融合背景下电信与广电两大系统的双向进入问题研究以及国外三网融合推进措施研究等方面。

何婧在"三网融合政策背景下电信与广电双向进入法律问题研究"中认为："电信与广电的双向进入是我国三网融合政策的关键问题。但是，目前电信和广电的法规体系形成了相互独立的系统，实际上也形成了互相进入的壁垒，目前没有一部能够明确部门分工的效力阶位更高的法律，这是三网融合面临的一个严重问题。主管部门各自为政，部门权利配置的矛盾，不但导致了信息基础设施的重复建设，更严重地阻碍了三网合一的发展。"③

付玉辉在"论我国三网融合政策的结构性缺失"中认为："我国三网融合政策未能充分发挥市场作用，而以行政力量为主导进行三网融合协调，导致三网融合的创新动力不足；未能有效协调部门利益，尚未形成推进三网融合快速发展的内在利益机制；未能提供完善的法律体系保障，未能针对三网融合监管体系提出明确的发展思路。因此，从国家管理层面，应在三网融合进程的推进机制中，理性、合理运用行政力量和市场力量，把握好双重推动力量的均衡。在产业发展层面，应进一步完善我国三网融合进程的利益驱动机制，以利于形成三网融合适度竞争的产业格局。在制度和法律层面，完善我国三网融合政策的制度保障体系，尽快推进我国《电信法》和其他相关法律制度的建设，并在融合监管体系构建方面进行有益的探索。"④

张爽在"我国三网融合中的政府责任研究"中认为："当前，我国三网融合进程中主要存在融合法律缺失、普遍服务体系不健全、监管体制不合理、行政手段干预过多、融合技术基础薄弱等问题。这些问题不同程度地反映了政府在该领域的责任缺失，政府有必要在法律责任、社会责任、行政责任、经济责任和技术责任五个方面进行反思并履行其责任。"⑤

① 钱明辉，林法纲. 信息资源产业的融资结构及政策优化——以数字出版行业为例 [J]. 国家行政学院学报，2012（2）：51—55.

② 马艳霞. 网络出版标准若干问题研究 [D]. 郑州：郑州大学，2005.

③ 何婧. 三网融合政策背景下电信与广电双向进入法律问题研究 [D]. 北京：北京邮电大学，2012.

④ 付玉辉. 论我国三网融合政策的结构性缺失 [J]. 当代传播，2011（1）：29—31.

⑤ 张爽. 我国三网融合中的政府责任研究 [D]. 长春：吉林大学，2013.

二、国外互联网文化产业政策相关研究

国外专门针对互联网文化产业政策的研究相对较少。国外学者的研究主要集中在对互联网的监管研究和文化产业政策研究两个方面。

埃里克·麦克卢汉认为："网络技术的高速发展，导致了许多严重的社会问题的出现，若任凭网络技术按自身逻辑发展，产生的直接后果就是网络技术的异化，即网络文化对网络技术的无比依赖，这体现出管理的紧迫性。"[①]

埃瑟·戴森认为："网络世界不存在明确的管理主体，网络构建在技术上采用了无中心结果模式，实行分散化管理，既没有最高的权力控制机构，也没有真正的中心控制设备，更没有明确的国家或地区的信息疆域；而网络活动主体的虚拟性和隐匿性、活动主体和信息内容的庞杂性、信息传递的多向性和活动过程的及时性等因素使得网络文化的监控非常困难，因此，在全球化、数字化、虚拟化的网络时空没有一个机构和部门能够支配或控制信息流向，即权力分配走向结构上的分权不再依赖一个中心点而彼此连接。"[②]

《基于 SWOT 分析的互联网文化产业策略研究》提出互联网文化产业是核心为数字产业的新兴领域，互联网文化产业发展有机遇、有挑战，在政策制定中应当注意扬长避短。

《从文化产业到创意产业：理论、产业和政策的涵义》提出"技术研究将有助于政府和产业进一步推进它们有关数字内容及其应用发展的战略"。

王言认为："产业政策必须能够设计出可以抓住无形物——'在稀薄空气中生存'的失重的经济——本质的干预战略。此外，还应以小企业的发展议程作为新政策的中心，因为它同样有可能与信息技术或信息经济这样的产业投资组合相联系。"[③]

英美澳国家文献对于文化产业现象、政策的研究注重从不同学科角度综合考察。如《以盎格鲁－撒克逊方式解读文化产业》中，从媒体研究、社会学和文化经济学等学科角度对文化产业现象进行了解读；《创意文化：教育设计和文化产业》中运用语义学方法对文化产业概念进行了界定。

但是需要指出的是，英美澳国家的文献在运用研究方法问题上虽有所突破，经济学、管理学中的研究方法固然能更科学理性地对互联网文化产业政策的效果进行分析，但相关方法的使用仍然在起步阶段，还需要和互联网文化产业政策研究进行更好的磨合。同时，由于英美澳国家对"互联网文化产业"尚没有权威的界定，对互联网文化产业的内涵和外延也没有统一的标准，在国与国之间就此问题进行交流的时候，统一标准的问题就显得十分必要，不清楚互联网文化产业确切包括哪些行业，就给评估互联网文化产业政策、互联网文化产业政策建议层面制造了一定的障碍。

---

① Marshall McLuhan. Understanding Media：The Extensis of Man［M］. New York：GcGraw-Hill，1964.

② 埃瑟·戴森. 2.0 版数字化时代的生活设计［M］. 海口：海南出版社，1998：19.

③ 王言. 文化创意产业政策支撑体系的研究综述［J］. 东南大学学报（哲学社会科学版），2009（S2）：26－32.

第三节　问题的提出与研究意义

一、问题提出

随着信息网络技术的不断发展和消费者文化消费需求的不断提升，我国互联网文化产业进入快速发展时期。但是，我们也必须看到，我国互联网文化产业发展仍然面临着众多问题和不足。这些问题的存在严重阻碍了我国互联网文化产业的发展，更给我国国家文化安全带来了巨大挑战。因此，深入研究我国互联网文化产业政策制定规律、对产业发展的促进作用以及政策本身的问题，并提出基于科学分析的对策建议，是推动我国互联网文化产业发展的重要理论途径。

世界各国互联网文化产业发展经验证明，政府推动是互联网文化产业快速发展的重要保障，政府政策是纠正互联网文化产业市场失灵的重要手段，是保证互联网文化产业经济效益、文化效益、社会效益、政治效益全面实现的重要基础。因此，研究我国互联网文化产业政策是推动我国互联网文化产业发展的重要理论途径。

深入研究我国互联网文化产业政策，必须思考以下问题：一是，互联网文化产业的内涵、外延是什么？二是，互联网文化产业政策的内涵、外延是什么？三是，互联网文化产业区别于一般文化产业的特性是什么？这种产业特性对互联网文化产业政策的制定和执行产生了什么影响？四是，互联网文化产业政策体系由哪些元素构成？这些元素的特性是什么？存在什么问题？互联网文化产业政策主体是谁？存在什么问题？互联网文化产业政策客体是谁？它对政策制定和执行产生什么影响？互联网文化产业政策制定过程是怎样的？其中存在什么问题？互联网文化产业政策执行过程是怎样的？哪些因素影响政策执行？政策执行过程中存在什么问题？应该如何调整？互联网文化产业政策的评估模式是什么？评估方法是什么？存在什么问题？应该如何调整？五是，新媒体动漫、网络游戏、网络视听、网络出版等互联网文化产业相关行业的政策有哪些？政策效果如何？存在什么问题？应该如何调整？六是，面对互联网文化产业政策存在的诸多问题，我们应该如何调整，才能确保互联网文化产业政策制定科学、执行有效、评估到位。

二、研究意义

（一）理论价值

1. 弥补现有互联网文化产业政策研究缺陷，为互联网文化产业政策建立理论体系和框架，完善互联网文化产业学科体系建设

通过对互联网文化产业政策研究文献进行梳理，我们发现，目前互联网文化产业政策研究处于初级阶段，研究成果数量不多，研究总体水平不高。互联网文化产业政策研究较为零散，系统化的研究不足。深层次的理论研究较少，简单的总结经验式的互联网文化产

业政策建议较多。互联网文化产业政策的理论基础研究较少，互联网文化产业政策发展历程研究、互联网文化产业政策绩效评估、互联网文化产业政策方法论的探讨缺乏。互联网文化产业政策研究多限于互联网文化产业发展战略和宏观管理等宏观研究，中观研究和微观的政策本身研究不足，对互联网文化产业政策执行中存在的问题和对策研究相对不足。

本书将重点研究中国现行互联网文化产业政策制定和执行的问题，提出针对中国未来互联网文化产业发展的政策建议。通过深化互联网文化产业政策研究，为中国互联网文化产业政策研究建立一个相对完整的理论体系和框架，为互联网文化产业学科体系建设做出贡献。

2. 探索互联网文化产业政策的跨学科研究视角和方法，丰富公共政策学、新闻传播学、产业经济学等学科理论

互联网文化产业政策研究具有比较强的跨学科性，涉及公共管理学、新闻传播学、产业经济学等多个学科。以往的互联网文化产业政策研究的一个突出缺陷是以单一学科研究为主，跨学科的研究不足。在总结以往研究方法缺陷的基础上，本书从公共管理学、新闻传播学、产业经济学等多个学科角度对互联网文化产业政策制定方法、绩效评估等互联网文化产业政策基础理论以及互联网文化产业政策的实践问题和相关建议等进行研究，从而丰富和深化公共政策学、新闻传播学、产业经济学的学科理论。

（二）实践价值

1. 决策参考价值

互联网文化产业政策研究将为国家和地方相关部门提供决策参考，以科学制定和有效执行互联网文化产业政策提供理论依据和相应指导，以实现中国互联网文化产业的跨越式发展。研究将为吸取改革开放以来互联网文化产业政策制定和执行经验，面向未来，为更好地制定互联网文化产业政策、开创中国互联网文化产业发展新局面提供参考。改革开放以来，中国的互联网文化产业政策经历了一个从无到有、从简单到自成体系的发展过程，政策的发展促进了中国互联网文化产业的发展繁荣。这些政策的成败得失是推动中国互联网文化产业发展和完善互联网文化产业政策体系的宝贵经验。本书从历史的角度对我国互联网文化经济政策和互联网文化产业政策进行一次全面的梳理，系统总结中国互联网文化产业政策制定和执行过程中的成败得失，特别是互联网文化产业全面发展时期的各种经验教训，为今后互联网文化产业政策的制定和执行提供有力的参考。面向未来，中国互联网文化产业发展已经进入到了一个全新的发展阶段，未来中国的互联网文化产业要进一步走向世界，参与到互联网文化产业的国际竞争中去，参与到扩大国内消费的过程中去，成为中国扩大开放领域、优化开放结构、扩大文化内需的一支重要力量。本书通过解析国内外互联网文化产业政策制定和执行在发展互联网文化产业中的作用，汲取各国互联网文化产业政策制定和执行经验，从而为中国未来互联网文化产业的发展提供具有前瞻性的政策建议。

2. 对业界的指导价值

本书不仅仅在政策制定和学术研究上有着重大的价值，同时在产业的实践操作中也会发挥重要作用。其对于产业各领域的管理、投融资、项目立项运作都有实际的指导和帮助。由于我国互联网文化产业发展还处于初期阶段，互联网文化产业内有相当多的企事业机构对于国家的产业政策缺少宏观和系统的了解，由此不可避免地造成了一系列不利于产业健康持续发展的现象和问题。本书将通过调查研究，给这些身处产业一线的企事业机构提供解读国家互联网文

化产业政策的基本参考，帮助他们拓宽视野，厘清产业政策脉络，把握产业发展方向，从而对互联网文化产业日常的运营管理事务和投融资等起到较好的辅助指导作用。

第四节　研究思路、内容与方法

一、研究思路

研究按照"背景分析—理论基础—历史研究—特性分析—理论建构—体系研究—重点研究—对策研究"的思路展开，如图1-3所示。

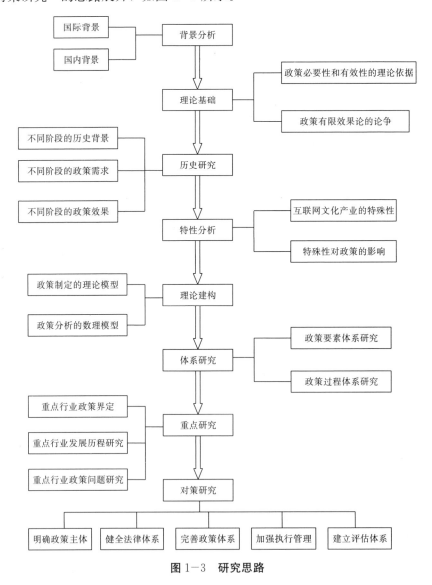

图1-3　研究思路

二、研究内容

第一章绪论部分主要论述了我国互联网文化产业政策研究的相关背景：一是我国互联网文化产业进入快速发展时期。我国已形成了巨大的网络消费群体，网络信息技术迅猛发展。重点产业快速发展，成为文化产业重要的新增长点。二是国家出台多项政策支持互联网文化产业发展。从1994年互联网正式登陆我国起，我国的互联网经历了一个从无到有、从小到大的发展蜕变过程，我国政府对互联网文化产业的管理规制也经历了一个从无到有、从单一到多元、从规制到扶持的过程。同时，第一章绪论部分还提出了本书的主要研究问题：一是影响我国互联网文化产业政策制定的因素有哪些？二是我国互联网文化产业政策的制定和执行过程中存在哪些问题？三是我国互联网文化产业重点领域政策效果如何？存在什么问题？

第二章主要论述了互联网文化产业政策研究的理论基础和现实依据。一是明确界定了互联网文化产业政策的内涵与外延。二是提出了互联网文化产业政策有效性的理论依据。市场失灵理论、后发优势理论、竞争优势理论，都认为由于市场调节的有效性和市场失灵的存在，产业政策是国家扶持产业发展、纠正市场失灵、提升产业竞争力的重要手段，因此，产业政策是有效的。三是分析了互联网文化产业政策无效论的相关论争。四是重点分析了互联网文化产业政策研究的现实依据。党和政府对社会主义文化建设发展的高度重视是本研究的基础和现实依据。

第三章重点从历史纵深的角度，论述了我国互联网文化产业政策的发展历程。我国互联网文化产业政策可以划分为以下五个阶段：第一个阶段（1994—1999年）互联网文化萌芽期的政策。这一时期互联网文化产业政策主要集中于互联网信息安全、互联网基础设施建设、互联网信息服务、互联网域名管理、国际互联网业务等影响互联网长期健康发展的互联网基础领域。第二个阶段（2000—2004年）互联网文化产业初步发展时期的政策。这一时期政策针对领域，从互联网接入管理和互联网信息安全管理，扩展到规范和扶持网络游戏产业、新媒体动漫产业、网络视听产业、网络出版产业、网络新闻业发展等领域。政策内容从技术规范政策，逐渐发展到市场管理、产品规范和重点产业扶持等方面。第三个阶段（2005—2008年）互联网文化产业蓬勃发展时期的政策。这一时期政策诉求重点，从前一阶段的以管理规制为主，转向以扶持、鼓励产业发展为主。国家出台了多项扶持网络游戏、新媒体动漫、网络视听产业发展的政策。同时，国家进一步从政策层面加强了对互联网信息服务和互联网版权保护的管理力度。第四个阶段（2009—2012年）互联网文化产业纵深发展时期的政策。这一时期，文化体制改革政策、三网融合政策、文化科技政策是我国互联网文化产业政策的新亮点。第五个阶段（2013—2015年）移动互联时代的互联网文化产业政策。这一时期，我国互联网文化产业政策受到三件大事的影响：一是新一届领导班子产生，国家在进一步简政放权的同时，高度重视国家文化建设和网络安全建设，对互联网文化的管控进一步加强；二是中央网络安全和信息化领导小组成立；三是移动互联网飞速发展，对整个互联网行业增长贡献率达70％以上。因此，这一时期，我国互联网文化产业政策的亮点主要是相关行政审批手续的简化，互联网内容监控进一步加强，以及推动互联网基础设施建设和信息化消费等。

第四章重点论述了互联网文化产业的特殊性及其对互联网文化产业政策制定、执行的影响。首先，互联网文化产业作为新兴产业，具有高新技术性、产业联动性、传播全球性、产品虚拟性等特点。其次，这些特点对互联网文化产业政策制定、执行造成了巨大影响。一是政策主体更加多元，要求政策主体间建立有效的联动、协作机制，保证政策的有效制定和执行；二是政策制定必须遵循前瞻性、联动性的原则；三是需要加强对文化科技的政策支持，推动文化科技的快速发展；四是需要制定更完善的版权保护政策；五是需要加强对国家文化安全、执政安全的政策保护。

第五章重点研究我国互联网文化产业政策全过程。一是重点研究我国互联网文化产业政策主体的特点及存在的问题；二是重点研究我国互联网文化产业政策客体及其构成；三是重点研究我国互联网文化产业政策制定的原则，影响政策制定的因素，政策制定存在的问题；四是重点研究我国互联网文化产业政策的执行过程，以及执行过程中存在的问题，提出相关建议；五是重点研究我国互联网文化产业政策评估体系、评估过程及其存在的问题。

第六章主要对我国互联网文化产业的重点行业政策进行分析和研究。一是分析界定我国互联网文化产业重点行业的内涵和外延；二是系统研究我国互联网文化产业各重点行业的发展历程和发展现状；三是深入分析各行业政策的文本、效果和问题，并提出相关政策的调整建议。

第七章主要对我国互联网文化产业政策的未来发展进行对策研究。本章主要从我国互联网文化产业政策主体的调整，互联网文化产业法律法规的制定，互联网文化产业政策的制定与调整，互联网文化产业政策的执行与评估等方面进行了重点研究。

三、研究方法

（一）文献分析法

本书通过收集、整理中外互联网文化产业政策及相关学者对互联网文化产业政策的相关研究成果，对我国互联网文化产业进行纵深性、历时性、对比性的研究；通过收集整理历年来我国互联网文化产业政策，分析我国互联网文化产业政策发展历程；通过收集整理前人对我国互联网文化产业政策制定、执行、评估的研究成果，分析我国互联网文化产业政策过程的特点及存在的问题，并提出相关对策建议。

（二）利益结构分析法

利益结构分析法是在利益相关者分析法的基础上，对其进行改造而提出的创新性研究方法。互联网文化产业政策的问题在一定程度上是利益问题，因为互联网文化产业政策的制定与执行会打破互联网文化产业利益格局，造成产业利益的重新分配和重新整合。在研究中运用利益结构分析法的创新意义在于理顺互联网文化产业政策各方利益主体的利益关系，为提出实现互联网文化产业利益分配合理化的政策建议，推动我国互联网文化产业发展整体利益最大化目标而服务。在我国当前经济背景下，将此方法运用于互联网文化产业政策研究是非常必要和恰如其分的。

（三）政策文本细读法

文本细读法较少用于政策研究中，在互联网文化产业政策研究中尤为少见。本书将此法在互联网文化产业政策研究中加以创造性运用，即通过对各种互联网文化产业政策文本进行细读，穷尽该项互联网文化产业政策所包含的所有信息，掌握互联网文化产业政策方方面面的情况，把脉互联网文化产业政策系列问题。采用此法还可有效防止因阅读未深入而造成对互联网文化产业政策的理解偏差，进而导致互联网文化产业政策研究根基不扎实、研究层次平面化的倾向，为最终的对策研究增强可行性和针对性。

（四）政策文本版本比较法

政策文本版本比较法是在政策文本细读法的基础上独创的政策研究方法，本书将其有效运用于互联网文化产业政策的研究。政策文本版本比较法即通过研究政策文本不同版本的发展递进关系和过程，找出不同版本之间的政策取向、政策内容、政策力度的差异，并深入挖掘版本递进中的内在逻辑。

（五）历史情境分析法

我国的互联网文化产业发展历程是本书的重要研究对象。本书试图从历史的角度，对我国互联网文化产业发展历程进行梳理总结，为我国互联网文化产业政策发展阶段进行划分，并尝试通过这种历史情境分析法，把我国互联网文化政策放在整个国家历史发展的情境中分析，深入研究一定历史条件下国家政治、经济、文化的宏观背景对互联网文化产业政策制定、执行的影响，以期发现我国互联网文化产业政策制定规律，总结我国互联网文化产业政策在多年发展中的成败得失，为我国互联网文化产业政策的调整和修订提供历史借鉴。

第二章 互联网文化产业政策研究的理论基础和现实依据

第一节 互联网文化产业政策的概念

一、互联网文化产业的概念及分类

(一)互联网文化产业的概念

界定互联网文化产业政策的概念,首先必须界定互联网文化产业的概念。而对于互联网文化产业的概念,世界各国的业界、学术界以及官方均未给出一个统一的界定。

在国际上,互联网文化产业又被称为数字内容产业。互联网文化产业作为信息技术的产物,是典型的信息产业。同时,作为传播活动和传播内容的载体,我们还可把互联网文化产业中的互联网媒体定义为"第四媒体",互联网文化产业在一定程度上也可称为互联网媒体产业或新媒体产业。互联网文化产业是以数字内容产品为主要产品形式,因此,很多国家又将其定义为数字内容产业。日本将数字内容产业定义为单件制品、网络在线、移动电话和数字广播四种形式,下分为音乐、影像、游戏和信息出版四个方面。"欧盟《Info2000 计划》明确把内容产业界定为制造、开发、包装和销售信息产品及其服务的产业,产品范围包括各种媒介的印刷品(书报杂志等)、电子出版物(联机数据库,音像服务、光盘服务和游戏软件等)和音像传播(影视录像和广播等)。"①

在我国,业界、学界对互联网文化产业的界定主要集中在以下几种:

一是信息说。"所谓互联网文化产业是指以网络技术为依托,以产业化的方式提供文化产品和服务的信息经济。"② 它包括以数字终端为核心的信息技术产业,以信息服务为核心的信息服务产业,以电子通信为核心的信息通信业,以数字内容为核心的信息内容业。

二是内容说。"互联网文化产业是指基于网络平台进行文化内容的生产、创造和传播的产业。"③ 朱长春认为:"互联网文化产业可分为两部分,一是传统文化产业的网络化和

---

① 刘立波. 网络文化产业发展现状、问题与对策 [J]. 产业与科技论坛,2011,10 (3):26-27.
② 田贵平. 刍议网络文化产业经济发展中的问题与对策 [J]. 现代财经,2008,28 (6):85-88.
③ 刘广伟. 论信息技术与网络文化产业的互动关系 [J]. 经济研究导刊,2010 (33):177-180,261.

数字化；二是以信息网络为载体，形式和内容都有别于传统文化的新型文化产品。"① 在他看来，互联网文化产业是新兴的网络技术与传统文化产业、文化行业融合交汇形成的新型产业，它伴随着互联网成长，具有极高的发展潜力。

三是融合说。"网络与文化的结合诞生出一个具有巨大发展潜力的朝阳产业，即互联网文化产业。网络文化就是网络、文化、网络技术三者相结合而形成的一种特殊文化产业。"②

四是技术说。"所谓互联网文化产业经济是指以网络技术为依托，以产业化的方式提供文化产品和服务的新经济。"③ "互联网文化产业是与新兴经济形态和技术形态相适应的新型文化产业形态，是以网络技术为平台，数字化为核心的从事互联网文化内容生产、流通和提供网络文化内容服务活动经营性产业的集合。"④

综合以上观点，我们不难看出，互联网文化产业就是文化内容、信息技术、网络平台三者相结合而形成的一种特殊文化产业，它以信息技术为依托，以网络媒介为平台，从事互联网文化产品生产和提供互联网文化服务的经营性行业，是文化产业与信息技术产业融合的产物，是现代文化产业的重要组成部分。如图 2－1 所示。

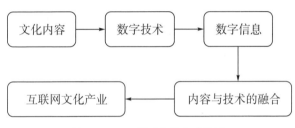

图 2－1　互联网文化产业概念

（二）互联网文化产业的分类

互联网文化产业以数字技术为依托，具有极大的开放性和包容性，它能通过数字和网络的方式，将几乎所有的传统文化产品进行数字化、网络化的改造，将众多的传统文化产业纳入其范围内。同时，互联网文化产业特殊的信息技术属性创造出了区别于传统文化产业的新兴业态形式。根据不同行业划分，互联网文化产业主要包括网络游戏产业、新媒体动漫产业、网络视频产业、网络音乐产业、网络出版产业等。

网络游戏产业：网络游戏产业作为互联网文化产业的新星，被誉为 21 世纪最具发展潜力的产业。"它利用 TCP/IP 协议，以互联网为依托的多人在线参加的游戏项目，包括 PC 网络游戏、视频控制台的网络游戏、掌上网络游戏和交互电视网络游戏等。"⑤

新媒体动漫产业：新媒体动漫产业的界定首先要明确新媒体、动漫产业这两个概念。新媒体是指区别于传统媒体的新型媒体，是指"依托于互联网、移动通信、数字技术等新

① 朱长春. 基于 SWOT 分析的我国网络文化产业战略研究 [J]. 北京邮电大学学报（社会科学版），2008，10（2）：32－34.

② 赵辰光，张雪，夏徽，等. 网络文化产业发展研究综述 [J]. 边疆经济与文化，2010（4）：98－100.

③ 田贵平. 刍议网络文化产业经济发展中的问题与对策 [J]. 现代财经，2008，28（6）：85－88.

④ 刘绪义. 论中国网络文化产业发展的几个问题 [J]. 北京理工大学学报，2005，7（1）：33－35.

⑤ 解学芳. 互联网文化产业公共治理理论 [M]. 上海：同济大学出版社，2011：36.

电子信息技术而兴起的媒介形式,既包括网络媒体,也包括传统媒体运用新技术以及和新媒体融合而产生或发展出来的新媒体形式,如电子书、数字报、IPTV 等"①;动漫产业是指"以创意为核心,以动画、漫画为表现形式,包含动漫图书、报刊、电影、电视、音像制品、舞台剧和基于现代信息传播技术手段的动漫新品种等动漫直接产品的开发、生产、出版、播出、演出和销售,以及与动漫形象有关的服装、玩具、电子游戏等衍生产品的生产和经营的产业。"② 新媒体动漫是指运用数字技术和互联网技术进行动漫作品生产和传播的新型动漫产品,它既包括通过基于互联网技术制作和传播的新媒体动漫,又包括基于移动互联网技术制作和传播的手机动漫。

网络视频产业:CNNIC(中国互联网信息中心)对网络视频的定义如下:"网络视频是指内容格式以 WMV、RM、RMVB、FLV 以及 MOV 等流媒体类型为主,可以在线播放、观看的文件内容。这里的在线包括两种形式:直接通过浏览器在线播放或者通过终端软件在线播放。"③ 网络视频产业是指以多媒体技术为依托,以网络媒介为平台,提供网络视频产品和网络视频服务的经营性行业。其产业链主要由内容提供商、视频运营商和终端用户三个方面构成。

网络音乐产业:2006 年文化部出台的《文化部关于网络音乐发展和管理的若干意见》中首次明确了网络音乐的概念,"它是音乐产品通过互联网、移动通信网等各种有线和无线方式传播的,其主要特点是形成了数字化的音乐产品制作、传播和消费模式。"④ 在该文件的规定中,网络音乐可分为两个部分,包括在线音乐(用户利用电脑通过传统互联网下载、播放的网络音乐)和无线音乐(用户利用手机等移动智能设备通过移动互联网和无线增值服务下载的无线网络音乐)。相较于传统的音乐产业,网络音乐产业以传统电信网络、移动互联网络和其他有线电视网络等为支撑,以数字化为核心,以多媒体技术为支持,利用所有网络平台,提供音乐服务。

网络出版产业:根据 2002 年出台的《互联网出版暂行管理规定》,"互联网出版是指互联网信息服务提供者将自己创作或他人创作的作品经过选择和编辑加工,登载在互联网上或者通过互联网发送到用户端,供公众浏览、阅读、使用或者下载的在线传播行为。"⑤ 网络出版产业是指以互联网为载体,通过"在线"方式,向受众提供互联网出版物的经营性行业。广义的网络出版物包括电子图书、数字期刊、数字报纸、电子杂志、网络游戏、新媒体动漫、网络音乐、网络视频、网络广告等以数字化形式呈现并通过互联网传播的网络文化产品与服务形式。狭义的网络出版物主要包括电子图书、数字期刊、数字报纸、电子杂志等与传统出版物一一对应的数字化出版形式。因为本书单独研究网络游戏、新媒体动漫、网络视听,所以,本书所研究的网络出版主要是指狭义的网络出版物,及其对应的产业形态。

三网融合产业:三网融合产业的概念是由美国科学家尼古拉斯·尼葛洛庞帝首次提出

---

① 卢斌,郑玉明,牛兴侦. 中国动漫产业发展报告(2012)[M]. 北京:社会科学文献出版社,2012:90.

② 邓明华. 加快我国动漫产业发展的研究 [D]. 天津:天津工业大学,2007.

③ 中国互联网信息中心. http://www. research. cnnic. cn/html/1246266359d994. html.

④ 李韵. 文化部出台《网络音乐发展和管理的若干意见》[N]. 光明日报,2012-12-13.

⑤ 新闻出版总署,信息产业部. 互联网出版管理暂行规定 [EB/OL]. 中国政府网,http://www. gov. cn/gongbao/content/2003/content _ 62636. htm.

的。他用集合的形式描述了三大产业网络的重合，三部分产业分别为计算机业、出版印刷业和广播电影业，并指出三圈重叠部分是发展最快、最有前景的领域。2010 年，《国务院关于印发推进三网融合总体方案通知》中指出："三网融合是指在向新的下一代网络的推进过程中其技术功能趋于一致，业务范围趋于相同，网络互联互通、资源共享，能为用户提供话音、数据和广播电视等多种服务。"① 三网融合产业就是指三网融合催生的电信业和广电业的新业态、新变化，其产业链演变主要体现在对传统电信业和广电业产业链的重构中。如图 2－2 所示。

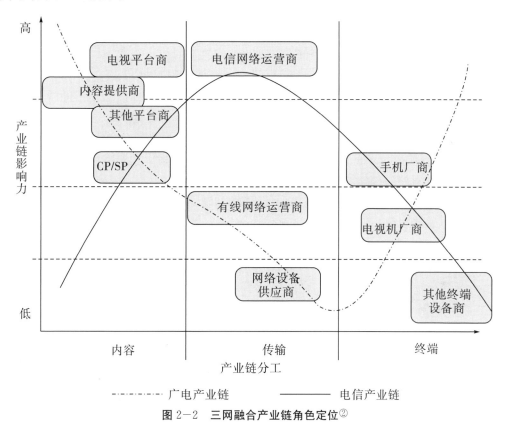

图 2－2　三网融合产业链角色定位②

二、产业政策的概念

产业政策缘起于工业革命后的资本主义国家，为了更好地促进本国经济发展，提升产业竞争力，不同的资本主义国家根据自身产业发展状况和市场竞争效率，实施了不同的产业政策，对本国经济和世界经济的发展产生了重大影响。第二次世界大战后的日本是实施产业政策最典型的国家。为了实现本国经济的快速恢复和跨越式发展，战后日本政府采取

---

① 国务院. 国务院关于印发推进三网融合总体方案通知［EB/OL］. 中广互联，http://www. sarft. net/a/43664. aspx.

② 曾剑秋，张静. 三网融合产业链演变与业务模式创新［J］. 北京邮电大学学报（社会科学版），2011，13 (6)：19－24.

了一系列的保护和扶持政策，推动本国产业发展。最终在这些政策的带动下，日本经济实现了快速腾飞，并一度成为全球第二大经济体。

产业政策的概念来源于日本，1970 年日本通产省官员在经济合作与发展组织工业委员会上发表了题为"日本的产业政策"的演讲，首次定义产业政策是有关产业合理化、产业结构论、产业结构优化、新产业体制论、产业再组织论等政策的总称。

尽管产业政策一直是世界各国经济学界研究的重要领域，围绕着产业政策的概念、产业政策的有效性的理论研究成果非常丰富。但是由于研究方法、研究角度不同，关于产业政策的概念各国学者有多种不同看法。总结起来，主要有以下几种代表性观点：一是以小宫隆太郎为代表的弥补市场缺陷说。小宫隆太郎认为，产业政策是"对以制造业为中心的产业部门通过对私人企业的活动水平施加影响的政策的总和"。他强调，产业政策核心内容是针对资源的配置方面出现的"市场失败"而进行的政策干预。二是以并木信义为代表的实现赶超说。他认为："产业政策就是当一国的产业处于比其他国家落后的状态，或者有可能落后于其他国家时，为了加强本国产业所采取的各种政策。"[①] 三是以查默斯·约翰逊为代表的学者，他们从一个国家的国际产业竞争力角度出发，来定义产业政策。他认为："产业政策是政府为了取得在全球的竞争能力而打算在国内发展或限制各种产业的有关活动的总的概括。"

笔者认为，产业政策是政策制定主体即国家政权，根据一定时期内国家产业发展目标，遵循产业发展规律，依据产业发展现状，制定的代表国家利益、产业利益的，以促进产业发展、调整产业结构、优化产业布局为目的的一系列政策措施的总和。这些政策措施对产业发展具有规范管理功能和引导扶持功能。

三、互联网文化产业政策的概念和功能

（一）互联网文化产业政策的概念

结合互联网文化产业和产业政策的概念，笔者认为，互联网文化产业政策是指国家政权根据一定时期内国家互联网文化产业发展目标，遵循互联网文化产业发展的特殊规律，依据互联网文化产业发展现状，制定的代表国家利益、产业利益的，以促进互联网文化产业发展、调整互联网文化产业结构、优化互联网文化产业布局为目的的一系列政策措施的总和。

（二）互联网文化产业政策的功能

1. 宏观调控功能

我国的互联网文化产业政策是国家为了推动我国互联网文化产业快速健康发展，提升国家文化软实力，实现社会主义文化强国目标而制定的系列政策的总和。其首要的功能是通过国家强有力的行政手段，对互联网文化产业的形成和发展进行有效干预，以国家政策调节这只"看得见的手"弥补"市场失灵"时出现的种种不足，保护互联网文化产业从业

---

① 张泽一. 产业政策的影响因素及其作用机制 [J]. 生产力研究，2009（10）：116—117.

者的合法权利，对各种网络文化市场关系加以调节和控制，对市场中出现的各种利益矛盾进行调节和控制，以促进互联网文化产业健康有序地发展。互联网文化产业市场中，依旧存在着一般市场中出现的问题，如产业地区发展不平衡、消费者与企业之间的关系与矛盾、大企业与中小企业之间发展不平衡、企业之间的纠纷、互联网文化产业与其他产业之间的关系等，为此，政府出台的针对政策主要包括《文化产业振兴规划》《中共中央关于深化文化体制改革、推动社会主义文化大发展大繁荣若干重大问题的决定》《国务院关于进一步促进中小企业发展的若干意见》《国务院关于推进文化创意和设计服务与相关产业融合发展的若干意见》《关于推动特色文化产业发展的指导意见》等。这些政策的发布有利于确定我国互联网文化产业在国民经济发展中的重要地位，推动互联网文化产业与其他相关产业的融合，调整互联网文化产业结构和布局，促进不同地区互联网文化产业的协调发展，调节互联网文化产业企业间的关系，最终实现我国互联网文化产业的协调发展。

2. 扶持引导功能

互联网文化产业政策的扶持引导功能一方面是指在互联网文化产业发展初期，为了扶持新兴产业发展，国家出台一系列的扶持引导政策，运用行政手段直接协调和控制微观经济主体的经济行为，加大国家财政对互联网文化产业的支持力度，形成各种有形和无形的政策利好，引导社会资源、经济主体向互联网文化产业靠拢，加速各种生产要素向互联网文化产业汇聚，推动互联网文化产业的快速发展。迈克尔·波特教授的产业竞争力理论认为：生产要素，国内市场需求，相关与支持性产业，企业战略、企业结构和同业竞争是构成产业竞争力的四个最主要要素，同时政府的行为、产业发展机遇等作为辅助因素也是影响产业发展、提升产业竞争力的重要因素。在社会主义市场经济体制下，国家对市场的调控既具有较雄厚的物质基础，又具有牢固的政治基础和广泛的群众基础，因此，国家产业政策对国家经济的调控能力非常强大，国家对某个产业的扶持和引导，将大大推动该产业的发展。

另一方面，国家互联网文化产业政策的扶持引导功能还指在产业发展初期，国家运用政策手段，对产业主体的产业行为进行规范和引导，确定产业内部的优先发展顺序，并从政策层面对一些杂乱无序、不规范的产业行为进行规制。政策给互联网文化产业的发展、市场主体的行为确定了方向，使互联网文化产业市场由复杂的、多面的行为，能有效地纳入到统一的明确的目标上来，按既定目标有序前进。互联网文化产业是借助互联网为主要传播渠道的一种产业形态，是属于国民经济的一部分，其发展要符合国民经济的目标，同时，网络文化是中国特色社会主义下的网络文化，要符合社会主义精神文明建设的要求。鉴于互联网文化产业中，网络游戏产业一头独大，其他产业市场规模和发展速度明显缓慢的情况，我国政府相继出台了《关于发展我国影视动画产业的若干意见》《文化部关于网络音乐发展和管理的若干意见》《关于加快我国数字出版产业发展的若干意见》等政策支持新媒体动漫、网络视听、网络出版的发展，促进网络文化相关产业的协调健康发展。

3. 管制规范功能

互联网文化产业政策的管制规范功能是指政策主体（各级政府部门）通过政策的条文规定制约、禁止政策对象（市场主体）不做什么，或者说使政策对象不发生政策主体不愿见到的行为，从而确保互联网文化产业的规范性发展。互联网发展初期，互联网存在冒用、使用虚假信息、采用不正当竞争手段、泄露用户注册信息等问题，因此，1997 年国家出台了《中国互联网络域名注册暂行管理办法》，以保证和促进我国互联网络的健康发展。在接入国际互联网方面，存在着以下的不规范现象："个人或组织进行非法联网，利用互联网传播妨碍社会治安和淫秽色情等有害信息；利用国际联网从事危害国家安全、泄露国家秘密等违法犯罪活动；在网络上散发恶意信息，冒用他人名义发出信息，侵犯他人隐私；制造、传播计算机病毒及从事其他侵犯网络和他人合法权益的活动。"① 1996 年 2 月国务院发布的《中华人民共和国计算机信息网络国际联网管理暂行规定》对国内的计算机接入国际互联网进行了管理，以保障国际计算机信息交流的健康发展。互联网文化产业作为一门新兴的产业，是近二三十年来伴随计算机、互联网的发展而产生的，在刚开始产生的时期，互联网文化产业政策是在一片空白之中，所有的政策都是在发展中逐渐摸索总结出来的。这些政策为互联网的初步发展建立了一些准则和标准，使互联网文化产业能在相对规范的秩序环境下进行行为活动。其后的政策大都以这一目标为基准，中央政府和地方政府出台的政策法规努力为互联网文化产业的发展建立一个拥有稳定秩序的经济环境，打击违法犯罪和恶性竞争的行为，对依法进行企业活动的公司加以保护。

互联网文化产业政策提倡健康积极的文化，积极推动民族优秀文化上网传播，不断提高互联网文化产品的质量和水平，限制惩罚低俗、恶俗文化，对庸俗、低俗、媚俗等现象进行严厉的抵制，反对互联网文化产品中的低俗化、过度娱乐化倾向，对于互联网文化作品中出现的危害国家安全、民族团结、社会稳定以及侵犯他人权益的内容进行了彻底清理，净化了互联网环境。为此，政府各级部门出台了《中华人民共和国计算机信息系统安全保护条例》《计算机信息网络国际联网安全保护管理办法》《文化部办公厅关于规范进口网络游戏产品内容审查申报工作的公告》《关于加强互联网视听节目内容管理的通知》《文化部关于加强和改进网络音乐内容审查工作的通知》《举报互联网和手机媒体淫秽色情及低俗信息奖励办法》《"两高"明确利用互联网手机等传播淫秽电子信息犯罪行为适用法律标准》，对互联网文化产业的内容进行管理，使互联网文化始终坚持先进文化的前进方向。

第二节 互联网文化产业政策必要性和有效性的理论依据

一、市场失灵理论

西方古典自由市场经济理论认为，只有市场作为资源配置的基本工具进行各种经济活动，才能使整个经济取得最高效率。市场是经济资源有效配置的关键因素。这一理论的基础来自于亚当·斯密在《国富论》中提出的"一只看不见的手"的著名论断，他认为，每一个个体或者企业的行为，都只是出于自身安全的考虑；他们管理产业的目的在于使生产物的价值达到最大限度，他们只会考虑自身利益。在这个场合，像在其他许多场合一样，他们受着一只看不见的手的指导，去尽力达到一个并非他们本意想要达到的目的。

① 国家互联网信息办公室. 中国互联网络域名注册实施细则［EB/OL］. 中国网, http://www.china.com.cn/chinese/zhuanti/197695.htm.

　　但是，随着资本主义国家产能过剩、垄断等一系列问题的出现，西方经济学家不得不注意到，要实现真正的、有效率的市场经济，必须是在完全理想、实现完全竞争的市场经济中。在这个理想市场经济中，进入市场的销售者和消费者足够充裕，没有人能因为市场地位的不同而决定价格、影响价格，大家都是现行价格的接受者；市场中的产品都是无差别的、同质的；不存在外部性和公共产品；任何主体进出市场都是自由的；没有信息的不对称性，市场参与者都具有对称、完全的信息。然而，现实世界远没有理想世界那么完美，并不存在完全竞争的市场经济。市场这一只看不见的手是会失灵的。由此，产生了市场失灵理论。

　　市场失灵理论认为：只有在完全竞争的市场环境中，市场才是资源配置的最优方式。但是在现实世界中，由于市场竞争本身产生的垄断，以及市场外的外部性、信息不对称现象，使得仅仅依靠市场来配置资源无法实现效率的帕累托最优，这就造成了市场失灵的出现。而市场失灵会带来竞争失败和垄断的产生、微观经济无效率、社会财富分配不公、区域经济发展不协调、宏观经济不稳定等方面的问题。

　　正是由于市场失灵的存在，所以一个国家经济的协调发展就需要有一只"看得见的手"介入，以矫正市场失灵。而这只"看得见的手"就是国家政府为了调节本国经济发展，克服市场失灵带来的各种问题，发挥其经济调节职能而制定的一系列法律条文和政策措施。国家通过法律、政策实现对国家经济的干预，是以实现完全竞争为目的，以确定市场主体间的平等地位为方式，以强化企业市场主体地位为结果的。

　　互联网文化产业作为我国市场经济的重要组成部分，首先，其产业资源的合理配置需要依靠市场机制的调节；其次，由于市场失灵的客观存在，互联网文化产业需要国家制定相关的产业政策和法律法规，规范、扶持产业发展，克服市场失灵带来的种种问题；最后，互联网文化产业是我国文化产业的重要组成部分，其产业发展受到我国文化体制的严重影响，而目前我国文化体制改革尚未完成，国有经营性文化单位转企改制，非公有制文化企业的市场平等主体地位的确定，公平竞争环境的营造都需要国家出台相关产业政策加以确定和推动。

二、后发优势理论

　　落后国家快速赶超先进国家是世界经济发展史的一个重要趋势。现代化趋势就是一个后来居上的过程。据世界银行1991年发表的《世界银行报告》显示："对于第二次世界大战后才进入现代化的后进国家，人均产出增长1倍的时间又进一步缩短了。例如，土耳其用了20年（1957—1977）；巴西用了18年（1961—1979）；韩国用了11年（1966—1977）；中国用了10年（1978—1988）。"[①] 西方经济学敏锐地察觉到了世界经济这一发展趋势，并用后发优势理论对这一现象进行了深入的阐释。

　　最早提出后发优势理论的是美国经济学家亚历山大·格申克龙。他在其《经济落后的历史透视》一书中提出了后发优势理论。在这本书里，亚历山大·格申克龙深入分析了

---

① 郭熙保，王松茂. 我国技术后发优势战略的回顾与重构 [J]. 福建论坛（人文社会科学版），2004（3）：13—18.

19世纪的德国、意大利、俄国等欧洲较为落后国家的工业化过程经验，他认为各国工业化的进程受到其工业化前提条件的差异影响。首先，经济发展越是落后的国家，其发展经济的强烈愿望会形成一种巨大的社会压力和推动力，促成社会创新、制度创新，推动经济快速发展；其次，其工业化的起步就越缺乏历史连续性，其工业化进程就会呈现出一种由制造业的高速成长所致的经济突变；最后，通过从先进国家引进技术，落后国家可以站在较高的技术起点上发展经济，同时不必花费大量的科研经费和时间。正是这些由于落后国家的后起地位所导致的特殊益处，构成了后起国家与其经济落后性共生的"后发优势"。

美国经济学家列维（M. Levy）从现代化理论角度对亚历山大·格申克龙的"后发优势"理论进行了进一步的具体化。他认为，从对现代化的认知方面来看，后发国家的认知比先发国家在现代化刚开始时的认识丰富得多；从技术层面和制度设计方面来看，后发国家可以大量采用和借鉴、引进先发国家先进的技术和经验，制定更合理的制度，而不用花费较多的经济成本和时间成本；从经济发展阶段方面来看，后发国家可以跳跃先发国家的一些必经发展阶段，极大地提高了其经济发展效率。

尽管后发国家具有共生的后发优势，但是如何发挥后发优势，真正将后发优势转化为推动经济发展的巨大动力，是落后国家共同面对的问题。通过分析亚历山大·格申克龙和列维的理论，我们不难看出，在众多的后发优势中，技术后发优势和制度后发优势是落后国家提升自身经济竞争力的关键因素之一。所谓技术后发优势，是指新技术的诞生都是需要其研发者投入大量的时间成本和经济成本的，而先发国家在其长期发展的过程中创造了大量的新技术，技术本身的强大溢出效应，使得后发国家可以通过技术引进、模仿创新点等低成本方式，利用这些技术推动自身产业的发展。再加之，由于后发国家在新技术领域的非延续性，使得其在新兴产业发展的开端就能采用最先进的技术，这为后发国家的新兴产业技术的跨越式发展奠定了历史基础。所谓制度后发优势，是指先发国家在其经济发展的过程中，经过多年的摸索已然形成了一种推动经济发展的科学制度，而后发国家可以通过模仿、学习、借鉴这些科学制度，并结合本国国情，对其进行本土化改造，最终用最低的成本建立最优的制度。而健全的、有效的、科学的制度是促进国家经济增长的关键因素。

因此，要发挥后发优势，必须有一个强有力的政府，制定适合国家突破式发展的制度，通过政府强有力的干预和健全的政策制度体系，实现后发优势。

通过分析后发优势理论，我们可以看到，在经济全球化的今天，以信息技术发展为核心的互联网文化产业，是我国发挥后发优势、实现突破式发展的重要新型产业。因此，如何模仿和学习西方互联网文化产业发展经验，借鉴西方相关产业政策，制定适合我国互联网文化产业发展的政策体系，最终推动其后来居上、跨越式发展，是我国政府制定互联网文化产业政策的基础和关键问题。

三、产业集群理论

长期以来，研究产业集群、产业区是西方经济学家研究区域经济发展的一个重要课题，关于产业集群的定义和形成机制，研究者从不同角度进行了分析。关于产业集群的研究主要有以下几种。

（一）基于新古典经济学基础的产业集群理论

作为新古典经济学家的代表人物，马歇尔认为，产业区是指众多的同类型的具有相似性的中小企业聚集在一起形成的产业集群区。他从外部经济理论角度，分析了产业集群的产生及其对经济发展的促进作用。他认为企业在地理上、空间上的集中会引起外部性产业平均成本的下降。企业聚集带来的外部性主要包括：市场规模扩大的外部性，带来原材料成本的降低和运输成本的降低；有规模的、专业的劳动力市场，充足的、专业的劳动力供给降低了企业的用人成本；信息交流与技术外溢，企业的聚集给企业带来了协同创新的可能，为企业间信息、技术的快捷有效流动提供了便利。

（二）基于新经济地理学的产业集群理论

新经济地理学派代表人物韦伯认为，产业集群分为低级阶段和高级阶段：低级阶段是指由企业自身的简单扩张引起的产业集群；高级阶段是指某一产业领域的龙头企业以完善的组织方式集中于一个地区，从而带动其他同类企业、配套企业集中于此。这时规模经济的优势显现，形成有效的地方集群效应。韦伯认为企业集群给区域经济发展带来了以下推动：提高了区域内技术的专业化程度，强化了区域技术设备的整体功效；优化了区域内的劳动力资源配置和劳动力效率；原材料的批量购买和规模出售为消灭"中间人"提供了可能，降低了交易成本；共享基础设施，降低了经常性开支成本。

20 世纪 50 年代，随着西欧工业的发展，人口、资本、技术日益向大城市聚集，在这一背景下，西方经济学家提出了增长极理论。增长极理论认为，主导部门和有创新能力的、在产业发展中占支配地位的企业在某一区域聚集而形成经济活动的中心，由于支配企业与其他企业之间的连锁效应，对其他企业产生带动效应，因此，推动该中心经济的增长，形成增长极，这个增长极在自身快速发展的同时，不断向外扩散，带动其他相关部门和周边区域经济增长，从而形成产业集群效应，推动经济区域的形成。

克鲁格曼将贸易理论和区位理论相结合从经济地理的角度探讨了产业集群的成因，他认为产业集群是由企业的规模报酬递增、运输成本和生产要素移动通过市场传导的相互作用而产生的。企业间密切的经济联系是导致产业集群的关键因素，而技术外溢是次要因素。

（三）基于新竞争理论的产业集群理论

1990 年，波特在其《国家竞争优势》一书中首先提出了产业集群（Industrial Cluster）这一概念。

他认为："国家竞争优势主要体现在产业集群上，产业集群是集中在特定区域的，在业务上相互联系的一群企业和相关机构，包括提供零部件等上游的中间商，下游的渠道与顾客，提供互补产品的制造商，以及具有相关技能、技术或共同投入的属于其他产业的企业，此外，还包括提供专业化培训、教育、信息、研究与技术支持的政府或非政府机构。"[①]

---

① 沈威. 产业集群发展与地方政府作用［D］. 杭州：浙江大学，2004.

（四）基于新社会经济学派的产业集群理论

社会经济学派对产业集群的研究源于对 20 世纪 70 年代西方一些"新产业区"的研究。"意大利的社会学家巴格纳斯克，首次提出了'新产业区'的概念，他认为：新产业区是具有共同社会背景的人们和企业在一定自然地域上形成的社会地域生产综合体。"①

新社会经济学派认为，外部规模经济的实现和共同社会文化背景下的企业合作是产业集群成功的重要因素，社会资本在产业集群中发挥着重要作用。不同社会文化环境下形成的产业集群的发展路径也各不相同。

在这些关于产业集群的研究中，学者都注意到一个重要的问题，产业集群仍然存在市场失灵问题，政府作为一种介于市场与企业之间的中间组织在产业集群的形成与发展过程中进行干预是必需的。在产业集群形成和发展的过程中，政府职能主要体现在以下两个方面：一是提供公共物品。政府在提供公共物品方面具有天然优势，可以消除由私人企业提供所带来的外部性和搭便车问题，从而保证公共物品供应的质量和规模，提升产业集群的集聚能力。二是制定相关制度和政策，推动产业集群发展。任何产业集群的发展都受到集群内制度的影响，而政府是这些制度的制定主体。因此，要促进地区产业集群的发展，政府必须依据自身情况和产业集群发展实际需要，不断制定、创新适合集群发展的制度，并适时出台相关政策，培育和促进本地优势产业集群形成，推动集群内部创新，保护集群内企业的合法权利，惩戒相关违法、违规行为等。最终通过制度创新、政策创新解决集群发展过程中遇到的问题和矛盾，提供集群的抗风险能力和竞争能力。

以内容创新为核心、技术创新为关键的互联网文化产业具有技术成本高、产业链长、上下游企业联系紧密的产业特征，因此，集群化发展是互联网文化产业发展的一种重要模式。而要形成互联网文化产业集群，就需要政府出台相关优惠政策，鼓励、培育、推动互联网文化产业集群的形成，同时互联网文化产业集群中面临的如版权保护、版权交易等一系列问题，同样需要政府出台相关政策、措施加以规范和引导。因此，互联网文化产业集群的形成和发展再一次证明了互联网文化产业政策存在的必要性和有效性。

四、产业竞争力理论

竞争主体的竞争力是由竞争中的优势生成的，因此，产业竞争力理论基础是产业优势理论。

一是比较优势理论。古典比较优势理论代表人物大卫·李嘉图认为，一个国家可以通过出口在生产效率方面具有比较优势的商品和进口具有比较劣势的商品来增加自身的福利。比较优势来源于劳动生产率的相对差异，同时，自然资源等因素也会对比较优势产生一定影响。20 世纪初，新古典比较优势理论代表赫克歇尔－俄林理论（Heckscher-Ohlin Theory，简称 HO 理论）认为，产品的生产过程会消耗包括劳动要素在内的两种或者两种以上的生产要素，各区域生产要素相对禀赋的不同和不同商品生产在要素利用密集形式上的差别是产生比较优势的根源，因此，各国各地区占主导地位的生产要素的比较优势决

---

① 马勇. 我国产业集群发展中的政府公共政策研究［D］. 北京：北京邮电大学，2010.

定了该国的产业竞争力和贸易结构。20世纪60年代，弗农从产业动态发展角度提出了产品生命周期理论。弗农认为，产品创新初期，技术和资本是产品生产的关键因素，有技术和资本优势的国家具有比较优势；产品成长和成熟期，资本是产品生产的关键因素，有资本优势的国家具有比较优势；产品进入标准化生产时期，劳动力要素是产品生产的因素，有劳动力资本优势的国家具有比较优势。因此，国家产业比较优势是一个动态的转移过程，它伴随着产品生命周期的变化而转移。各国应根据自身资源禀赋和产品生命周期来选择主导产业，从而发挥比较优势，获取比较利益。

二是波特的国家竞争优势理论。他认为，各国自然资源禀赋差异是潜在的比较优势，它侧重于国际间的产业分工和产业互补，并非真正的竞争优势；竞争优势是在比较优势的基础上多种要素综合作用的结果，它体现了各国同类产业间或可替代产品间的关系。拥有比较优势并不一定能转化为竞争优势，并最终转化为国际分工利益，竞争优势才是比较利益的最终体现。为了更好地分析国家竞争优势，波特提出了著名的"钻石理论"，其模型如图2-3所示。钻石理论认为，生产要素、市场需求、相关产业、企业战略、结构及行业竞争等因素共同构成了国家的产业竞争力，是国家产业竞争力的主要因素。同时，外部的机遇和政府的相关政策制定行为和服务措施是形成国家产业竞争力的辅助因素。这些因素，尤其是四个主要因素之间相互影响，共同作用，最终构成一个有机的整体，同时决定一国的国际产业竞争力大小。其中政府行为是指政府通过行政行为，制定产业政策、提供公共产品等对其他要素的干预和放任，影响其他生产要素。机会是指一些突发性因素，诸如科学技术的发明创新、国际社会的重大政治变化、国际市场的需求剧增等。

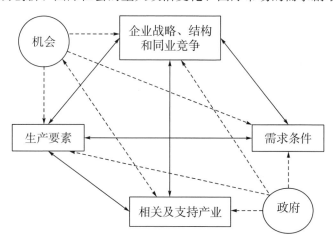

图2-3　波特的钻石理论模型

通过分析产业竞争力理论，研究产业竞争力的生成和发挥，我们不难看出，一个国家产业竞争力的产生会受到政府政策影响，只有政府充分认识本国产业竞争潜力的存在，制定适合发挥产业竞争力的相关公共政策，国家产业竞争力才能从潜在竞争优势，转化为真正的产业竞争力，实现产业竞争效应。产业竞争力的生产和发挥再次证明了国家制定产业政策的必要性和产业政策的有效性。

第三节　关于互联网文化产业政策效果有限的论争

一、政策效果有限论

20 世纪 70 年代以来，西方许多国家出现了财政赤字不断攀高、通货膨胀持续上升、失业率居高不下等经济滞胀现象，人们开始意识到政府在完成其经济职能、弥补市场缺陷时，并不像凯恩斯主义所设想的那么有效。人们开始质疑国家纠正市场失灵的真实作用。这时以美国著名经济学家詹姆斯·麦吉尔·布坎南和戈登·塔洛克为代表的公共选择学派开始形成，并逐渐形成了以"政府失灵"为核心的公共选择理论。公共选择学派认为，个人的成本与收益计算是每个人在进行政治、经济决策时的共同基础和行为前提，趋利避害和个人收益最大化是人们进行所有选择的基本动机。而作为国家管理者的政治家和官员在进行个人行为选择时，同样也是以追求自身利益最大化为前提的，尽管有些利益不一定符合公共利益。经济人的假设是选民、政治家和官员的行为准则。因此，由一个个经济人构成的政府，自然难以按照社会福利最大化的原则行事，而政府行为动机的非公共性，导致政府在纠正失灵过程中的失效，这就是政府失灵。

西方一些学者认为，造成政府失灵的因素远不仅有政府官员的经济人行为动机，还包括政府机构的低效率问题、政府信息的不完全性和政府政策的低效率问题、政府的寻租行为等。所谓政府机构的低效率，是指政府要高效地解决市场失灵问题，其前提是政府必须是一个有效率的机构，然而实际情况并非如此，任何国家都只有一个政府，在这一个不变的前提下，相对来说政府机构是缺乏竞争压力的。他们垄断了公共物品和公共服务的供给，这种垄断很有可能带来公共物品和公共服务的低质量、低效率。再加之政府并非一个市场机构，其收入主要来源于国家税收，支出主要体现在提供公共产品和公共服务，他们没有一个基本的成本和利润概念，缺乏硬性的财政收支平衡机制约束，更没有降低成本的激励机制，因此，政府行为往往不计成本，趋于浪费。而为了更好地获取政治收益，政客往往会提供超量的公共产品以博取政治和选民的选票，这最终导致了政府机构的低效率，从而造成政府失灵。所谓政府政策的低效率，是指政府通过制定公共经济政策干预国家经济发展，纠正市场失灵，但是要科学、合理地制定有效的经济政策，就必须充分掌握全面、准确的国民经济运行情况信息，但是由于政府和企业的不同主体地位和不同诉求，以及政府本身的低效率性，使得政府要全面掌握国家经济信息是不可能的。因此，基于不准确、不全面的经济信息基础上制定的经济政策自然也就很难有效纠正市场失灵。再加之市场经济本身的复杂性和政府政策的局限性，使得政府制定的许多政策存在相互矛盾、相互掣肘的问题，而不同政府部门出于自身利益考虑所制定的部门政策，又进一步加剧了不同部门政策间的矛盾与问题，这一系列问题，最终造成政府经济政策的执行效果非常有限，政府纠正市场失灵、失败。所谓政府的寻租行为，是指社会利益集团通过游说、行贿等各种手段，促使政府帮助自己建立垄断地位，以获取高额利润。其实质是寻租人通过贿赂政府，促成政府干预，最终实现用较低的贿赂成本获得较高的收益或超额利润。这是社会利益集团与政府官员之间的经济资源与政治权利交换的结果。因此，寻租的基本前提是政府拥有介入市场交易活动的政治权利。政府通过行政干预和制定法律创造不平等的社会竞争环境，并将该环境下产生的非生产利润、不当得利归于一部分人所有。由于寻租行为的非生产性，最终导致资源配置的无效和分配格局的扭曲，形成巨大的非必要社会成本，如寻租中浪费掉的资源，寻租后垄断产生的经济效率低下等问题。因此，政府的寻租行为，也是导致政府失灵，产业政策效果有限的重要因素。

二、规制俘获理论

规制俘获理论兴起于西方学者对公共利益规制理论的质疑。他们认为，规制并不一定与市场失灵正相关，并不能完全纠正市场失灵，规制并非完全是为了实现公共利益，在政府规制的过程中，规制者往往被产业利益集团所俘获，沿着对俘获者有利的方向发展。规制更多的是被产业所俘获，朝着有利于生产者的方向发展。规制更多的是利益集团实现自身私利的一种工具。政府规制俘获是指某些特殊利益集团，通过贿赂、游说等方法"俘获"国家立法者和管理机构，使其在制定规制时为他们的集团利益服务。而由于立法者和管制机构也是理性的经济人，他们也追求自身利益的最大化，因此，他们是可被俘获的。该理论的基本假设前提是政府规制制定者都是理性经济人，都有各自不同于公共利益的私利动机，而被规制企业可以通过满足他们的这些私利来对规制制定者施加影响。马克思关于大企业控制国家机构的论点认为，大资本家可以控制社会制度，而政府规制存在于这些制度之中，因此，规制是被大资本家控制的。1908 年本特利创立利益集团理论，他认为社会中只存在集团利益，所谓的公共利益并不真实存在，集团通过俘获规制制定机构来获取更大利益，因此，来自社会集团的压力是决定规制政策方向的唯一因素。

现代规制俘获理论兴起于 20 世纪 70 年代，经历了 70 年代到 80 年代的传统规制俘获理论和 80 年代末到 90 年代末的新规制经济学俘获理论两个阶段。传统规制俘获理论的代表人物施蒂格勒认为，企业为了获得更多的垄断利润，往往会通过贿赂、收买规制机构官员的方式，主动争取政府制定符合自身利益的政府规制政策，并通过这些政策将原本属于社会其他成员的福利转移到自己的利益集团中。被俘获的规制者不再是为公共利益制定规制，而是成为被规制企业追求垄断利润的一种工具，并参与分享垄断利润。佩尔兹曼认为，与被规制者企业和消费者一样，规制者即国家立法者都是追求自身利益最大化的经济人。企业追求的利益最大化是企业利润最大化，消费者追求的利益最大化是消费剩余最大化，而立法者追求的利益最大化是政治支持的最大化。因此，双方就构成了以政治支持和规制支持互为条件的交换可能，故规制就成了利益集团和规制者共同喜好的一种制度。新规制经济学的规制俘获理论认为，规制机构和国会是规制结构的两个层次。在现实社会中，企业、利益集团会向规制机构报告相关信息，了解市场需求信号。但是国会无法直接从企业处获取市场信息，只能依赖规制机构提供的二手信息。这样一种两层结构，决定了规制机构有可能、有条件向国会隐瞒信息，并向国会提供有利于利益集团的信息，制定符合利益集团利益的政府规制政策，以换取利益集团的规制政策，由此便产生了规制俘获现象。正是由于规制俘获现象的客观存在，政府在制定公共政策时并非是完全为公共利益服务的，因此，这些政策也就无法真正、完美地完成纠正市场失灵的作用，政策失效是客观存在的。

第四节　互联网文化产业政策研究的现实依据

一、党和政府对社会主义文化建设的高度重视

中国共产党作为我国的执政党，始终代表着中国先进文化的前进方向。在不同的历史时期，从执政环境和条件出发，着眼于新的执政使命，中国共产党提出了各个不同时期文化建设思想的具体方针和政策，既有其时代特征又一脉相承，使社会主义文化建设思想在不断地探索中得到发展和创新。实现文化建设与政治建设、经济建设的协调发展一直是中国共产党人一以贯之的政策。党的第一代领导集体十分强调文化的重要作用，提出了"文艺为人民服务"和"双百方针"，强调对中国传统文化"取其精华，弃其糟粕"和对西方文化"洋为中用""以我为主"。在继承了毛泽东文化思想的基础上，党的第二代领导集体对建设中国特色社会主义新文化提出了精辟的见解，高度强调：物质文明和精神文明要"两手抓，两手都要硬"。为了进一步推进社会主义精神文明建设，党的十二届六中全会通过了《关于社会主义精神文明建设指导方针的决议》，从社会主义现代化建设总体布局的高度，阐明了社会主义初级阶段精神文明建设的战略地位、根本任务和基本指导方针。党的十四届三中全会明确提出："要适应建立社会主义市场经济体制和经济发展的要求，坚持两手抓、两手都要硬的方针，加强社会主义精神文明建设。"党的第三代领导集体对精神文明建设和文化建设思想进一步完善，提出"三个代表"重要思想，指出中国共产党始终代表中国先进文化的前进方向，提出将"依法治国"同"以德治国"相结合推动文化发展的观点，强调在继承和发扬一切优秀的文化基础上，积极进行文化创新，推进中国特色社会主义文化建设。党的十六大以来，以胡锦涛同志为总书记的党中央高度重视文化建设，提出了关于中国社会主义文化建设的一系列新思想、新论断，创造性地发展了我们党关于中国特色社会主义文化建设的基本思想。提出了"建设社会主义文化强国"的根本任务和具体目标，高度重视"深化文化体制改革，解放和发展文化生产力"，中国共产党第十七届中央委员会第六次全体会议通过《中共中央关于深化文化体制改革、推动社会主义文化大发展大繁荣若干重大问题的决定》。

党的十八大以来，以习近平同志为核心的党中央高度重视精神文明建设，着眼"四个全面"的战略布局，做出了一系列重大决策部署，推动社会主义精神文明建设在理论和实践上不断取得新成就、创造新经验。中央政治局常委围绕精神文明建设领域相关问题多次召开会议，组织专题集体学习，进行全面研究和部署；召开全国宣传思想工作会议；召开三次中央文明委全体会议；召开全国宣传部长、文明办主任会议，对新时期宣传思想文化和精神文明建设工作做出安排部署；多次就精神文明建设领域工作出台各类意见、通知等，不断将精神文明建设推向更高水平。

二、历届党和国家领导人对文化建设和文化产业发展的高度重视

互联网文化产业的健康发展是事关我国社会主义文化大发展大繁荣的重要事项，我国历届党和国家领导人都高度重视中国特色社会主义文化的建设与发展。

毛泽东同志始终把政治、经济和文化结合起来思考中国的建设问题。他认为，社会主义文化事业是社会主义现代化建设的重要组成部分。毛泽东多次将经济建设和文化建设相提并论，把满足人民群众物质需要和文化需要同等对待。他强调："一定的文化（当作观念形态的文化）是一定社会的政治和经济的反映，又给予伟大影响和作用于一定社会的政治和经济。"[1] "至于新文化，则是在观念形态上反映新政治和新经济的东西，是替新政治新经济服务的。"[2] 他指出"建设一个伟大的社会主义国家"需要经济和文化的共同发展，并指出："要使几亿人口的中国人生活得好，要我们这个经济落后、文化落后的国家，建设成为富裕的、强盛的、具有高度文化的国家，这是一个很艰巨的任务。"[3]

邓小平同志提出了物质文明和精神文明两手都要抓、两手都要硬的方针。他指出："社会主义制度的优越性表现在它的文化、科学技术水平应该比资本主义发展得更快、更先进，这才称得起社会主义，称得起先进的社会制度。"[4] "我们要在建设高度物质文明的同时，提高全民族的科学文化水平，发展高尚的丰富多彩的文化生活，建设高度的社会主义精神文明。"[5] "我们要建设的社会主义国家，不但要有高度的物质文明，而且要有高度的精神文明。所谓精神文明，不但是指教育、科学、文化（这是完全必要的），而且是指共产主义的思想、理想、信念、道德、纪律，革命的立场和原则，人与人的同志式关系，等等。"[6]

江泽民同志在十六大报告中提出，全面建设小康社会，必须大力发展社会主义文化，建设社会主义精神文明。全党同志要深刻认识文化建设的战略意义，推动社会主义文化的发展繁荣。他指出："在当代中国，发展先进文化，就是发展面向现代化、面向世界、面向未来的，民族的科学的大众的社会主义文化，以不断丰富人们的精神世界，增强人们的精神力量。必须坚持马克思列宁主义、毛泽东思想和邓小平理论在意识形态领域的指导地位，用'三个代表'重要思想统领社会主义文化建设。坚持为人民服务、为社会主义服务的方向和百花齐放、百家争鸣的方针，弘扬主旋律，提倡多样化。大力发展先进文化，支持健康有益文化，努力改造落后文化，坚决抵制腐朽文化。"[7]

---

① 毛泽东. 新民主主义论（1940年1月）. 毛泽东选集（第2卷）[M]. 北京：人民出版社，1991：663—664.

② 毛泽东. 新民主主义论（1940年1月）. 毛泽东选集（第2卷）[M]. 北京：人民出版社，1991：695.

③ 中共中央文献研究室. 毛泽东文集（第7卷）[M]. 北京：人民出版社，1999：275.

④ 邓小平. 1977年9月14日会见日本新自由俱乐部访华团时的谈话. 邓小平年谱（1975—1997）（上）[M]. 北京：中央文献出版社，2004：200.

⑤ 邓小平. 在中国文学艺术工作者第四次代表大会上的祝词（1979年10月30日）. 邓小平文选（第2卷）[M]. 北京：人民出版社，1994：208.

⑥ 邓小平. 贯彻调整方针，保证安定团结（1980年12月25日）. 邓小平文选（第2卷）[M]. 北京：人民出版社，1994：367.

⑦ 江泽民论先进文化 要改造落后文化坚决抵制腐朽文化［EB/OL］. 人民网，http://culture.people.com.cn/GB/16282570.html.

胡锦涛同志认为，社会主义先进文化是马克思主义政党思想精神上的旗帜。他强调："以更深刻的认识、更开阔的思路、更有效的政策、更得力的措施，着力建设社会主义核心价值体系，着力巩固壮大主流思想舆论，着力推进改革创新，推动社会主义文化大发展大繁荣，提高国家文化软实力，为继续解放思想、坚持改革开放、推动科学发展、促进社会和谐营造良好氛围，为夺取全面建设小康社会新胜利、开创中国特色社会主义事业新局面提供强大思想文化保证。"[1]

习近平同志提出要对中华民族传统文化进行创造性转化、创新性发展的任务，指出博大精深的中华优秀传统文化是我们在世界文化激荡中站稳脚跟的根基，中华文化积淀着中华民族最深层的精神追求，代表着中华民族独特的精神标识，中华优秀传统文化已经成为中华民族的基因，潜移默化地影响着中国人的思想方式和行为方式。他指出："一个国家、一个民族的强盛，总是以文化兴盛为支撑的。没有文明的继承和发展，没有文化的弘扬和繁荣，就没有中国梦的实现。中华民族创造了源远流长的中华文化，也一定能够创造出中华文化新的辉煌。要坚持走中国特色社会主义文化发展道路，弘扬社会主义先进文化，推动社会主义文化大发展大繁荣，不断丰富人民精神世界，增强人民精神力量，努力建设社会主义文化强国。"[2]

党和国家领导人对推进社会主义文化建设和文化产业发展的重要思想和重要论断既是推动文化产业更大发展的政策依据，也是我们深入开展互联网文化产业政策研究的指导思想。

---

① 胡锦涛. 要继续大力推动社会主义文化大发展大繁荣 [EB/OL]. 人民网，http://culture.people.com.cn/GB/16283490.html.

② 习近平总书记系列重要讲话读本 [N]. 人民日报，2014-07-09.

第三章　我国互联网文化产业政策演变历程研究

第一节　1994—1999 年　互联网文化产业萌芽期的政策

1994 年 2 月 18 日，我国政府制定并颁发了我国历史上第一个关于互联网文化产业发展的政策文件《中华人民共和国计算机信息系统安全保护条例》。该条例在安全保护制度、安全监督、法律责任等方面做了相关规定。但此时中国刚刚接入互联网，不存在产业的问题，互联网的应用也仅局限于官方和学术界，未能全面地普及。同年 4 月，作为中国最早接入国际互联网的国内网络——中国科学技术网（CNNET），正式接入国际互联网，这标志着中国成为世界网络大家庭中的一员。

但是中国的互联网发展速度极快，随着互联网普及速度的加快，以互联网为技术依托的新兴行业在中国迅速发展。1997 年互联网广告业开始发展，同年国外游戏产品大举进入国内市场，"大型网络游戏"（MMOG）的概念浮出水面，联众、盛大、网易等一批网络游戏公司相继建立，中国网络游戏产业开始发展。在网络出版方面，传统新闻媒体开始进行数字化尝试，网络出版的概念开始出现。1998 年，网吧业开始兴起，它的出现使普通的人民能够以较低的成本接触互联网，为互联网的迅速普及和发展提供了巨大推动力。这一时期，我国互联网文化产业的最根本特征是网络游戏、网络出版、网络服务业等一系列以互联网技术发展为依托，以文化内容为核心的新型文化产业业态开始萌芽，互联网文化产业正式进入国民的文化消费市场。由于这一时期我国互联网文化产业刚起步，各行业的规模都不大，产业发展中出现的需要国家政策规制的问题并没有完全展现，因此在这一时期我国政府对互联网文化产业的真正管制并没有正式开始，专门针对互联网文化产业发展的产业政策还未出台。这一时期，国家出台的互联网相关政策，更多的是由国务院、信息产业部等为政策制定主体单位出台的关于规范互联网技术、保护国家网络安全等方面的规章制度。这些政策出台的基本逻辑是为了在互联网这种全球化传播媒介发展之初，为其健康发展奠定良好的制度规范，同时保护本国利益，防止由于互联网的全球传播性而造成的国家信息安全问题。

一、具体政策梳理

1994 年 4 月，中国与 Internet 全功能网络连接，标志着我国正式接入国际互联网络，从此进入网络时代。为了规范我国公民和机构的互联网行为，制定我国网络发展标准，明确国家互联网主管部门，明确信息安全主管部门，保护国家网络安全，国务院、信息产业部、公安部在此期间制定了众多规范互联网发展的基本政策条例，确保我国互联网从一开始就有一个良好的发展环境。本阶段主要的互联网文化产业政策见表 3—1。

表 3—1　1994—1999 年互联网文化产业相关政策文件

序号	文件名称	颁布机构	颁布年月
1	中华人民共和国计算机信息系统安全保护条例	国务院	1994.02
2	中华人民共和国计算机信息网络国际联网管理暂行规定	国务院	1996.02
3	公安部关于对与国际联网的计算机信息系统进行备案工作的通知	公安部	1996.02
4	中国互联网络域名注册暂行管理办法	国务院信息办	1997.05
5	中国互联网络域名注册实施细则	国务院信息办	1997.06
6	中华人民共和国计算机信息网络国际联网管理暂行规定实施办法	国务院	1997.12
7	计算机信息网络国际联网安全保护管理办法	公安部	1997.12
8	关于计算机信息网络国际联网业务实行经营许可证制度有关问题的通知	信息产业部	1998.09
9	申办计算机信息网络国际联网业务主要程序的通知	信息产业部	1998.09

二、政策针对的重点领域

在本阶段，互联网在全球范围内刚刚兴起，中国互联网产业也刚刚起步。互联网基础设施建设、网络信息服务是这一时期我国互联网建设的重点，互联网与传统文化产业相结合所产生的网络游戏产业、网络出版产业刚起步。因此，这一时期，我国互联网政策针对的重点领域主要是网络信息安全、网络基础设施建设、网络信息服务、网络域名管理、国际网络业务等影响互联网长期健康发展的互联网基础领域。

三、政策的特征

这一时期是互联网文化产业萌芽阶段，也正是互联网开始由科研实验室走向市场、走向民用的阶段，其间互联网技术快速发展，一批互联网企业相继建立，一系列互联网现象接连出现在人们的视野中，网站、网页、网络游戏、网吧、来自互联网的国际信息等新事物、新概念不断改变着人们对世界的认知，也改变着人们认识世界的方式。为推动我国互联网的快速健康发展，同时保护国家安全，避免网络全球传播带来的意识形态冲击问题、文化殖民问题，我国政府开始逐步出台规范网络信息环境、规范网络建设行为、促进网络基础建设的一系列相关政策。这些政策的特征主要表现在以下方面。

（一）明确了互联网的主管部门和相关职能部门在互联网发展中的职能范围

1994 年 2 月国务院出台的《中华人民共和国计算机信息系统安全保护条例》明确规

定："公安部主管全国计算机信息系统安全保护工作。国家安全部、国家保密局和国务院其他有关部门，在国务院规定的职责范围内做好计算机信息系统安全保护的有关工作。"[①] 1996年2月国务院颁布的《中华人民共和国计算机信息网络国际联网管理暂行规定》明确规定："国务院信息化工作领导小组（以下简称领导小组），负责协调、解决有关国际联网工作中的重大问题。领导小组办公室按照本规定制定具体管理办法，明确国际出入口信道提供单位、互联单位、接入单位和用户的权利、义务和责任，并负责对国际联网工作的检查监督。"[②]

（二）确定了我国互联网产业发展的注册、备案的行政审批管理制度

在这一时期出台的关于互联网的九条政策中，有四条政策都是关于互联网领域的注册、备案、许可证等行政审批制度，几乎占到所有政策的一半，由此我们不难看出，在我国互联网产业发展之初，由于其产业本身的意识形态属性、社会文化属性、全球传播性，使得我国政府在制定互联网产业政策时，第一层面的逻辑就是管理和规制，确保互联网产业不对国家政权、社会文化、国家意识形态、国家安全产生负面影响。因此，无论是域名还是网络信息服务，都需要经过国家相关部门的登记、备案、注册、申请相关许可证。《中华人民共和国计算机信息网络国际联网管理暂行规定》中明确规定："接入单位拟从事国际联网经营活动的，应当向有权受理从事国际联网经营活动申请的互联单位主管部门或者主管单位申请领取国际联网经营许可证；接入单位拟从事非经营活动的，应当报经有权受理从事非经营活动申请的互联单位主管部门或者主管单位审批。"[③]

（三）重视对互联网信息安全的管理，严格规范了互联网传播信息的内容

在中国正式接入国际互联网络之前，国务院就颁布了《中华人民共和国计算机信息系统安全保护条例》，旨在保护计算机信息系统的安全。条例规定公安部是国家全国计算机信息系统安全保护工作的主要职能部门。国家对计算机信息系统实行安全等级保护。公安机关有权对计算机信息系统保护工作进行监督，并在特殊情况下采取相应措施。同时为了进一步规范网络信息内容，公安部出台的《计算机信息网络国际联网安全保护管理办法》对个人和单位不能利用国际联网制作、复制、查阅和传播的信息进行了详细的规定，并明确了用户的通信自由和通信秘密受法律保护。

（四）政策制定主体行政地位高，政策本身效力大

从政策制定主体和政策效力来看，这个阶段的政策制定主体主要是国务院、公安部和信息产业部，其中国务院是我国最高行政管理机构，而公安部是我国重要的执法机构，信息产业部是当时我国信息产业的行业主管部门，因此，他们的行政地位和权力为我国早期

---

① 国务院. 中华人民共和国计算机信息系统安全保护条例［EB/OL］. 新华网，http://news. xinhuanet. com/ eworld/2010-06/05/c_12185587. htm.

② 国务院. 中华人民共和国计算机信息网络国际联网管理暂行规定［EB/OL］. 新华网，http://news. xinhuanet. com/internet/2004-05/10/content_4662719. htm.

③ 国务院. 中华人民共和国计算机信息网络国际联网管理暂行规定［EB/OL］，公安部，http://www. mps. gov. cn/n16/n1282/n3493/n3778/n492863/493115. html.

互联网政策的贯彻落实奠定了强有力的政策主体基础。另外，这些政策中有两条是以国务院令的形式发布的，这属于国家行政法规，具有法律效力，其政策权威度远远高于普通的规章制度和政策。因此，这一时期的网络政策具有政策制定主体行政地位高、政策本身效力大的特点，这为这些政策的执行奠定了良好的基础。

四、政策的影响

这一时期中国的互联网基本完成了四大主干网络的建设，中国科技网、中国教育与科研网、中国金桥信息网、中国公众互联网顺利建成，促进了中国信息网络的飞速发展，极大地推动了中国教育科研以及国民经济建设的发展。中国互联网的快速健康发展在很大程度上得益于中国政府适时出台的相关政策。笔者认为这一时期中国的互联网政策主要包括三类政策：一是网络管理政策；二是网络安全政策；三是网络产业政策。

网络管理政策：主要包括《中国计算机信息网络国际联网管理暂行规定》《中国互联网络域名注册暂行管理办法》等。国家出台这两个政策的主要原因在于：互联网发展初期，我国出现了非法入口联网和域名注册混乱的问题。所谓非法入口联网，是指互联网接入用户未经主管部门许可擅自互联网络系统，并恶意更改他人信息，散布恶意信息，侵犯他人隐私与合法权益，制造、传播电脑病毒，危害社会安全等。域名注册混乱问题主要体现在违反域名命名的限制原则注册域名、采用虚假信息注册域名和不规范的域名注册流程等。

面对我国互联网发展初期出现的这些问题，国家出台的《中国计算机信息网络国际联网管理暂行规定》明确规定："国家对国际联网的建设布局、资源利用进行统筹规划，国际联网采用国家统一制定的技术标准、安全标准、资费政策，以提高服务质量和水平。"①这一政策的颁布较好地解决了我国接入国际互联网初期的标准和规范问题，为惩治、解决非法入口联网问题提供了政策依据。

《中国互联网络域名注册暂行管理办法》以及《中国互联网络信息中心域名注册实施细则》建立了一套较完整的互联网域名注册的体系，规范了域名注册的流程和中国互联网络域名体系结构，打击了非法进行域名注册和虚假、冒名注册等违法行为，保证了域名注册信息的真实、准确、完整，促进了我国互联网络的健康发展，对加强我国互联网络域名系统的管理起到了重要作用。

网络安全政策：这一时期，面对新兴的国际互联网络，我国的计算机信息安全系统受到了许多挑战，出现了许多危害网络安全的活动。为了更好地保护国家和通信用户个人信息安全、维护国家安全，国家出台了一系列保护网络信息安全的政策，如《中华人民共和国计算机信息系统安全保护条例》《计算机信息网络国际联网安全保护管理办法》等。通过这些政策的颁布和实施，规范了人们的网络信息行为，为惩治网络违法行为提供了政策依据。这些政策的颁布和施行为打击破坏网络安全的行为提供了法律依据，加强了计算机系统和互联网的安全系数，为互联网文化产业的初步发展创建了良好的网络环境。

---

① 国务院. 中华人民共和国计算机信息网络国际联网管理暂行规定［EB/OL］，公安部，http://www.mps. gov.cn/n16/n1282/n3493/n3778/n492863/493115.html.

网络产业政策：互联网的兴起促使了网络产业的产生和发展。为了在产业发展初期规范新兴产业经营行为，国家出台了《关于计算机信息网络国际联网业务实行经营许可证制度有关问题的通知》《申办计算机信息网络国际联网业务主要程序的通知》等。这些政策首先明确了信息产业部是网络产业的主管机构，并将我国的网络行为划分为经营活动和非经营活动两大类。对ICP服务有了明确界定，并向社会放开经营的电信业务，使普通大众能够大规模、大范围、高频率地使用互联网，这为互联网文化产业的发展奠定了市场基础。

总的来说，这一时期的互联网文化产业政策，在一定程度上为互联网文化产业的萌芽和进一步发展建立了一些基本的技术规则和市场原则，对计算机系统和互联网安全保护的意义不仅在于对国家安全方面，也为互联网文化产业提供了安全良好的网络环境，同时减轻了国外互联网技术可能存在的对国家利益、国家安全的危害，为互联网文化产业在21世纪初期的初步发展奠定了基础。

第二节　2000—2004年　互联网文化产业初步发展时期的政策

本阶段中国互联网进入了迅猛发展时期，网民规模不断扩大，互联网开始渗透进入社会经济生活的各个领域，新兴的互联网文化产业开始快速发展，大量从事互联网文化产业经营的互联网企业不断涌现。2000年5月17日，中国移动互联网（CMNET）投入运行；2000年7月1日，中国联通公用计算机互联网（UNINET）正式开通；2003年4月9日，中国网通集团与中国电信集团的公众计算机互联网（CHINANET）实施拆分，并推出"宽带中国CHINA169"业务。三大上网工程（政府上网工程、企业上网工程、家庭上网工程）的启动，使互联网更进一步地深入到社会的各个方面。互联网基础设施的完善推动了互联网企业的发展。2000年4月13日，新浪网在纳斯达克上市，成为中国内地首个在美国上市的互联网企业。2000年7月5日，网易公司在纳斯达克上市公开发行股票。2000年7月12日，搜狐在纳斯达克挂牌上市。三大门户网站的相继上市，开启了中国互联网企业上市融资的时代，同时也掀起了各种社会资本对中国互联网的第一轮投资热潮。在互联网企业高速发展的同时，中国互联网文化产业主要的业态形式几乎都已经出现，且在短短的几年时间产业得到较快发展，网络游戏产业产值由2000年的3800万元飞速增长到2004年的36.5亿元，这是任何传统行业都无法比拟的增长速度；2004年中国数字出版产业产值达到50亿元的规模；2004年中国在线音乐产值突破1亿元大关，达到1.31亿元，同比增长了50.57%；网络广告也迅速发展，市场规模在2003年突破10亿元，达到10.8亿元；网吧市场规模也过百亿元。随着互联网文化产业的崛起和快速发展，网络文化市场竞争日益激烈，产业成长初期难以避免的各种问题不断出现，急需国家出台相关政策，规范产业市场行为，纠正市场失灵带来的各种问题，制定产业发展规划，引导产业有序发展。同时根据经济学中的产业生命周期理论，在互联网文化产业发展初期，产业规模小、企业数量有限、市场竞争程度较低、市场需求有待激发、技术研发及成果转化是这一时期产业发展的阻碍，因此在这一时期，政府应该通过设立产业发展专项基金、技术扶持资金、制定税收减免政策等政府财政补贴政策扶持产业发展。

本阶段国家出台的相关政策主要集中在规范网络文化市场行为，建立产业标准，引导产业健康发展以及加快新兴产业发展等方面，如《信息网络传播广播电影电视类节目监督管理暂行办法》《互联网出版管理暂行规定》《关于加强网络游戏产品内容审查工作的通知》《关于发展我国影视动画产业的若干意见》《关于实施"中国民族网络游戏出版工程"的通知》等。

一、具体政策梳理

跨入 21 世纪，我国的互联网进入了快速发展时期，互联网文化产业的各种业态开始出现，并展现出极强的产业发展态势，网络游戏、在线音乐等互联网文化产业的年产值在短短几年间从无到有，从小到大，从最初的年产值几千万元，增长到 2004 年的上亿元、甚至几十亿元。因此，这一时期为了规范互联网文化产业这一新兴产业的市场行为，确保互联网文化市场的健康有序发展，为消费者提供优质的互联网文化产品，我国政府出台的互联网文化产业政策，由产业萌芽期时只注重网络基础建设和网络信息安全，过渡到更多地关注互联网文化产业发展本身，从最初的行政管理政策过渡到产业发展管理政策。国务院及各相关部委出台了多项规范互联网文化企业行为、互联网文化市场、互联网文化产品的政策，以确保我国互联网文化产业在发展初期就能有一个良好的发展环境。

本阶段主要的互联网文化产业政策见表 3－2。

表 3－2　2000—2004 年互联网文化产业主要政策文件

序号	文件名称	颁布机构	颁布年月
1	计算机信息系统国际联网保密管理规定	国家保密局	2000.01
2	信息网络传播广播电影电视类节目监督管理暂行办法	广电总局	2000.04
3	中华人民共和国电信条例	国务院	2000.09
4	互联网信息服务管理办法	国务院	2000.09
5	互联网电子公告服务管理规定	信息产业部	2000.10
6	关于互联网中文域名管理的通告	信息产业部	2000.11
7	互联网站从事登载新闻业务管理暂行规定	国务院新闻办公室、信息产业部	2000.11
8	全国人大常委会关于维护互联网安全的决定	全国人大	2000.12
9	关于进一步做好互联网信息服务电子公告服务审批管理工作的通知	信息产业部	2001.03
10	国务院办公厅关于进一步加强互联网上网服务营业场所管理的通知	国务院办公厅	2001.04
11	计算机软件保护条例	国务院	2001.12
12	电信业务经营许可证管理办法	信息产业部	2001.12
13	电信建设管理办法	信息产业部	2002.01

序号	文件名称	颁布机构	颁布年月
14	文化部关于加强网络文化市场管理的通知	文化部	2002.05
15	互联网出版管理暂行规定	新闻出版总署、信息产业部	2002.06
16	互联网上网服务营业场所管理条例	国务院	2002.09
17	互联网等信息网络传播视听节目管理办法	广电总局	2003.01
18	互联网文化管理暂行规定	文化部	2003.05
19	中华人民共和国信息产业部关于加强我国互联网络域名管理工作的公告	信息产业部	2003.07
20	文化部关于支持和促进文化产业发展的若干意见	文化部	2003.09
21	关于发展我国影视动画产业的若干意见	广电总局	2004.04
22	关于加强网络游戏产品内容审查工作的通知	文化部	2004.05
23	关于修订《互联网文化管理暂行规定》等规章的决定	文化部	2004.07
24	互联网等信息网络传播视听节目管理办法	广电总局	2004.07
25	关于落实国务院归口审批电子和互联网游戏出版物决定的通知	新闻出版总署、国家版权局	2004.07
26	关于实施"中国民族网络游戏出版工程"的通知	新闻出版总署	2004.08
27	中国互联网络域名管理办法	信息产业部	2004.11

二、政策针对的重点领域

2000 年到 2004 年的四年，是我国互联网文化产业从无到有，产业业态从单一到丰富的关键时期。这个时期我国的互联网文化产业政策从最早单一的管理政策，开始真正迈向互联网文化产业管理与扶持并重。政策制定的主体从国务院和信息产业部扩大到文化部、广电总局、新闻出版总署等相关部委。政策针对的问题从最早的互联网信息管理，扩大到互联网文化管理。这意味着国家开始逐步意识到互联网作为一种新兴事物对社会的影响不仅仅局限于国家、个人信息安全方面，更重要、更关键的是互联网作为一种文化传播的载体，其传播的文化产品、文化内容会对国家意识形态、社会文化生活产生深远影响，更可能成为一些西方国家对我国进行文化渗透、文化殖民的工具。因此，这一时期文化部等相关部委出台了一系列规范互联网文化内容、互联网文化产品内容的相应政策，这为保证文化产品质量，提高互联网文化产品品味，抵制粗俗、低俗、庸俗的文化产品提供了政策依据，降低了劣质网络文化产品对社会，尤其是对青少年网民产生的不良影响。

这一时期，我国互联网文化产业政策针对的重点领域发生了巨大变化，从互联网接入管理和互联网信息安全管理，扩展到规范和支持网络游戏产业、新媒体动漫产业、网络视听产业、网络出版产业、网络新闻业发展等领域。政策内容从技术规范政策，逐渐发展到市场管理、产品规范和重点产业扶持等方面。通过这些政策出台，我国初步建立了一套规范互联网文化产业发展的政策体系，互联网文化产业发展逐步走上有法可依、有政策可循的有序发展道路。

三、政策的特征

相较于产业萌芽期，2000—2004 年我国互联网文化产业进入了较快发展时期，也正是由于产业的这种快速增长势头，让国家更加意识到对产业进行管理和规制的重要性，因此，这一时期我国政府开始密集地出台多项互联网文化产业政策，以期确保我国互联网文化产业在发展初期就能有一个良好的发展环境。

这一时期我国互联网文化产业政策主要具有以下特征。

（一）政策制定主体权威度和政策效力大幅提升

这一时期，我国的最高立法机关——全国人民代表大会出台了《关于维护互联网安全的决定》。这是我国第一部关于互联网发展的法律，具有极高的法律效力。该规定明确了一系列破坏互联网的运行安全和信息安全的行为将构成犯罪行为，国家机关将依照刑法有关规定追究刑事责任。这一政策的出台进一步明确了我国政府在制定国家网络政策时的最高行为逻辑，即保护国家信息安全、保证国家安全是我国互联网发展的第一前提，任何互联网运营和发展行为都不能以牺牲国家安全为代价。

（二）政策数量快速增长

相较于前一阶段，这一时期我国政府出台的互联网文化产业政策数量快速增长。这主要是因为这一时期我国互联网文化产业各种业态开始出现并快速发展。中国互联网文化产业发展中的各种问题开始显现。为了解决问题，纠正市场失灵，扶持新兴产业健康有序发展，全国人大、国务院以及各部委从产业管理、产业发展各个角度出台了多项政策，推动产业发展。

（三）政策制定主体日益多元，政出多门、多头管理的现象开始显现

相对于前一阶段，这一时期我国互联网文化产业的政策制定主体由原来的国务院和信息产业部，扩展到全国人大及文化部、广电总局、新闻出版总署、国家保密局等多个部门，互联网文化产业政出多门、多头管理的现象开始显现。相较于传统的文化产业，互联网文化产业具有极强的融合性，它通过网络技术和数字技术对传统文化行业进行全面渗透和融合，出现了网络视听、网络出版等多种跨媒体的文化产业新业态，面对这些新兴业态，我国政府基于传统经济社会结构基础上进行的部门分工，使得互联网文化产业的不同领域分属于不同的国家部门管理，单一的主管部门已不能适应互联网文化产业发展的需求。因此，就出现了互联网文化产业，甚至是同一网络文化行业由多个部门主管的情况。再加之，作为新兴产业，互联网文化产业在其发展初期就显示出了强劲的发展势头，一些行业在短短几年间就实现了市场规模的飞速增长，作为理性"经济人"的各个政府部门，积极出台各种政策，规范相关行业的发展，明确各自部门对互联网文化产业的行政主管责任。由此可见，互联网文化产业本身的融合性及良好的产业发展前景是引发我国互联网文

化产业政出多门、多头管理的重要原因之一。

（四）从政策取向看，市场管理政策和产业扶持政策并存

这一阶段，我国政府对互联网文化产业的管理呈现出管理与扶持并重的政策取向。一方面，国家进一步加强对互联网信息安全、互联网文化内容、互联网文化市场的管理，主要体现在通过颁布《全国人大常委会关于维护互联网安全的决定》，以法律的形式明确了网络信息犯罪属于刑事犯罪行为；通过《互联网上网服务营业场所管理条例》《电信业务经营许可证管理办法》《互联网出版管理暂行规定》《互联网等信息网络传播视听节目管理办法》等进一步明确了我国互联网文化产业的行政审批制度；出台了《文化部关于加强网络文化市场管理的通知》和《关于加强网络游戏产品内容审查工作的通知》，进一步加强了对互联网文化市场与互联网文化产品内容的管理。另一方面，国家开始出台各种政策扶持互联网文化产业的重点行业的快速发展，主要体现在出台了《关于发展我国影视动画产业的若干意见》《关于实施"中国民族网络游戏出版工程"的通知》等行业扶持政策，为加快新媒体动漫产业和网络游戏产业快速发展提供了政策依据。

四、政策的影响

本阶段中国的网民人数上升到了一个新的阶梯，根据中国互联网络信息中心统计显示，中国的网民数量由 2000 年 6 月的 1690 万增加到 2004 年 7 月的 8700 万。网民人数的增长为互联网文化产业的发展奠定了消费市场和消费群体。随着互联网技术与传统文化产业的深度结合，我国互联网文化产业呈现出快速发展的态势，各种新兴业态不断出现，并显示出强大的发展潜力。

各种新兴业态的出现以及新兴互联网文化产品的生产，一方面丰富了我国网络文化市场，给消费者提供了更加多元的文化产品；另一方面，新业态、新产品的出现也给政府管理者提出了很多新的问题。这主要表现在以下方面：

一是电子公告服务与网络新闻的出现，为网络谣言的产生与传播提供了空间，增加了国家信息安全管理的难度，互联网时代如何有效进行舆论引导，成为政府面临的重要难题。

二是网吧业快速发展，成为早期人们上网的重要场所。但是由于相关管理措施不到位，出现了许多无证经营的非法网吧。这些非法网吧为了获取更大的利润，允许未成年人进入，在网吧中经营非法网络游戏、传播暴力色情等不良内容，成为危害社会安全和影响青少年健康成长的重要因素。

三是网络游戏、网络视听、网络出版等快速发展，但是由于早期相关管理措施不到位，一些互联网文化产品格调低下，大肆传播色情、赌博、暴力、血腥等内容，成为诱发未成年人违法犯罪行为的新诱因，对健康的社会文化形成了巨大冲击。

四是互联网文化产品的版权认定和保护问题开始出现。由于早期网络运营的免费模式，以及我国文化产品版权保护长期疲软，在互联网时代，我国互联网文化产品的版权保护问题非常严峻。版权意识淡薄在这一时期的网络视听产业、网络出版产业尤为突出。一些网络视听网站简单地将传统的视听产品上传网络，不给原版权所有人支付任何费用，这

极大地损害了我国广电行业和传统音像出版业的利益。同时，这种免费模式也制约了我国网络视听产业自身的发展。

五是外国互联网文化产品开始进入中国，对本土互联网文化产品和民族文化传播带来了巨大冲击。

面对这些问题，我国政府在这一阶段出台了众多政策，在一定程度上为问题的解决提供了政策依据。

一是制定了《全国人大常委会关于维护互联网安全的决定》，出台了《互联网电子公告服务管理规定》和《互联网站从事登载新闻业务管理暂行规定》，进一步规范了网络信息传播行为，为惩治传播散布网络虚假信息和损害国家信息安全等行为提供了法律和政策依据。同时，更重要的是，进一步明确了国家新闻传播的主体，为构建和谐的舆论环境奠定了基础。

二是颁布了《互联网上网服务营业场所管理条例》，规范了我国网吧业的发展，在一定程度上减少了网吧业快速发展给社会稳定和文化安全带来的负面影响。

三是出台了《关于加强网络游戏产品内容审查工作的通知》《文化部关于加强网络文化市场管理的通知》等政策，对网络文化产品的内容进行了规范，为提高网络文化产品的质量和文化品位，传播健康文化提供了政策依据。

四是颁布了《计算机软件保护条例》和《互联网出版管理暂行规定》，开始意识到版权保护对互联网文化产业发展的重要性，为我国网络文化产品版权保护体系的建立奠定了基础。

五是推出了《中国民族网络游戏出版工程》以及《关于发展我国影视动画产业的若干意见》，明确了我国互联网文化产业发展的重点行业，为扶持本国网络游戏、新媒体动漫企业发展提供了政策依据。通过这些政策，增强了国产原创网络游戏企业、新媒体动漫企业的创新能力，提升了国产网游和国家动漫的竞争力，为文化走出去奠定了基础。

第三节　2005—2008 年　互联网文化产业
蓬勃发展时期的政策

互联网文化产业作为信息时代的新兴产业，既是新时代各国新的经济增长点，又是落后国家赶超先进国家的重要产业。经济学中的后发优势理论认为，经济落后国家在进行经济赶超发展时，最关键的因素是技术后发优势和制度后发优势。互联网文化产业作为新兴产业，推动其发展的一个关键因素就是新兴的信息网络技术，而在这方面，相对于西方先进国家，我国作为后发国家完全可以通过吸收西方国家的先进技术，充分利用其新兴科技本身的强大溢出效益，推动我国信息网络技术的快速发展，发挥作为后发国家的后发优势，实现新兴产业的赶超。再加之，互联网文化产业本身的快速增长性，已然成为信息时代各国实现经济增长的新亮点。因此，我国要在信息经济时代实现经济的快速发展，发挥后发优势，实现后来居上，就必须重视、扶持互联网文化产业这一新兴产业的快速发展，并以其为一个重要支点，撬动信息经济时代中国经济的腾飞引擎，实现国家经济、文化的突破发展。

而这一阶段中国网民总数超过美国，成为全球网民规模最大的国家，这既是互联网发展的结果，也为互联网产业的进一步发展奠定了基础。这期间，网络游戏飞速发展，短短几年由不到50亿元增加到2008年的172亿元，增速迅猛。动漫产业在主管部门的大力支持下获得了前所未有的发展，相继建立多个动漫基地，动漫产业市场规模由2004年的117亿元达到2005年的180亿元。在网络视频方面，建立了优酷、土豆等视频网站，网络视频产业加快发展，并形成一定的产业规模。我国互联网文化产业进入成长关键期，大量投资者进入互联网文化产业领域，各种从事互联网文化产品生产经营的互联网文化企业纷纷建立，互联网文化市场竞争日益激烈。因此，如何进一步激发互联网文化市场活力，提升互联网文化企业创新能力，提高我国互联网文化产业竞争力，是这一时期我国政府制定互联网文化产业政策的工作重点。

一、具体政策梳理

随着前一阶段互联网文化产业管理机构、管理模式的基本确立，这一阶段我国互联网文化产业政策发生了较大变化。由前一个阶段以管理、规制政策为重点，转向这一时期的产业扶持、保护为重点。网络游戏、网络音乐、网络视听、新媒体动漫是这一时期我国互联网文化产业的发展重点，国家出台了众多政策推动这些行业的发展，见表3-3。

表3-3　2005—2008年互联网文化产业主要政策文件

序号	文件名称	颁布机构	颁布年月
1	非经营性互联网信息服务备案管理办法	信息产业部	2005.02
2	电子认证服务管理办法	信息产业部	2005.02
3	互联网著作权行政保护办法	国家版权局、信息产业部	2005.04
4	关于网络游戏发展和管理的若干意见	文化部、信息产业部	2005.07
5	防沉迷系统开发标准（试行）	新闻出版总署	2005.08
6	互联网新闻信息服务管理规定	国务院新闻办公室、信息产业部	2005.09
7	互联网安全保护技术措施规定	公安部	2005.12
8	关于推动我国动漫产业发展若干意见的通知	国务院办公厅	2006.06
9	信息网络传播权保护条例	国家版权局	2006.09
10	关于网络音乐发展和管理的若干意见	文化部	2006.11
11	最高人民法院关于审理涉及计算机网络著作权纠纷案件适用法律若干问题的解释	最高人民法院	2006.11
12	关于规范网络游戏经营秩序查禁利用网络游戏赌博的通知	公安部、信息产业部、文化部、新闻出版总署	2007.01

序号	文件名称	颁布机构	颁布年月
13	关于规范"网吧"经营行为加强安全管理的通知	公安部、信息产业部、文化部、国家工商行政管理局	2007.02
14	关于进一步加强网吧及网络游戏管理工作的通知	文化部等14部门	2007.02
15	互联网视听节目服务管理规定	广电总局	2007.12
16	关于鼓励数字电视产业发展的若干政策	发展改革委、科技部、财政部、信息产业部、国家税务总局、广电总局	2008.01
17	互联网骨干网网间通信质量监督管理暂行办法	信息产业部	2008.01
18	电子出版物出版管理规定	新闻出版总署	2008.03
19	国家新闻出版总署（国家版权局）主要职责内设机构和人员编制规定	国务院办公厅	2008.07
20	关于扶持我国动漫产业发展的若干意见	文化部	2008.08
21	动漫企业认定管理办法（试行）	文化部、财政部、国家税务总局	2008.12

二、政策针对的重点领域

本时期是互联网文化产业蓬勃发展的时期，从产业份额上来看，网络游戏仍是互联网文化产业各行业中的龙头，在总的互联网文化产业市场规模中占有绝对的领先地位，同时，由于网络游戏产品本身对青少年及社会文化的影响非常大，因此，在关于互联网文化产业的政策中，网络游戏产业政策占据着重要的位置，政策类型涵盖内容管理政策、产品研发、技术标准制定、产业扶持等多个方面。网络出版和新媒体动漫产业延续前一阶段的强劲发展势头，成为互联网文化产业的新增长点，为了进一步推动这两大行业的发展，推动本土网络出版企业和新媒体动漫企业的发展，在这一阶段，国家出台了多项政策扶持行业发展。另外，这时期互联网文化产业政策最大的亮点在于对网络音乐和网络视频等网络视听产业的关注，政府出台了专门针对网络音乐和网络视频的管理和扶持政策，为新时期网络视听产业的发展创造了条件。在网络信息环境和产业发展环境方面，互联网信息和隐私泄漏事件开始爆发，以人肉搜索为主要手段的网络暴力事件开始出现，网络盗版和各种侵权现象不断发生，使得网络信息安全和网络知识产权的保护受到了更多的关注，国家进一步从政策层面加强了对网络信息服务和网络版权保护的管理力度。

三、政策的特征

互联网文化产业在这个阶段得到快速迅猛发展，互联网文化呈现出更加丰富多彩的现象。这段时期随着互联网的发展，网民人数的增加，网络应用的扩展，互联网文化产业相对于传统文化产业的创意性、娱乐性、体验性、参与性、互动性等特点更加凸显，互联网文化产品成为人们文化消费的主要产品类型。这个时期内，互联网文化产业的主要产业业态包括网络游戏产业、新媒体动漫产业、网络音乐产业、网络视频产业和网络出版产业等。这些产业逐步由产业初创期进入产业成长期，各相关产业在相互的融合促进中快速发展。因此，这个时期的互联网文化产业政策的特征主要体现在以下方面：

一是政策主体间的联合、互动增强，经常出现数个部门联合出台一项政策的现象。出现这种情况的主要原因在于：首先是互联网文化产业本身的融合性、多元性促成了这种现象。通常一个互联网文化行业会涉及多个政府职能的管理权限问题，面对这种情况，我国互联网文化产业政策出现了多部门联合出台政策的现象。其次，我国传统的政府职能部门划分已经不能满足产业融合背景下壮大起来的互联网文化产业的需要，目前也尚未成立专门的互联网文化产业主管部门对互联网文化产业进行垂直监管。而 2008 年和 2013 年两次国务院的机构改革，并没有很好解决互联网文化产业多头管理的问题，使得我国出台的互联网文化产业政策往往涉及多个部门，这在一定程度上影响了我国互联网文化产业政策的执行和效果。

二是政策制定重点从前一阶段的以管理规制为主，转向以扶持、鼓励产业发展为主。由于前一阶段我国互联网文化产业政策的重点在于管理规范产业发展，并初步确定了各网络文化行业的主管部门，因此，这一阶段我国互联网文化产业政策开始向产业扶持转向。全球的互联网文化产业在这一时期展现出巨大的发展潜力，尤其是韩国、日本这两个国家在这一阶段通过政府扶持，大力发展互联网文化产业，创造了产业跨越式发展的产业神话。从 20 世纪 90 年代起，韩国政府逐渐认识到 IT、娱乐产业对经济增长的巨大推动力，开始实行文化产业振兴计划，并以游戏产业作为韩国互联网文化产业的龙头，重点扶持。由韩国文化观光部出面组建韩国游戏支援中心，并在 1999 年 1 月成立了韩国游戏产业开发院，向韩国游戏产业提供从资金到技术上的多方面支援，并出台一系列的财政、税收、人才政策支持韩国游戏产业的发展。到 2005 年游戏产业已成为韩国国民经济的支柱产业之一，并成为韩国对外文化输出的重要途径。2003 年，日本政府开始推进内容产业，专门成立了内容产业全球策略委员会，全面统筹日本内容产业的发展，在政府的大力推动和扶持下，动漫产业迅速成长为日本的第三大产业，并成为日本进行对外文化传播的重要工具。韩日两国互联网文化产业的成功，让我国政府看到了互联网文化产业巨大的发展潜力，同时也意识到来自世界的互联网文化竞争压力。为了推动我国互联网文化产业的发展，提升本国互联网文化产品的竞争力，实现中国"文化走出去"的战略目标，这一阶段，我国政府出台了多条推动互联网文化产业发展的产业扶持政策。

四、政策的影响

在 2005 年到 2008 年的四年内，中国的经济持续发展，人均 GDP 已经迈过 3000 美元的临界点，文化消费能力和水平迎来高速增长的黄金时代。在国民文化消费能力和文化消费需求猛增的背景下，我国互联网文化产业进入了快速成长期，但是产业的快速发展也带来了众多问题：

一是网络版权保护问题日益严峻，成为中国互联网文化产业进一步发展必须解决的问题。在这一阶段，我国网络出版、网络视听产业得到了迅猛发展，以优酷、土豆、乐视为代表的视频分享类网站快速发展，但是在这一过程中，由于我国数字版权保护技术的研发应用不到位，以及网络版权保护体系不完善，网络盗版现象越发严峻，极大地阻碍了我国网络出版产业和网络视听产业的良性发展。

二是BBS等一系列网络信息传播平台的快速发展滋生了网络暴力。姜岩案成为中国网络暴力第一案。所谓网络暴力，是指网民在网上发表具有攻击性、煽动性和侮辱性的言论，造成当事人名誉损害的暴力行为，是社会暴力行为的延伸和新形态。网络暴力不同于现实生活中拳脚相加、血肉相搏的暴力行为，而是借助网络的虚拟性用语言文字对人进行讨伐与攻击。这些恶语相向的文字，往往是一定规模数量的网民，因网络上发布的一些违背人类公共道德和传统价值观念以及触及人类道德底线的事件所发的言论。这些语言文字刻薄、恶毒甚至残忍，已经超出了对于这些事件正常的评论范围，不但对事件当事人进行人身攻击，恶意诋毁，更将这种讨伐从虚拟网络转移到现实社会中，对事件当事人进行"人肉搜索"，将其真实身份、姓名、照片、生活细节等个人隐私公布于众。这些评论与做法，不但严重地影响了事件当事人的精神状态，更破坏了当事人的工作、学习和生活秩序，甚至造成严重的后果。[①] 而网络暴力事件的频发再一次显示了网络传播虚拟性给人类生活带来的负面影响。

三是本土互联网文化企业虽然成长迅速，却欠缺原创能力，互联网文化产品竞争力弱。在这一时期，虽然我国的网络游戏、新媒体动漫产业得以快速发展，但是仔细分析我国网络游戏市场，我们不难发现，在我国巨大的网络游戏市场份额中，欧美日韩所生产的游戏依旧占据主要的地位，中国的网络游戏公司主要以代理游戏的方式生存，本土独立自主开发的游戏虽然也有很大的进步，但在内容原创、技术原创方面仍处于劣势地位，这在很大程度上影响了中国网游产品的出口。据统计，2008年总计有15家中国网络游戏企业自主研发的33款游戏产品进入海外市场，仅实现销售收入7074万美元。

针对这些问题，我国政府出台了相应的版权保护政策、信息传播管理规范政策和产业扶持政策，为问题的解决提供了支持。

一是出台了《互联网著作权行政保护办法》《最高人民法院关于审理涉及计算机网络著作权纠纷案件适用法律若干问题的解释》《信息网络传播权保护条例》等版权保护政策，为进一步加大我国网络版权保护力度，打击网络盗版现象提供了政策依据。2008年初，为了进一步规范网络视听产业发展，净化网络环境，广电总局重拳整治盗版、低俗视频网站，相继关停了上百家传递淫秽色情内容和盗版影视内容的违规网站，为改善网络视频产业环境、保护版权人合法利益、推动网络视频产业创新产业盈利模式、建立健康产业链、实现产业效益的最大化提供了推动力。

二是出台了《关于网络游戏发展和管理的若干意见》《关于网络音乐发展和管理的若干意见》《关于鼓励数字电视产业发展的若干政策》《关于扶持我国动漫产业发展的若干意见》等一系列产业扶持政策，为我国网络视听产业和网络游戏产业的快速发展提供了支持。在这一系列政策的支持下，2008年我国数字出版产业收入规模达530.64亿元，比

---

① 郭丽华. 网络暴力现象探析 [J]. 新闻传播，2009（1）：69—70.

2006年增长149.13％；2008年7月16日，上海张江数字出版基地成立，这是我国第一个国家级数字出版基地，此后国家级数字出版基地开始在全国范围内布局。2008年中国网络视频总体市场规模达到13.2亿元。2008年，中国网络游戏市场实际销售收入达183.8亿元，比2007年增长了76.6％，其中自主研发的民族网络游戏市场实际销售收入达110.1亿元，占总收入的59.9％，本土网游企业的自主研发能力开始大幅度提高。在新媒体动漫方面，随着国家对动漫产业扶持力度的不断加大，我国新媒体动漫产业也得到快速增长。据艾瑞市场咨询调查统计，2005年新媒体动漫市场规模约800万元，2006年新媒体动漫市场容量达到1000万元，相比2005年增加近四分之一。随后，新媒体动漫进入高速发展期，年增长率达到上一年的1.5倍。全国共有动漫网站1.5万个，新媒体动漫市场规模不断扩大。

第四节　2009—2012年　互联网文化产业纵深发展时期的政策

这一时期，我国互联网文化产业发展经历了以下三件大事：

一是《文化产业振兴规划》的出台。2009年7月22日，国务院常务会议审议通过了我国第一部文化产业专项规划——《文化产业振兴规划》，这是这一时期最重要的文化产业政策，它的出台标志着文化产业正式上升为国家战略性产业。文化产业地位的提升，为我国互联网文化产业的快速发展奠定了坚实基础。同时，为了保证国家《文化产业振兴规划》的实施和规划目标的实现，国务院及各相关部委出台了众多配套措施，以保证规划的真正落地。如中宣部联合中国人民银行、财政部等九部委出台的《关于金融支持文化产业振兴和发展繁荣的指导意见》等。

二是三网融合工作全面展开。2010年1月13日，国务院常务会议决定加快推进三网融合。会议明确三网融合是指电信网、广播电视网和互联网的相互融合，并确定了国家推进三网融合相关工作的时间表。2010年6月底，三网融合12个试点城市名单和试点方案正式公布。国家和各试点地区纷纷出台各项政策推动三网融合的进行，在这些政策的推动下，我国三大网络间的互融互通有了一定突破，相关三网融合上下游产业的快速发展，带动各地网络新兴业态的发展和产业规模的不断扩大。三网融合成为这一时期推动我国互联网文化产业快速发展的重要推动力。

三是2011年10月15日至18日，中国共产党第十七届六中全会召开。此次会议的召开为推动我国文化产业的快速发展提供了巨大的契机和政策支持，会上通过并颁布了《中共中央关于深化文化体制改革、推动社会主义文化大发展大繁荣若干重大问题的决定》（以下简称《决定》），明确提出建设"社会主义文化强国"的国家战略。此次会议的召开和《决定》的公布，标志着我国文化改革进入了一个新阶段，是中国文化发展史的一个重要里程碑。《决定》明确提出："加快发展文化产业，推动文化产业成为国民经济支柱性产业。加快发展文化创意、数字出版、移动多媒体、动漫游戏等新兴文化产业。推进文化科技创新。抓住一批全局性、战略性重大科技课题，加强核心技术、关键技术、共性技术攻关，以先进技术支撑文化装备、软件、系统研制和自主发展，重视相关技术标准制定，加快科技创新成果转化，提高我国出版、印刷、传媒、影视、演艺、网络、动漫等领域技术装备水平，增强文化产业核心竞争力。依托国家高新技术园区、国家可持续发展实验区等建立国家级文化和科技融合示范基地，把重大文化科技项目纳入国家相关科技发展规划和计划。"[1] 该《决定》的颁布，以及《决定》中对互联网文化产业、文化科技创新的重视，为我国互联网文化产业的快速发展提供了最权威的政策保证。

在这一系列国家政策的推动下，我国各级政府部门纷纷出台多项措施推动互联网文化产业的发展。政策的强力支持成为这一时期我国互联网文化产业高速发展的关键因素。2009 年我国数字出版的产值首次超过了传统出版，并在 2010 年实现市场规模超千亿；2010 年，中国动漫产业总产值达 470.84 亿元，网络游戏产业总产值达 330 亿元，2011 年网络视听产业产值达 62.7 亿元。互联网文化产业开始超越传统文化产业，成为文化产业中重要的组成部分。但是，在产业快速发展的同时，互联网文化市场也出现了很多问题，如网络文化产品文化品位低下，网络游戏等对公众尤其是青少年的负面影响日益凸显；网络淫秽色情信息加速传播；以"人肉搜索"为代表的网络暴力事件不断出现；网络文化市场混乱；网络文化安全面临巨大威胁等。面对这些问题，国家出台了一系列整顿网络文化市场秩序、规范市场主体竞争行为的政策，以期解决问题，引导互联网文化产业快速健康发展。这些政策包括《举报互联网和手机媒体淫秽色情及低俗信息奖励办法》《关于加强互联网域名系统安全保障工作的通知》《规范互联网信息服务市场秩序若干规定》《网络文化市场执法工作指引（试行）》等。这些政策的出台在一定程度上规范了互联网文化市场，保证了互联网文化产业的快速健康发展。

一、具体政策梳理

如前所述，这一时期随着《文化产业振兴规划》的出台，国家三网融合试点工作的展开，"建设社会主义文化强国"战略目标的提出，文化体制改革的日益深入，中共中央、国务院及各部委密切围绕着社会主义文化大发展大繁荣的目标，制定了多项政策措施，以促进我国文化产业的发展。同时，互联网文化产业产值超越传统文化产业，成为新时期中国文化产业发展的领头羊。在这一背景下，各项促进互联网文化产业健康发展的政策措施陆续出台，推动了我国互联网文化产业的纵深发展，见表 3—4。

表 3—4 2009—2012 年互联网文化产业主要政策文件

序号	文件名称	颁布机构	颁布年月
1	关于加强互联网视听节目内容管理的通知	广电总局	2009.03
2	软件产品管理办法	信息产业部	2009.03
3	电子信息产业调整和振兴规划	国务院	2009.04
4	关于规范进口网络游戏产品内容审查申报工作的公告	文化部	2009.04

---

[1] 中国共产党第十七届中央委员会. 中共中央关于深化文化体制改革、推动社会主义文化大发展大繁荣若干重大问题的决定 [EB/OL]. [2011—10—25]. 新华网，http://news.xinhuanet.com/politics/2011-10/25/c_122197737. htm.

序号	文件名称	颁布机构	颁布年月
5	关于加强网络游戏虚拟货币管理工作的通知	文化部、商务部	2009.06
6	关于实施《动漫企业认定管理办法（试行）》有关问题的通知	文化部、财政部、国家税务总局	2009.06
7	关于加强对进口网游审批管理的通知	新闻出版总署	2009.07
8	文化产业振兴规划	国务院	2009.07
9	关于扶持动漫产业发展有关税收政策问题的通知	财政部、国家税务总局	2009.07
10	关于加强网络电视管理的通知	广电总局	2009.08
11	关于加强和改进网络音乐内容审查工作的通知	文化部	2009.08
12	关于印发《中央编办对文化部、广电总局、新闻出版总署"三定"规定中有关动漫、网络游戏和文化市场综合执法的部分条文的解释》的通知	中央编办	2009.09
13	国务院关于进一步促进中小企业发展的若干意见	国务院	2009.09
14	关于改进和加强网络游戏内容管理工作的通知	文化部	2009.11
15	通信网络安全防护管理办法	工信部	2010.01
16	关于进一步落实网站备案信息真实性核验工作方案（试行）	工信部	2010.02
17	"两高"明确利用互联网手机等传播淫秽电子信息犯罪行为适用法律标准	最高人民法院、最高人民检察院	2010.02
18	互联网视听节目服务业务分类目录（试行）	广电总局	2010.04
19	关于金融支持文化产业振兴和发展繁荣的指导意见	中央宣传部、中国人民银行、财政部、文化部、广电总局、新闻出版总署、银监会、证监会、保监会	2010.04
20	网络游戏管理暂行办法	文化部	2010.06
21	关于推进光纤宽带网络建设的意见	工信部、发改委、科技部、财政部、国土资源部、环保部、住建部、国家税务总局	2010.03
22	关于推进第三代移动通信网络建设的意见	工信部、发改委、科技部、财政部、国土资源部、环保部、住建部、国家税务总局	2010.04
23	三网融合试点工作方案	国务院	2010.07

序号	文件名称	颁布机构	颁布年月
24	关于加强三网融合试点地区IPTV集成播控平台建设有关问题的通知	广电总局	2010.07
25	关于三网融合试点工作有关问题的通知	国务院	2010.08
26	有线电视网络三网融合试点总体技术要求和框架	广电总局	2010.08
27	关于加强网络游戏市场推广管理制止低俗营销行为的函	文化部	2010.07
28	关于加快我国数字出版产业发展的若干意见	新闻出版总署	2010.08
29	互联网文化管理暂行规定	文化部	2011.02
30	动漫企业进口动漫开发生产用品免征进口税收的暂行规定	财政部、海关总署、国家税务总局	2011.05
31	中共中央关于深化文化体制改革、推动社会主义文化大发展大繁荣若干重大问题的决定	中国共产党第十七届中央委员会	2011.10
32	持有互联网电视牌照机构运营管理要求	广电总局	2011.11
33	规范互联网信息服务市场秩序若干规定	工信部	2011.12
34	关于扶持动漫产业发展增值税 营业税政策的通知	财政部、国家税务总局	2011.12
35	文化部"十二五"时期文化产业倍增计划	文化部	2012.02
36	关于印发下一代互联网"十二五"发展建设的意见的通知	发改委、工信部等	2012.03
37	文化产业发展专项资金管理暂行办法	财政部	2012.04
38	文化部"十二五"时期文化改革发展规划	文化部	2012.05
39	文化部关于鼓励和引导民间资本进入文化领域的实施意见	文化部	2012.06
40	"十二五"时期国家动漫产业发展规划	文化部	2012.06
41	文化科技创新工程纲要	科技部、中宣部、财政部、文化部、广电总局、新闻出版总署	2012.07
42	关于印发《网络文化市场执法工作指引（试行）》的通知	文化部	2012.09
43	文化部"十二五"文化科技发展规划	文化部	2012.09

二、政策针对的重点领域

2009—2012年是我国互联网文化产业融合发展时期，市场规模不断扩大，内容创新步入新的阶段，三网融合战略的实施更是为互联网文化产业发展带来了巨大机遇。从表

3-4可以看出，本时期我国互联网文化产业政策针对的重点领域主要包括：

一是文化体制改革政策是这一时期我国文化产业政策的重点。2011年中共中央十七届六中全会出台的《中共中央关于深化文化体制改革、推动社会主义文化大发展大繁荣若干重大问题的决定》以及2012年文化部颁布的《文化部"十二五"时期文化改革发展规划》《文化部关于鼓励和引导民间资本进入文化领域的实施意见》等将我国的文化体制改革推入到深水区。改革旧有文化体制，建立现代化文化产业体系，是这一时期我国文化改革的核心内容，也是推动我国文化产业、互联网文化产业长远发展、跨越式发展的根本动力。

二是网络游戏、新媒体动漫、网络视听、网络出版仍然是我国互联网文化产业重点扶持行业，相关扶持政策更加细化，扶持手段更加多元，文化产业基金、税收减免、金融政策等一系列政策手段，成为这一时期推动我国互联网文化产业重点行业快速发展的政策杠杆。

三是三网融合产业政策陆续出台，为推动我国三网融合产业乃至整个信息产业跨越式发展提供了巨大的政策机遇。这一时期，国务院公布的《三网融合试点方案》成为我国推进三网融合工作的重要政策依据。

四是文化科技政策成为新时期推动我国互联网文化产业发展的新亮点。2012年7月，科技部联合中宣部、文化部等发布了《国家文化科技创新工程纲要》，标志着国家文化科技创新工程正式启动，文化科技融合发展成为今后我国文化产业发展的重要方向。随后，文化部又出台了《文化部"十二五"文化科技发展规划》，这一系列政策的发布为提高我国文化领域的科技创新能力、提升文化企业的创新力、提高文化产品的科技含量、扩大中国文化产品的世界影响力奠定了基础。

三、政策的特征

虽然本时期全球依旧笼罩在金融危机造成的经济衰退阴霾中，但是中国宏观经济依旧保持着较快的发展速度，在2010年超越日本成为全球第二大经济体，互联网文化产业也在这一背景下迅猛发展，互联网文化产业产值超过了传统文化产业产值，成为我国文化产业的重要组成部分，并成为这一时期经济发展的新亮点。本时期我国互联网文化产业政策的特征主要体现在以下方面。

（一）政策制定主体权威性空前提高，中共中央成为国家文化政策的制定者

文化改革发展政策以党中央决定的形式出现为我国文化政策效力最大化的实现奠定了权威基础。"建设社会主义文化强国"成为国家发展战略，《文化产业振兴规划》的出台标志着文化产业正式上升为国家战略产业。文化产业地位的提升，以及文化产业政策制定主体权威性的大幅提升，政策效力的增强，为推动我国互联网文化产业的发展提供了巨大的国家战略机遇和政策支撑。

（二）政出多门、多头管理在一定程度上制约我国互联网文化产业发展

西方公共选择学派认为，个人的成本与收益计算是每个人在进行政治、经济决策时的

共同基础和行为前提，趋利避害和个人收益最大化是人们进行所有选择的基本动机。在经济人假设的背景下，个人利益和部门利益会影响政策主体的政策制定行为，并影响政策效果的实现。

在我国尚未形成对互联网文化产业进行垂直统一管理的体制前，互联网文化产业的产业融合特性使得它不可避免地面临多个相关部门的管理。而互联网文化产业本身的巨大发展潜力和产业收益，加剧了各相关部门获取产业管理职权的愿望。在我国互联网文化产业发展初期，工信部、文化部、新闻出版总署、广电总局就已经开始宣布自己对相关产业的主管权。随着互联网文化产业的快速发展，各部门围绕着互联网文化产品的行政审批权、网络经营许可证颁发权的矛盾，最终以文化部与新闻出版总署围绕着网络游戏审批权的矛盾形式爆发。2009年7月，新闻出版总署出台《关于加强对进口网游审批管理的通知》明确提出，新闻出版总署负责"对游戏出版物的网上出版发行进行前置审批"。任何企业在中国境内从事网络游戏出版运营服务，必须经新闻出版总署进行前置审批，取得具有网络游戏出版服务范围的互联网出版服务许可证。值得注意的是，在通知中新闻出版总署明确指出，有的部门未经国务院授权，自设网络游戏前置审批和进口网络游戏审查，造成重复审批，干扰了正常的管理程序。2010年6月文化部出台了《网络游戏管理暂行办法》，宣布国务院文化行政部门是网络游戏的主管部门，县级以上人民政府文化行政部门依照职责分工负责本行政区域内网络游戏的监督管理。两个部委针对网络游戏行政审批权的不同意见和多重审批的问题，在一定程度上加剧了我国网络游戏企业产品开发的政策风险和投资风险，影响了我国网络游戏产业的发展。

（三）从政策内容看，强化对互联网文化产业的财政、税收、金融支持是这一时期政策的显著特点

2009年，国务院出台的《电子信息产业调整和振兴规划》明确提出："加大国家投入。国家新增投资向电子信息产业倾斜，加大引导资金投入，实施集成电路升级、新型显示和彩电工业转型、TD-SCDMA第三代移动通信产业新跨越、数字电视电影推广、计算机提升和下一代互联网应用、软件及信息服务培育六项重大工程，支持自主创新和技术改造项目建设。"[①] 2010年，国务院出台的《文化产业振兴规划》明确规定："加大政府投入。中央和地方各级人民政府要加大对文化产业的投入，通过贷款贴息、项目补贴、补充资本金等方式，支持国家级文化产业基地建设，支持文化产业重点项目及跨区域整合，支持国有控股文化企业股份制改造，支持文化领域新产品、新技术的研发。支持大宗文化产品和服务的出口。大幅增加中央财政'扶持文化产业发展专项资金'和文化体制改革专项资金规模，不断加大对文化产业发展和文化体制改革的支持力度。"[②] 2010年，国家新闻出版总署出台的《关于加快我国数字出版产业发展的若干意见》明确提出："加大投入力

---

① 国务院. 电子信息产业调整振兴规划［EB/OL］.［2009-04-15］. 中国政府网，http：//www. gov. cn/zwgk/2009-04/15/content_1282430. htm.

② 国务院. 文化产业振兴规划［EB/OL］.［2009-09-26］. 新华网，http：//news. xinhuanet. com/politics/2009-09/26/content_12114302_4. htm.

度。"① "鼓励社会各界参与数字出版产业发展，用足用好金融领域支持文化产业振兴和繁荣发展的优惠政策，拓宽投融资渠道，引入战略投资者，实现投资主体多元化。"② 2012年，财政部重新修订印发的《文化产业发展专项资金管理暂行办法》明确提出，推进文化科技创新和文化传播体系建设，对文化企业开展的高新技术研发与应用、技术装备升级改造、数字化建设、传播渠道建设、公共技术服务平台建设等予以支持。

四、政策的影响

2009—2012年这几年是我国互联网文化产业纵深发展的关键时期，文化体制改革进入深水区，文化科技融合成为文化产业发展的新趋势，三网融合工作开始逐步展开，民间资本开始进入文化产业领域，中小型文化企业逐步发展，整个文化产业展现出一片繁荣景象。但是，在互联网文化产业繁荣发展的同时，由于体制改革尚不到位、相关监管体制还不完善、政策执行力度偏软等因素，我国互联网文化产业仍然面临诸多问题。

一是网络侵权严重、立法滞后。网络视听行业是网络盗版的重灾区。2009年伊始，许多视频网站都陷入侵犯版权的相关法律诉讼中，例如，中影起诉ku6网侵犯《赤壁》版权，湖南卫视起诉土豆网、ku6网侵犯《丑女无敌》版权，《集结号》版权所有方华谊兄弟起诉youku、sina等侵犯版权，网络视频版权战掀开。2011年，韩寒起诉百度侵权案，成为当时中国关于网络版权保护的著名案例。

二是网络"三俗"现象日益严峻，呈现泛滥之势。一些互联网服务提供者为了追求点击率，在经营策略上打擦边球，规避政府监管，把一些庸俗、低俗、媚俗的信息发布在网络上，甚至一些互联网信息服务提供者，为了博取眼球，制造热点，把一些虚假的、具有侮辱性的内容发布在网络上。这严重影响了我国互联网文化产业的发展，损害了合法网络经营者的利益。

三是互联网文化产业扶持政策不具体，政策难以落地。尽管经过多年的发展，我国政府已出台了多项互联网文化产业政策以支持产业发展，但是这些政策或多或少存在着政策不具体、配套政策缺失、企业难以享受政策红利的现象。

四是文化科技创新能力不足，文化科技产品缺少竞争力。这主要表现在我国文化领域的核心技术和高端系统装备国产化不足、进口依赖度高，文化科技产品缺乏原创性。同时，文化科技融合不足，科技成果转化与文化产品开发结合不紧密，缺乏具有世界影响力的原创文化科技产品。造成这一问题的原因，除了我国现代教育体制对学生原创能力培养的缺失以外，相关政策缺失也是导致这一问题的重要因素。

五是网络虚拟货币大肆发展，对现实货币市场形成了冲击，影响了现实金融秩序，再加之相关法规的滞后，虚拟货币本身也存在隐患。

面对这些问题，我国政府在这一时期出台了大量相关政策，在一定程度上为问题的解

---

① 国家新闻出版总署. 关于加快我国数字出版产业发展的若干意见［EB/OL］.［2010－08－16］. 中国政府网，http://www.gov.cn/gongbao/content/2011/content _ 1778072. htm.

② 国家新闻出版总署. 关于加快我国数字出版产业发展的若干意见［EB/OL］.［2010－08－16］. 中国政府网，http://www.gov.cn/gongbao/content/2011/content _ 1778072. htm.

决提供了政策支持。

一是出台了《中共中央关于深化文化体制改革、推动社会主义文化大发展大繁荣若干重大问题的决定》和《文化产业振兴规划》，将文化产业正式上升为国家战略产业。这两个文件的出台大力提升了文化产业的产业地位，为今后我国互联网文化产业的高速发展奠定了国家战略基础。

二是《关于金融支持文化产业振兴和发展繁荣的指导意见》《文化部关于鼓励和引导民间资本进入文化领域的实施意见》《文化产业发展专项资金管理暂行办法》等一系列产业配套政策成为我国互联网文化产业快速发展的重要支持。

三是出台了《三网融合试点工作方案》《关于三网融合试点工作有关问题的通知》《关于推进光纤宽带网络建设的意见》《关于推进第三代移动通信网络建设的意见》《有线电视网络三网融合试点总体技术要求和框架》等一系列三网融合相关政策，为我国三网融合工作的全面展开和三网融合产业的快速发展奠定了基础。

第五节　2013—2015 年　移动互联网时代
我国互联网文化产业政策

这一时期，我国互联网文化产业政策主要受到以下三件大事的影响。

（1）以习近平为领导的新一届党和国家领导班子在继续加强社会主义文化强国建设的基础上，极其重视文化安全、意识形态安全，将其提高到国家安全角度。这极大地推动了我国文化政策的制定，国家对网络文化的管控进一步加强。

首先，习近平同志进一步强调：“一个国家、一个民族的强盛，总是以文化兴盛为支撑的。没有文明的继承和发展，没有文化的弘扬和繁荣，就没有中国梦的实现。中华民族创造了源远流长的中华文化，也一定能够创造出中华文化新的辉煌。”①

其次，新一届的领导集体把“意识形态安全”提到了事关国家安全的新高度。习近平同志在全国宣传思想工作会议上强调：“意识形态工作是党的一项极端重要的工作。”②“宣传思想工作就是要巩固马克思主义在意识形态领域的指导地位，巩固全党全国人民团结奋斗的共同思想基础。”③“能否做好意识形态工作，事关党的前途命运，事关国家长治久安，事关民族凝聚力和向心力。”④

网络逐渐成为新时期最重要的宣传传播平台之一，对网络文化内容的管控成为国家加强意识形态建设，保障国家文化安全、执政安全的重要手段。因此，在这一时期，国家通过政策等各种行政手段来加强对网络文化的引导管控。

最后，党和国家对各种文艺作品中的低俗现象亮剑，国家进一步加强对网络文化作品的价值取向管控。习近平同志在主持召开文艺工作座谈会时指出：“文艺不能当市场的奴

---

① 习近平总书记系列重要讲话读本——关于建设社会主义文化强国 [N]. 人民日报，2014-07-09（15）.
② 习近平总书记系列重要讲话读本——关于建设社会主义文化强国 [N]. 人民日报，2014-07-09（15）.
③ 习近平总书记系列重要讲话读本——关于建设社会主义文化强国 [N]. 人民日报，2014-07-09（15）.
④ 习近平总书记系列重要讲话读本——关于建设社会主义文化强国 [N]. 人民日报，2014-07-09（15）.

隶，不要沾满了铜臭气。"[1] 网络文艺作品由于其制作门槛和发布门槛极低，成为低俗现象的重灾区。因此，国家网信办联合各相关部门进一步加大了网络扫黄打非工作。"2014年全年网信办关闭查处淫秽色情等各类违法违规网站 2200 余家，关闭违法违规频道和栏目 300 多个，关闭违法违规论坛、博客、微博客、微信、QQ 等各类账号 2000 多万个，组织新闻网站和商业网站自查自纠，清理各类违法有害信息逾 10 亿条。"[2] 网络空间得到了极大的清朗。2015 年 4 月，国家网信办出台《国家网信办 2015 年网上"扫黄扫非"实施方案》，进一步加强重点领域重点环节的管控。

（2）中央网络安全和信息化领导小组成立。

2014 年是中国接入国际互联网二十周年，在这二十年里，中国的互联网从小到大，从无到有，不断发展。据中国互联网络信息中心发布的报告显示，截至 2013 年 12 月，我国网民规模达 6.18 亿，互联网普及率达到 45.8%，中国已然成为世界网络大国，但是网络大国不代表是网络强国。一是我国还缺乏具有世界一流水平的自主创新企业；二是区域和城乡差距在数字时代日益加剧，"数字鸿沟"成为网络时代影响我国国家安全和稳定的一个重要因素；三是历史因素造成的网络管理体制相对混乱，各自为政的管理体制制约了我国互联网及其相关产业的发展。大而不强的网络发展现状已极大地影响了我国国家安全，来自海外的各种敌对势力不断利用网络对我国发起攻击，我国已成为网络安全的主要受害国。同时，美国、欧盟、日本、印度等国家纷纷制定了网络安全战略。面对国内外网络形势日益严峻的情况，2014 年 2 月 27 日，由习近平担任组长、李克强和刘云山担任副组长的中央网络安全和信息化领导小组正式成立，小组共 22 名成员，包括 12 位党和国家领导人，以及 10 位正部级官员。最高规格的人员配置说明，党和国家政府已将网络安全和信息化上升到国家重大战略高度。同时多个核心部委负责人作为小组成员，说明国家未来将从财政金融、国家投资、政策扶持等多方面加强对互联网和信息化产业的扶持。这一重大举措对我国互联网文化产业政策的制定带来了巨大影响。

（3）移动互联网迅猛发展，对整个互联网行业的增长贡献率超过 70%。

据《中国移动互联网发展报告（2014）》显示，截至 2013 年底，中国智能手机保有量达到 5.8 亿部，占全部手机保有量的 70%；移动互联网接入流量达到 13.2 亿 GB，占全部网络流量的 70%；移动支付金额已近 10 万亿元；用户移动端使用时长大幅增加，从 0.96 小时增加到 1.65 小时。比数量增长更重要的是，移动互联网已深入渗透到各行各业和社会生活的各个方面，为每一个个体和企业提供了更为广阔的发展空间。移动互联网的快速发展既需要国家给予大力的政策支持，同时移动互联网行业进入门槛较低且影响极大，也需要国家尽快出台相关管理规制政策，规范移动互联网产业的发展。

一、具体政策梳理

本阶段主要的互联网文化产业政策见表 3-5。

---

① 习近平. 文艺不要沾满了铜臭气 低俗不是通俗［EB/OL］. http://culture.people.com.cn/n/2014/1016/c22219-25843822.html.

② 军芳. 国家网信办打出网络空间法制化"组合拳"［J］. 信息安全与通信保密，2015（3）：58—59.

表 3—5　2013—2015 年互联网文化产业主要政策文件

序号	文件名称	颁布机构	颁布年月
1	国务院关于修改《计算机软件保护条例》的决定	国务院	2013.01
2	国务院关于修改《中华人民共和国著作权法实施条例》的决定	国务院	2013.01
3	国务院关于修改《信息网络传播权保护条例》的决定	国务院	2013.01
4	文化部关于加强行政审批规范化建设开展文化市场行政审批大检查的通知	文化部	2013.03
5	工业和信息化部关于加强移动智能终端进网管理的通知	工信部	2013.04
6	国务院关于印发"宽带中国"战略及实施方案的通知	国务院	2013.08
7	国务院关于促进信息消费扩大内需的若干意见	国务院	2013.08
8	文化部关于实施《网络文化经营单位内容自审管理办法》的通知	文化部	2013.08
9	国家发展改革委办公厅关于组织实施 2013 年移动互联网及第四代移动通信（TD-LTE）产业化专项的通知	国家发改委	2013.09
10	国务院关于推进文化创意和设计服务与相关产业融合发展的若干意见	国务院	2014.02
11	关于公开文化部目前保留的行政审批事项的通知	文化部	2014.02
12	国务院关于加快发展对外文化贸易的意见	国务院	2014.03
13	文化部 中国人民银行 财政部关于深入推进文化金融合作的意见	文化部、中国人民银行、财政部	2014.03
14	文化部关于贯彻落实《国务院关于推进文化创意和设计服务与相关产业融合发展的若干意见》的实施意见	文化部	2014.03
15	国务院办公厅关于印发文化体制改革中经营性文化事业单位转制为企业和进一步支持文化企业发展两个规定的通知	国务院	2014.04
16	关于贯彻落实《2014 年文化系统体制改革工作要点》及其《分工实施方案》的通知（文化部文化体制改革工作领导小组）	文化部	2014.04
17	关于推动 2014 年度文化金融合作有关事项的通知	财政部、文化部	2014.04
18	关于大力支持小微文化企业发展的实施意见	文化部、工信部、财政部	2014.07
19	文化部 财政部关于推动特色文化产业发展的指导意见	文化部、财政部	2014.08
20	即时通信工具公众信息服务发展管理暂行规定	国家互联网信息办公室	2014.08
21	国务院关于加快科技服务业发展的若干意见	国务院	2014.10
22	国务院关于扶持小型微型企业健康发展的意见	国务院	2014.10

序号	文件名称	颁布机构	颁布年月
23	文化部关于成立文化部网络安全和信息化领导小组的通知	文化部	2014.10
24	文化部关于推动互联网上网服务行业转型升级的意见	文化部	2014.11
25	国务院办公厅关于转发知识产权局等单位深入实施国家知识产权战略行动计划（2014—2020年）的通知	国务院	2014.12
26	关于印发《关于推动网络文学健康发展的指导意见》的通知	国家新闻出版广电总局	2015.01
27	国务院办公厅关于发展众创空间推进大众创新创业的指导意见	国务院	2015.03
28	文化部关于加强网络游戏宣传推广活动监管的通知	文化部	2015.03
29	关于小型微利企业所得税优惠政策的通知	财政部	2015.03
30	国家版权局《关于规范网络转载版权秩序的通知》	国家版权局	2015.04
31	国家网信办2015年网上"扫黄扫非"实施方案	国家网信办	2015.04

二、政策针对的重点领域

2013年以后随着智能手机和无线网络的快速发展，我国互联网络尤其是移动互联网进入飞速发展时期，互联网文化产业发展迅猛，网络游戏、新媒体动漫等产业形态借助智能移动终端实现新的增长。新的产业发展态势也带来了新的政策问题，这一时期我国互联网文化产业政策的重点关注领域发生了新的变化。

一是移动互联网成为这一时期的政策重点关注领域。

"数据显示，2013年上半年，我国3G用户达到3.2亿，同比增长81%；移动互联网用户数约8亿；智能手机出货量约2.14亿部，创下历史同期新高，手机成为我国第一大上网终端。2012年我国移动互联网相关产业收入超过了9000亿元，各种应用下载数量仅次于美国，位居全球第二。"[1] 为了推动我国移动互联网产业的健康快速发展，2013年工信部出台了《工业和信息化部关于加强移动智能终端进网管理的通知》，对移动智能终端的进网行为进行规范；同时，移动互联网技术带来的巨大市场空间和产业机遇，需要国家给予积极的政策扶持，推动市场资源向相关产业转移。2013年9月，国家发改委专门出台了相关产业扶持政策——《国家发展改革委办公厅关于组织实施2013年移动互联网及第四代移动通信（TD-LTE）产业化专项的通知》，以推动我国移动互联网产业的发展。同时，在国务院先后出台的《国务院关于印发"宽带中国"战略及实施方案的通知》和《国务院关于促进信息消费扩大内需的若干意见》都多次明确提出大力推动移动互联网及其产业化发展，加快国家信息化建设，夯实国民信息化消费的产业基础。

二是小微文化企业成为政策重点扶持对象。

---

① 张意轩. 移动互联网政策密集出台［N］. 人民日报，2013-10-31.

　　国家文化的繁荣离不开小微文化企业的发展，而互联网文化产业中除了网络运营商以外，大量的网络文化内容制作企业都是小微企业，他们在繁荣市场、激发文化创新活力、扩大文化就业等方面作用显著，但同时政策成本高、融资难、人才短缺、经营管理不善等也成为制约我国小微文化企业发展的重要问题。为了推动这类企业的快速发展，从国务院到文化部、工信部、财政部等各部委，纷纷出台了扶持小微企业和小微文化企业的专项政策，明确提出："支持小微文化企业发展，是全面深化改革战略部署的一项具体任务，是实现文化产业成为国民经济支柱性产业战略目标的重要举措和促进小微企业健康发展战略任务的重要组成部分。"① 并从提高小微文化企业的创新能力、为企业营造良好发展环境、健全企业金融服务体系、完善财税支持政策、提高国家共同服务水平等方面进行了详细的政策规定，为小微文化企业的快速发展奠定了良好的政策基础。

　　三是网络文学开始受到重视。

　　近年来，随着网络文学的不断发展，一批优秀的网络文学作品不断被翻拍成影视剧，网络文学作品的影响不断扩大，网络文学产业的产值不断增加，成为我国互联网文化产业的重要组成部分；但网络文学市场存在有高原没高峰、抄袭现象严重、作品良莠不齐、市场监管缺失等问题。为了规范网络文学市场，推动我国网络文学产业真正做大做强，成为繁荣社会主义文化市场的重要力量，2015 年 1 月，国家新闻出版广电总局第一次出台了《关于印发〈关于推动网络文学健康发展的指导意见〉的通知》（以下简称《指导意见》）。《指导意见》从规范网络文学市场主体行为、实施精品工程、建立健全网络文学编辑管理机制等方面进行了明确规定，为推动我国网络文学健康发展提供了政策依据，填补了相关领域的政策空白。

三、政策的特征

　　新时期国家政治经济文化的大发展，给我国互联网文化产业政策的制定带来了巨大的影响，我国的互联网文化产业呈现出新的政策特征。

　　一是简政放权。简化行政审批手续是这一时期我国互联网文化产业政策的一个重要内容。2013 年 3 月 20 日，李克强总理主持召开了新一届国务院全体会议，新一届政府开始全面履职。新一届政府明确提出要转变政府职能，改革行政审批制度，进一步简政放权，释放改革红利，打造中国经济升级版。在这样的大背景下，相关主管部门取消和下放了一些网络文化审批手续，网络文化市场活力得到新的激发。如 2013 年 8 月文化部出台的《网络文化经营单位内容自审管理办法》，将网络文化内容产业的事先审查交给企业，文化部门负责"后续监管"。这一政策的出台，为网络文化内容企业降低政策成本、减少审批时间和相关费用提供了政策依据。

　　二是对原有政策的修订、完善和补充。经过十多年的发展，我国的互联网文化产业进入了新的阶段，面临着新的问题，一些国家政策法规也到了失效期。因此，这一时期我国互联网文化产业政策的一大特点是对已有政策的修订和完善，如《国务院关于修改〈计算

---

　　① 文化部，工信部，财政部. 关于大力支持小微文化企业发展的实施意见［EB/OL］. 中国财政部，http://wzb. mof. cn/pdlb/zcfb/201408/t20140825_1130981. html.

机软件保护条例》的决定》《国务院关于修改〈中华人民共和国著作权法实施条例〉的决定》《国务院关于修改〈信息网络传播权保护条例〉的决定》；另外，为了进一步加大其他相关服务业对文化产业的支持力度，相关部委出台了更细致、更具可操作性的产业扶持政策，以助推文化产业发展，如文化部、中国人民银行、财政部于2014年3月颁布的《文化部　中国人民银行　财政部关于深入推进文化金融合作的意见》正是对2010年国家九部委颁布的《关于金融支持文化产业振兴和发展繁荣的指导意见》的进一步细化和完善，为解决金融支持文化产业发展中的各种技术性问题提供了政策依据。

三是助推产业融合，成为这一时期产业政策新亮点。文化产业尤其是互联网文化产业具有高渗透性的特点，它与其他产业间存在多向交互融合的关系，互联网文化产业与其他实体经济相融合将为我国提升产业竞争力，实现由"中国制造"向"中国创造"的转变起到重要的推动作用。因此，为了加快产业融合，2014年2月国务院专门出台了《国务院关于推进文化创意和设计服务与相关产业融合发展的若干意见》，为相关产业间的深度融合提供了政策支持。

四是政策扶持管理与网络执法行动并举，进一步加强对网络空间的净化。为了规范网络市场主体的市场行为，打击网络犯罪，2013年以来，我国各部委纷纷出台各项规制政策，规范网络文化企业的市场行为，如《文化部关于加强网络游戏宣传推广活动监管的通知》《即时通信工具公众信息服务发展管理暂行规定》《国家版权局〈关于规范网络转载版权秩序的通知〉》《国家网信办2015年网上"扫黄扫非"实施方案》等；另外，为了净化网络空气，整顿互联网乱象，国家网信办联合全国"扫黄打非"工作小组办公室、工业和信息化部、公安部等部门联合开展多个网络整治专项活动，努力净化网络生态，重塑网络空间。这些活动包括"扫黄打非·净网2014"专项行动、打击整治"伪基站"专项行动、"剑网2014"专项行动等。这些专项行动查处了大批淫秽色情网站和发送垃圾短信的"伪基站"，极大地打击了网络盗版行为，保护了网络版权人的合法利益，为互联网文化产业的积极健康发展创造了良好环境。

四、政策的影响

这一时期我国的互联网文化产业发展面临着来自国内外的双重压力和挑战：

一是2013年美国"棱镜门"事件的曝光，美国政府对本国公民及海外公民数据信息隐私权的侵犯行为引起了广泛关注。世界各国开始纷纷审视自身的网络安全建设，进一步加快国家网络安全系统建设，提升网络防护能力。2014年，欧盟三大领导机构提出要在2014年度通过欧洲数据保护改革方案。印度和日本在2013年相继提出《国家网络安全策略》和《网络安全战略》，以构建具有自主权的网络安全体系。建立安全、强大、可信的网络安全体系已成为事关国家安全的重大战略问题。

二是网络空间本身的匿名性、去中心化加大了网络空间管理的难度。尽管多年来我国各政府部门出台了相关的网络文化内容规制政策，但是由于网络本身的去中心化和网络内容制作发布的低成本性，以及网络传播的快速性，使得我国网络文化内容良莠不齐，一些淫秽色情和危害国家安全的内容在网络上传播，极大地影响了国家意识形态安全和执政安全。

　　面对国内外日益严峻的网络安全挑战，这一时期，我国的互联网文化产业政策从保障国家网络安全、规制网络市场主体行为、净化网络空间空气出发，制定和出台了一系列政策，并且围绕这些政策开展了一系列的网络整治活动，从很大程度上打击了网络犯罪行为，维护了国家网络空间的正常秩序和合法企业的正当利益。同时，国家网信办的正式成立更是为我国网络安全体系的构建提供了机构保障，也为改变互联网文化产业领域的多头管理、重复审批等问题提供了可能。

第四章 互联网文化产业的特殊性研究

第一节 文化产业的一般属性

文化产业的概念出现于 20 世纪初,全球最早提出文化产业概念的学者是霍克海默和阿多诺,他们在合著的《启蒙辩证法》中,首次对文化产业进行了定义,并以 Culture Industry 为之命名,我们国家将其译为文化产业。根据 2003 年 9 月中国文化部制定下发的《关于支持和促进文化产业发展的若干意见》,文化产业被界定为从事文化产品生产和提供文化服务的经营性行业。2012 年,国家统计局颁布的《文化产业及相关产业分类(2012)》做出了如下界定:"文化及相关产业是指为社会公众提供文化产品和文化相关产品的生产活动的集合。"[①] 由此可以推导,文化产业具有以下属性。

一、文化产业具有文化属性

文化属性就是指个人、团体、民族的生产生活习惯的定性,是人探索自身及自身同外部环境的相互联系、相互作用而生成的生存模式和精神追求。文化产业作为文化产业化的结果,其天生具有文化属性的特质。

文化产业的文化属性体现在以下几个方面:

一是文化资源是文化产业资源的核心要素。文化产品的设计、开发、制造都离不开对文化资源的充分利用和开发。我国丰富的历史文化资源和灿烂的民族文化资源,是我国文化产业开发的基础核心,这些深厚的资源要素为我国文化产业开发奠定了强大的基础。

二是文化产业生产的产品是文化产品。相较于其他物质产品,文化产品作为一种精神生活产业,对人们进行精神文化熏陶的文化价值是它的最核心价值。文化产品的文化价值包括文化审美价值、精神认识价值、文化教育价值、文化道德伦理价值等。文化产品的精神文化内容和文化价值因素是文化产品发挥影响社会,影响人类生产、生活积极作用和重要影响的基础。文化产品的价值高低在很大程度上取决于文化产品对人类社会所产生的影响力大小。

三是消费者消费文化产品更多的是消费其内在的文化价值,而非外在的物质载体。以文学作品为例,一部文学小说对于其读者来说,重要的是阅读小说的内容,而不是小说的

---

① 国家统计局. 文化及相关产业分类(2012)〔EB/OL〕. 国家统计局,http://www.stats.gov.cn/tjsj/tjbz/201207/t20120731_8672.html.

显示形式，不管该小说是以网络小说、杂志连载，还是以书籍出版等形式出现，都不会影响读者对其内容的消费。"文化产品的价值实现与增值正是来自生产主体的文化创造，更有赖于消费者对产品文化内涵的认知与再创造。"① 人们对文化产品的消费并没有对其文化产品本身产生消耗性的损失，它不像其他物质产品，人们对物质生活产品的消费就是对产品本身的实物消费，物质产品随着消费的完成也消失殆尽，不可再利用。但是，人们对文化产品的消费实质上是通过大脑对文化产品的吸收、利用、提升，通过收听、收看、欣赏等方式对文化产品的内在价值进行把握、体验。在这个过程中文化产品的文化价值非但没有消亡，反而会随着人们的文化再创造得以提升。"在这个消费过程中，文化产品的审美价值不但没有减少，反而通过消费实现了文化产品价值增值。"②

二、文化产业具有经济属性

文化产业的经济属性是指文化产业作为一种经济活动，其囊括了生产文化产品、流通文化产品、传播文化内容产品、消费文化内容产品和文化服务等。与其他物质生产产品一样，文化产品具有使用价值和交换价值，文化产业产生经济效益。

文化产业的经济属性体现在以下几个方面：

一是文化产业的发展与其他产业发展一样，遵循着相同的经济规律，遵守着相同的市场规则。"文化产业所生产的文化产品是人类精神智力创造的物化形态，在市场经济条件下，它具有经济价值，包括使用价值和交换价值。"③ 文化产品的使用价值主要表现在它不断满足人类的精神文化和文化审美的需要。在这方面，文化产品的有用性和使用价值远远超过了其他物质生产产品。在市场价值方面，文化产品生产者通过对文化产品的生产、流通、销售，实现文化产品的交换价值。"供求机制、价格机制、竞争机制、等价交换原则、赢利最大化原则等，不以人的意志为转移地影响文化产品品质、效益和文化生产者的行为选择。"④ 文化产业的生产者要想自己的文化产品在市场中取得优势地位，就必须遵循一般的市场经济规律。

二是文化产业有客观的市场需求与目标消费群体，文化产品需要在市场流通中变现。人的生存和发展不仅需要物质产品的支持，也需要精神性消费和社会性消费。与物质产品的市场需求拉动产业的形成一样，现代社会人们具有了休闲时间和财力来消费精神文化产品，如购买课本、参加专业知识培训等。这些文化消费如同人们吃饭、住房一样，是维持人力资本再生产的必要组成部分，而这些消费者构成了文化产业的目标消费群体。与一般企业相同，文化产品需要接受市场检验，也需要通过广告、运输、储存、批发、零售等环节，由消费者选择。

三是文化产业的产品制作、销售在程序上与其他工业产业一样，都符合一定的生产规律和程序。文化产业与工业企业一样，文化产品也需要先有设计，而后才有生产制造，这

---

① 杨承志. 关于文化产品价值的哲学思考［N］. 光明日报，2007-08-14.
② 杨承志. 关于文化产品价值的哲学思考［N］. 光明日报，2007-08-14.
③ 杨承志. 关于文化产品价值的哲学思考［N］. 光明日报，2007-08-14.
④ 杨承志. 关于文化产品价值的哲学思考［N］. 光明日报，2007-08-14.

就是我们常说的创作。不过，"文化产品是一种将抽象的文化转化为具有高度经济价值的产品，这需要将内容的原创性与形式的变化性融入具有丰富内涵的文化之中，并依据经济规律，通过一定的商业模式的运行，最终作为商品提供给消费者。"① 文化产品的产值创造和价值提升需要作为资源存在的文化本底和人类智慧。因此可以看出，文化产业的发展与一般商品相同，都需要市场需求、设计、复制、流通等基本环节，都遵循着一般商品经济规律。一出戏走红、一部书畅销、一部电影叫座，无一例外都是其价值与价格适应市场的产物。

三、文化产业具有意识形态属性

"意识形态是与一定社会的经济和政治直接相联系的观念、观点、概念的总和，包括政治法律思想、道德、文学艺术、宗教、哲学和其他社会科学等意识形态。文化产业区别于其他经济产业的最本质特征就在于其所具有的意识形态属性。"② 相较于其他产业，以内容生产为根本特征的文化产业具有鲜明的意识形态属性。文化产业的意识形态属性是其最根本的产业属性，并且不会随着国家、时代的变化而发生变迁。世界上所有国家的文化产业，以及文化产业各个阶段生产制作的文化产品都具有意识形态属性。因为文化产品的核心是内容，无论哪个国家、哪个时期的文化产品内容，都包含着一个国家、民族共有的社会道德标准、人文精神追求、个人行为规范、社会价值取向等。这些内容反映了人们尤其是文化产品生产者对当时社会物质文明和精神文明的深刻解读。换言之，一种文化产品必然代表着一种表达、蕴含着一种主张，区别只在于其是否明显指向哪个层面。即使是法兰克福学派所批评的大众文化，实际上也是对一种生活方式和价值追求的表达。完全摆脱精神诉求和价值评判的内容产品是不存在的。

鲜明的意识形态属性是文化产业区别于一般经济产业的最主要、最突出的特殊属性。文化产品是文化产业意识形态属性的根本来源。尽管文化产品作为一般商品是人类劳动的成果和商品，具有使用价值和交换价值。但是，文化产品作为一种精神文化产品，必然受到社会文化环境、国家政治制度、受众思想观念、价值观念等一系列文化政治因素的影响，必定是社会政治制度、意识形态的体现。同时，文化产业又通过文化产品的生产和传播，影响社会文化、国家制度、受众意识形态。

---

① 陈亚民，吕天品. 文化产业的商业属性及商业模式 [J]. 商业研究，2010（3）：153-157.
② 韦洪发，李立群. 提升高校思想政治教育理论课教学效果路径探析 [J]. 长春教育学院学报，2015（13）：59-61.

第二节　互联网文化产业特殊性解析

一、互联网文化产品的特征

（一）产品的数字化和产品展现平台的虚拟性

网络塑造了一个数字化的虚拟空间，并以虚拟的形式实现了对现实文化的超越。"虚拟性是一种符号化的活动，具有多维特征：其一，是对客观事物的现实虚拟，是现实在网络空间的再现；其二，是对现实超越性的虚拟，即对现实中存在的可能性的一种虚拟，是可能具有的虚假性；其三，是一种对现实背离的虚拟，这种虚拟存在荒谬性的可能性。"①

相对于传统文化产业，互联网文化产业的产品将传统文化内容转变为数字，再对这些数字进行模型化，把它们转变为以 0 和 1 组成的二进制代码，引入计算机内部，进行统一处理。不论是网络游戏还是新媒体动漫等互联网文化产业的业态，均是以二进制技术为基础，通过计算机的各种技术最终呈现在互联网上的一种形态。作为以提供网络文化产品和网络文化服务为核心产品的生产经营性行业，互联网文化产业与传统文化产业最大的区别在于，它以互联网络为最重要的产业平台，它的应用平台主要存在于虚拟的网络空间。"虚拟"指与网络计算机相关的"数字化虚拟"，它是一种用二进制方式建构事物和产品的新兴数字技术。人类通过数字虚拟技术的运用，重新建造了一个虚拟的但又来源于现实，具有现实特点，且能影响现实社会的"真实"的空间。在这一空间人们消费网络文化产品和服务。网络的虚拟性构成了网络经济活动的非实体性，所有的网络经济活动已不再需要面对面地进行，而是通过网络虚拟空间进行数字化的交换和传递，虚拟的网络空间成为网络市场流通领域。

（二）互联网文化产品消费的共享性及成本的低廉性

网络平台的虚拟性、网络市场平台的虚拟性以及网络产品本身的虚拟性，使得所有网络文化产品消费者的网络文化消费都在一个互通互联、多元网状的网络平台上进行。在双向互动的网络虚拟平台上，不同消费者对同一平台提供的网络文化产品具有共同消费的共享性和非排他性。简单来说，就是一个网络文化产品可以供多个消费者在同一时段或者不同时段进行消费使用，而其生产成本不因使用人数、次数、时间的增多而增加，且产品的使用价值也不会受到消费者增多、时间交差的影响。网络的共享性造就了网络文化产品的消费共享性，从而带来了巨大的网络文化消费群体，使得同一网络文化产品可以以低成本多次销售，从而降低了消费者的使用成本，最终为网络文化产品赢得更多的消费群体、降低投资风险奠定了基础。

---

① 何精华. 网络空间的政府治理［M］. 上海：上海社会科学院出版社，2006：11.

（三）互联网文化产品使用的个性化

随着网络推送技术的应用，网络文化产品具有了个性化、定制化的特征。"信息推送技术是为解决网络信息源急剧膨胀而出现的一种新技术。它是一种特殊的软件系统，该软件能够根据用户事先向系统输入的信息请求，如用户的个人档案、个人信息主题、研究方向等，主动地在网上搜索出与用户需求相符合的主题，并经过筛选、分类、排序，按照每个用户的特定要求，在适当的时候传递至用户指定的地点。"[①] 信息推送技术使得网络文化产品的提供者可以根据网络文化消费者的消费偏好，为其提供个性化的网络文化产品和服务。要获得更多、更好、更需要的个性化信息，网民就必须出让更多的个人信息和一些隐私信息及权力，在网络空间中，网民个人信息和权力的出让数量与其获得的信息服务质量是呈高度正相关性。这就是著名的"网络180度效应"。在Web2.0时代，网络文化消费者的创意和个性成为推动网络文化产品研发设计的一个重要因素。

（四）互联网文化产品生命周期短，产业投资风险高，产业竞争激烈，新兴业态不断涌现

1966年，美国著名学者雷蒙德·弗农在论文"产品周期中的国际投资与国际贸易"中首次提出产品生命周期理论（Product Life Cycle）。他认为，商品与生命相似，有一个从出生、成熟到衰老的过程，产品的生命周期具体可分为新产品阶段、产品成熟阶段和产品标准化阶段。产品的生命周期越长，越容易累积产品效益，体现规模优势，同时，通过产品影响力和盈利能力的积累，厂商可在竞争中更具优势，从而拥有更好的新产品研发和设计能力，以及市场掌控能力。传统的产品生命周期理论认为，影响产品生命周期的核心因素是生产技术的进步，任何一种旧产品的淘汰，其根本原因都是由于科技进步推动了新产品的发明。因此，一个产业的产品生命周期与其产业本身的高新科技属性有着密切的关系。互联网文化产业作为一个以信息技术革新为关键的新兴产业，其产业本身的发展与科学技术的进步有着极其密切的关系，新技术的发明会直接带来互联网文化业态的变化，网络文化产品也会随之更新换代，相比于其他产品，互联网文化产品具有产品生命周期短、产业投资风险高的特点。以网络游戏产品为例，一款网络游戏的生命周期大约为3～5年。在产品导入的第一年时间里，往往是游戏运营商对游戏进行内测和公测的时期，这一阶段游戏运营商会向一些资深玩家限量发放游戏测试账号，邀请他们免费试玩游戏，参与游戏测试，以便找出游戏设计中的缺陷，加以改进。这一年网络游戏运营商是不能实现盈利的。第二年和第三年是网络游戏产品的成熟期，这时游戏运营商向公众全面开放游戏，开始实现游戏盈利。第四年随着新的网络游戏产品的面市，旧网络游戏产品开始进入衰退期，游戏玩家逐渐减少，产品盈利能力持续降低。第五年随着新网络游戏产品的成熟，旧网络游戏产品逐步被取代、淘汰，而在同时面市的几十款游戏里，往往只有几款经典游戏能够存活，市场淘汰率极高。由此可见，一款游戏产品从其开始导入市场起到退出市场的3～5年时间里，只有1～2年时间可以盈利，而这还不包括产品本身研发设计所耗费的时间，以及网络游戏产品的行政审批时间。互联网文化产业本身的高科技性缩短了互联网文

---

① 朱芸. 推送技术：网络个性化信息服务的关键技术［J］. 情报探索，2007（12）：58－59.

化产品的生命周期，也就减少了互联网文化产品的盈利空间，加剧了互联网文化产业的投资风险。因此，快速发展的互联网文化产业既是高利润产业，也是高风险产业。

二、互联网文化产业的高新技术性

哈贝马斯认为，科学技术的准自动进步是经济增长所依赖的独立变数，这是由于：一方面，除了劳动力等生产力的其他要素外，科学技术是剩余价值的独立来源；另一方面，科学技术是剩余价值、社会财富的真正来源。随着人类简单机械的体力劳动日益被机器所取代，脑力劳动成为创造剩余价值的关键因素。而脑力劳动的最终结果就是转化为科学技术的开发和应用，因此，科学技术成为现代社会创造社会财富的关键因素。马克思主义者认为，科学技术是第一生产力，强调科学技术在推动经济发展、社会进步中的重要作用。由此我们不难看出，不管科学技术是经济增长的独立变数，还是社会发展的第一生产力，科学技术在现代经济中都扮演着至关重要的角色。因此，一个产业的高新技术性是决定这个产业未来发展空间的关键要素。

当下社会，高科技技术迅猛发展，各领域不断取得突破性的成就，为互联网文化产业的快速发展提供了条件。"卡斯特在《网络社会的崛起》中提到，信息化经济的独特性在于它形成了以信息科技为基础的技术范式，彻底释放了成熟工业经济潜在的生产力，新技术范式改变着工业经济的范围与动态性，创造了全球经济。"① 信息技术时代，以互联网为代表的新兴科学技术，在革新旧有技术的同时，更是给现代产业带来了颠覆式的革新，各大传统行业领域都出现了以"互联网＋"为核心的新兴业态。"互联网＋"背景下的互联网文化产业也不例外，依托不断创新的信息科学技术和互联网技术，将文化科技创新力不断转化为文化生产力，革新文化产业的样态和业态，提高自身文化资源的质量，拓展资源范围，提升产业的外部适应能力，推动产业要素间的融合创新。另外，云计算、大数据、物联网等新兴技术之间的融合发展，进一步推动了互联网文化产业的创新和变革，在新技术的支持下，出现了大批全新的互联网文化业态。同时，在移动互联技术不断发展的背景下，互联网文化产业与其他产业的融合进一步加剧，以产业融合为特征的全面产业变革正在发生，而作为社会新兴产业的代表，互联网文化产业也正在不断地革新生产方式和经营模式，并逐渐成长为推动社会变革的新兴产业增长极。

从互联网文化产业的定义上来看，"互联网文化产业是以高速宽带和移动网络等信息技术为依托而发展形成的新型产业"②。它的产生是基于网络技术的产生与兴起，这就与传统文化产业有着根本的区别。"互联网文化产业的产生是基于 20 世纪的信息技术革命，它以数字技术革命和微电子技术革命为核心，囊括了一个庞大的高新技术群，包括电脑技术、通信技术、广播电视技术、多媒体技术、网络技术、数字压缩技术等。"③ "传统文化产业运用新兴的网络技术形成新的产业形态，如在网络出版业，一改传统出版几大环节，编、印、发诸环节之间的边界逐渐模糊；网络电视改变了传统的影视节目的播放形式，大

---

① 臧志彭，解学芳. 中国网络文化产业技术创新的动态演化 [J]. 社会科学研究，2012 (5)：44—51.
② 赵辰光，张雪，夏徽，等. 网络文化产业发展研究综述 [J]. 边疆经济与文化，2010 (4)：99—100.
③ 记玉山. 网络经济 [M]. 长春：长春出版社，2001：58.

大降低了影视节目的制作发行成本，凸显了网络用户的个性化选择；而新媒介终端，如机顶盒、数字机顶盒以及 DR、数字存储器等新技术产品的支持，用户可以编制个性化的节目收视菜单，彰显出文化体验的技术特色。"[1]

而高素质的科技人才便成了互联网文化产业存在和发展的技术支撑。互联网文化产业的主要几大板块，包括网络游戏、新媒体动漫、网络出版、网络视频及音乐、三网融合等，均需要大量的高技术人才对产品进行开发与推广。

三、互联网文化产业的多向融合性

互联网文化产业是高新技术运用与文化内容生产的融合，是文化产业与信息技术产业相结合的产物，因此，与传统文化产业相比，互联网文化产业具有强大的产业融合、产业渗透、产业联动特征。互联网文化产业的这种融合性主要体现在以下三个方面：一是互联网文化产业与传统文化产业之间的融合互动；二是互联网文化产业各业态之间的融合互动；三是网络文化产品之间的融合互动。首先，网络文化企业借助数字技术、网络信息技术，全面实现对传统文化产品的数字化、网络化改造，同时经典的网络原创作品又被传统文化企业进行再加工创作，成为传统文化产业产品。以网络出版为例，目前网络出版产品可以分为这样两种类型：一是对已有的传统出版物进行数字化、网络化改造，实现传统出版物的数字化、网络化呈现；二是大量网络写手在专门的网络文学网站上全新创作的网络文学作品。而经典的网络原创作品，很多时候又被传统出版商看中，印刷成册，或者是被影视制片企业看中，改拍成电影、电视，实现作品的再次盈利。2011年红极一时的古装电视剧《甄嬛传》就改编自网络小说作者流潋紫所著的同名小说。影视剧《仙剑奇侠传》也来源于同名网络游戏。互联网文化产品与传统文化产品之间的融合互动正是互联网文化产业强大融合联动性的体现。其次，网络游戏、网络视听以及新媒体动漫等各网络业态之间，由于共处于一个网络生态环境中，它们之间也存在着强大的融合互动关系。如运用于电影制作和后期制作中的立体3D技术，后来被网络游戏开发商使用，运用在新一代的网络游戏里，极大地提升了网络游戏的品质。最后，不同类型的互联网文化产品之间也存在着产品内容、产品形态之间的融合互动。另外，值得注意的是，互联网文化产业的融合联动性还体现在网络文化生产和消费的融合联动。一方面，由于互联网空间的开放性和网络技术使用的便捷性，互联网文化产品的生产不仅仅局限于网络文化企业的研发设计人员，拥有创意、掌握相应技术的网民都可以将自己的创意制作成互联网文化产品上传网络；另一方面，由于互联网的互动性，使得网民在消费互联网文化产品时，可以将自己对产品的意见、构想及时反馈给互联网文化产品的生产者，以供其进一步改进产品。

四、互联网信息传播的特殊性

信息技术革命带来的信息传输技术是互联网文化产业的最重要支撑技术、传输渠道和内容载体。信息技术本身的虚拟、高效、广泛、渗透等特点，在很大程度上影响了网络文

---

① 解学芳. 论网络文化产业的特征 [J]. 学术论坛，2010（6）：164-168.

化的传播，并在网络文化传播方面烙下了深刻的印记。这样的特点对我国的国家文化安全带来了范围更广、影响更深的挑战，主要体现在以下三个方面：

一是互联网的虚拟性，在一定程度上助推了各种有害信息和虚假信息的肆意传播，影响了正常的社会秩序。虚拟的互联网平台给人们创造了一个全新的虚拟世界，在这里人们可以重新塑造自己的形象，改变传统的生活方式，根据自己的喜好创建虚拟的自我、社区、国家，超越现实生活，实现自我意识的自由延伸。在这个虚拟世界里，由于人们对自我真实身份的隐藏，使得人们摆脱了现实的种种束缚，完全自由地采取行动，现实的法规、道德等很难约束人们的网络行为。因此，一些不负责任的网民在网络上大量发布各种虚假信息、淫秽色情信息，不断地冲击着网络空间的正常秩序。李普曼的"拟态环境"理论认为，在拟态环境中，大众传媒可以极大地提升传播内容的影响力，一些本身不具有典型性和代表性的信息内容，会借助媒介的放大效应，提高自身的影响力，最终影响现实环境。由大众传媒构筑的"拟态环境"并非仅仅是现实世界的反映，而是具有影响、改变现实世界能力的虚拟环境。它与现实世界之间相互影响、相互推动。因此，充斥着各种有害和虚假信息的混乱的网络虚拟世界，不但影响网民的网络生活，更会对现实世界的正常发展产生巨大的危害。

二是互联网信息传播的全球化便于西方国家通过互联网有意识地传播西方价值观及意识形态。西方国家很早就意识到在互联网时代自身具有的优势，并且有意利用信息优势传播西方价值观，彰显自身的文化"软实力"，提升国家吸引力，最终通过无形的文化渗透和殖民，危及别国文化安全。以美国为例，1993年，克林顿成立了"信息基础设施特别小组"，制订相关网络信息基础设施计划，并提议用4000亿美元建设国家信息高速公路。1996年10月，克林顿总统宣布《新一代因特网计划》。2000年1月，美国政府制定了《国家信息系统保护计划》。2003年2月14日，美国政府发布了《确保网络空间安全的国家战略》报告，这是美国历史上第一份关于国家网络安全战略的政府报告。报告制定了一系列关于国家网络安全的政策，美国利用这些政策支持构建起了一个强大的信息安全网络，成为世界上头号信息强国。通过这一个强大的信息安全网络，美国政府一方面保护了自身的国家安全，提升了国家信息军事实力；另一方面，美国政府利用自身信息网络优势，对其他国家展开深入的文化政治渗透：通过输出以美国价值观为核心的互联网文化产品，影响别国人民对本国文化的认同，给别国制造文化认同危机；通过虚构揭露别国国内问题，激发别国国内矛盾。"不战而屈人之兵"日益成为美国塑造"国家软实力"的重要手段。西方国家在信息网络及文化产业方面的传统优势，进一步加剧了信息时代发展中国家的国家安全和文化安全问题。

三是互联网传播的虚拟性、便捷性、双向性、全球性导致信息"把关"主体的分散，传统"把关权"的削弱，最终国家对互联网文化的控制力被消减。"把关人"理论是传播学的基本原理，1943年，"把关人"理论的奠基人库尔特·卢因在其文章"群体生活的渠道"中首次提出了"把关人"概念。他认为，并非所有的信息都能进入群体传播渠道，在整个群体传播过程中存在一些拥有信息选择、过滤权力的"把关人"，他们会根据群体传播规范和个人的信息价值评价标准对信息进行筛选，只有符合相关标准的信息才能在群体传播渠道中进行传播。七年后，怀特将这一概念引入新闻传播领域，认为传媒组织在大众传播活动中扮演着"把关人"角色，对新闻信息的取舍起着决定性作用。然而，随着网络技术的应用，网络传播的双向性使得每一个网络用户都拥有了参与网络传播、制作网络内容的可能，导致互联网信息"把关"主体的分散，"把关"角色泛化，信息传播的控制权逐渐由社会权力机构转向每个互联网使用者，国家很难实现对互联网信息的有效控制。

第三节　互联网文化产业的特殊性对政策需求和制定的影响

一、互联网文化产业特殊性对互联网文化产业政策制定主体的影响

互联网文化产业的融合联动性需要政策制定主体单一、统一，由一个主管部门对产业实行产业垂直监管，避免由于多头管理造成的政策失效问题。

互联网文化产业是传统文化产业与信息产业融合、联动、创新的结果，并且随着信息技术的不断进步，互联网文化产业的融合性、联动性不断加强，产业与产业之间的融合态势已然超越了我国传统产业的条块经济，对产业政策和管理体制提出了更高的要求。具有高度权威性的、统一的、单一的互联网文化产业主管部门是推动互联网文化产业快速发展的重要体制保证。以韩国为例，1998 年亚洲金融风暴以后，为了加快国家经济复苏的步伐，韩国政府提出了"文化立国"的全新国家发展战略，并通过政府政策支持、企业资金投入、民间合力运作的方式大力发展文化产业。在政府政策方面，韩国除了制定《文化产业振兴基本法》《电影振兴法》《著作权法》等政策法规外，更是从政府管理体制改革入手，为加快文化产业发展进行了部门机构的重组。1998 年，为了大力发展游戏产业，韩国文化观光部、产业资源部和信息通信部联合成立了游戏产业振兴中心。2001 年，为了全面统筹管理国家文化产业发展，韩国政府成立了文化产业振兴院，由该院统一制定文化产业政策，进行人才培养，拓展韩国文化产品的海外市场。统一主管部门的形成，满足了韩国文化产业尤其是互联网文化产业融合发展的需要，避免了多头管理、政出多门造成的政策失效和政策阻碍产业发展问题的出现。目前我国的互联网文化产业还处于中宣部、文化部、国家新闻出版广电总局等多部门分头管理的状态，缺乏适应产业发展要求的系统、完善、统一的网络文化管理机制。这一问题无法很好地适应互联网文化产业全国整合发展、产业融合发展的要求，在一定程度上影响了我国互联网文化产业的健康快速发展。

2013 年国务院进行机构改革，将国家新闻出版总署与国家广电总局进行整合，组建国家新闻出版广播电影电视总局，这在一定程度上有利于减少职责交叉，减少网络文化产品的行政审批事项，为简化行政审批程序、提高管理效率、统筹管理互联网文化产业提供了基础。但是，我们必须看到，此次整合离互联网文化产业发展需要的真正"文化大部制"还有很大差距，文化部与新成立的国家新闻出版广播电影电视总局仍是两个平行的部门，他们对互联网文化产业都享有行政管理权，这就意味着一直困扰互联网文化产业发展的多头管理、政出多门的现象并没有得到根本性的改变。"以网络游戏开发为例，要推出一款新的网络游戏，游戏公司首先要到文化部申请《网络文化经营许可证》；然后到工信部申请 ICP 经营许可证，值得注意的是，想要申请 ICP 经营许可证就必须在申请之前做网站的前置审批工作，这样才有资格申请 ICP 经营许可证，而涉及前置审批的工作，又

要由新闻出版总署负责；接着要到文化部文化市场司网络处进行网络游戏备案。如果是引进国外的游戏，则要申请公测许可证；与此同时，还需要到新闻出版总署申请网络游戏出版物号。走完了这些程序，游戏公司才可正式推出新游戏。复杂的审批环节，严重影响了企业的盈利和投资者的投资意愿，很多看好网游产业的风险投资机构不得不调整投资战略，甚至改变投资方向。"① 而广电总局和新闻出版总署合并后，网络游戏依然面临着三个部门主管、三个部门审批的问题。

2014 年，国家将网络安全正式上升到国家战略层面，正式成立了中央网络安全和信息化领导小组，由习近平任组长，李克强和刘云山任副组长，其他成员包括 9 名党和国家领导人和 10 名正部级官员。该小组是我国负责国家网络安全的最高权威机构。就目前该小组办公室开展的各项工作分析，该小组主要负责的是网络安全、网络舆论等内容安全的建设和管理。互联网文化产业的相关行政管理职责依然由文化部、国家新闻出版广电总局、工信部等部门分工负责。

二、互联网文化产业特殊性对互联网文化产业政策制定原则的影响

产业政策是政府规范产业行为，解决产业发展面临的各种问题，扶持产业发展的关键举措。因此，产业政策的制定必须经过一个相当复杂的过程，包括分析产业发展情况，发现产业发展问题，进入产业政策议程，明确政策目标，设计政策方案，评估、论证政策方案，决策政策方案，最终通过政策合法化过程，颁布政策。在这一系列的过程中涉及多个主体、客体之间的相互影响、相互制约。因此，为了确保政策制定过程的顺畅以及政策的最终有效，产业政策的制定一定要遵循以下原则：一是结合国情，从实际出发原则。作为一个国家推动国家经济发展的重要手段，产业政策的最终目的是要推动一个国家某项产业的快速发展。而由于各国经济发展水平不同，产业发展情况也就不同，产业面临的问题更是大相径庭。因此，一个国家要制定切实有效的产业政策，就必须从本国国情出发，着眼本国经济发展大局，精确锁定本国产业发展面临的种种问题，从解决本国产业问题的实际需要出发，制定适合本国产业发展的产业政策。只有这样，才能确保产业政策的有效性。二是社会公正与利益补偿原则。产业政策的制定关系到产业中不同企业、不同消费者的利益，而不同主体由于其在产业链条中的地位不同，其利益诉求也存在巨大差异。这种利益诉求的差异要求产业政策的制定必须兼顾多方利益，坚持社会公正原则，兼顾各方利益。同时，由于各个国家在经济发展的不同阶段，其产业发展重点不同。因此，在不同时期国家在制定产业政策时对某些产业会适当倾斜，这势必会影响其他产业主体的利益。这就需要政策制定者采用利益补偿原则，通过制定其他政策，对相关产业主体进行利益补偿，尽量减少矛盾和冲突。

除了以上基本原则以外，互联网文化产业的产业特性对互联网文化产业政策的制定还提出了以下特殊要求：

一是前瞻性原则。在市场经济背景下，政府在产业政策的制定中存在时滞效应，这主

---

① 龙莉，蔡尚伟. 科技政策创新助推文化产业发展——我国文化科技政策的问题与对策研究 [J]. 西南民族大学学报（人文社会科学版），2013（6）：185-189.

要体现在以下三个方面：首先，从产业问题产生到政府意识到问题所在，并将其纳入政策议程这个过程中，政府作为政策制定主体存在认识时滞；其次，从开始政策议程到设计、讨论政策方案再到确定政策方案，政府存在决策时滞；最后，从政府颁布政策到政策实施，最终政策引发市场反应，这又存在执行和生效时滞。政府政策的时滞影响了政策的实施效果。作为信息时代产物的互联网文化产业，其产业发展伴随着信息技术的快速发展，与其他传统产业不同，互联网文化产业的产品更新速度、业态更新速度远远超出其他产业，这在很大程度上造成了互联网文化产业的增长与产业风险问题加剧同步。因此，互联网文化产业需要政府在制定政策时必须与技术进步同步，甚至要对未来技术发展方向进行事先预判，秉持前瞻性原则，制定具有预见性的政策。同时，由于互联网文化产业发展速度极快，产业更新迅速，因此政府在政策出台后，还需随时跟踪产业最新动态，及时调整、修正现有政策。

二是联动性原则。作为传统文化产业与信息产业融合的产业，技术的耦合使得互联网文化产业具有极强的产业融合联动性。这种融合联动性使得互联网文化产业发展不仅受到行业本身发展状况的影响，还受到其他相关产业发展的影响。同时互联网文化产业的发展也会带动其他相关产业的发展。因此，在制定互联网文化产业政策时，政府必须坚持联动性的原则，把互联网文化产业政策放在整个国家产业政策系统中去考虑，充分考虑互联网文化产业发展内外部环境对产业本身的影响，从而制定有利于互联网文化产业吸取内外部机遇、克服内外部问题和挑战的政策。从互联网文化产业自身不同行业间的融合互动来看，不同互联网文化业态的政策，对其他业态的发展也存在着巨大影响。因此，我们制定互联网文化产业政策时，要将互联网文化产业视为一个整体，从整体的角度来把握产业发展过程中遇到的具体问题，并用超前的眼光，预见、发现产业发展可能遇到的问题，制定产业整体目标统一、多部门协同一致的产业政策，尽量减少政出多门带来的部门政策不统一、阻碍产业发展的问题。同时，从互联网文化产业政策本身来看，不同时期的互联网文化产业发展有不同的互联网文化产业政策群，这些不同政策群之间存在着历时性的联系。前期政策是后期政策的基础，并且前期政策执行过程中出现的问题，会成为制定后期政策的重要依据；后期政策往往是前期政策的修订、补充、完善。因此，制定互联网文化产业政策必须坚持联动性原则，纠正政策制定过程中的关联性偏差问题，避免同时态互联网文化产业政策体系内部的冲突现象，避免互联网文化产业政策的非延续性，确保互联网文化产业政策的统一性、协调性和连续性。

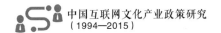
三、互联网文化产业特殊性对互联网文化产业政策内容的影响

(一) 互联网文化产业高技术性特征要求国家制定充分、完善的科技政策

相较于传统文化产业，互联网文化产业是信息技术与文化创意相结合的产物，具有极强的高新技术性。技术创新不仅是推动网络文化产品更新，网络文化业态发展的重要推动力，更是改变人们文化消费习惯，提升社会网络文化消费需求的关键因素。因此，互联网文化产业的快速发展离不开高新技术的不断创新。

国家创新体系学派认为，不同国家自主创新能力和效果的差异，在很大程度上是由于各国不同的社会文化环境造成的。美国经济学家理查德·R·纳尔逊和英国经济学家克里斯托弗·弗里曼认为，现代国家的创新体系制度相当复杂，企业是创新体系的核心，但是它还包括各种国家创新制度和技术行为，以及提供公共技术产品和服务的学校、政府及相关机构。科技资源的优化配置仅靠市场自发行为是远远不够的，它还需要国家提供以促进科技发展为核心目的的科技政策等相关公共科技产品和服务。在弗里曼看来，国家创新系统是国家与企业、社会公共机构和私营机构相互合作构成的有机网络，它们相互作用，推动技术发展。政府科技政策的扶持、企业自主创新的推动、社会教育机构的促进和国家产业结构的优化是国家科技创新和技术进步的四个核心要素。因此，一个国家的科技进步、技术创新离不开国家科技政策的扶持。由此可见，国家科技政策推动科技创新，科技创新推动互联网文化产业发展，以科技进步为核心推动力的互联网文化产业的发展离不开国家强有力的科技政策的支持。

(二) 网络文化产品的数字化、虚拟性、低成本无限复制性以及网络本身的交互性，加剧了版权保护难度，需要国家制定完备、有效的版权保护政策，建立完善的版权保护体系

基于互联网发展起来的互联网文化产业，其产品具有数字化、虚拟性、低成本无限复制性的特点，同时互联网本身的交互性，使得网络文化产品在互联网平台上极易被复制、传播，这一特点极大地增加了各国网络文化产品版权保护的难度，更对基于传统文化产业基础上建立的传统版权保护法律体系提出了严峻挑战。近年来，我国网络盗版行为频发。"喜剧电影《月光宝盒》上映 2 天后，就可以在网上找到盗版；《谍海风云》上映 3 天后网上就出现了高清盗版；《唐山大地震》在正式首映前两天就有'抢先版'的盗版在网络上流传。2010 年，甄子丹主演的新片《叶问 2》上映 6 天，就遭遇网络盗版重创。据《叶问 2》制片人之一安晓芬女士估计，在网上该部影片大概有 1000 万的观看、下载次数，票房损失达 3 亿元之巨。"① 网络盗版现象大量存在，不仅侵害了版权方的合法利益，更是对我国互联网文化产业的健康发展造成了巨大冲击。而分析这些现象，我们不难看出，造成我国盗版现象屡禁不止的原因在于：①原有的版权保护法律体系本身存在一些问题，为盗版者提供了违法空间。②原有的版权法中一些固有的概念、原则无法解释和规范诸多与新技

---

① 周建青. 网络视频盗版现象探析［J］. 中国出版，2012（11）：46—49.

术伴生而来的现象。我国传统的版权保护体系已然不适应网络版权的需求，新的网络版权保护体系亟须建立。③版权违法成本低，盗版成本与盗版收益之间差距巨大。当高利润与低成本成为网络盗版的主要特征时，作为追求利益最大化的经济人，自然难以克制追求利润的本能。以韩寒状告百度侵权案为例，最终百度公司仅为其侵权行为支付了 9.58 万元。④网络版权人的维权意识薄弱，维权渠道单一。⑤网络版权保护技术需进一步提高。因此，以内容为核心、版权交易为主要盈利方式的互联网文化产业的发展，需要国家进一步制定适应产业发展需求的版权保护政策，建立完善的版权保护体系，为以版权为核心的互联网文化产业的发展建立良好的版权保护环境。

（三）网络文化传播的虚拟性和全球性带来的对国家文化安全、国家信息安全、国家安全的挑战，需要国家制定相关的信息规范、管理、保密和保护政策

随着互联网发展的深化，信息时代的进一步发展，我国社会经济的每一个领域都与互联网建立了深刻的联系，从国家的经济金融系统到政府行政办公系统，再到文化传媒系统等，互联网都成为协调社会经济组织及各系统平稳运行的中间人，但是互联网及网络文化的进一步发展使我国开始面对更深层次的网络安全问题。互联网的飞速发展使国家信息、经济信息、军事信息等受到网络安全的威胁。同时互联网中充斥着大量的"三俗"文化、虚假信息以及各种淫秽色情和极端反动暴力，极大地影响着我国的执政安全环境。互联网文化产业的发展增加了自媒体的个人评论，各种意见的表达使网络中的言论市场处于一个更激烈且相对自由的状态，网络舆论引导难度加大，新闻媒体监管压力增大，逐渐引发国家执政安全问题。同时外国殖民文化、强势文化也偷偷在网络的便利下以各种方式侵入我国互联网，西方发达国家借助网络宣传资本主义的政治主张。西方文化中的拜金主义、享乐主义、极端自由主义等邪恶思想，冲击着本土网络文化秩序，对中国的传统文化、道德操守和目前的主流价值观都造成了严重影响，威胁着我国的执政安全。因此，面对网络文化传播的虚拟性、全球性，需要国家制定相关的信息规范、管理、保密和保护政策。

四、互联网文化产业特殊性对政策执行及政策效果的影响

互联网文化产业极强的融合性，使得我国互联网文化产业面临着政出多门、多头管理的问题，而这一问题极大地影响了互联网文化产业政策的执行和政策效果的最终实现。

目前，我国的各项文化事业由国家若干部委分头管理，只是各部委的管理重点各有不同。中宣部、文化部、广电总局主管网络文化内容，公安部以及其他国家安全部门主管网络信息安全，工信部主管网络信息技术、网络基础设施建设、网络运营等。分头管理的机制在一定程度上影响了互联网文化产业的融合发展。

政策冲突问题在网络游戏领域最为明显，20 世纪 90 年代是单机游戏的时代，根据新闻出版总署颁布的《电子出版物管理规定》，单机游戏属于"电子出版物"，其出版、复制、进口、发行业务均需报新闻出版总署审批。网络游戏兴起后，为了加大对网络游戏的规范管理，当时的国家新闻出版总署与信息产业部在 2002 年 7 月联合出台了《互联网出版管理暂行规定》。该规定首次明确了网络游戏属于"互联网出版物"，互联网出版业务一律必须"报新闻出版总署审批"。然而随着网络游戏的快速发展，其巨大的产业发展潜力

不断显现，尤其是 2003 年中国网游市场规模突破 10 亿元。这一年，文化部开始介入网络游戏的管理，发布《互联网文化管理暂行规定》，该规定将网络游戏界定为"互联网文化产品"，对"经营性互联网文化单位"实行许可制度。进口网络游戏作为进口互联网文化产品需要经过文化部进行内容审查。这种多头管理的问题加大了网络文化企业运营的行政成本和行政风险，给经营者带来了沉重的负担，降低了各种社会资本进入互联网文化产业领域的积极性。

五、互联网文化产业特殊性对互联网文化产业政策修订和终止的影响

产品生命周期短、产业发展速度快是互联网文化产业区别于传统文化产业的又一特点。因此，政府需要及时更新、修订、终止原有互联网文化产业政策，根据产业发展的新情况、新问题出台适合产业发展的新政策。

互联网文化产业是技术更新快、新的业态不断出现和发展模式不断产生的创新型产业，要求政策也必须及时甚至超前出现，以应对不断变化发展的产业新现象，引导产业快速向前发展。然而由于政府政策时滞问题的存在，以及互联网文化产业政策制定主体的多元性等问题，使得我国互联网文化产业政策的制定、出台、修订往往需要一个很长的时间段。"正如美国著名网络专家罗斯扎克所说：法律试图跟上技术的发展，而结果总是技术走在前头，这几乎是一个永恒的规律；信息技术如此活跃，法律无力对此加以严密的规范。"[①] 这一系列问题最终导致互联网文化政策滞后于产业发展需要，旧有政策难以适应互联网文化产业发展和技术创新需要，政策与产业发展需要脱节，很难对产业发展形成强大的政策作用，甚至会阻碍互联网文化产业的发展，妨碍新的盈利点的出现以及新技术的扩散。以目前我国的互联网文化产业政策为例，《中华人民共和国电信条例》和《互联网信息服务管理办法》均是在 2000 年颁布的法律文件，而用于规范市场的《反不正当竞争法》还是 1993 年颁布的，距今有 20 年的时间，在该法颁布的时候，中国的网络都还没有接入国际互联网，更别说互联网文化产业的产生。互联网文化产业赖以生存的互联网络本身是一个动态变化的空间，现有的政策制度不是一劳永逸的事情，如果不注意对政策执行效果的长期跟踪，对政策进行适时的修订补充，很有可能造成政策失效。政策滞后于互联网文化产业发展实际，无法发挥对互联网文化产业进行规范、管理、扶持的作用，阻碍产业的快速发展。因此，为了进一步规范互联网文化产业管理，建立健全相关管理机制和法治体系，我国政府需对现行国家的互联网文化产业法律法规进行系统的清理和完整的修缮。对那些存在矛盾和冲突的相关法律、法规和部门规范进行调整，废除与上位法明显冲突的下位法，从而保证国家法律、法规与部门规章、地方政策的协调统一。另外，为了更好地应对互联网革命带来的新情况，法律、法规制定者应根据新技术背景下出现的新问题进行相关立法创新，从而适应新环境、新背景对国家互联网文化产业立法的新要求。

互联网文化产业特殊性对政策制定和执行的影响如图 4—1 所示。

---

① 陈万求，唐忠旺. 网络道德：问题与对策 [J]. 湖南经济管理干部学院学报，2002（4）：82—83，85.

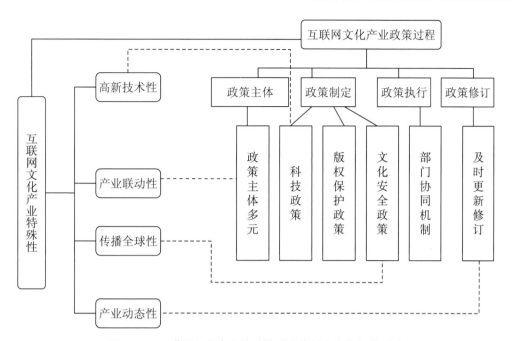

图 4—1 互联网文化产业特殊性对政策制定和执行的影响

第五章　我国互联网文化产业政策
理论模型构建及体系研究

第一节　我国互联网文化产业政策理论模型构建

根据政策的基础性和政策间的承继关系，我国互联网文化产业政策可以分为元政策、基本政策和具体政策三类。

所谓元政策，是指在我国互联网文化产业政策体系中起统率作用的指导性政策，它是其他基本政策和具体政策制定、修改、完善的依据和基本出发点。我国互联网文化产业政策的元政策主要包括 2011 年 10 月颁布的《中共中央关于深化文化体制改革、推动社会主义文化大发展大繁荣若干重大问题的决定》以及关于推动文化发展繁荣的相关决定和指导意见，这些元政策是各级政府制定互联网文化产业基本政策和具体政策的最高依据和基本出发点。

所谓基本政策，是指在我国互联网文化产业政策体系中带有战略指导性的、发文机构层级高的、长远的、大型的政策方案，如 2009 年国务院常务会议审议通过的《文化产业振兴规划》，这是我国第一部国家文化产业专项规划，是我国文化产业正式上升为国家战略性产业的重要标志。该规划的颁布为以后我国文化产业具体政策的制定提供了指导。

所谓具体政策，是指我国互联网文化产业政策体系中具有可操作性的、解决具体问题的实质性政策。它是我国互联网文化产业主管部门在特定时期、特定范围，为解决互联网文化产业发展的特定问题所规定的各项政策，往往以说明、措施、办法、细则、计划等形式出现。如《关于金融支持文化产业振兴和发展繁荣的指导意见》《文化部关于贯彻落实〈国务院关于推进文化创意和设计服务与相关产业融合发展的若干意见〉的实施意见》等。

在我国互联网文化产业政策制定的过程中，因为元政策、基本政策、具体政策的政策目的不同，政策制定的模型和过程也有所不同，主要呈现出以下模型特点。

一、有限理性模型

我国互联网文化产业元政策和基本政策是指导我国互联网文化产业发展的最高方针和政策，是其他具体政策的制定依据。我国互联网文化产业元政策的制定采用的是中国特色民主集中制，拥有决策权的党和国家领导人代表广大人民掌握着重大决策权，他们的政策理性、政治态度、个人价值观、决策偏好、认知心理、行为模式等都会影响最终政策的制定。我们可将影响我国互联网文化产业元政策和基本政策制定的因素分为两个层级：第一层级包括政策理性、决策心理、客观环境；第二层级包括政策目的、政策可行度、政策效果预判、决策偏好、个人利益、风险感知、政治环境、经济环境、文化环境、社会环境等。

政策制定的基本模型如图 5-1 所示。

图 5-1 政策制定的基本模型

我国互联网文化产业元政策和基本政策制定的基本程序如图 5-2 所示。

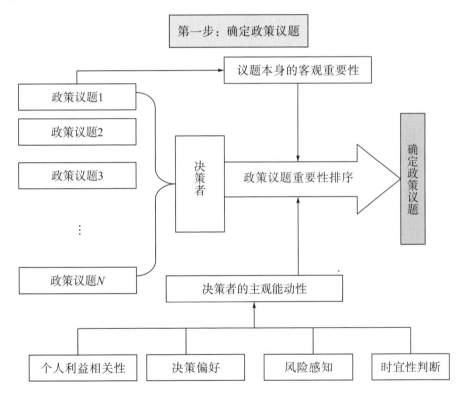

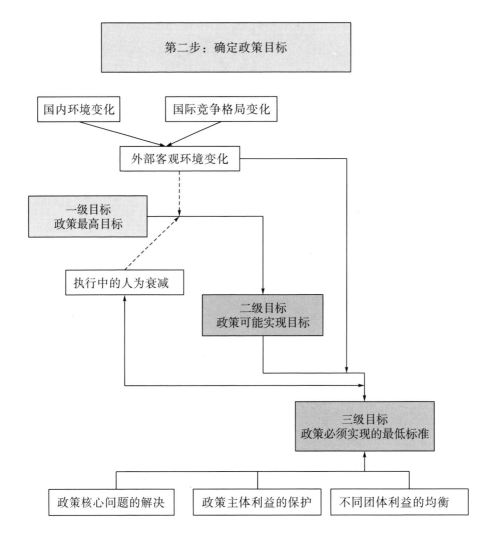

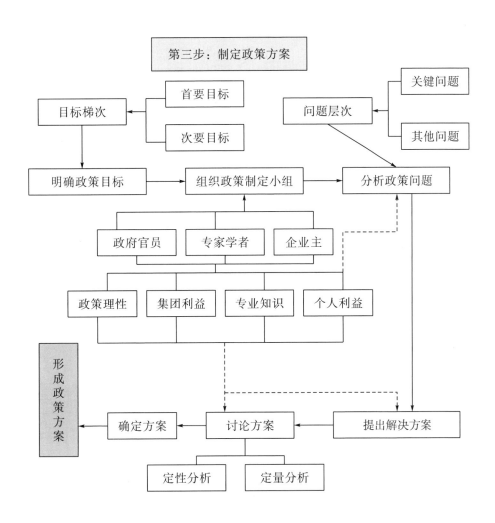

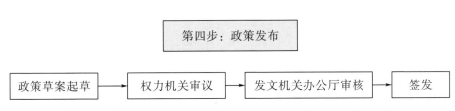

图 5-2 我国互联网文化产业元政策和基本政策制定的基本程序

二、渐进模型

政策制定是一个多方交流博弈的过程，这个过程包括政策主体的博弈、政策客体间的博弈、政策客体与政策主体间的博弈三个层次。因为博弈的存在使得任何政策的制定都不可能是最佳方法，而是基于最终团体平衡下的方案，因此，政策本身不可能是完美的。同时，在追求社会效益和经济效益的背景下，政策主体力求结合现实情况确定最具可行性和最有效的政策方案。因此，政策方案的设计首先是从对现实政策的修改、完善出发，只有当修订方案不可行和不令人满意时，政策主体才会进行政策的革新。我国互联网文化产业政策制定的渐进模型如图5-3所示。

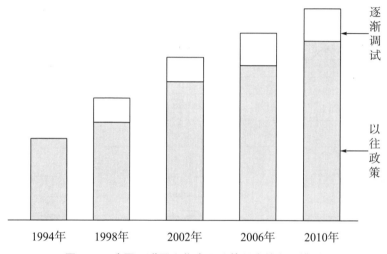

图5-3　我国互联网文化产业政策制定的渐进模型

第二节　我国互联网文化产业政策主体

一、政策主体的界定

所谓主体，在哲学上是指对客体有认识和实践能力的人，能够认识客体、作用于客体、对客体产生影响的人或者群体。在政治学中，政治主体即政治实体，是政治行为者。

所谓政策，是指"由国家公权力主体制定，同时对一定的社会行为主体产生一定影响的法律、法规、战略、规划、计划、条例、规章、政令、声明、指示、管理办法、实施细则等。它具有明显的行为规范特征。"[①] 美国学者詹姆斯·E·安德森认为："公共政策是政府的一个有目的的活动过程，而这些活动是由一个或一批行为者为处理某一问题或事物

---

① 张国庆. 公共政策分析 ［M］. 上海：复旦大学出版社，2011：2.

而采取的。这一过程是有着明确活动方向的过程，是政府官员的活动过程，是政府实际做的事情而不是政府打算做或将要做的事情，这些事情在形式上可以是积极的也可以是消极的，并且建立在法律的基础之上，具有相当的权威性。"①

政策主体是指能自觉认识公共政策、能动参与政策制定过程、影响政策制定的人或者团体。他们在一定的政策环境中直接或者间接地参与政策的制定、实施、监控和评估。

二、互联网文化产业政策主体的界定

互联网文化产业政策是国家规范网络文化市场、扶持互联网文化产业发展、调控产业主客体利益、维护国家网络文化安全的重要手段。它体现了国家互联网文化管理意志和互联网文化利益。

互联网文化产业政策主体是指能够认识互联网文化产业政策，并且能动地参与到互联网文化产业政策制定过程，有权影响互联网文化产业政策制定的人或者团体。他们能够通过分析互联网文化产业的发展现状和问题，根据产业发展需要制定、调整、修订、终止相关产业政策。

三、互联网文化产业政策主体的分类

（一）党的领导机关

中国是中国共产党领导下的社会主义国家。中国共产党领导的多党合作和政治协商制度是中国的一项基本政治制度。中国共产党是国家公共法权的政策主体。许多国家的大政方针都是以党的名义发布的，党的决定等红头文件对国家行政机构制定政策具有很强的导向作用。同时，各级政府都是在各级党委的领导之下行使行政主管权。因此，各级政府出台的政策也是党的意志的体现。由此可见，在我国，作为执政党的中国共产党对国家政策的制定具有决策作用。

互联网文化产业政策作为国家产业政策的一部分，它的制定也自然受到国家执政党的影响。互联网文化产业本身的意识形态属性，更是加强了执政党对其发展的管控力度。因此，在互联网文化产业政策的制定中，中国共产党扮演着政策决策者的角色，党中央关于互联网文化产业发展的相关决定、文件，是我国互联网文化产业政策制定的最高依据。1996 年 10 月 10 日中国共产党第十四届中央委员会第六次全体会议通过的《中共中央关于加强社会主义精神文明建设若干重要问题的决议》和 2011 年 10 月 18 日中国共产党第十七届中央委员会第六次全体会议通过的《中共中央关于深化文化体制改革、推动社会主义文化大发展大繁荣若干重大问题的决定》是我国发展互联网文化产业的纲领性文件。中国共产党是我国互联网文化产业政策的最重要的主体，它决定着我国互联网文化产业政策主体的构成，规范、制约、影响着其他政策主体的政策行为。

---

① 南连伟. 论刑事政策的公共政策定位 [J]. 福建警察学院学报，2011 (5)：58—63.
詹姆斯·E·安德森. 公共决策 [M]. 唐亮，译. 北京：华夏出版社，1990：4—5.

（二）国家立法机关

作为统治阶级实现国家统治的重要工具，法律也是国家政策的一种，且由于其以国家强制力保证实施，因此相比于其他政策形式，法律更具有规范性，效力更大。但是由于在现实实践中，任何一个国家的法律都必须具有长期稳定性，因此，立法机关在制定法律时必须是就现实中比较确定的问题制定相应法律，对这些问题提出规范化的解决方案，并以法律形式固定下来，长期作用于某一社会领域。因此，与行政机构出台的政策相比，由国家立法机关制定的法律更具稳定性和长期性。法律的这一特征使得由国家立法机关出台的规范社会经济生活的法律基本上都是规范市场行为的约束性、管理性法律，少有扶持产业发展的相关法律。这种情况在互联网文化产业政策领域尤其明显，由于互联网文化产业具有高速发展性、动态变化性的特点，不同时期产业发展面临的问题不同，对国家政策的要求也不同，而这与法律的长期稳定性是相悖的。因此，我国的互联网文化产业政策多是以政府规章、制度、办法、通知等形式出现，鲜有通过全国人民代表大会制定、颁布的具有法律效力的法律文件。

（三）国家行政机关

随着国家社会经济文化的发展，国家公共事务中出现的问题日益复杂多元，法律已不可能解决所有问题，因此，需要我国行政机关通过立法之外的手段来弥补法律的不足，行使管理国家的职能。行政机关出台的公共政策是国家法律的有效补充，是国家适应社会发展需要、解决公共问题的重要手段。

在我国，行政部门在国家决策、政策制定过程中起着很大的作用。我国互联网文化产业政策的制定主体主要是国务院各部委和各级地方政府。

1. 国务院

中华人民共和国国务院是我国最高国家权力机关的执行机关，是最高国家行政机关。作为我国互联网文化产业政策主体之一，国务院在政策的制定过程中主要承担以下职责：一是根据互联网文化产业的发展需要，向国家立法机关——全国人民代表大会或者全国人民代表大会常务委员会提交关于互联网文化产业法律的相关议案；二是规定、协调国务院各部委在互联网文化产业管理中的任务和职责，如《关于印发〈中央编办对文化部、广电总局、新闻出版总署"三定"规定中有关动漫、网络游戏和文化市场综合执法的部分条文的解释〉的通知》；三是编制和执行互联网文化产业发展规划，为各部委制定互联网文化产业政策提供依据，如2009年国务院出台的《文化产业振兴规划》。

2. 文化部

文化部是我国国家文化主管部门，在互联网文化产业的政策制定中主要承担以下职责：一是拟订动漫与游戏产业、网络音乐产业发展规划，制定相关政策，促进动漫与游戏产业、网络音乐产业的发展，如《"十二五"时期国家动漫产业发展规划》《关于网络游戏发展和管理的若干意见》《关于推动我国动漫产业发展的若干意见》《关于网络音乐发展和管理的若干意见》等；二是对互联网文化内容进行管理，制定内容管理政策，保证国家互联网文化安全，如《互联网文化管理暂行规定》《关于加强网络游戏产品内容审查工作的通知》；三是拟订文化市场发展规划，制定文化市场管理政策，对互联网文化市场经营活动进行监管，如《关于进一步加强网吧及网络游戏管理工作的通知》《关于印发〈网络文化市场执法工作指引（试行）〉的通知》；四是负责文艺类产品网上传播的前置审批工作，负责对网吧等上网服务营业场所实行经营许可证管理，对网络游戏服务进行监管，如《网络游戏管理暂行办法》《关于规范进口网络游戏产品的内容审查申报工作的公告》；五是制定文化科技发展规划，推动文化科技发展，如《文化部"十二五"文化科技发展规划》等。

3. 国家新闻出版广电总局

2013 年国务院进行新一轮的机构改革，将原有的国家广播电影电视总局与国家新闻出版总署合并，成立国家新闻出版广电总局。这是我国政府解决我国传媒行业条块分割、各自为政、产业融合困难等问题的一次机构改革尝试，长远来看有利于我国组建跨媒体、跨行业的现代传媒集团，打造超级文化航母，推动中国文化走出去。合并后的国家新闻出版广电总局作为我国互联网文化产业政策主体，主要承担以下职责：一是负责起草网络视频、互联网出版、数字出版的法律法规草案，制定相关行业标准和产业政策，如《互联网视听节目服务管理规定》《关于加强互联网视听节目内容管理的通知》《关于加强网络电视管理的通知》《持有互联网电视牌照机构运营管理要求》《电子出版物出版管理规定》《关于加快我国数字出版产业发展的若干意见》；二是负责起草网络版权相关法律法规，出台相关部门规章，规范网络版权交易，打击网络盗版行为，如《互联网著作权行政保护办法》；三是推进广电网与电信网、互联网三网融合，制定促进我国三网融合产业发展的相关政策，如《关于加强三网融合试点地区 IPTV 集成播控平台建设有关问题的通知》《有线电视网络三网融合试点总体技术要求和框架》。

4. 工业和信息化部

工业和信息化部是我国信息产业的主管部门。互联网文化产业的发展离不开网络技术的进步、网络基础设施的建设，而这些都源于信息产业的发展。由工业和信息化部主管的网络运营商、电信运营商，都是我国互联网文化产业重要的组成部分。因此，工业和信息化部也是我国互联网文化产业政策制定的重要主体。

作为产业政策主体，工业和信息化部在我国互联网文化产业政策的制定中承担以下职责：一是制定国家信息化战略和政策，拟定信息产业发展规划，出台相关政策；二是拟定网络基础设施建设相关政策，制定通信业行业标准，拟定行业技术规范和标准，如《电信建设管理办法》《关于推进光纤宽带网络建设的意见》；三是协调通信业运营发展中的问题，制定相关协调发展政策，如《非经营性互联网信息服务备案管理办法》《电子认证服务管理办法》；四是统筹推进国家信息化工作，组织制定相关政策并协调信息化建设中的重大问题，促进电信、广播电视和计算机网络融合，拟定三网融合相关政策，如《关于推进第三代移动通信网络建设的意见》；五是拟定相关保障通信网络安全及信息安全管理的政策，协调维护国家信息安全，建设国家信息安全保障体系，如《通信网络安全防护管理办法》。

5. 公安部

与文化部、国家新闻出版广电总局、工业和信息化部不同，公安部在我国互联网文化产业发展中主要承担监督管理公共信息网络的安全监察工作。其主要负责对网络信息内容和网络信息环境进行安全监管工作。面对层出不穷的网络谣言，以及来自境内外的黑客攻击，我国网络信息安全急需保护。因此，作为重要的维护国家安全、社会稳定的机构，公安部承担了维护、监督、管理公共信息网络安全，打击网络犯罪行为的职责。国家公共信息网络安全为我国互联网文化产业的快速健康发展创造了安全的信息环境。公安部作为我国互联网文化产业的政策主体，其主要是制定有关国家网络信息安全的政策，如《公安部关于对与国际联网的计算机信息系统进行备案工作的通知》《计算机信息网络国际联网安全保护管理办法》《互联网安全保护技术措施规定》等。

（四）国家司法机关

尽管许多国家的司法制度都采取"不告不理"的原则，具有天生的被动性和软弱性，很难算是严格意义上的能动的政策主体。但是，作为国家司法机构的法院，拥有限制政府权力和相关行政立法的权力，同时，法院所特有的司法解释权和对所有案件的审判权可在很大程度上影响一个国家行政政策的制定和实施。因此，国家司法机关仍然是国家政策主体，会对政策的制定、执行和效果产生影响。

在我国，虽然司法机关对国家政策的影响程度相对较小，但是最高人民法院和最高人民检察院出台的相关司法解释对我国政策的制定和执行会产生影响。在我国互联网文化产业政策的制定中，最高人民法院、最高人民检察院关于相关网络信息传播、网络著作权的司法解释，也会对我国互联网文化产业政策的制定产生影响，如《最高人民法院关于审理涉及计算机网络著作权纠纷案件适用法律若干问题的解释》《"两高"明确利用互联网手机等传播淫秽电子信息犯罪行为适用法律标准》等。

我国互联网文化产业政策主体关系结构如图5-4所示。

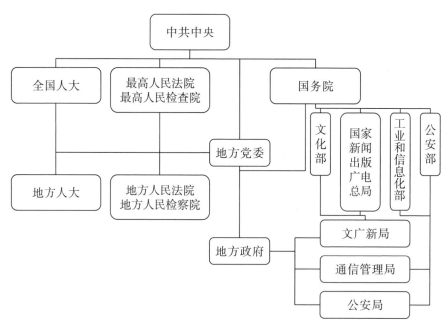

图5-4 我国互联网文化产业政策主体关系结构

四、我国互联网文化产业政策主体

(一) 政策主体构成群体相对单一

我国互联网文化产业政策主体以国家权力机关和行政主管机构为主，构成群体相对单一。社会利益集团、大众传媒等对国家政策的制定的影响力有限。

首先，所谓利益集团，是指因为拥有某种共同利益、相似利益而聚集在一起的人或社会团体。他们为了共同利益的实现，会试图影响政策的制定。由于社会大多数人都属于不同的利益集团，因此，利益集团在一定程度上是社会民主的体现。西方国家的利益集团常常通过院外游说、选举捐款、游行集会等方式，参与、影响政策的制定，实现自身的利益诉求。由于我国长期以来社会利益结构分化不明显，未能形成具有凝聚力的稳定的社会利益群体，有效的利益表达机制不够完备，因此，分散的社会利益个体很难形成对政府政策的强大影响力。

在我国互联网文化产业领域，利益集团主要包括互联网文化产业链上的各个企业集团、互联网文化产业从业者以及互联网文化产品消费者。但是由于这些利益个体之间重竞争、轻合作的行为模式，使得他们很难形成强大的利益集团，对国家互联网文化产业政策的制定很难形成强有力的影响力，其政策主体作用很难发挥，更多时候只能充当被动的政策客体。以国家新闻出版广电总局下发的《关于加强以电视机为接收终端的互联网视听节目服务管理有关问题的通知》和《互联网视听节目服务管理规定》为例，这两个政策明确规定，只有国有独资或国有控股单位才能申请从事互联网视听服务，同时还规定通过互联网向电视机终端用户提供视听节目服务等相关业务的企业，需要取得《信息网络传播视听节目许可证》。这两个政策配套起来，相当于把绝大部分家电企业排除在外。面对政策对自身利益的损害，拥有共同利益的家电制造商，在很大程度上只能被动观望，或改变自己的经营策略，寻求符合政策管理要求的企业发展出路。最终结果是，互联网电视制造商只能与CNTV、百视通、南方传媒、华数、中国国际广播电台的CIBN、湖南广电以及中央人民广播电台的CNBN等持有互联网电视牌照的互联网电视平台机构合作，并为此付出成本代价。

其次，在部分学者看来，大众传媒在国家监管中拥有独立于行政权、立法权、司法权之外的第四权。这是因为，作为社会信息信道的大众传媒具有议程设置功能，媒介通过设置公共议程改变人们对公共事件的关注度。西方议程设置理论认为，媒介对某一事情的报道强度与公众对该事件的重视程度成正比。媒介在告诉人们该想些什么的时候具有很强大的决定作用。在设置议程的同时，媒介通过行使信息把关权，对信息进行选择、组织、解释、加工和制作，在这个把关的过程中，媒介将自己的舆论引导意图潜藏在信息中，伴随着信息的发布进行舆论引导，从而改变社会舆论。大众传媒通过信息披露，实现环境监测和社会监督功能。因此，西方学者认为大众传媒是监管社会的"第四权"。在政府政策制定中，大众传媒利用其强大的舆论引导、舆论监督权力对政府形成某种压力，影响政策的制定，实现其政策主体作用。

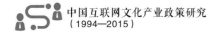
（二）政策主体间关系复杂，政策重叠冲突

目前我国尚未组建互联网文化产业发展的统一主管部门，互联网文化产业的管理权分散在各个政府管理机构手中。一方面，中共中央负责制定国家互联网文化产业发展的大政方针；另一方面，国务院各部委围绕着中央决定，从自己的部门职责出发制定政策。各政府部门间关系复杂，在部门职责方面也存在一定的叠加和冲突，尤其是面对新兴的互联网文化产业，各部门的责权利还不是特别明晰，因此在一定程度上出现了相关政策叠加或冲突的情况。这种政策主体多元且主体间关系复杂的局面，需要国家出台相应的法律和规范，来确定各政策主体间的关系，为解决行政主体间的冲突提供依据。但是，"目前，我国宪法并未对中央与地方政府、地方政府与地方政府间关系作出界定，仅有国务院组织法、地方各级人大和地方人民政府组织法规定了国务院机构、地方政府架构，却对如何协调各级政府间关系未有提及。法律的缺失，使得政策冲突的解决途径最终都指向最高层面，而缺乏法律的规范和超层级协调的方式，使得政策冲突问题更难有效解决和根除。"[①]

第三节　我国互联网文化产业政策客体

一、政策客体的界定

所谓客体，是指与主体发生一定联系，与主体相对应而存在的客观事物，是主体认识和实践作用的对象。

政策客体是相对于政策主体的客观存在。一些学者认为，"公共政策客体是由社会公众围绕利益关系相互作用所形成的某种'应有'和'规范'不相一致的状态子系统，它是一个立体结构，包括了政策所要改变的状态、政策直接作用的人与事、政策所要调节的公共利益3个层面的内容。"[②] 简而言之，政策是政策主体为了解决某一问题，规范社会群体行为，协调利益集团间的利益而制定的一系列的社会行为规范。因此，政策主体的作用对象就包括两个类型：一是政策问题，二是目标群体。

二、互联网文化产业政策客体界定及其分类

（一）互联网文化产业政策客体

互联网文化产业政策是国家政府为规范互联网文化产业市场行为，调节互联网产业经济活动，解决互联网文化产业发展所面临的各种问题，引导产业发展方向所制定的一系列产业行为规范。它是一定时期内国家提出的互联网文化产业发展目标、产业发展遵循的行

---

① 蔡英辉，蔡焘. 我国政策网络兼容性研究 [J]. 学术交流，2012 (2)：11－14.

② 严强，王强. 公共政策学 [M]. 南京：南京大学出版社，2002：13.

动准则、产业发展任务、产业技术标准等。由此可见，作为互联网文化产业政策主体作用对象的互联网文化产业政策客体包括互联网文化产业发展中面临的问题、互联网文化企业和网民。

（二）互联网文化产业政策客体分类

1. 网络文化产业政策主体所作用的"事"——能够进入互联网文化产业政策议程的产业问题

作为新兴产业，互联网文化产业的起步、发展面临众多问题，这些问题仅仅依靠市场调节是无法解决的，因此，它们自然进入了网络文化政策议程的范围，成为国家扶持互联网文化产业发展必须解决的问题，也就成为互联网文化产业政策客体的重要组成部分。根据产业政策问题的类型和性质，可将互联网文化产业政策客体分为以下类型：一是市场监管问题。市场监管问题主要包括：①市场监管权力主体确定问题。即在众多的政府部门中，谁拥有网络文化市场监管权。②市场主体准入问题。即在众多的互联网文化产业投资商中，有哪些投资商符合资格，能够进入互联网文化产业领域。③市场行为。即企业围绕产品生产销售所进行的各种生产决策行为，是以市场供需关系和外部环境为主要考量标准，确定产品的价格、营销方式，以及相关合作并购事宜等。二是内容监管问题。由于互联网文化产业的意识形态属性，在我国对网络产品的内容监管是国家管理互联网文化产业的重点。国家对网络文化产品的内容监管主要包括：①网络内容的健康度，主要体现在我国的"反三俗"政策；②网络信息的安全度，主要体现在我国对国家网络信息安全和个人信息安全的保护政策；③网络信息的真实性。三是技术标准问题。21世纪，以微电子技术为核心的信息技术革命极大地改变了人类生产的技术环境，各种技术创新不断涌现，高新技术在人类经济生活中扮演着越来越重要的角色。互联网文化产业是以信息技术创新为主要推动力的新型产业，一方面，技术的不断创新给产业发展提供了强大动力；另一方面，众多新技术的出现又给产业发展带来了技术标准问题。统一的技术标准是产业规范化生产、提高产业效率的必要保证。而技术标准问题是很难通过企业来制定的，它依赖于国家政策的规范。因此，技术标准问题也是我国互联网文化产业政策的重要客体。四是产业发展问题。产业发展的目标、方向，产业发展中对国家软环境的依赖等问题都是需要政府通过产业政策的制定来解决的。

2. 互联网文化产业政策主体所作用的"人"—— 互联网文化企业和网民

从"人"的角度出发，政策客体是指政策主体所作用的目标群体，即受到政策影响，改变行为方式和态度的社会成员及社会群体，包括个体、群体及组织。我国互联网文化产业政策对象主要包括两类：一是从事网络文化经营活动的互联网文化企业，二是在网络平台上进行政治、经济、文化活动的网民。这两类群体之间存在着产品生产者与产品消费者的关系，作为生产者的互联网文化企业追求自身利益的最大化，而其利益的实现是以提供满足网民文化消费需求的互联网文化产品为主要方式的，故两者对网络文化产品、互联网文化产业的发展诉求存在一致性。由此可见，与其他政策客体政策诉求多元化的特征不同，互联网文化产业政策客体的政策诉求存在一定的一致性。以互联网电视政策为例，一方面，互联网电视符合普通民众多屏合一的要求；另一方面，生产互联网电视给家电生产商带来了巨大的利益，是家电生产企业的新增长点。因此，二者对互联网电视政策的需要都是放宽市场准入政策，繁荣互联网电视市场。

第四节　我国互联网文化产业政策的制定

一、政策制定的界定

胡平仁在其《在权力与权利之间：公共政策学新论》中认为："政策制定是指为解决某个政策问题而提出的一系列可接受的方案或计划，并进而制定出政策的过程。"[①] 张国庆认为："所谓公共政策制定一般是指对某个政策问题提出、论证并抉择解决方案的整个过程，一般包括目标确立、方案设计、方案评估和论证、方案抉择这样几个相互关联的环节。"[②] 笔者认为，产业政策作为国家公共政策的重要组成部分，产业政策制定是指政策主体围绕产业发展面临的某一具体问题而提出的一系列可接受的方案，它包括产业政策问题的确定、政策目标的确定，解决方案的提出、论证、抉择等过程。

我国互联网文化产业政策制定是指互联网文化产业政策主体围绕互联网文化产业面临的问题，设计、论证、评估和抉择解决方案的过程，是产业政策从无到有的过程。

二、我国互联网文化产业政策制定的原则

互联网文化产业政策制定是解决我国互联网文化产业发展问题的关键手段，涉及国家多个部门和利益群体的切身利益，是规范产业主体市场行为的重要手段，是提升国家互联网文化产业竞争力的重要支撑。因此，为了确保互联网文化产业政策的顺畅制定，我国互联网文化产业政策制定必须遵循以下原则。

（一）我国互联网文化产业政策制定必须遵循的一般原则

一是坚持结合国情、从实际出发原则。我国互联网文化产业政策制定必须精确锁定产业发展面临的关键问题，从解决产业问题的实际需要出发，制定适合我国互联网文化产业发展的产业政策。只有这样，才能确保产业政策的有效性。

二是坚持社会公正与利益补偿原则。互联网文化产业涵盖广泛，政策客体多元，不同政策客体的利益诉求也存在很大差异，因此，我国互联网文化产业政策的制定必须坚持社会公正原则，兼顾各方利益。

三是坚持整体性和系统性原则。互联网文化产业本身是一个复杂的产业系统，涉及国家、企业、消费者等多个相互联系、相互制约的主体，因此，在产业发展过程中面临的问

---

① 朱丽荣. 论政策制定过程中的指标量化——由"限蝇令"引发的思考［J］. 长春工程学院学报（社会科学版），2013（1）：44-45.
　　胡平仁. 在权力与权利之间：公共政策学新论［M］. 长沙：湖南人民出版社，2002：173-174.
② 孙常程. 试论我国公共政策制定过程中的问题及对策［J］. 辽宁行政学院学报，2007（5）：7-8.
　　张国庆. 公共政策分析［M］. 上海：复旦大学出版社，2011：181.

题也绝不是单一地、独立地存在，很多问题都是相互联系、环环相扣的，在制定互联网文化产业政策时，必须坚持系统性原则，从问题本身的系统性出发，着眼全局，统筹解决问题。孤立的、"头痛医头、脚痛医脚"的、"碎片化"的产业政策是无法发挥有效作用的。因此，我国互联网文化产业政策必须坚持整体性原则，建立完善的互联网文化产业政策体系，全面发挥政策的社会效益、经济效益和文化效益。

（二）我国互联网文化产业政策制定必须遵循的特殊原则

一是坚持前瞻性原则。互联网文化产业是伴随着信息技术创新而产生的新兴产业，与其他传统产业不同，互联网文化产业的发展速度、产品更新速度、业态更新速度远远超出其他产业，因此，政策主体在制定互联网文化产业政策时，必须以超前的眼光，准确预判未来产业发展方向和技术创新可能，制定具有预见性的政策。同时由于互联网文化产业发展速度极快，产业更新迅速，因此，政府在政策出台后，还需随时跟踪产业最新动态，及时调整、修正现有政策。只有坚持前瞻性原则，才能克服政策时滞现象带来的产业政策失效问题，在一定程度上保证产业政策的有效性。

二是坚持联动性原则。互联网文化产业是传统文化产业与信息技术产业耦合的产物，具有多产业、多业态融合的特点。互联网文化产业发展不仅受到网络文化行业本身发展状况的影响，还受到其他相关产业发展的影响。同时，互联网文化产业的发展也会带动其他相关产业的发展。因此，在制定互联网文化产业政策时，政府必须坚持联动性原则，把互联网文化产业政策放在整个国家产业政策系统中去考虑，充分考虑互联网文化产业发展内外部环境对产业本身的影响，从而制定有利于互联网文化产业把握内外部机遇、迎接各种挑战、克服内外部问题的政策。

三、影响我国互联网文化产业政策制定的因素

（一）互联网文化产业的特殊属性影响政策制定原则和政策制定重点

互联网文化产业的特殊属性对我国互联网文化产业政策制定的影响主要体现在以下两个方面：

一是互联网文化产业的动态性和融合联动性，要求我国政府在制定互联网文化产业政策时必须坚持前瞻性原则和联动性原则。

二是互联网文化产业的意识形态属性及其对国家安全的重大影响，要求我国政府在制定互联网文化产业政策时，考虑的重点应是国家信息安全保护问题和国家文化安全保护问题。因此，在我国互联网文化产业政策中，一方面，关于国家信息安全保护的政策较多，且政策法律效力较高，政策权威度较大；另一方面，关于互联网文化产业市场管理、内容管理的政策较多，产业扶持政策相对较少。尤其是网络游戏行业和网吧业，我国政府针对这两个互联网文化行业出台的大多是管理规范政策，而非行业扶持政策。

（二）政策制定体制影响我国互联网文化产业政策制定过程

所谓政策制定体制，是指政策主体在制定政策时形成的组织体系及制定政策的程序和制度。不同的政策制定体制会对政策制定过程产生不同的影响。我国的政策制定体制采用的是民主集中制，它强调政策决策权的集中。这种模式的优势在于，在遇到突发问题时政策主体可以快速、高效地调动一切力量，制定政策，解决问题。但是，这种模式也存在一定问题，主要体现在由于政策决策权的集中，社会利益集团的政策诉求对政策制定的影响力有限。这种政策制定体制决定了我国互联网文化产业政策的制定和实施是一个自上而下的过程。

1. 社会利益集团影响互联网文化产业政策制定

影响我国互联网文化产业政策制定的社会利益集团主要包括互联网文化企业及其员工和网民群体。他们影响我国互联网文化产业政策制定的主要方式包括政治游说、借助传媒表达意见等。由于我国互联网文化企业间的团结程度低、利益诉求多元，使得他们在互联网文化产业政策制定中的影响作用并没有完全发挥，更多时候扮演着被动的政策客体角色。

2. 专家学者和权威人士组成的智囊团影响互联网文化产业政策制定

在我国，专家学者和权威人士扮演着政府智囊团、政策咨询者的角色，对政府的政策制定和调整具有巨大影响。这是因为：①相对于政府官员，专家学者和权威人士具有更丰富的政策理论知识和产业理论知识，充分掌握了政策发展规律和产业发展规律，能够以更具前瞻性和系统性的眼光来看待产业发展问题，确保政策的前瞻性和整体性；②近年来，我国在互联网文化产业发展领域大力推行"政产学研相结合"的产业发展路径，专家学者作为产业研究者，对我国产业发展中面临的问题和阻碍进行了深入研究，掌握了大量的一手材料，充分了解企业对政策的需求，因此，他们可以更精准地锁定产业发展面临的问题，帮助企业传达其政策需求。

3. 大众传媒影响互联网文化产业政策制定

作为社会舆论的制造、传播、引导机构，大众传媒在我国互联网文化产业政策制定中具有以下影响：一是通过对产业发展状况、问题的报道，提高政府对产业问题的认知度，帮助政府确定政策问题；二是通过对产业相关新闻的报道，影响社会舆论，形成强烈的政策舆论；三是通过对企业主、消费者的采访报道，提高政策客体对政策制定的参与度，为政策制定提供下情上传的管道，为政策制定兼顾各方利益提供意见基础。

4. 社会公众影响互联网文化产业政策制定

社会公众对我国互联网文化产业政策制定的影响主要体现在以下方面：一是在政府进行政策制定前期调研的过程中，表达意见，影响政策制定；二是在政府政策制定听证会上表达意见，影响政策制定；三是在政府政策初步形成、发布征求意见稿时，通过大众传媒等有效途径表达意见，影响政策制定。

影响我国互联网文化产业政策制定的各因素如图5-7所示。

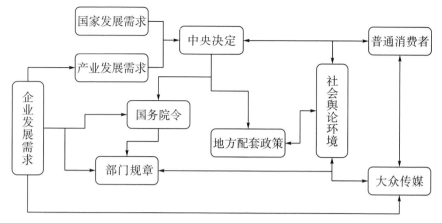

图 5-7　影响我国互联网文化产业政策制定的各因素

四、我国互联网文化产业政策制定存在的问题

（一）政策制定存在时滞问题

技术创新、科技革命是互联网文化产业快速发展的核心推动力，但是技术创新也给互联网文化产业的发展带来许多问题。这些问题在产业政策领域主要体现在技术创新与产业政策调整时间之间的矛盾。政策时滞问题在世界各国的互联网文化产业政策制定中都或多或少地存在，在我国这一问题也依然存在。我国政府采取的是文化迭合治理结构，这种结构使得我国互联网文化产业政策出现多部门重复介入的问题。而这种重复介入的直接后果就是政府政策制定呈现一个长期的、各方拉锯的局面，最终导致政策时滞。以我国网络游戏政策为例，早在 1992 年，我国第一款网络游戏《侠客行》就已经开始盛行，但是我国政府出台的与网络游戏有关的政策是 2002 年 7 月新闻出版总署与信息产业部联合发布的《互联网出版管理暂行规定》。

（二）政策制定缺乏前瞻性

互联网文化产业的技术性、动态性要求互联网文化产业政策要具有前瞻性。但是，政策制定的前瞻性在很大程度上依赖于政策主体对技术发展规律、产业发展规律的准确掌握，对技术发展方向和产业发展方向的准确预判，要求政策主体既要懂市场，又要懂技术，还要有很强的行政能力。然而，目前我国作为政策制定主体的政府官员，其传统的知识结构体系和能力体系决定了他们大都有很强的行政能力，但是缺乏对市场的认识和对技术的了解。因此，政府政策主体知识结构和能力结构上的缺陷，造成了我国互联网文化产业政策制定缺乏前瞻性。以我国三网融合产业政策为例，目前 4G 技术已经在我国快速发展，且我国主导制定的 TD-LTE-Advanced 已经成为 4G 技术的国际标准，但是我国的三网融合还处于全面试点阶段，三网融合政策体系还迟迟未能建立。

（三）政策制定主体与政策客体信息不对称，影响政策制定

"信息不对称（asymmetric information）指信息在相互对应的经济个体之间呈不均匀、不对称的分布状态。"[①]信息不对称现象的存在造成不同人掌握信息的多寡不同。信息不对称理论最早产生于微观经济学领域，后来被政治学、社会学广泛运用。政策制定过程中的信息不对称是指政府作为政策主体与公众、社会利益群体之间存在着信息不对称的问题。在政府与其社会成员的委托代理关系中，社会成员将具有垄断性和强制性的行政权力委托给政府行使。由于相应监督体制的不完善，政府作为公共信息的最大控制者，可能会利用信息优势和垄断地位追求自身的利益。作为被代理方的社会成员，由于难以获得政府信息，处于信息劣势的地位。这种信息的不对称最终导致公权力的滥用，社会成员利益的受损。

这一问题在产业政策领域主要体现在政府利用信息优势制定不公正政策，在一定程度上影响了我国互联网文化产业的发展。以广电总局出台的互联网电视政策为例，几年来广电总局连续出台了多项互联网电视管理政策，诸如《互联网视听节目服务管理规定》《信息网络传播视听节目许可证》《互联网等信息网络传播视听节目管理办法》《广电总局关于加强互联网视听节目内容管理的通知》等。这些政策的核心议题是经营互联网电视的机构必须取得《信息网络传播视听节目许可证》。而该许可证由广电总局颁发，且申请机构必须是国有独资或国有控股单位。这些政策的出台对我国互联网电视产业产生了巨大影响，很多民营企业、非广电总局主管的电信企业的利益都受到了损失。广电总局出台这些政策的目的，除了规范管理互联网电视以外，保护传统广电企业的利益是其出台政策的重要利益诉求。

（四）互联网文化产业政策存在"碎片化"问题，缺乏完整、系统的政策体系

1. 重视市场管理政策和内容管理政策

我国互联网文化产业管理政策明显多于产业扶持政策。这主要是因为互联网文化产业具有多重属性，而文化属性和意识属性决定了对互联网文化产业的监管事关国家的文化安全、意识形态安全，加之近年来西方一些国家借助国际互联网窃取我国机密信息，对我国进行信息攻击、文化渗透，使得我国互联网文化产业的监管与国家安全、执政安全密切联系。因此，"文化安全""执政安全""国家安全"是我国制定互联网文化产业政策的第一逻辑起点，也是政策主体制定政策的最首要诉求。我国政府在制定互联网文化产业政策时，首先从信息保护、文化安全、文化效益最大化、社会效益最大化的角度出发制定了互联网文化产业的市场管理政策和内容管理政策。这种政策制定上重管理的倾向，为保证我国互联网文化产业产品的质量、维护良好的网络环境、保障国家的文化安全、提高网络文化产品的文化效益起到了政策保障作用。但是，由于各个互联网文化产业主管部门在制定互联网文化产业管理政策时，大都将对互联网文化产品的管理和规范演化为对互联网文化产品的审批权，因此最终造成了我国互联网文化产业管理政策众多、同一互联网文化产品

---

① 闫孟颖，宋培建，周耿，等. 产品开发中用户反馈的价值创造机制研究［J］. 南大商学评论，2015（3）：164-177.

面临多重审批的问题，使得互联网文化企业的政策成本和政策风险极高。

2. 产业扶持政策不到位

作为政府解决产业发展问题、推动产业健康快速发展的重要手段，互联网文化产业政策制定除了满足政府对产业行为进行规范管理的要求以外，还应该满足产业关于增税或减税等各种形式的资源提取要求。也就是说，国家在制定产业政策时，除了制定规范产业行为的管理政策以外，还应该根据产业发展的需求，制定税收减免、金融扶持等相关产业扶持政策，推动产业发展。

（1）财税政策介入互联网文化产业发展的理论依据。

网络文化产品存在外部性，外部性又被称为溢出效应。经济活动的外部性是指一个经济主体的相关经济活动对其他主体或社会产生的非市场化影响。外部性又分为正外部性和负外部性。正外部性是指经济主体的经济性行为造成社会和他人除经济效益外的受益，负外部性是指经济主体的经济性行为造成社会和他人除经济效益外的其他利益受损。互联网文化产品本身的多重属性，使得其具有极强的外部性。而根据互联网文化产品本身质量的不同，它的外部性又可分为正外部性和负外部性两种，因此，互联网文化产品可以划分为公益品和公害品。作为公益品，它能提升消费者的文化修养，改善社会的文化环境，提升国家文化软实力；作为公害品，它会带来大量的社会负面影响，如网络暴力、低俗文化泛滥等。正是因为互联网文化产业具有极强的外部性，所以需要国家政府介入。当作为公益品的互联网文化产品呈现其正外部性时，互联网文化生产资源配置总量低于均衡配置，因此需要政策通过财税补贴政策予以矫正，使得企业在一定价格下扩大生产，从而使资源配置达到最优状态。

同时，税收政策的变化对互联网文化产品的生产和产业发展都会起到一定的影响。税收政策会影响互联网文化企业的收入，从而影响企业的生产能力。如图 5-8 所示，假定企业生产两种互联网文化产品 X 和 Y，当政府对产品征收重税时，此时由于企业生产收入降低，消费者无差异曲线 U_0 与生产可能性曲线 C_0 相切于 E_0，两种产品的产量分别为 X_0 和 Y_0；相反，当政府降低两种产品的税收时，企业收入增加，刺激生产，消费者无差异曲线 U_1 与生产可能性曲线 C_1 相切于 E_1，企业扩大生产，两种产品的产量分别为 X_1 和 Y_1，产品丰富，市场繁荣，政府促进产业发展的政策目标在一定程度上得以实现。

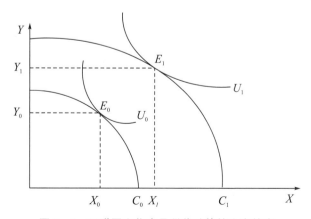

图 5-8　互联网文化产品税收政策的生产效应

（2）我国互联网文化产业财政、税收政策存在的问题。

①互联网文化产业投入不足。互联网文化产业是传统文化产业与信息技术产业相结合的产物，我国对互联网文化产业的投入包含信息科技投入和文化投入两个方面。但无论是文化投入还是信息科技投入，我国目前都面临着相关政策不到位、财政投入不足的问题。

"首先，从信息科技投入角度分析。目前我国出台的加大国家科技投入的政策主要是2006年财政部、科技部出台的《关于改进和加强中央财政科技经费管理的若干意见》，2012年中共中央、国务院印发的《关于深化科技体制改革加快国家创新体系建设的意见》。尽管这些政策的出台扩大了我国财政科技投入的比例，促成了我国科技投入总量持续多年上升，但是这些政策的出台并未完全解决我国科技投入不足的问题，主要表现在目前中国研究与试验发展（R&D）经费投入的总量不足和强度不高。中国R&D经费支出占国内生产总值的比重在'十五'期间和'十一五'期间均没有达到预期目标。2005年只有1.32%，低于1.5%的规划目标；2010年也低于2%的规划目标。中国R&D经费支出比重不仅低于发达国家水平，也与世界平均水平有明显差距。当今发达国家R&D经费支出比重平均水平为2.3%左右，世界平均水平为2.1%左右。目前，中国1.84%的R&D经费支出比重明显低于世界平均水平。科技投入政策的不完善，导致科技投入总量的不足。其次，从文化投入角度分析。据财政部统计，2010年，我国文化经费525亿元，文化经费占财政总支出的0.59%。扣除文联、作协等部门的经费，文化部门的经费约500亿元，占财政总支出的0.56%。文化投入总量小，文化投入方向主要集中于公共文化领域，是目前我国文化投入的主要问题。"①

②针对网络文化企业的税收优惠政策还有待进一步加强和明确。

尽管我国政府已制定了一些关于互联网文化企业的税收减免政策，但是税收政策主要集中在动漫领域，其他互联网文化行业缺乏明确、系统的税收减免政策。目前我国互联网文化产业税收减免政策主要有：在动漫产业方面，2004年4月20日，国家广播电影电视总局发布的《关于发展我国影视动画产业的若干意见》明确提出："对从事国产动画片研发、生产机构，凡符合国家关于高新技术企业税收优惠政策规定的，鼓励其申请相应的税收优惠政策。"② 2009年7月17日，财政部、国家税务总局发布的《关于扶持动漫产业发展有关税收政策问题的通知》明确规定："经认定的动漫企业自主开发、生产动漫产品，可申请享受国家现行鼓励软件产业发展的所得税优惠政策。"③ 2011年12月27日，财政部、国家税务总局发布的《财政部 国家税务总局关于扶持动漫产业发展增值税 营业税政策的通知》明确提出："对属于增值税一般纳税人的动漫企业销售其自主开发生产的动漫软件，按17%的税率征收增值税后，对其增值税实际税负超过3%的部分，实行即征即

---

① 龙莉，蔡尚伟. 科技政策创新助推文化产业发展——我国文化科技政策的问题与对策研究［J］. 西南民族大学学报（人文社会科学版），2013（6）：185—189.

② 国家广播电影电视总局. 关于发展我国影视动画产业的若干意见［EB/OL］. 国家广播电影电视总局，http://www.sarft.gov.cn/articles/2007/02/27/20070914165147430508.html.

③ 财政部，国家税务总局. 关于扶持动漫产业发展有关税收政策问题的通知［EB/OL］. 财政部，http://czzz.mof.gov.cn/zhongguocaizhengzazhishe_daohanglanmu/zhongguocaizhengzazhishe_zhengcefagui/200911/t20091111_230608.html.

退政策。动漫软件出口免征增值税。"① "动漫企业和自主开发、生产动漫产品的认定标准和认定程序，按照《文化部　财政部　国家税务总局关于印发〈动漫企业认定管理办法（试行）〉的通知》（文市发〔2008〕51号）的规定执行。"② 在网络游戏产业方面，2004年8月3日，国家新闻出版总署出台的《关于实施"中国民族网络游戏出版工程"的通知》规定："凡列入'中国民族网络游戏出版工程'的选题，新闻出版总署将会同国家有关部门提供多方面的政策扶持，以保证该工程的顺利完成。"③ 在网络视听产业方面，2008年1月1日，发展改革委、科技部、财政部、信息产业部、税务总局、广电总局发布的《关于鼓励数字电视产业发展的若干政策》规定：对相关部分数字电视设备进口，免征关税和进口环节增值税。同时，"广播电视运营服务企业收取的有线数字电视基本收视维护费，经省级人民政府同意并报财政部、税务总局批准，免征营业税，期限最长不超过三年。"④

分析以上政策我们不难看出，目前我国政府出台了一些针对互联网文化企业的税收减免政策，这些政策呈现出以下特点：

①缺少一部专门的、系统的针对整个互联网文化产业的政策。而在其他一些产业发展过程中，财政部出台了专门税收优惠政策，如《财政部　国家税务总局　海关总署关于鼓励软件产业和集成电路产业发展有关税收政策问题的通知政策》。互联网文化产业的税收优惠政策分散在鼓励各个业态发展的文件中，造成该问题的原因主要在于目前国家缺乏对互联网文化产业的统一界定，互联网文化产业边界不清楚。

②互联网文化产业各行业内部享受到的税收优惠幅度不同，税收优惠主要集中在动漫产业领域，网络游戏、网络视听、网络出版等行业的税收优惠政策不明晰，没有明确的税率优惠政策，优惠幅度不大。造成该问题的原因主要有以下两个方面：一是国家可以通过税收优惠政策激励产业，但是国家的这种政策激励是有选择的，并不是所有互联网行业都能享受国家的产业激励。这是因为各个产业的不同发展特性和不同发展阶段对国家激励手段的需求不同。在目前阶段，在众多的互联网文化行业中，新媒体动漫是最有发展前景且产业发展负面效益最低的一个行业，所以国家对互联网文化产业的激励政策主要集中在动漫领域。二是不同互联网文化行业本身特性不同，决定了国家对行业激励政策有所选择。一些互联网文化行业在其发展过程中由于缺乏规范和对高额市场利润的过度追求，出现了种种问题，给社会文化环境、人民生活带来了负面影响。因此，国家对这些行业的发展还是以文化管控为主。以网络游戏为例，目前国家对在线游戏没有一个特定的优惠税率政策，只有经过认证的国家高新技术企业和软件企业才能享受国家相应的税率减免优惠。这是因为，对于网络游戏是应该享受国家税收优惠还是应该征收高额税率，在社会各层面充

①　财政部，国家税务总局. 财政部　国家税务总局关于扶持动漫产业发展增值税 营业税政策的通知［EB/OL］. 财政部，http://hb. mof. gov. cn/lanmudaohang/zhengcefagui/201202/t20120206_626231. html.

②　财政部、国家税务总局. 财政部　国家税务总局关于扶持动漫产业发展增值税 营业税政策的通知［EB/OL］. 财政部，http://hb. mof. gov. cn/lanmudaohang/zhengcefagui/201202/t20120206_626231. html.

③　国家新闻出版总署. 关于实施"中国民族网络游戏出版工程"的通知［EB/OL］. 文化网，http://www. ccdy. cn/wenhuafagui/content/2010-03/22/content_590112. htm.

④　发展改革委，科技部，财政部，信息产业部，税务总局，广电总局. 关于鼓励数字电视产业发展的若干政策［EB/OL］. 中国信息产业网，http://www. cnii. com. cn/20071008/ca446835. htm.

满争议。一种观点认为，首先，网络游戏产业在发展过程中存在着诸多问题，我国的网络游戏玩家呈现低龄化的倾向，网络游戏中的淫秽色情内容和血腥暴力内容对缺乏自控能力的青少年具有极其负面的影响。因此，网络游戏企业应该为这些社会负面影响埋单，像烟草企业一样缴纳高额的税费。国家应该通过高税率提高网络游戏产业进入门槛，净化产业环境。其次，2012年我国网络游戏市场规模达601.2亿元，多家上市网游企业毛利率超过50％，庞大的市场规模和高额的产业利润为网络游戏带来了可观的利润收入。因此很多专家认为，网络游戏企业不缺钱，不应该享受国家税收优惠政策，国家应该把有限的财力投入到更需要扶持的产业中。另一种观点认为，我国的网络游戏产业仍处于发展期，与美、日、韩等网络游戏发达国家相比还有很大差距，面对强势的国外网络游戏的竞争，中国的本土游戏产业发展仍需大量的资金、技术、人才的支持，加之网络游戏本身是一个高投入与高收益并存的高风险行业。因此，国家应该加大对本土网络游戏产业发展的支持力度，提高网络游戏企业税收减免力度，推动网络游戏产业健康发展。

③缺乏《国家文化科技企业认定办法》，互联网文化产业领域内的众多文化科技型企业无法享受国家对高新技术企业的税收优惠政策。互联网文化产业本身的技术特性造成了许多互联网文化企业都具有技术性，都有技术研发活动，且技术创新是很多互联网文化企业的核心动力。"但是，目前我国尚未出台一个完整的《国家文化科技企业认定办法》，许多从事技术研发的网络文化科技企业要享受国家对高新技术企业的税收优惠政策，就必须首先经过国家高新技术企业认定，但是很多网络文化企业无法获得国家高新技术企业认定，也就无法享受相关税收优惠政策。"① 这主要是因为国家对高新技术企业的认定有一套严格的标准，如企业研究开发费用总额占销售收入总额的比例必须在3％～6％之间，高新技术产品（服务）收入占企业当年总收入的60％以上等。很多以文化内容创意为主、技术革新为辅的互联网文化企业很难满足这些条件，因此这些企业不能获得国家高新技术企业的认证，无法享受相关的税收优惠政策。

3. 产业政策存在"碎片化"问题，缺乏系统性，产业政策难以落地

互联网文化产业是一个开放的、融合的产业系统，产业内部的各个领域、各个环节相互联系、相互制约。一方面，产业链条上的上、中、下游企业互相联系；另一方面，产业内部的内容创新与技术创新相互联系、相互制约。因此，要推动互联网文化产业发展，必须从互联网文化产业的系统性出发，以产业整体为着眼点，从产业引导、产业规范、产业管理、产业扶持等多方面入手，制定全方位、多角度、成系统的产业政策，发挥政策的系统效益，全面推动互联网文化产业的快速、健康发展。

但是，目前我国互联网文化产业政策存在"碎片化"问题，政策缺乏系统性，产业政策难以落地。虽然目前我国已出台了许多推动互联网文化产业发展的政策、意见，如《文化部关于网络音乐发展和管理的若干意见》《文化部关于扶持我国动漫产业发展的若干意见》等，这些政策的制定，使我国互联网文化产业的未来发展方向得以明确，为产业健康发展奠定了基础，但是这些意见大多是从总体上对产业发展的任务、产业发展措施等进行了概要性规定，缺少对政府财政投入、企业税收减免、技术创新扶持等具体措施的规定。

---

① 龙莉，蔡尚伟. 科技政策创新助推文化产业发展——我国文化科技政策的问题与对策研究 [J]. 西南民族大学学报（人文社会科学版），2013（6）：185—189.

而这些政策出台后，国家财政部也并没有出台相关的财税优惠措施，使得这些政策在很大程度上缺乏对产业支撑的硬性指标，缺乏支撑力度，政策难以落地。

第五节　我国互联网文化产业政策的执行

一、我国互联网文化产业政策执行过程

（一）政策执行的界定

政策执行是整个政策系统过程的中心环节，是实现政策目标、解决政策问题、达到政策效果的重要过程。它在很大程度上对政策效果的实现起着决定性作用。同时，政策执行过程中出现的问题，又是政策主体反向审视政策制定问题的重要依据，为后续政策调整、修订、完善提供了实践依据。关于政策执行的定义主要有以下几种：

唐纳德·冯美特和卡尔·冯霍恩认为，政策执行是"为了实现先前的政策决定中所确定的目标，接受有关政策指导的公共部门或者私人部门的个人（或团体）所采取的行动"[1]。

佛瑞斯特认为："政策执行不仅是政策执行机构及其人员对政策目标和政策规定的顺应行为，而且是政策规划者、政策执行机构和人员的预期分析能力的应用，预期分析能力是政策执行成功与否的关键。"[2]

国内学者李成智认为："公共政策执行本质上是遵循政策指令所进行的变革，是为了实现政策目标而重新调整行为模式的过程，是将一种政策付诸实施的各项活动。"[3]

笔者认为，政策执行是具有政策执行能力的政策执行机构或公民个体，在接收政策后，履行法定的政策执行职责和义务，为实现政策目标，运用各种资源，采取宣传、解释、实施、协调、监控等一系列变革行动，将政策文本内容转化为现实革新活动的过程，是接受政策指导的相关政策执行机构或个人依据政策，调整自身行为的过程。

我国互联网文化产业政策执行是指接受互联网文化产业政策指导的各级政府部门或网络文化企业，在国家互联网文化产业政策正式公布后，履行法定的政策执行职责，接受政策约束，运用各种资源，采取宣传、解释、实施、协调、监控等一系列手段，将互联网文化产业政策的文本内容转化为现实活动的过程，是各相关机构和企业将互联网文化产业政策付诸实施的一切活动。

（二）我国互联网文化产业政策执行过程

1. 政策执行过程的一般模式

通过政策执行的界定，我们可以看出，政策执行是众多政策执行者依据政策内容，采

---

① 谢炜. 中国公共政策执行过程中的利益博弈［D］. 上海：华东师范大学，2007.
② 张国庆. 现代公共政策导论［M］. 北京：北京大学出版社，2007：167—168.
③ 李成智. 公共政策［M］. 北京：团结出版社，2000：96.

取多种手段，将政策付诸实施的一系列过程。不同的国家由于其政治体制的不同，其政策执行过程也不同。政策效力的最大化实现需要强有力的政策执行过程作为支撑。因此，政策执行自然成为国内外政策研究中的重要议题。西方学者从不同的角度将政策执行过程概括为以下几种模式：

（1）史密斯的政策执行不确定说。史密斯认为，政策执行存在"四大变量"：一是理想化政策，二是执行机构，三是标的团体，四是环境因素。它们直接影响政策执行过程。在实际政策执行过程中，构成理想化政策的主要因素包括政策的形式、类型、范围、社会形象等，这些因素并非一成不变；而政策标的团体也受其组织化程度、先前接受政策的经验等因素影响。影响政策执行的社会政治、经济、文化环境更是充满变化。因此，史密斯认为，四大因素的变量性使得政策执行过程具有不确定性。

（2）麦克拉夫林的相互调试说。与史密斯强调政策执行的不确定性不同，麦克拉夫林对政策执行过程的研究，强调的是政策执行者与受政策影响者之间的相互调试。在他看来，第一，政策执行者与受政策影响者对政策的反应、利益诉求是存在差异的，因此，不存在标准的政策执行方案，最终的政策执行方案一定是基于双方的共同让步和对立场的修正而形成的双方都能接受的执行方案；第二，政策执行者会因受政策影响者的需求和环境因素的变化而改变自身的政策执行目标和手段；第三，政策执行过程不是简单的"上令下达"的单向流程，而是一个双方平等交流的双向过程；第四，受政策影响者的利益诉求会影响政策的制定，从而影响政策内容，政策内容的改变又会影响政策执行者的利益。

（3）梅兹曼尼安和萨巴提尔的综合模型。他们认为，政策执行是一个综合的过程，受到多重变量的影响。他们将影响政策执行过程的主要变量分为三类：一是问题的可处理性，二是政策本身的法定规定，三是政策以外的非法定变数。

总而言之，学者对政策执行过程的研究主要分为两大类型：一是认为政策执行是"自上而下"的过程。这种观点认为，政策执行过程是一个理性科层制的过程，强调政策执行是政策目标的自然实现过程，政策执行者的行动目标就是达到政策制定者的政策目标。二是认为政策执行是"自下而上"的过程。这种观点强调政策执行的复杂性和政策执行过程的非线性。

2. 我国互联网文化产业政策执行过程

（1）互联网文化产业政策执行准备。这主要指互联网文化产业政策执行主体在接受政策后，基于对政策的解释和理解，制定政策执行计划，落实组织政策执行人员，筹备政策执行资源，制定政策的具体推行计划，保证政策的有效执行。

（2）根据政策执行计划和政策目标进行政策实验。这种政策实验在我国互联网文化产业政策领域被广泛采用，其主要方式包括两种：一是推出具有短期时间效力的试行政策进行政策实验，在实验过程中发现问题，对政策进行调整；二是制定试点方案，在部分地区、部分行业率先试行政策，在试点过程中针对出现的问题进行政策调整。

（3）进行政策宣传。在我国，互联网文化产业政策的宣传分为两个阶段：第一阶段，正式政策推出执行前的宣传，这主要是国家主流媒体对政策问题进行大量的宣传报道，引起人们对政策问题的关注，激发人们对政策出台的主观愿望；第二阶段，政策推出执行后，主流媒体借着前期的舆论造势，对政策内容进行宣传，加深人们对政策的理解和认同，动员人们努力参与到政策实施过程中。

（4）指挥协调。我国互联网文化产业政策的执行往往需要多个部门和人员的协调配合，经过多个层次和多道程序才能完成，因此，在政策执行过程中难免存在部门和部门之间、个人和个人之间的矛盾冲突，这就需要由上级主管部门采取多种方式，协调政策执行主体间的关系，保证政策的有力执行。

（5）监督控制。在政策执行过程中由于多重因素的影响，以及政策执行本身的自由裁量权的存在，会出现政策执行偏差、失效、违法和低效等情况，这就需要上级主管部门对政策执行进行监督控制。但在目前我国互联网文化产业政策执行过程中，还存在着政策执行缺乏监督和控制的问题，这就影响了我国互联网文化产业政策的执行效果。

二、影响我国互联网文化产业政策执行的因素

（一）我国政府结构模式影响我国互联网文化产业政策的执行

我国政府采取的是纵横双向的权力划分体系，这在很大程度上影响了我国互联网文化产业政策的执行。

1. 中央和地方的行政权力纵向划分

改革开放以后，我国政府对国家权力划分体制做了很大调整，其核心是分权，即中央政府向地方政府简政放权。这一改变加强了地方政府在地方行政管理中的主导权，为各地结合自身实际制定政策、实行差异化发展奠定了基础。但是，这一改变也带来了相应的问题。随着地方权力的不断提高，中央政府对地方的管控权逐渐被削弱，中央政府的政令在各地的执行中被大打折扣，出现了中央政策在地方执行中的不作为、执行偏差、低效甚至失效的现象。这一现象在我国互联网文化产业政策的执行中也普遍存在。以网吧业政策为例，为了规范网吧业的发展，国务院办公厅、文化部等国家行政主管部门发布了多条关于规范网吧等营业场所的政策，要求对网吧从严审核、控制总量、合理布局、优化结构，网吧从业者必须在文化主管部门办理《网络文化经营许可证》，禁止网吧接纳未成年人，对违规行为要从严处罚。但是在这些政策的执行中，各地文化主管部门出于完成本地文化产业产值增长的工作压力，很多时候会采取消极的政策执行态度。

2. 同级政府间的部门横向机构配置

在我国，同级政府间的部门设置大多采用平行横向关系，国务院各部委间以及地方政府各部门间以平行合作关系为主。由于我国互联网文化产业的不同内容分属不同政府部门管理，各级政府部门间的权责又存在很多重叠和交叉，使得我国互联网文化产业政策在执行过程中，由于各政府部门间缺乏完善的部门沟通机制，造成一些政策的执行偏差、低效。

（二）政策本身的权威性、科学性影响我国互联网文化产业政策的执行

1. 政策权威性不高影响我国互联网文化产业政策的执行

政策执行是一个多人共同合作的系统工程，要让许多人共同合作、共同努力，就必须要具有让所有人都服从、认同的权威性。政策的权威性主要包括两个方面：一是政策主体的权威性，二是政策本身的权威性和法律效力。在我国，政策主体的权威性是由国家机构

的层级来确定的，同时政策本身的权威性和法律效力也是受政策主体的权威性直接影响的。根据我国立法法，我国立法主体的权力位阶顺序如图5-9所示。

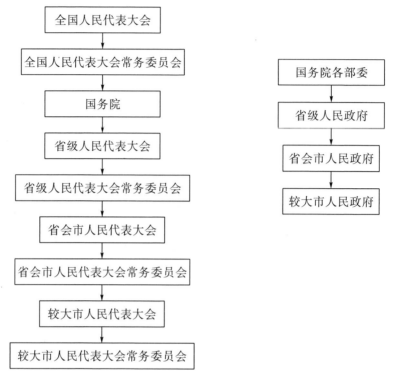

图5-9 我国立法主体的权力位阶

由此确定了我国法律位阶的一般关系如图5-10所示。

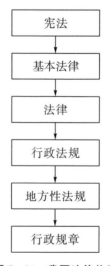

图5-10 我国法律位阶

在我国互联网文化产业政策领域，政策权威性不高主要体现在政策主体权威性不高，政策本身权威性不高。一方面，我国互联网文化产业政策主体多是国务院各部委，政策制定主体权威性不高，影响了政策的执行；另一方面，我国互联网文化产业政策只有很少具有法律效力的行政法规（由总理签署的国务院令）和部门规章（由部委首长签署的部委令），其余绝大部分是以通知、意见等方式出台的规范性文件，政策权威度低，影响了政策的执行。

我国互联网文化产业政策法律位阶统计如图 5-11 所示，我国互联网文化产业规范性文件发布主体统计如图 5-12 所示。

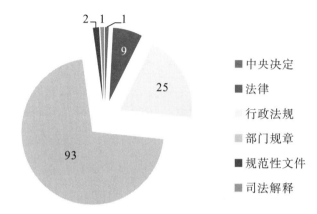

图 5-11　我国互联网文化产业政策法律位阶统计

图 5-12　我国互联网文化产业规范性文件发布主体统计

由图 5-12 可以看出，在我国众多的互联网文化产业政策中，71.54% 的政策都是不具有法律强制约束力的规范性文件。而这些规范性政策文件中，国务院发布的规范性文件仅 18 件，多部委联合发布的规范性文件仅 17 件，其余皆由单一部委发布，这种政策效力完全依靠行政单位内部的行政隶属关系来确定，没有明确的法律效力和强制约束力，这就造成很多政策在执行过程中的自由裁量和人为衰减，影响了政策效力的实现。

2. 政策本身缺乏合理性和科学性影响我国互联网文化产业政策的执行

政策的合理性是指政策的制定是否是对客观政策的准确反映，是否能够切实解决客观政策问题，是否符合大多数社会群体和人民群众的利益诉求。政策的科学性是指政策的制定是否采用了科学的方法和通过科学程序进行，是否掌握了政策问题的客观运行规律。在我国互联网文化产业的政策制定中，由于政策制定主体的利益集团单一以及政策主体本身的行政能力限制，一些互联网文化产业政策缺乏合理性，很难客观反映产业问题，在一定程度上偏离了以产业发展利益为中心的合理方向，造成了部分政策制定不合理，阻碍政策的执行。另外，我国互联网文化产业政策的制定明显滞后于互联网文化产业发展的实际需要，政策的制定缺乏对产业发展规律的科学把握和准确预判，造成政策制定不科学，影响政策的执行效果。以网络游戏政策为例，为了降低长期沉迷于网络游戏对网民造成的不良影响，2007年4月，国家相关部门先后出台了《关于保护未成年人身心健康实施网络游戏防沉迷系统的通知》《网络游戏防沉迷系统开发标准》《网络游戏防沉迷系统实名认证方案》《网络游戏防沉迷系统及实名认证服务协议》等一系列政策文件。然而，网络游戏的发展实践证明，这套防沉迷系统是完全失败的。一方面，这套系统根本就没有解决玩家沉迷网游的问题。因为这套系统是基于一个玩家只玩一个游戏，且只在一个游戏中注册一个账号的逻辑前提，这是完全不符合实际的，玩家在一款游戏中可申请多个账号，同一个账号还可练不同角色，且很多玩家是同时玩多款游戏的。因此，对于网络游戏玩家而言，这套系统是完全失灵的。另一方面，这套系统的实施损害了网游企业的利益。这套系统与目前我国网游企业以延长游戏时间留住玩家实现盈利的传统经营模式相冲突，因此，该系统的实施导致很多网络游戏企业面临玩家流失的问题，给网游企业带来了较高的网游修改成本，影响了网游产业的健康发展。

3. 不同利益主体间的利益冲突影响我国互联网文化产业政策的执行

（1）中央政府与地方政府之间的利益冲突影响我国互联网文化产业政策的执行。

在我国互联网文化产业的政策制定和执行过程中，中央政府往往扮演着政策制定主体的角色，而地方政府则是中央政策的执行者。"作为政策执行部门的地方政府，出于自身利益最大化的考虑，在政策执行中往往采取选择性执行。在若干项中央政策之间，选择有利于地方利益的某项政策执行；在一项中央政策内容中，选择有利于地方利益的部分执行。"[①] 这一问题突出体现在我国知识产权保护与地方保护主义之间的冲突。为了保护著作权人的合法权利，国家制定了许多惩处网络盗版行为的惩罚性措施，但是在实际施行过程中，惩罚性措施变成了赔偿性措施，以经济收益或损失来计算赔偿，甚至有些地方法院以著作权人不能证明拥有著作权为重点，不追究盗版者的法律责任。这在很大程度上造成我国知识产权保护政策的失效。

（2）各政府部门间的职权重叠，产生利益冲突，影响我国互联网文化产业政策的执行。

我国互联网文化产业政策的制定和执行涉及多个部门，而由于我国宪法和国务院组织法对各部门间的关系、部门间的职能以及部门间的协调机制缺乏明确的法律规定，因此出现了我国互联网文化产业各主管部门之间职权重叠的问题。这种政府部门间职权不清的现象影响了政策的执行。

4. 缺乏对政策执行的监督控制影响我国互联网文化产业政策的执行

"20世纪50年代，美国出现了管理控制理论。该理论认为，控制是由确定标准、绩效评定、纠正偏差等行为形成的信息回馈过程。而政策执行作为国家进行行政管理的重要管理活动，当然也应该包括政策执行控制过程。政策执行控制是指，在政策执行过程中，为了保证政策目标实现而不致发生偏差，由控制主体对政策执行进行的确定执行标准、衡

---

① 谢炜. 中国公共政策执行过程中的利益博弈 [D]. 上海：华东师范大学，2007.

量执行情况、纠正执行偏差的动态的、循环的过程。"① 政策执行控制包括确定政策执行标准、衡量政策执行情况、纠正政策执行偏差三个方面，其核心目的是保证政策效果的最大化，核心手段是通过制定相关标准，确保政策执行的正确，及时调整执行中出现的各种偏差。完善的政策执行控制体系是保证政策有效执行，避免政策执行偏差、失效的重要监督体系。但是，目前我国互联网文化产业政策执行中存在较为严峻的政策执行失效问题，包括：①缺乏可量化的互联网文化产业政策执行标准指标，无法对互联网文化产业政策执行情况进行评估。②缺乏客观的、有政策执行控制能动性的第三方政策控制主体。目前我国的互联网文化产业执行控制存在着执行机构与执行控制监督机构重合的问题，这直接影响了我国互联网文化产业政策执行控制的有效性。③政策执行情况与政策执行控制主体间利益关联小，控制主体缺乏施控的"利益动力"，影响了我国互联网文化产业政策的执行控制力度。

三、改善我国互联网文化产业政策执行的对策

（一）提高政策发文机关的层级和政策规格，提高政策的权威性，保证政策有效执行

在我国政策制定和执行主要是一个"自上而下"的过程，因此，政策发文机关的层级在一定程度上影响了政策执行的力度。因此，要改善我国互联网文化产业政策执行情况，首先，提高我国互联网文化产业政策的发文机关，通过提高发文机关的权威度保证政策的执行。其次，不同的政策规格享有不同的法律和行政效力，要提高我国互联网文化产业政策的执行力度，必须大幅度提高我国互联网文化产业政策规格。对影响互联网文化产业发展全局的重大政策要经过立法机关的法定程序，变行政政策为法律条文，提高政策的法律强制效力。

（二）提高政策本身的合理性和科学性，保证政策有效执行

提高政策的合理性和科学性，是保证政策有效执行的基本前提。首先，要完全清理现有政策中的不合理部分，对现有政策进行科学调整和修订；其次，进一步发挥专家学者在政策制定中的主体性作用，提高政策的科学性；最后，进一步科学化、规范化政策制定程序，提高政策制定的科学性。

（三）进一步明确政策执行主体间的权责划分，避免部门间冲突，保证政策的有效执行

进一步调整国务院组织法，由国务院编制办负责，出台规范互联网文化产业主管部门职能的相关规定，明确文化部、国家新闻出版广电总局、工信部等各部委在互联网文化产业政策制定和执行中的不同职责，具体划分各部门的权责利，减少部门间的职能重叠和交叉，避免部门间的冲突，保证互联网文化产业政策有效执行。

（四）建立以部长联席会议制为核心的，长期、稳定、有效的政策执行机构沟通机制，保证政策执行顺畅

目前我国尚未建立统一的互联网文化产业主管部门，产业管理权依然分散在各个部

---

① 吴开明. 政策执行偏差防治路径探析——基于政策执行控制的视角 [J]. 中国行政管理，2009（1）：35-40.

门。因此，要提高政策执行力度，确保各部门间的良好合作，就必须建立以部长联席会议制为核心的，长期、稳定、有效的部门沟通机制，确保在政策执行过程中各部门间能够相互沟通、互相合作，减少部门间的冲突和相互推诿现象，保证政策的顺利执行。

（五）建立完善的政策执行监督控制体系，保证政策有效执行

我国要建立互联网文化产业政策执行控制体系，必须从以下方面入手：①根据互联网文化产业政策目标，确定政策执行标准，建立一套可量化的互联网文化产业政策执行标准指标体系，用该体系衡量政策执行情况；②引入政策目标群体，作为政策执行控制主体；③在政策执行控制领域引入官员"问责制"，确立硬性问责指标，对政策执行不力的官员进行问责，强化政策执行人员的执行动力。

第六节　我国互联网文化产业政策评估

一、政策评估体系的定义

政策评估是完整政策过程的重要组成部分。政策评估是评价政策对于政策问题或现实世界的解决能力、响应能力的重要手段。通过政策评估，政府和政策制定主体可以提高自身的政策制定、执行能力，从而促进整个政策过程的科学合理。

从公共政策科学研究开始时起，政策评估研究就是政策科学研究的重要组成部门。查尔斯·琼斯认为："政策评价是指政策既经政策执行之后，政府有关机构对政策执行的情况，加以说明、检核、批评、量度与分析。其作用在于确认政策是否正确，推断政策之利弊，为将来改进政策提供参考。其属于政策又回到政府的阶段。"[①]

布莱恩·霍格伍德和路易斯·冈恩指出："政策过程存在两种状态，其一是应然状态，即政策应该怎样制定；其二是实然状态，即制定了怎样的政策。政策评估是介于应然状态和实然状态之间的活动，是实然政策分析和应然政策分析的分界线。"[②] 这些学者的观点重在强调政治制定执行后，对政策效果的评估、评价，是一种实效评估。而 1970 年美国"都会研究所"对政策评估的界定赋予了政策评估新的内容。他们将政策评估定义为："①衡量一项进行中的计划所达成预期目标的效果；②根据研究设计的原则区分方案效力与其他环境力量作用的差异；③通过执行过程中对方案的修正，使计划得以完善。"[③] 这一观点丰富了政策评估内容，将政策执行过程中的方案评估纳入了政策评估范围之内，同时，再次强调了政策评估的作用更多在于改进政策。

综合以上各种观点，笔者认为，政策评估是一个系统的动态过程。它是政策评估主体，依据一定的政策评估标准，对整个政策过程的说明、检核、批评、量度与分析，包括

---

① 张国庆. 公共政策分析 [M]. 上海：复旦大学出版社，2011：395.
② 张国庆. 公共政策分析 [M]. 上海：复旦大学出版社，2011：396.
③ 章泽宾. 城市土地供应政策执行效果评估——以武汉市为例 [D]. 武汉：华中农业大学，2009.

政策制定时对政策方案的事前评估、政策制定后政策执行中对政策执行方案的事中评估以及政策执行后对政策效果的评估。政策评估的主要目的在于纠正、改进整个政策方案，提高政策制定、执行的合理性、科学性，提高政策效果。

我国互联网文化产业政策评估是指政策评估主体依据一定的评估标准，对互联网文化产业政策的方案、政策执行方案以及政策效果进行总体分析、说明、检核、量度的过程。其目的在于提高我国互联网文化产业政策的科学性、合理性，提高我国互联网文化产业政策的效果，推动政策问题的解决，促进互联网文化产业的发展。

二、我国互联网文化产业政策评估体系存在的问题

（一）政策评估体系有待规范

作为我国公共政策的重要组成部分，互联网文化产业政策的评估首先依赖于完善的国家政策评估体系。但是，目前我国还未真正建立起规范的政策评估体系。一方面，我国目前还未出台一部规范的公共政策评估法律，缺乏法律强制手段的保证，公共政策有效评估难以进行；另一方面，尽管我国政府内部会对一些政策进行评估，但是由于缺乏长效机制和激励机制，因此难以长期、规范、有序进行。

（二）评估标准指标体系有待完善

政策评估作为检测、评价政策过程，评估、量度政策效果的重要活动，要客观、科学地进行，就必须有科学、系统、可量化的基于评估目的而建立的完善的政策评估标准指标体系。但是，目前在我国互联网文化产业政策评估领域，还未形成一套完善的、可量度的、科学的政策评估标准指标体系。我国很多互联网文化产业政策的评估尚停留在定性评估的阶段。虽然这种定性评估满足了互联网文化产业政策文化管理价值评估、意识形态管理价值评估的要求，但是作为产业政策，政策带来的产业效果、经济效益的评估也是政策评估的重要组成部分。因此，目前我国互联网文化产业政策评估缺乏评估标准体系的问题，造成了我国互联网文化产业政策评估的不完善、不科学。

（三）重事后评估、轻事前评估和事中评估

在美国等西方发达国家，政策评估包括事前评估（政策制定时对政策方案进行评估）、事中评估（政策执行时对政策执行方案进行评估）和事后评估（政策执行后对政策效果进行评估）三个阶段。简而言之，政策评估涵盖整个政策阶段，这套完整的政策评估过程保证了在整个政策周期内，政策的制定、执行、修订都能得到有效监督和回馈，从而保证随时发现政策方案中的问题，及时调整政策方案，保证政策的有效性。但是，目前我国对互联网文化产业政策的评估不太完善。这主要体现在我国互联网文化产业政策的评估更多的是重视对政策执行效果的评估，缺乏对政策执行的评估和政策方案的评估。而事前评估和事中评估是我国互联网文化产业政策制定科学、执行有效的保证，更是政策最终有效的前提条件，忽视对政策制定和政策执行的评估，很难保证政策效果的实现。

（四） 互联网文化产业政策本身的意识形态管理属性加剧了政策评估难度

与其他产业政策评估强调产业效应、经济效益评估不同，互联网文化产业政策评估除了重视产业效应和经济效应的评估外，更强调政策政治效益、社会效益、文化效益、意识形态维护效益的评估。这是因为，互联网文化产业本身的文化、意识形态属性造成了互联网文化产业政策的目的除了推动产业发展外，还强调政策对文化内容管理、意识形态维护的重要作用。互联网文化产业政策对国家文化发展、意识形态维护的作用是潜移默化的，需要长期的累积才能体现。而政策评估是在一个政策周期内进行的，时间相对短暂。因此，有效评估互联网文化产业政策在国家文化管理、意识形态维护方面的有效性是很难进行的，且文化效益和意识形态效益又是无法量度的，这就更加剧了政策评估的科学性问题。

三、建立我国互联网文化产业政策的有效评估体系

（一） 制定《产业政策评估法》，为互联网文化产业政策评估提供法律依据

国外产业政策评估经验表明，完善政策评估法律体系有利于确定政府政策评估的权威性，提升政策评估的规范性，完善的政策评估法律体系是政策评估顺利进行的法律保障。因此，要规范我国互联网文化产业政策评估，就必须通过立法手段，尽快出台一部完整的、适合我国政策评估实际需要的《产业政策评估法》，为我国互联网文化产业政策评估提供法律依据和制度保障。通过法律的强制力和规范性，保证我国互联网文化产业政策评估常态化、规范化进行。

（二） 依托高校研究机构，引入第三方、独立政策评估主体

在众多的社会团体中，高校研究机构是最适合作为第三方、独立政策评估主体的。这是因为：首先，如果政府同时进行政策制定、政策执行、政策评估，那么就会出现政府在整个政策过程中既扮演教练员，又扮演运动员，还扮演裁判员的问题，在一定程度上很难保证政策评估的客观性。其次，作为政策影响者的企业，由于其是政策的直接利益群体，也是不适合承担政策评估工作的。作为政策影响者的企业，其对政策的诉求只强调政策给企业带来的经济利益，这种利益诉求与互联网文化产业政策以提高产业文化效益和产业经济效益为核心的综合诉求不同。因此，企业如果作为政策评估主体，必将忽视互联网文化产业政策的文化管理作用，给政策制定带来负面效应。最后，与第三方社会群体相比，引入高校研究机构作为我国互联网文化产业评估主体是最适合的。这是由于：①政策评估的最终目的是为政策的修改、调整提供依据，保证新政策的合理性和有效性。相较于其他第三方社会群体，作为政府的智囊团、政治决策咨询者，高校研究机构长期在我国政策制定过程中扮演着重要作用。因此，以高校研究机构作为我国互联网文化产业政策评估机构，有利于发挥其在我国政策制定中的重要作用，使得政策评估结果被政府采纳，成为政策修改、调整的重要依据，最终提高我国互联网文化产业政策的有效性。②我国政府近年来大力推行"政产学研相结合"模式，密切了高校研究机构与政府、高校与企业之间的关系，加深了高校研究机构对政府和企业的了解，使得高校研究机构不但能掌握众多政府很

难掌握的企业发展的一手资料，同时也对政府的政策需要有很深入的了解。因此，以高校研究机构为依托建立第三方、独立政策评估机构，有利于将政府政策诉求与企业发展诉求相结合，兼顾多方利益，制定科学的互联网文化产业评估方案。③政策评估是一项需要很多政策科学知识，懂得丰富的评估方法技巧的工作。相较于其他第三方社会群体，高校研究机构的学者专家在政策评估知识和方法的掌握方面拥有得天独厚的优势，因此，以高校研究机构为依托建立我国互联网文化产业政策评估主体，是我国引入第三方、独立政策评估主体的最佳选择。

（三）建立科学、客观、完善的政策评估指标体系和方法体系

科学、完善的政策评估指标体系和方法体系是进行互联网文化产业政策评估的重要前提。

（1）建立科学、客观、完善的政策评估指标体系。互联网文化产业具有文化属性、社会属性、意识形态属性、经济属性，因此，互联网文化产业政策的目的就是要充分发挥互联网文化产业的文化效益、社会效益、政治效益以及产业效应。互联网文化产业政策评估指标应该包括以下四个层面：一是文化效益指标体系，二是社会效益指标体系，三是政治效益指标体系，四是经济效益指标体系。由于政策效益的不同性质，该指标体系应包括定量指标和定性指标两个方面，其中政治、文化、社会效应评估应以定性指标为主，经济效益评估应以定量指标为主。另外，由于互联网文化产业具有高新技术特性，技术创新是互联网文化产业发展的重要动力，因此，除了以上指标体系外，互联网文化产业政策评估指标体系还应该包括技术创新效益指标体系。并且在分析相关指标数据时，除了分析最终效益结果外，还应该注意政策投入与政策产出之间的效率比。最终建立涵盖文化效益、社会效益、政治效益、经济效益、技术效益多层面的，定量与定性相结合的，科学、客观、完善、可操作的互联网文化产业政策评估体系。

（2）互联网文化产业政策的科学评估除了需要科学的评估指标体系外，还需要建立科学的评估方法体系。目前世界上一些国家在政策评估中采用了多种评估方法，如前后对比法、同行评定法、专家评定法、自我评定法、统计抽样法等。我国互联网文化产业政策评估方法也可借鉴其他国家的先进经验，采用多种定量和定性相结合的评定方法对互联网文化产业进行全面评估，为互联网文化政策的制定、设计、调整、修改提供客观依据。

（四）加强对整个政策过程的评估，事前评估、事中评估、事后评估并重

对互联网文化产业政策的评估应该是一个系统过程，它涵盖了对政策制定方案的评估、对政策执行方案的评估、对政策效果的评估三个层面。这三个层面互相联系，互为前提，是一个完整的整体，缺一不可。对政策制定方案的评估，是确保政策方案的合理性、保证政策有效执行的前提；对政策执行方案的评估，是确保政策有效执行、保障政策效果实现的前提；对政策效果的评估，是科学调整政策制定方案的前提。因此，我国要对互联网文化产业政策进行科学评估，就必须加强对整个政策过程的评估，坚持事前评估、事中评估、事后评估并重的原则，对互联网文化产业政策进行全面、系统的评估。

第七节　对我国互联网文化产业政策制定和执行的调查研究

互联网文化产业作为一种新兴产业，需要国家政策的管理规制和扶持引导，目前我国出台了众多互联网文化产业政策，对互联网文化产业的发展起到了积极推动作用，但是由于互联网文化产业本身的特殊性，传统的政策制定方式很难满足产业的需要，因此，我国互联网文化产业政策还存在诸多问题需要调整。为了清楚锁定我国互联网文化产业政策存在的各种问题，以及互联网文化产业内部各个层面对政策的需求，笔者借助完成国家、省、市相关文化产业课题的机会，对互联网文化产业政策的制定和实施进行了一系列实证调查研究，以问卷调查为主，通过实证调查，分析和论证我国互联网文化产业政策制定和执行过程中存在的问题，寻求问题解决方案。

一、调查目的

为了精准锁定我国互联网文化产业政策的制定和执行面临的问题，为我国互联网文化产业政策的制定和执行提供参考，笔者特进行了以下问卷调查研究。

二、问卷设计

根据调查主题和研究目的，笔者在参阅了大量互联网文化产业政策文献和相关研究成果以后，制定了一套包含8道选择题和1道开放式问题的调查问卷。通过现场发放和网络调查的方式，进行了相关问卷调查。

本次问卷内容主要包括五个版块：第一，调查受访者对我国互联网文化产业政策目的的相关认识和看法；第二，调查受访者对我国互联网文化产业政策主体的相关认识和看法；第三，调查受访者对我国互联网文化产业政策制定的认识和看法；第四，调查受访者对我国互联网文化产业政策执行的认识和看法；第五，调查受访者对我国互联网文化产业政策的对策建议。通过调查分析我国互联网文化产业政策制定和执行过程中的问题，为更加科学有效地制定我国互联网文化产业政策提供参考。本次问卷包括的主要题目如下：

政策目的层面	1	您认为我国互联网文化产业政策的目的主要是什么？
	2	影响我国互联网文化产业政策制定的因素的重要程度。
政策主体层面	3	您认为我国互联网文化产业政策的制定主体应该是哪些机构？
	4	您认为我国互联网文化产业政策制定主体主要存在什么问题？
政策制定层面	5	您认为我国互联网文化产业政策制定需要加强哪些方面？
	6	您认为我国互联网文化产业政策制定主要存在什么问题？
政策执行层面	7	您认为我国互联网文化产业政策执行过程中是否存在困难？
	8	您认为影响我国互联网文化产业政策执行的因素主要有哪些？

三、抽样及问卷发放

根据研究需要，本次调查的受访者主要由四个部分组成：一是党政机关的公务人员（以文化系统内部公务人员为主），二是网络文化企业中高层管理者，三是研究文化产业的相关专家学者，四是普通消费者。

由于时间、成本等问题，本次调查问卷的抽样范围主要是全国的这四类人员。问卷共分六次发放。第一次是 2010 年 3 月，在成都传媒产业园区调研，对成都天府软件园内的相关网络文化企业进行了相关调研。此次发放问卷 50 份，收回有效问卷 40 份。第二次是 2012 年 7 月，对四川省文化系统内部及其他相关部门的公务人员进行了相关调研。此次发放问卷 50 份，收回有效问卷 41 份。第三次是 2013 年 5 月，对参加在深圳举办的中国文博会的相关文化产业专家学者进行了调研。此次发放问卷 50 份，收回有效问卷 50 份。第四次是 2013 年 11 月，对参加文化科技创新论坛的相关学者和企业进行了调研。此次发放问卷 50 份，收回有效问卷 35 份。第五次是对全国重点文化产业城市、区、县、乡镇四级政府的文化职能部门的工作人员，以及相关网络文化企业的职工进行了相关调研。此次发放问卷 100 份，收回有效问卷 87 份。第六次是笔者借助网络等工具，对全国多所高校的在校学生进行了相关调研。本次发放问卷共 100 份，收回有效问卷 95 份。问卷发放及收回情况统计见表 5－1，四个组别问卷收回情况统计如图 5－13 所示。

表 5－1　问卷发放及收回情况统计

发放人群	发放问卷总数	收回有效问卷总数	有效问卷比例
党政机关的公务人员	130	113	86.92%
网络文化企业中高层管理者	120	90	75%
专家学者	50	50	100%
普通消费者	100	95	95%

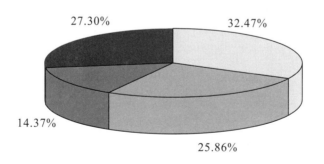

27.30%　　32.47%

14.37%

25.86%

■公务人员　■企业管理者　■专家学者　■消费者

图 5－13　四个组别问卷收回情况统计

四、抽样样本的人口统计学分析

在问卷收回后，笔者对这 348 份有效问卷中的受访者情况作了一个简单的人口统计学分析。

（一）性别比例

在本次调查中，男性受访者的比例为 74.90％，女性受访者的比例为 25.10％，男性受访者较多。

（二）年龄层次

在本次调查中，年龄在 18～35 岁之间的受访者占总数的 56.30％，36～50 岁的受访者占总数的 32.30％，51～65 岁的受访者占总数的 11.40％，如图 5—14 所示。总体来看，中青年是本次调查的主要对象，而 35 岁以上人群主要是党政机关的公务人员和专家学者。

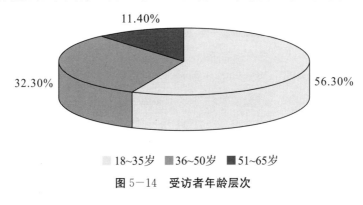

图 5—14　受访者年龄层次

（三）学历水平

在本次调查中，学历为大专水平的受访者占总人数的 3.70％，本科水平的受访者占总人数的 67.50％，硕士水平的受访者占总人数的 10.50％，博士水平的受访者占总人数的 18.30％，总体文化层次较高，如图 5—15 所示。

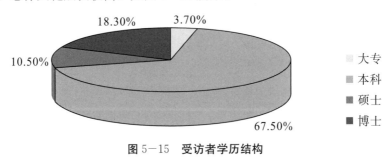

图 5—15　受访者学历结构

五、调查结果分析

（一）关于我国互联网文化产业政策目的的调查结果分析

互联网文化产业政策作为国家规制、扶持互联网文化产业的重要手段，其政策目标包括解决产业发展面临的各种政策问题、促进产业快速发展、提升产业竞争力、提高国民文化素质、满足民众文化消费需求和提升我国文化软实力等。

调查结果显示：有高达37.40％的受访者认为我国互联网文化产业政策的核心目的是提高国家文化软实力，发挥互联网文化产业的文化效益；30.30％的受访者认为我国互联网文化产业政策的核心目的是促进互联网文化产业发展，发挥产业的经济效益；17.50％的受访者认为我国互联网文化产业政策的核心目的是规范管理互联网文化产业发展，满足人们的文化消费需求，发挥互联网文化产业的社会效益；14.00％的受访者认为我国互联网文化产业政策的核心目的是维护国家执政安全。如图5-16所示。

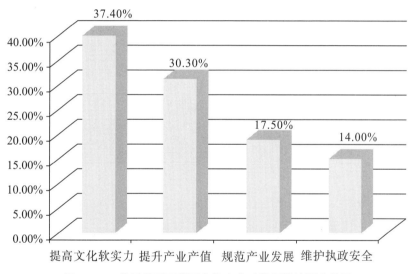

图 5-16　关于我国互联网文化产业政策目的的调查结果

（二）关于我国互联网文化产业政策主体的调查结果分析

调查结果显示：53％的受访者认为我国互联网文化产业政策的制定主体应该是文化部，47％的受访者认为我国互联网文化产业政策的制定主体应该是新闻出版总署（调查进行时广电总局和新闻出版总署尚未合并），35％的受访者认为我国互联网文化产业政策的制定主体应该是工信部，26％的受访者认为我国互联网文化产业政策的制定主体应该是广电总局，18％的受访者认为我国互联网文化产业政策的制定主体应该是财政部，15％的受访者认为我国互联网文化产业政策的制定主体应该是国务院。根据结果分析，我们可以看出，尽管受访者对我国互联网文化产业政策的制定主体的看法不同，但是大部分受访者认为我国互联网文化产业政策的制定主体应该是国家文化主管部门。同时，还有部分受访者认为财政部也应成为我国互联网文化产业政策的制定主体，笔者着重研究了这部分受访者，从受访者职业分析得出，选择财政部应成为我国互联网文化产业政策的制定主体的受访者主要是网络文化企业的中高层管理者。这在一定程度上反映出我国网络文化企业对国家相关产业财税优惠政策的期待和需求。

在关于我国互联网文化产业政策主体面临的问题调查中，如图 5—17 所示，选择政策主体多元、多头管理的受访者高达 87.90％；选择主体层级不高、权威性不高的受访者占35.30％；选择缺乏其他社会力量的介入的受访者占 26.70％；选择政策主体行政效率不高的受访者占 17.50％；选择政策主体利用政策制定权进行权力寻租的受访者占 3.30％。由此可见，政策主体多元、多头管理以及政策主体权威性不高是我国互联网文化产业政策主体的主要问题。同时，通过对问卷的文本分析，笔者发现，89％的企业受访者都认为缺乏社会力量介入是我国互联网文化产业政策主体面临的一个问题。这说明企业作为互联网文化产业的主体，希望参与到我国互联网文化产业政策的制定过程中。同时，这从另一个角度也说明了我国互联网文化产业政策的制定未能充分了解企业的政策需求。

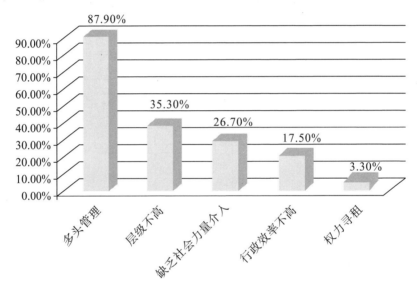

图 5—17　关于我国互联网文化产业政策主体的调查结果

（三）关于我国互联网文化产业政策制定的调查结果分析

调查结果显示：如图 5—18 所示，87.50％的受访者认为我国互联网文化产业政策需要加强版权保护政策；59.40％的受访者认为我国互联网文化产业政策需要加强财税优惠政策；46.30％的受访者认为我国互联网文化产业政策需要加强金融扶持政策；13.40％的受访者认为我国互联网文化产业政策需要加强内容监管政策；11.70％的受访者认为我国互联网文化产业政策需要加强对外贸易政策；0％的受访者认为我国互联网文化产业政策需要加强市场准入政策。

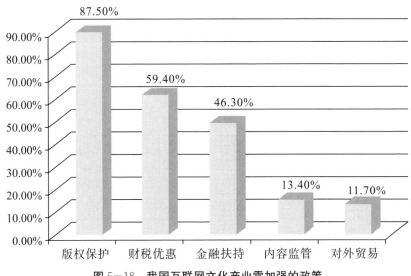

图 5－18　我国互联网文化产业需加强的政策

关于我国互联网文化产业政策存在的问题调查显示：如图 5－19 所示，57.11％的受访者认为我国互联网文化产业政策冲突，影响产业发展；36.30％的受访者认为我国互联网文化产业政策管理规制过多；27.70％的受访者认为我国互联网文化产业政策缺乏预见性，滞后于产业发展；23.56％的受访者认为我国缺乏专门针对中小型网络文化企业的政策；12.80％的受访者认为我国互联网文化产业政策缺乏配套措施。

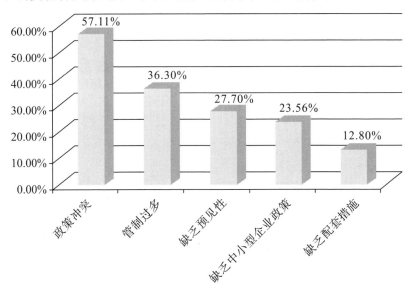

图 5－19　关于我国互联网文化产业政策制定的调查结果

（四）关于我国互联网文化产业政策执行的调查结果分析

调查结果显示：如图 5－20 所示，所有受访者都认为我国互联网文化产业政策执行存在困难。其中 48.30％的受访者认为阻碍我国互联网文化产业政策执行的原因是缺乏有效的部门协调机制；32.40％的受访者认为执行困难的原因是政策冲突；30.80％的受访者认为执行困难的原因是中央与地方间的利益冲突；23.70％的受访者认为执行困难的原因是缺乏执行监管机制；13.40％的受访者认为执行困难的原因是政策本身不科学。

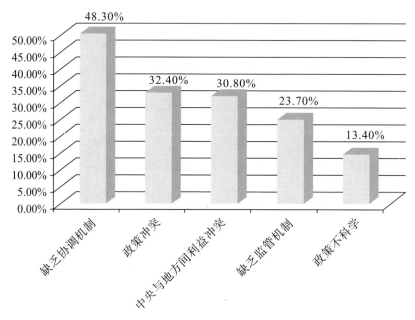

图 5-20　关于我国互联网文化产业政策执行的调查结果

附件：关于我国互联网文化产业政策制定和执行的调查问卷

您好，为了解我国互联网文化产业政策的制定和执行情况，研究政策制定和执行过程中存在的主要问题，从而提高我国互联网文化产业政策制定的科学性和执行的有效性，请您花 10 分钟时间协助填写以下调查问卷。

填写说明：

1. 请您在认为正确的答案序号上划"√"。
2. 所有题目都可多选（有说明的除外）。

您的性别
A. 男　　　　　　　B. 女
您的年龄
A. 18 岁以下　　B. 18～35 岁　　C. 36～50 岁　　D. 51～65 岁
您的职业
A. 公务员　　　B. 教育/科研　　C. 文化企业　　D. 在校学者　　E. 其他
您的学历
A. 高中及以下　B. 大专　　　　C. 本科　　　　D. 硕士　　　　E. 博士

1. 您认为我国互联网文化产业政策的目的主要是什么？

A. 促进国家文化进步，提升国家软实力

B. 促进互联网文化产业发展

C. 规范互联网文化产业发展

D. 满足人民群众日益提升的文化消费需求

E. 维护国家执政安全

2. 以下是我国制定互联网文化产业政策时需要考虑的各种因素，请您对其重要性进行评价。

影响我国互联网文化产业政策制定的因素	非常重要	比较重要	一般	不重要	非常不重要
互联网文化产业的经济效益					
互联网文化产业的文化效益					
互联网文化产业的社会效益					
国家文化安全					
国家执政安全					

3. 您认为我国互联网文化产业政策的制定主体应该是哪些机构？

A. 国务院

B. 文化部

C. 工信部

D. 新闻出版总署

E. 广电总局

F. 财政部

4. 您认为我国互联网文化产业政策的制定主体主要存在什么问题？

A. 主体多元，多头管理

B. 主体层级不高，权威性不够

C. 缺乏其他社会力量的介入

D. 政策主体行政效率不高

E. 政策主体利用政策制定权进行权力寻租

5. 您认为我国互联网文化产业政策的制定需要加强以下哪些方面？

A. 内容监管政策　　　　　　　B. 市场准入政策

C. 版权保护政策　　　　　　　D. 财税优惠政策

E. 金融扶持政策　　　　　　　F. 对外贸易政策

6. 您认为我国互联网文化产业政策的制定主要存在什么问题？

A. 政策缺乏预见性，滞后于产业发展

B. 管理规制政策过多，增加企业政策成本，阻碍了产业发展

C. 纲领性政策缺乏配套措施，很多优惠政策难以落实，企业无法获得政策红利

D. 缺乏专门针对中小型网络文化企业的政策

E. 政策冲突，阻碍产业发展

7. 您认为我国互联网文化产业政策的执行过程中是否存在困难？

A. 是　　　　　　　　　　　　B. 否（跳过下题）

8. 您认为影响我国互联网文化产业政策执行的因素主要有哪些？

A. 缺乏有效的部门协调机制

B. 中央政策与地方利益冲突，导致地方政策执行不力

C. 政策制定本身制定不科学，难以执行

D. 政策冲突，影响执行

E. 缺乏相关政策执行监管机制

9. 您对我国互联网文化产业政策的制定和执行有何建议？

第六章 我国互联网文化产业重点行业政策分析

第一节 我国新媒体动漫产业政策分析

目前，我国政府暂时没有出台关于新媒体动漫产业发展的专门政策，而新媒体动漫产业作为我国动漫产业的重要组成部分，其产业发展主要受到我国动漫产业政策的规制和扶持。因此，本节对我国新媒体动漫产业政策的分析，主要是对我国动漫产业政策的分析。

一、我国新媒体动漫产业政策提出的背景

21世纪，随着全球经济的高速发展，动漫产业日益成为世界各文化强国对外输出文化价值观、提升文化经济增加值的新增长点。据统计，2011年全球动漫产业的总产值高达9500亿美元，世界动漫行业市场日益形成日、美、韩三足鼎立的局面。美国是全世界公认的动漫产业链最完整、产业最发达的国家之一，其动画产品和衍生产品年产值约为2000多亿美元，已然成为文化产业的龙头行业。美国动漫网络游戏的产业规模连续4年超过了好莱坞电影业，成为美国目前最大的娱乐产业，产值已超过1000亿美元。韩国的动漫产业兴起于20世纪末，亚洲金融风暴后，韩国提出"文化立国"的方针，韩国政府看准了动漫产业的市场前景，把振兴动漫产业作为国策，使韩国的动漫产业得到了飞速的发展。韩国动漫产业产值曾一度达到全球的30％，动漫产业已成为韩国国民经济的六大支柱产业之一。

中国动漫产业受到的扶持力度不断增大，中央和地方着力发展动漫产业。从2000年开始，国家就出台了一系列鼓励动漫发展的政策，近年来更是将动漫产业提升到国家规划的高度。2012年2月，中共中央办公厅、国务院办公厅印发的《国家"十二五"时期文化改革发展规划纲要》提出加快发展动漫游戏等新兴文化产业，实施"国产动漫振兴工程"。国家对动漫产业从制度、资金、人才等各个环节给予了实质性的持续支持。同时，地方政府也不同程度地打造地区动漫中心，例如北京致力于打造国际一流的动漫产业中心；上海、广州、福州、成都等城市也在积极创造条件，大力发展动漫产业，并且已初步形成产业链。

"近年来，我国动漫产业快速发展，产值从'十五'期末不足100亿元，到2010年达470.84亿元，年均增长率超过30％；2011年达到621.72亿元，较上一年度增长32％；

2012 年总产值达 759.94 亿元，较 2011 年增长了 22.23％。"[1] 2012 年，全国通过文化部、财政部、国家税务总局认定的动漫企业数量达到 500 家，重点动漫企业 34 家，这些企业已逐渐成为动漫产业发展的主力军，产值过亿的已有 13 家，其中湖南拓维信息系统股份有限公司、广东奥飞动漫文化股份有限公司已在国内成功上市。同时，动漫衍生品产业市场潜力大，衍生品近千亿缺口，这些产品包括动漫主题乐园、动漫主题服装、动漫玩具、动漫文具等。

二、我国新媒体动漫产业政策的内涵与外延

（一）新媒体动漫、新媒体动漫产业的内涵与外延

界定新媒体动漫，首先需界定新媒体和动漫这两个关键词。尽管新媒体的界定并无统一标准，但是我国各界人士普遍认为，新媒体是相对于传统媒体而言的一个比较概念，它主要指依托于全新的网络技术和数字技术而存在的新型媒体，"既包括网络媒体，也包括传统媒体运用新技术而产生或发展的新媒体形式"[2]。"'动漫'是动画和漫画的合称。随着现代传媒技术的发展，动画（animation 或 anime）和漫画（comics 或 manga，特别是故事性漫画）之间联系日益紧密，两者被合称为'动漫'。广义上的动漫是指动画和漫画等视觉形象的综合表现。"[3]

新媒体动漫是指利用数字新媒体技术进行生产和传播的全新动漫产品。它主要包括手机动漫作品和网络动漫作品。在作品创意、产品制作、作品内容和时长、传播途径等方面，新媒体动漫都与传统动漫有极大的不同。在作品创意方面，新媒体动漫多采用开放式的创意策划方式，大量吸收网友的智慧；在产品制作方面，新媒体动漫采用全新的数字技术进行制作；在作品内容和时长方面，新媒体动漫的内容更贴近于网民的生活，且时长较短，符合互联网时代内容传播碎片化的特点；在传播途径方面，新媒体动漫完全突破了传统动漫仅依赖电视屏和电影屏进行传播的局限，通过各种新型互联网媒体进行传播，有更加丰富的传播渠道。

（二）新媒体动漫产业政策的内涵与外延

产业政策是指"一国中央或地方政府制定的，主动干预产业经济活动的各种政策的集合"。

新媒体动漫产业政策是指国家政府机构依据国家经济发展目标和新媒体动漫产业发展的现状，在遵循经济和产业发展规律的情况下，制定的所有有关新媒体动漫产业政策的总和。新媒体动漫产业政策按照制定主体，可以分为人民代表大会及其常委会出台的各类有关规范新媒体动漫产业的法律法规、国务院出台的促进新媒体动漫产业发展的行政法规、

---

① 卢斌，郑玉明，牛兴侦. 动漫蓝皮书：中国动漫产业发展报告（2013）[M]. 北京：社会科学文献出版社，2013.

② 牛慧. 中国新媒体动漫的发展及趋势分析 [J]. 今传媒，2014（1）：100—102.

③ 牛慧. 中国新媒体动漫的发展及趋势分析 [J]. 今传媒，2014（1）：100—102.

国务院各部门出台的部门章程、地方政府出台的地方性行政规范、各级政府出台的规范性文件等。按政策的性质，可以分为市场管理政策和产业发展政策（包括财税政策、金融政策、对外贸易政策等）。

三、我国新媒体动漫产业的发展历程与现状

1988 年，我国诞生了第一部计算机辅助制作的动画片《十龙贺春》，20 世纪 90 年代各大动画制作厂家开始与国际动画业展开交流与合作，数字生产手段取代了以往的手工绘制方式，大大提高了制作效率。到 1997 年央视大型动画系列片《西游记》的时候，动画已经完全是用计算机描线上色并与背景合成。同时，中国 3D 动画也相继发展，中国首部原创三维动画电影《魔比斯环》于 2006 年上映，在艺术和技术两方面，这部片子都达到了国际一流水平。中国首部原创高清晰三维卡通巨片《精灵世纪》也在大致相同时间播出。

在我国新媒体动漫发展的最初，"来源主要是门户网站的新闻漫画，这种形式的新媒体动漫，其局限性体现在读者与创作者之间是单向交流，作品形式缺乏吸引读者的新鲜元素，读者也只能被动地接受这些作品而不能有所创造发挥"[①]。从 20 世纪 90 年代末开始，漫画相关网站和专业网站爆发式出现。火神网、中国新闻漫画网、南方动漫网、千龙动漫娱乐网等一批漫画门户网站开始建立。除了门户网站外，BBS 等论坛也逐渐受到人们关注。网络用户可以在所熟悉的各种论坛上自由发表观点、共享资源，与其他用户沟通交流。在这种更加自由和宽泛的空间中，互联网用户可以凭借自己的喜好无限制地发挥自己的创造性。2002 年，个人主页——"博客"这一新兴网络技术开始进入中国。它的出现让个人网站向用户提供稳定的平台来展示自己，用户可以尽情发挥自己的创造力。博客这种新颖的方式吸引了大量的网络用户，创造了巨大的市场空间，为新媒体动漫的发展提供了潜在市场。

因此，综合新媒体动漫的发展和动漫产业的发展现状，新媒体动漫产业的发展历程可以分为三个阶段。

（1）萌芽与初步发展时期：1988 年至 2004 年。

这一时期是我国新媒体动漫产业从无到有，从利用计算辅助制作，到利用互联网传播，再到完全利用计算机技术、互联网技术进行动漫的创作的过程。但直到 1994 年，NCFC 率先与美国 NSFNET 直接互联，实现中国与 Internet 全功能网络连接，我国最早的国际互联网络诞生前，实在很难说我国完整的新媒体动漫产业已经产生，传统的动漫虽利用计算机制作，但仅仅是线下的操作，不是完整意义上的新媒体动漫。但中国互联网一诞生，凭借其超越传统媒体技术的优势，迅速赢得了从事传统动漫产业人员及动漫爱好者的热爱，将线下动漫变成线上动漫是互联网应用后的一大热潮。从 20 世纪 90 年代末开始，漫画相关网站和专业网站爆发式出现，新媒体动漫产业开始发展。但是由于缺乏政策的支持，新媒体动漫产业发展缓慢。

---

① 彧欣. 网络动漫——技术与艺术的完美融合 [J]. 软件工程师，2012（Z1）：87—89.

（2）快速发展时期：2004 年至 2012 年。

2004 年 4 月，广电总局出台了《关于发展我国影视动画产业的若干意见》，提出我国动画产业的发展目标，"以创作、播映优秀国产动画片为龙头，积极开发国产动画原创产品和衍生产品，形成多媒体播映、多产品开发的影视动画产业发展新模式；扶持一批实力雄厚、竞争力强的国产动画企业，打造一批有中国风格和国际影响的国产动画品牌；逐步形成不断创新、促进繁荣的创作生产体系，统一开放、竞争有序的市场运行体系，拉动产销、互为支撑的影视播映体系，增加投入、综合开发的利润增值体系，以及责任明确、运转有序的政策法规体系和政府监管体系，使影视动画产业成为我国文化产业的一支生力军，成为国民经济的支柱产业和新的经济增长点"①。同时，要求建立利于国产动画片播放的播放体系，实施动画产品"走出去工程"，并积极争取国家相关政策支持，进行各种税收优惠、资助和贴息。自此，我国的动漫产业走上了发展的快车道。在此期间，我国网络视频产业也逐渐走上繁荣的道路，优酷、土豆、酷六等一大批视频网站的建立，为新媒体动漫的传播提供了重要的平台，我国不断上升的网民数量和互联网普及率，更进一步地扩大了新媒体动漫产业的产业基础。2005—2011 年我国动漫产业总产值如图 6-1 所示。其后，在国家政策的大力支持和良好的市场大环境下，大量的动漫产业基地和动漫产业园建立起来，新媒体动漫产业迅速发展，到 2012 年我国动漫产业总产值达 759.94 亿元，年均增长率超过 30％。

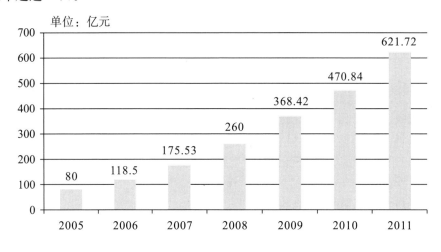

图 6-1　2005—2011 年我国动漫产业总产值

我国动漫产业产值从 2000 年前接近 100 亿元，发展至 2012 年超过 750 亿元，年均增长率超过 30％，从 2007—2011 年的平均增速来看，中国、美国、日本分别为 48.25％、7.3％、5.9％，中国分别是美国和日本的 7 倍和 8 倍。2010 年，中国电视动画片的数量超越日本，成为世界第一动画生产大国。在动漫产业实施"走出去工程"方面，国家出台了一系列的优惠扶持政策，更利用引导资金、税收优惠、表彰奖励等措施手段，鼓励动漫产品走出国门，在最近几年也取得了较大的成绩。

---

①　国家广播电影电视总局. 关于发展我国影视动画产业的若干意见［EB/OL］. 江西新闻出版职业技术学院网，http://art.jxcb.com/keyan/zhengce/200812/04-231.html.

2012年，全国通过文化部、财政部、国家税务总局认定的动漫企业数量达到500家，重点动漫企业34家，这些企业已逐渐成为动漫产业发展的主力军，产值过亿的已有13家，湖南拓维信息系统股份有限公司、广东奥飞动漫文化股份有限公司等动漫企业是其中的佼佼者。据不完全统计，2012年全国直接从事动画片生产制作的制作机构约300家，从业人员约15万。

（3）全面兴盛期：2013年至今。

2012年6月，文化部出台了《"十二五"时期国家动漫产业发展规划》，明确提出："重点培育新媒体动漫，积极推动传统动漫产品通过新媒体传播，鼓励面向移动互联网等新媒体渠道及手机、平板电脑等智能终端的动漫创作和理论研究，推出一批具有较强影响力的新媒体动漫精品，发展壮大新媒体动漫产业。"[①] 同时，2013年我国移动互联网开始迅猛发展。中国互联网中心统计显示，截至2013年底，我国手机网民规模达5亿，手机成为第一大上网终端。移动互联网接入流量为13.2亿GB，占总流量的70%；移动互联网对行业增长的贡献率超过70%。移动互联网产业快速发展。2010—2013年我国手机网民规模及占比如图6-2所示。

图6-2　2010—2013年我国手机网民规模及占比

在政策利好和移动互联网产业的双重推动下，我国新媒体动漫进入全面兴盛期。据相关数据统计，截至2013年底，我国新媒体动漫产业产值达71.85亿元，年增长率为23.1%。2011—2013年我国新媒体动漫产业市场规模如图6-3所示。

---

① 文化部. "十二五"时期国家动漫产业发展规划［EB/OL］. 中国经济网，http://www.ce.cn/cysc/newmain/yc/jsxw/201303/06/t20130306_21438900.shtml.

图6-3　2011—2013 年我国新媒体动漫产业市场规模

四、我国新媒体动漫产业政策分析

（一）政策主体分析

1. 政策主体构成

我国动漫产业的政策主体包括国务院办公厅、文化部、原国家广电总局、原国家新闻出版总署、财政部、国家税务总局、海关总署。其中，国务院办公厅作为国务院协调各部委工作的机构，在新媒体动漫产业政策制定中的作用主要是从国务院层面发布相关政策文件，协调各部委在扶持动漫产业发展中的工作，发布国家发展新媒体动漫产业的总体意见，如 2006 年 6 月国务院办公厅发布的《关于推动我国动漫产业发展若干意见的通知》，为后来各部委相关政策的出台奠定了基础。文化部、原国家广电总局和原国家新闻出版总署是产业主管部门，主要负责出台扶持产业发展的相关规划、办法、意见，以及知识产权保护相关政策等，确定产业发展目标，明确产业发展路径，制定产业扶持政策和保障措施，如 2004 年 4 月广电总局出台的《关于发展我国影视动画产业的若干意见》，2008 年 8 月文化部出台的《关于扶持我国动漫产业发展的若干意见》，2012 年 6 月文化部制定的《"十二五"时期国家动漫产业发展规划》等。财政部和国家税务总局作为国家杠杆部门，主要负责落实国务院有关大力发展动漫产业的意见，制定扶持产业发展的具体财税政策，为产业发展提供经济支持，如 2009 年财政部、国家税务总局发布的《关于扶持动漫产业发展有关税收政策问题的通知》和《财政部 国家税务总局关于扶持动漫产业发展增值税营业税政策的通知》等。

2. 政策主体特征

（1）政策主体层级高，政策权威性较大，为新媒体动漫产业政策的制定、执行奠定了良好的基础。

相较于其他互联网文化产业，我国新媒体动漫产业以国务院办公厅为最高政策主体，表明了国家大力发展新媒体动漫产业的决心。而国务院办公厅发布的《关于推动我国动漫产业发展若干意见的通知》，为调动各部门、各地区发展动漫产业的积极性奠定了基础，也为财政部和国家税务总局出台动漫产业财税优惠政策奠定了基础。

（2）政策主体间存在一定的职能重叠问题，这使得国家动漫产业政策出现了一定的重合交叉问题，在一定程度上造成了国家政策资源的浪费。

在我国新媒体动漫产业的政策主体中，国家广电总局和文化部存在一定的职能重叠问题。这主要体现在政策制定的重叠，为了促进影视动画业的发展，广电总局出台了《关于发展我国影视动画产业的若干意见》，2008年文化部又出台了《关于扶持我国动漫产业发展的若干意见》。尽管两个政策一个侧重动画、一个侧重动漫，但是由于动漫是动画和漫画的合称，两者之间存在密切的联系，因此，两个部门出台的政策存在重合，造成了政策资源的浪费。一个突出体现就是为了推动产业集聚发展，文化部和广电总局都大力推动国家动漫（画）基地的建设，文化部主要批准"国家动漫游戏振兴基地"的建立，而广电总局主要批准"国家动画产业基地"的建立，两个部门的这种做法造成了国家政策资源的浪费。

（二）政策文本分析

1. 管理政策文本分析

我国新媒体动漫产业的市场管理政策，分布在《关于推动我国动漫产业发展若干意见的通知》《关于印发〈中央编办对文化部、广电总局、新闻出版总署"三定"规定中有关动漫、网络游戏和文化市场综合执法的部分条文的解释〉的通知》等一系列文件之中，主要内容包括以下几个方面：

（1）明确了新媒体动漫产业市场管理的目标。

按照发展社会主义市场经济的要求，逐步形成产业体系相对完整、结构布局日趋合理、整体技术水平先进、市场竞争有序、经济效益显著的动漫产业发展格局。

（2）明确了新媒体动漫产业管理的监管方权责义务。

规定了文化部与国家新闻出版广电总局的监管方向，对文化市场综合执法的有关条文进行了明确，对扶持动漫产业发展部际联席会议制度进行了规范。

①新媒体动漫产业监管方权责义务。

文化部、国家新闻出版广电总局《"三定"规定》中规定："文化部负责动漫和网络游戏相关产业规划、产业基地、项目建设、会展交易和市场监管。国家广播电影电视总局负责对影视动漫和网络视听中的动漫节目进行管理。国家新闻出版总署负责在出版环节对动漫进行管理，对游戏出版物的网上出版发行进行前置审批。文化部的统一管理中'不含影视动漫和网络视听中的动漫节目'，'影视动漫和网络视听中的动漫节目'仍由广电总局负责。'将国家新闻出版总署动漫、网络游戏管理（不含网络游戏的网上出版前置审批），及相关产业规划、产业基地、项目建设、会展交易和市场监管的职责划入文化部'。划入文化部后，新闻出版总署'负责在出版环节对动漫进行管理'，'出版环节'是指动漫的书、报、刊、音像制品等动漫出版物的审批。"① 上述规定进一步厘清了三大部门间在动漫产业领域的不同职能，在一定程度上避免了政策间的冲突。

---

① 中央机构编制委员会办公室综合司. 中央编办对文化部、广电总局、新闻出版总署《"三定"规定》中有关动漫、网络游戏和文化市场综合执法的部分条文的解释［EB/OL］. 人民网，http://comic. people. com. cn/GB/188091/188094/188339/11455445. html.

②明确了新媒体动漫文化市场综合执法主体。

《"三定"规定》中明确指出："文化部负责'指导文化市场综合执法工作'，文化部文化市场司负责'指导文化市场综合执法，推动副省级城市和地市级以下文化、广电、新闻出版等部门执法力量的整合'。文化市场执法工作由统一的文化市场执法力量承担。"[①]

③制定了扶持动漫产业发展部际联席会议制度，在一定程度上促进了各部门间的联合互动。

建立扶持动漫产业发展部际联席会议制度。部际联席会议由文化部牵头，教育部、科技部、财政部、信息产业部、商务部、税务总局、工商总局、国家新闻出版广电总局等部门负责同志参加，办公室设在文化部。

（3）明确提出了新媒体动漫产业的版权保护问题。

在新媒体动漫产业版权保护政策方面，我国政府采取了重点明确、打击与奖励并行的手段。

在文化部出台的《文化部关于扶持我国动漫产业发展的若干意见》中明确提出："加强市场监管，保护动漫知识产权。以国产原创动漫形象、动漫品牌及其衍生产品为重点，加大知识产权保护力度。"[②] 同时，为了进一步加强对重点动漫产品的知识产权保护，文化部还出台措施要求重点加强《重点动漫产品保护目录》中的动漫产品的知识产权保护。

另外，我国的新媒体动漫产业版权保护强调要通过打击盗版和奖励版权保护两种措施，来保护国产新媒体动漫知识产权。

（4）对新媒体动漫产品内容管理做出了相关规定。

《文化部关于扶持我国动漫产业发展的若干意见》和《文化部、国家工商行政管理总局关于开展动漫市场专项整治行动的通知》都对动漫产品内容管理做出了相关规定，强调加强动漫市场内容监管和内容审查，对含有反动、色情、淫秽、赌博、暴力等禁止内容的动漫产品要依法惩处，加强对新媒体动漫、手机动漫等进口文化产品的内容审查，从而确保动漫产品内容符合社会主义先进文化要求。

（5）明确了手机动漫产品标准。

2013年，为了适应我国新媒体动漫产业发展需要，规范产品市场，推动产业快速发展，文化部发布了《手机（移动终端）动漫内容要求》《手机（移动终端）动漫运营服务要求》《手机（移动终端）动漫用户服务规范》三个规范性文件，明确了我国手机动漫产品的相关内容制作、运营服务的标准，为手机动漫这一重要新媒体动漫形式的规范化发展提供了政策依据。

2. 产业发展政策文本分析

（1）单列规划，大力扶持产业发展。

2012年，文化部发布《"十二五"时期国家动漫产业发展规划》，这是我国众多互联网文化产业行业中唯一的一部单项产业发展规划，也是我国动漫产业首次单列规划。该规

---

① 中央机构编制委员会办公室综合司. 中央编办对文化部、广电总局、新闻出版总署《"三定"规定》中有关动漫、网络游戏和文化市场综合执法的部分条文的解释［EB/OL］. 人民网，http://comic.people.com.cn/GB/188091/188094/188339/11455445.html.

② 文化部. 文化部关于扶持我国动漫产业发展的若干意见［EB/OL］. 中国政府网，http://www.gov.cn/gzdt/2008-08/19/content_1075077.htm.

划的出台为国家进一步出台扶持动漫产业发展相关政策，加大国家在动漫产业领域的财政投入奠定了基础。规划明确指出："将从加大财政投入、保护知识产权、完善投融资政策、实行税收优惠、加强组织实施等 5 个方面加强对动漫产业发展的政策保障和体制机制保障，扩大中央财政扶持动漫产业发展专项资金规模，继续发挥财政资金的杠杆作用；同时，引导社会资本以多种形式投资动漫产业，参与各类动漫产品的研发、创作和生产，参与重大项目实施，支持动漫企业上市融资。"[①]

（2）财税政策分析——加大财税支持力度是我国新媒体动漫产业财税政策重点。

在财政投入方面，我国对新媒体动漫产业的财政支持主要体现在以下几个方面：从 2006 年开始，中央财政设立了每年 2 亿元的动漫产业发展专项资金，通过这些资金支持我国动漫产业发展；设置"中国文化艺术政府奖动漫奖"，奖励优秀动漫作品，表彰动漫杰出人才，鼓励动漫技术创新；实施一系列加快动漫产业发展的重大工程，扶持优秀国产动漫发展，如国家动漫精品工程、国产影视动画扶持项目、"原动力"原创动漫出版扶持计划；加大国家对本土动漫市场营销的财政投入，开展原创动漫推广计划；鼓励动漫产业集群式发展，国家财政对经过文化部或广电总局认证的国家动漫产业园区进行财政补贴。

在税收政策方面，国家财政部、国家税务总局、国家海关总署多次出台专门的动漫产业税收优惠政策。目前，我国"对属于增值税一般纳税人的动漫企业销售其自主开发生产的动漫软件，按 17% 的税率征收增值税后，对其增值税实际税负超过 3% 的部分，实行即征即退政策。动漫软件出口免征增值税"[②]。同时，作为我国"营改增"的试点行业，我国动漫企业按 3% 的征收率征收增值税。

（3）金融扶持政策分析——扶持中小型动漫企业，拓宽融资渠道是我国新媒体动漫产业金融扶持政策重点。

在国务院办公厅发布的《关于推动我国动漫产业发展若干意见的通知》中明确规定："将具备条件的动漫中小企业纳入'科技型中小企业技术创新基金'资助范围。优先安排符合条件的动漫企业境内上市融资。"[③]

中宣部等九部委联合出台的《关于金融支持文化产业振兴和发展繁荣的指导意见》，将动漫产业纳入到加强综合消费信贷投放行业，且动漫企业享受其他贷款担保、政策贴息、鼓励多元融资等金融政策支持。

文化部出台的《"十二五"时期国家动漫产业发展规划》明确规定："鼓励引导各类文化产业投资基金、中小企业创业投资基金加大对动漫产业的投资，鼓励有实力的大型企业通过参股、控股或兼并等方式进入动漫产业。"[④]

（4）对外贸易政策分析——进出口免税政策，促进国产动漫"引进来，走出去"。

为了推动国产动漫走出去，国家专门出台了相关动漫出口免税政策。《关于扶持动漫

---

① 曹玲娟. 中国动漫产业首次单列规划 扩大财政扶持金规模 [N]. 人民日报，2012−07−13.

② 财政部，国家税务总局. 关于扶持动漫产业发展增值税 营业税政策的通知 [EB/OL]. 国家税务总局，http://www. chinatax. gov. cn/n8136506/n8136593/n8137537/n8138502/11789997. html.

③ 国务院办公厅. 关于推动我国动漫产业发展若干意见的通知 [EB/OL]. 中国政府法制信息网，http://www. chinalaw. gov. cn/article/fgkd/xfg/fgxwj/201003/20100300250970. shtml.

④ 文化部. "十二五"时期国家动漫产业发展规划 [EB/OL]. 文化部，http://59. 252. 212. 6/auto255/201207/t20120712 _ 28706. html.

产业发展有关税收政策问题的通知》规定：动漫软件出口免征增值税。同时，经认定的相关动漫企业的为从事相关动漫产品研发生产所进口的产品免征进口关税和增值税。

（三）政策效果分析

1. 产业生产规模和产值不断扩大

在一系列政策扶持下，我国动漫产业生产规模和产值不断扩大。据相关报告统计，2010年底，中国已取代日本成为第一大动画生产国。同时，相关数据显示，从国家出台相关动漫（画）产业扶持政策的2004年开始，我国动漫产业年均增加值超过20%，到2012年我国动漫产业总产值达759.94亿元，动漫产业市场规模迅猛扩大。

2. 动漫企业数量和规模不断提升

近年来我国政府出台的《动漫企业认定管理办法（试行）》，对经过认定的动漫企业进行财政补贴和税收优惠，极大地促进了我国动漫企业的发展。2012年，全国通过认定的动漫企业数量达到500家，重点动漫企业34家，其中产值过亿的大型动漫企业有13家。一些著名动漫企业已成功上市，为我国动漫企业的快速成长奠定了基础。

3. 企业融资渠道日益多元，为企业壮大奠定了基础

在国家一系列鼓励动漫产业投融资政策的扶持下，我国动漫企业的融资渠道日益多元。风投、私募、文化产业投资专项资金、银行信贷、上市融资等日益成为我国动漫企业融资的重要渠道。融资渠道的多元化为我国动漫企业扩大企业规模，提高企业抗风险能力奠定了良好的基础。

4. 国产优秀动漫品牌不断涌现，成为中国动漫走出去、提升国际竞争力的重要支撑

在动漫品牌打造方面，近年来文化部推出了国家动漫精品工程、国产影视动画扶持项目、"原动力"原创动漫出版扶持计划等一系列支持优秀国产动漫发展的重大项目，对国产动漫进行资金补贴。在这一系列财政政策的扶持下，我国国产动漫质量有所提高，形成了一些有较大市场号召力的国产动漫品牌，如"喜羊羊与灰太狼""熊出没""虹猫蓝兔"等。这一系列优秀动漫品牌的出现，为中国动漫走出去奠定了基础，中国动漫开始改变以代工为主的低级生产模式，国产原创动漫成为中国动漫国际竞争力的重要支撑。截至2012年底，我国核心动漫产品出口额达到8.3亿元，海外授权日益成为我国动漫"走出去"的主体形式。

5. 动漫产业链日益完善，产业结构不断优化

在政策推动和市场调整双重作用下，目前我国动漫产业链经济价值已初步显现，动漫衍生产业和动漫主题公园成为动漫产业的重要组成部分，网络动漫、手机（移动终端）动漫等新媒体动漫产品快速成长，以国家动漫产业基地为核心的动漫产业集群化发展态势初步形成。

（四）政策问题分析

1. 动漫产业版权保护政策体系尚未形成，制约产业发展

动漫产业版权保护体系的健全和完善是我国动漫产业发展的关键因素。但是目前我国的动漫产业版权保护政策体系还存在一些问题，制约了产业发展。这主要体现在以下方面：

（1）现有的知识产权保护法律法规与动漫产业版权保护实际需要之间存在差距，呈现出政策滞后的问题。

目前我国动漫产业版权保护没有专门的法律条文，对动漫产业的版权保护分散在《著作权法》《商标法》《专利法》中。"从著作权对动漫产业进行的保护来看：由于无需登记，在实际司法中举证比较困难，需要先经确权判决，尤其是作品还存在演绎、改编、汇编形成新作品的复杂情况，侵权判定标准不易掌握；此外，著作权不保护思想，也不排斥他人独立创作出的相同或类似的作品，使侵权人以此为抗辩理由来掩盖事实，不利于权利人的保护。从商标权对动漫产业进行的保护来看：商标只能在一定的商品上给予保护，跨类的侵权无法制裁，因此新生商标在取得驰名商标认定前，无法有效实现对动漫产业的全面立体的保护。而在尽可能多的类别里申请注册，提高了维权成本。此外，注册商标权利人若只申请不使用，商标异议人亦可申请商标局裁撤该商标，丧失了权利。从专利权对动漫产业进行的保护来看：外观设计专利权仅有十年，保护时间较短。"①

（2）动漫产业版权保护政策存在执行主体多元、执行力度欠缺、侵权主体难以确定、维权成本与维权收益存在巨大逆差的问题。

我国动漫产业版权保护采取司法保护和行政保护相结合的双轨模式。这种管理体系在一定程度上对我国动漫产业的版权保护起到了积极作用，但是也正是这种多执行主体的管理模式，使得在版权保护管理中出现管理者重罚轻管、相互推诿、执行力度欠缺等问题，这极大地影响了我国动漫产业版权保护法律、政策的执行效果。

另外，动漫产业的侵权者往往是一些未办理工商登记手续和相关营业执照的非法个体商户，其基本信息根本无从查实，使得维权者在维护过程中难以确定被告主体，这就根本无法在法院立案，维权行动很难实施。

即便维权者确定了盗版者，通过法律手段进行维权，但是在现实实践中盗版者支付的赔偿费用极低，甚至无法与维权者的维权成本持平。这种低赔偿的现实，既打击了维权者的维权积极性，更无法对盗版者起到震慑作用。

2. 人才培养、激励政策不到位，缺乏领袖型人才

动漫产业发达国家的发展经验表明，具有创造性思维，既懂创作又懂技术的高端人才是动漫产品提升内容原创力、提高产品竞争力的核心要素。以日本为例，"日本动漫产业的飞速发展在很大程度上得力于其动漫人才发展战略。为了培养尖端人才，日本国立大学动漫专业每年仅招收 16 名学生，并邀请动漫产业一线知名大师从事教学工作"②。同时，日本政府还实施动漫国家大师计划和新人培养计划，用于奖励具有突出贡献的动漫大师和培养后备动漫人才。

相较于日本成熟的动漫人才培养政策，目前我国动漫产业却面临着人才培养、激励政策不到位的问题，缺乏既懂创作又懂技术的领袖型人才。尽管目前我国已有大批动漫技术高手，但是由于培养模式的问题，我国在动漫内容创作人才方面还存在很多缺失。

---

① 田波. 完善知识产权保护体系 促进动漫产业健康发展［EB/OL］. 中国文化产业网，http://www.cnci.gov.cn/content/2012827/news_74957.shtml.

② 王启超. 中日动漫产业政策比较分析［J］. 声屏世界，2009（9）：63-65.

3. 政策扶持重"量"不重"质"，政策对产品教育意义过度强调，造成产业"繁而不荣"

目前，我国动漫产业存在着动漫作品数量巨大与产品质量低下并存的问题。而这一问题的产生与我国动漫政策重"量"不重"质"的政策取向有密切关系。造成这一问题的原因主要有以下两个方面：

（1）"播出奖励政策"是导致我国动漫产品粗制滥造的一个主要原因。国家出台鼓励我国动漫产业发展政策以后，我国各级地方政府纷纷出台了各种扶持动漫产业发展的政策。其中一个核心内容就是"播出奖励政策"，即以动漫产品播出时间为衡量标准，对动漫企业进行奖励。这种重视产品数量、忽视产品质量的奖励政策，是造成我国动漫产业"繁而不荣"的关键原因。

（2）"内容规定政策"是导致我国动漫产品质量不高、缺乏竞争力的又一原因。在我国动漫产业政策中，对动漫创作的题材进行了明确的规定。这些规定一味强调动漫产品作为加强未成年人教育的重要文化产品，要以思想教育内容为重点，强调作品的教育意义。这在一定程度上限制了我国动漫产品的创作题材范围，很难满足多元消费者的需求，阻碍了动漫产品竞争力的提升。

4. 缺乏监管政策，重"申报"轻"监管"，导致政策稀释和资源浪费

近年来，我国政府颁布了多条扶持动漫产业发展的政策，这些政策的核心内容就是对经过国家认证的动漫企业进行财政扶持、税收减免，这在很大程度上推动了我国动漫企业的快速发展。但是，由于缺乏对动漫企业、动漫产品的后续监管，在很大程度上造成了我国动漫产业政策稀释和资源浪费的问题。一方面，这种"重申报，轻监管"的管理模式，使得一些企业在获得财政专项扶持资金和政府奖励资金后，自行改变资金用途，造成了极大的资源浪费；另一方面，由于缺乏对动漫产品质量的评估，一些企业只重视申报，不重视自身产品质量，造成大量粗制滥造的动漫产品充斥市场，严重影响了我国动漫产业的长远发展。这种监管政策的缺位，既导致了我国动漫产业政策稀释和资源浪费的问题，又不利于动漫产业的健康发展。

（五）政策调整建议

1. 进一步完善动漫产业版权保护体系，为动漫产业的发展创建良好的市场环境

根据动漫产业版权保护需要，进一步修订、完善现有动漫产业版权保护法律和政策，改变法律和政策滞后于产业发展需要的情况；进一步明确动漫产业版权保护执行主体，解决多执行主体带来的互相推诿问题，改变版权保护中管理者重罚轻管的问题，改变突击式的盗版清缴机制，形成长效的、多部门联动的动漫产业版权管理机制；进一步加大对动漫盗版行为的打击力度和惩罚力度，提高动漫侵权者的侵权行为赔偿金额，加强对盗版者的震慑作用；制定出台有关知识产权刑事犯罪的具体司法解释，提高侵权者的违法成本；简化版权所有人的维权程序，降低维权成本，激发维权热情。

2. 完善动漫人才培养、激励政策，实施动漫尖端人才培养、引进计划

目前中国已成为动漫生产大国，但是由于动漫原创力不高，缺乏精品动漫作品，我国动漫产业生产的动漫作品"多而不精"，是"动漫大国"但远非"动漫强国"。造成这一问题的核心因素是动漫产业尖端人才的缺乏。以内容创新、故事创作为核心的动漫产业，其

产品的核心竞争力在于产品创作者赋予其丰富的、精彩的内容，因此动漫产品质量的提升关键在于动漫创作人才创作能力的提升。然而，目前从我国整个动漫创作流程来看，顶尖创作人才的缺乏是制约动漫产品生产各个环节提升质量的关键因素。尽管目前我国很多高校开设了动漫专业，但是分析这些学校相关课程的开设，我们不难发现，很多学校在动漫人才培养方面存在重技术运用、轻技术创新，重理论教授、轻实践培训的问题，动漫脚本、故事内容创作更是各个学校的教学短板。这些问题最终造成我国动漫产业会技术操作的高手比比皆是，但是具有内容创作能力、技术创新能力的人才却十分缺乏。

因此，我国必须进一步完善动漫人才培养、激励政策，对具有突出贡献的动漫人才给予国家奖励。借鉴我国高新技术领域的人才政策，实施国家动漫尖端人才培养、引进计划。每年选送万名青年优秀动漫人才到美、日、韩等动漫强国学习动漫创作、包装、营销。另外，通过各种优厚待遇，每年从美、日、韩等国家引进尖端动漫人才。

3. 改变普惠式政策扶持方式，进一步明确扶持重点，建立动漫企业评级制度和动漫产品质量评估体系，大力加强对优秀企业和优质产品的扶持力度

目前我国动漫产业优惠扶持政策采用的是广泛覆盖、全面收益的普惠式政策扶持方式。这主要体现在以下方面：一是根据《财政部 国家税务总局关于扶持动漫产业发展增值税 营业税政策的通知》规定，只要是增值税一般纳税人的动漫企业就可以享受税收优惠政策；二是国家设立的动漫产业发展专项资金覆盖面广。这种普惠式的动漫扶持政策在一定程度上推动了我国动漫产业的大力发展，我国动漫产量迅速提高，2010年底，我国超越日本成为世界上第一大动画生产国，但是量的提升并不代表质的提高。近年来，我国动漫存在一种"繁而不荣"的现象，大量粗制滥造的作品充斥市场，很多企业依赖政府的补贴度日，这对我国动漫产业竞争力的提升发展造成了巨大冲击。

因此，我国必须改变目前普惠式的政策扶持方式，进一步明确扶持重点，建立动漫企业评级制度、动漫产品质量评估体系，大力加强对优秀动漫企业和优质动漫产品的扶持力度，让国家财税支持真正起到提升中国动漫国际竞争力的作用。

4. 建立政策监管体系，保证政策资源的有效利用

目前，我国动漫产业政策"重申报轻管理""重扶持轻监督"的管扶倾向，极大地影响了我国动漫产业政策资源的有效利用，造成了政策稀释和资源浪费。由于缺乏相应的监督、监管体系，很多企业依赖国家政策扶持度日，忽视自身产品质量的提升，最终造成国家财政支持了众多动漫企业的发展和动漫产品的制作，但是真正优秀的、有市场竞争力的国家原创动漫却寥寥无几。

因此，我国需设立专门监管部门，构建专项资金的使用流程，对政府扶持资金的使用进行后续的指导、监督、评价和考核，尤其是要加强财政专项资助项目实施效果的评估工作，保证财政资金的合理、有效使用，最大化地发挥我国财政扶持政策的效果。

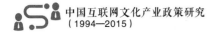
附件1：我国新媒体动漫产业主要政策文件一览表

类型	发布机构	时间	政策文件
法律	全国人大及其常委会	1990 年	《中华人民共和国著作权法》
		2010 年	《全国人民代表大会常务委员会关于修改〈中华人民共和国著作权法〉的决定》
行政法规	国务院	1996 年	《中华人民共和国计算机信息网络国际互联网管理暂行规定》
		2001 年	《计算机软件保护条例》
		2006 年	《信息网络传播权保护条例》
		2013 年	《国务院关于修改〈中华人民共和国著作权法实施条例〉的通知》
		2013 年	《国务院关于修改〈计算机软件保护条例〉的决定》
部门规章	国务院部委及其直属机构	2000 年	国家广电总局《信息网络传播广播电影电视类节目监督管理暂行办法》
		2002 年	国家新闻出版总署、信息产业部《互联网出版管理暂行规定》
		2003 年	国家广电总局《互联网等信息网络传播视听节目管理办法》
		2003 年	文化部《互联网文化管理暂行规定》
		2004 年	文化部《关于修订〈互联网文化管理暂行规定〉等规章的决定》
		2005 年	国家版权局、信息产业部《互联网著作权行政保护办法》
		2007 年	国家广电总局、信息产业部《互联网视听节目服务管理规定》
		2011 年	文化部《互联网文化管理暂行规定》
		2011 年	工业和信息化部《规范互联网信息服务市场秩序若干规定》
司法解释	最高人民法院	2006 年	《最高人民法院关于审理涉及计算机网络著作权纠纷案件适用法律若干问题的解释》

类型	发布机构	时间	政策文件
规范性文件	国务院及各部委	2002 年	文化部《关于加强网络文化市场管理的通知》
		2003 年	文化部《关于支持和促进文化产业发展的若干意见》
		2004 年	国家广电总局《关于发展我国影视动画产业的若干意见》
		2008 年	文化部《关于扶持我国动漫产业发展的若干意见》
		2008 年	文化部、财政部、国家税务总局《动漫企业认定管理办法（试行)》
		2009 年	文化部、财政部、国家税务总局《关于实施〈动漫企业认定管理办法（试行)〉有关问题的通知》
		2009 年	国务院《文化产业振兴规划》
		2009 年	中央编办《关于印发〈中央编办对文化部、广电总局、新闻出版总署"三定"规定中有关动漫、网络游戏和文化市场综合执法的部分条文的解释〉的通知》
		2012 年	文化部《"十二五"时期国家动漫产业发展规划》
		2013 年	文化部《手机（移动终端）动漫内容要求》
		2013 年	文化部《手机（移动终端）动漫运营服务要求》
		2013 年	文化部《手机（移动终端）动漫用户服务规范》

附件 2：主要政策文本

国家广播电影电视总局《关于发展我国影视动画产业的若干意见》

为深入贯彻党的十六大精神，全面落实中央关于深化文化体制改革的总体要求和《中共中央、国务院关于进一步加强和改进未成年人思想道德建设的若干意见》，紧密联系我国影视动画产业的客观实际，从体制、政策、市场管理方面促进我国影视动画产业的发展，提出如下意见。

一、充分认识发展我国影视动画产业的重要意义

1. 发展我国影视动画产业是建设社会主义先进文化的重要内容。动画片以其独特的艺术形式、艺术形象和艺术魅力，深受广大群众尤其是少年儿童喜爱。大力促进我国影视动画产业的发展，对于振奋民族精神，陶冶道德情操，提高审美情趣，丰富文化生活，传播科学知识，提升精神境界，引导人们追求真善美、鞭挞假恶丑有着十分重要的作用，特别是对教育培养少年儿童树立正确的世界观、人生观和价值观，开启和引领少年儿童塑造远大志向、高尚情操、健康心态、健全人格、优秀品质，有着极其重要的现实意义。

2. 发展我国影视动画产业是推进我国文化产业建设的必然要求。影视动画产业是资金密集型、科技密集型、知识密集型和劳动密集型的重要文化产业，是 21 世纪开发潜力很大的新兴产业、朝阳产业，具有消费群体广、市场需求大、产品生命周期长、高成本、高投入、高附加值、高国际化程度等特点。发展我国影视动画产业，是在社会主义市场经济条件下繁荣社会主义文化、满足人民群众特别是广大少年儿童日益增长的精神文化需求

的重要途径，是促进我国经济结构调整和产业结构升级的重要步骤，是推进资产增值、催生高新技术、扩大劳动就业的重要手段，是适应经济全球化、积极参与国际竞争、增强综合国力的重要举措。大力发展我国影视动画产业，为人民群众特别是少年儿童提供更多更好的动画产品及相关服务，提高全社会的文化生活质量，是广播影视管理部门和制作、播出机构义不容辞的重要责任。因此，要清醒认识我国影视动画产业的现状和问题，看到我国影视动画产业的比较优势和有利条件，要学习经济领域其他产业发展的成功经验，借鉴国外动画产业健康发展的有效做法，破除一切不适应我国影视动画产业发展要求的思想观念、体制弊端和各种束缚，探索出一条符合社会主义先进文化前进方向、适合社会主义市场经济发展要求的影视动画产业发展道路，面向市场，面向群众，抓住机遇，加快发展，把我国影视动画产业做强做大。

二、发展我国影视动画产业的指导思想、基本思路和发展目标

3. 发展我国影视动画产业的指导思想。以邓小平理论和"三个代表"重要思想为指导，贯彻党的基本路线、基本纲领、基本经验，解放思想、实事求是、与时俱进、开拓创新。坚持为人民服务、为社会主义服务的方向和百花齐放、百家争鸣的方针，贴近实际、贴近生活、贴近群众，把社会效益放在首位，实现社会效益和经济效益的统一，以优秀的作品鼓舞人，逐步形成产业体系相对完整，结构布局日趋合理，整体技术水平先进，市场导向作用明显，国有为主、多种经济成分共同发展的产业格局，走出一条中国特色的影视动画产业化、规模化、国际化发展之路。

4. 发展我国影视动画产业的基本思路。要立足我国影视动画产业的实际，符合社会主义精神文明建设的特点和规律，适应社会主义市场经济的发展要求，通过深化体制改革，推进机制创新，促进结构调整，优化资源配置，加强政策引导，构建播映体系，更新创作观念，推进综合开发，增加产业投入，扩大生产规模，依托高新技术，加快产业升级，立足国内市场，参与国际竞争，加强科学管理，提高经济效益，真正形成生产、交换、流通、消费运行平稳、环环相扣、相互依存、共同发展的影视动画产业发展新格局。

5. 促进我国影视动画产业繁荣的发展目标。我国影视动画产业正面临重要的发展机遇期。要抓住机遇，理清思路，明确重点，大胆突破，使国产动画片的生产数量大幅增加、艺术质量明显提高、题材风格更加多样，精品力作不断涌现。要以创作、播映优秀国产动画片为龙头，积极开发国产动画原创产品和衍生产品，形成多媒体播映、多产品开发的影视动画产业发展新模式；要扶持一批实力雄厚、竞争力强的国产动画企业，打造一批有中国风格和国际影响的国产动画品牌；要逐步形成不断创新、促进繁荣的创作生产体系，统一开放、竞争有序的市场运行体系，拉动产销、互为支撑的影视播映体系，增加投入、综合开发的利润增值体系，以及责任明确、运转有序的政策法规体系和政府监管体系，使影视动画产业成为我国文化产业的一支生力军，成为国民经济的支柱产业和新的经济增长点。

三、促进我国影视动画产业繁荣的对策和措施

6. 积极构建国产动画片播映体系。国家广电总局支持有条件的省级电视台开办动画上星频道，目前允许动画上星频道播出一定比例的少儿节目。中央电视台少儿频道要增加国产动画片的播出比例。已经批准省级电视台和副省级城市电视台开办的少儿频道要适当增加国产动画片的播出数量。各级电视台相关频道要创造条件开设固定的动画栏目，形成

国产动画片播出规模。省级电视台、省会城市电视台、计划单列市电视台，都要积极开办动画专栏、开辟动画时段，扩大动画片的播出数量。在每个播出动画片的频道中，国产动画片与引进动画片每季度播出比例不低于 6：4，即国产动画片每季度播出数量不少于60％。随着国产动画片制作数量的增加和制作质量的提高，还要逐步增大国产动画片的播出比例和播出时间。凡播出电影、电视剧的频道在17：00至19：00播出 30 分钟国产动画片的，可在黄金时段（19：00至22：00）增加播出 30 秒广告；在17：00至19：00播出 60 分钟以上（含 60 分钟）国产动画片的，可在黄金时段（19：00至22：00）增加播出 60 秒广告。以上广告均不得在电视剧中插播。少儿频道、动画频道每天要在黄金时段（19：00至22：00）安排播出一定时间的国产动画片。动画片播出机构可采用购买或贴片广告的形式播出国产动画片。要确保动画频道作为国家专有资源不得出售，在确保动画节目终审权掌握在广电部门手中的前提下，经批准可以按照我国影视动画产业发展方向和现代产权制度、现代企业制度的要求组建公司，探索动画频道企业化经营的新模式。要扩大动画电影的放映规模，将国产动画电影推向主流院线和重要影院。条件成熟时，可在主流院线和重要影院开辟专门影厅，对国产动画电影作长线放映。通过构建动画片播映体系，促进国产影视动画创作生产，扩大影视动画市场的规模效应，带动影视动画衍生产品市场的发展。

7. 积极培育影视动画交易市场。要实行动画制作和播出相分离的制度，改变影视播出机构动画制播一体化的状况，以逐步建立制作机构生产动画节目、营销机构销售动画节目、影视播映机构播映动画节目、工业企业通过获得动画知识产权开发相关产品的新机制。要鼓励和支持影视动画机构积极参与各种国产影视动画博览会、交易会、展示会等活动。有条件的影视动画机构，经国家广电总局批准，可举办国内或国际影视动画博览会、交易会、展示会。要支持和培育动画交易中介机构的发展。动画制作机构和有关部门要加强市场论证，努力开发与国产动画形象相关的衍生产品，包括图书期刊、音像制品、玩具文具、食品服饰、娱乐设施、游艺场所、游戏软件、动漫节展等用动画形象注册的各类商品和服务。通过动画衍生产品的综合开发，扩大和增加我国影视动画产业规模，真正形成我国影视动画产业再生产的良性循环机制。

8. 充分发挥国家动画创作生产主力军的作用。中央电视台和省级电视台、省会城市电视台、计划单列市电视台以及中国电影集团公司、上海电影集团公司和长春电影集团公司等制作单位，要充分发挥实力雄厚、资源充足，创作力量强、制作水平高等优势，制作出更多的思想深刻、艺术精湛、内容丰富、风格各异的优秀国产动画片。在国产动画片的创作生产上，国家主力军要切实担负起促进我国影视动画产业繁荣发展的重要责任。要充分发挥中央电视台、上海美术电影制片厂、湖南三辰影库等大型动画制作基地的作用，以强势的人才、策划、组织、技术、设备、资金以及经营方式，带动我国影视动画产业健康发展。经过 5～10 年的发展，形成若干个主业突出、品牌名优、立足国内市场、参与国际竞争的大型动画企业集团。同时，要积极支持和培育中小动画制作企业的发展。

9. 鼓励多种经济成分共同参与我国影视动画产业的开发与经营。坚持多种经济成分共同发展，有利于充分吸纳和利用社会资源共同开发我国影视动画产业，形成多主体投资、多层次开发的市场格局，营造公平竞争、开放有序的市场环境，促进市场繁荣和产业壮大。要积极探索我国影视动画产业领域公有制经济的多种有效实现形式，大力发展和积极引导影视动画产业领域的非公有制经济。要放宽市场准入条件，抓紧研究制定鼓励非公有制经济进入影视动画产业的具体办法。信誉良好、操作规范的民营动画制作机构在相关政策方面，享受与国有动画制作机构同等待遇。

10．实施国产动画精品工程。国产动画片的创作要坚持贴近实际、贴近生活、贴近群众，加强创作力量，挖掘创作资源，引导创作方向，鼓励创作实践，力求创意独特、故事精彩、想象丰富、幽默夸张、滑稽有趣，避免概念化、教条化、说教化，增强吸引力、感染力和影响力；要了解市场动向和受众需求，有针对性地开发制作适合不同年龄观众的动画片。要强化精品意识，不断推出思想性、艺术性、观赏性、趣味性俱佳的国产动画精品，创造中国动画形象。各级管理部门对于重点动画剧目的创作生产，要给予人力、物力、财力等方面的扶持。要满腔热情地为创作人员和制作单位服务，协调各方，帮助解决实际问题。要密切同动画创作人员的联系，引导他们树立正确的创作思想，深入实际、深入生活、深入群众；鼓励他们勇于创新，精益求精，提高创作水平和创新能力。

11．实施国产动画产品"走出去工程"。要进一步完善促进我国优秀动画产品出口的政策措施，开拓和创建国产动画产品海外营销机构和发行网络，鼓励国内动画制作机构积极参与国际动画市场的竞争，将国产动画片及其衍生品打入国际市场，增加国产动画产品在国际市场上的份额，创建一批有影响有实力的中国动画品牌。要加强对国际市场的研究，分地区、分项目、有重点、有针对性地实施"走出去工程"。条件成熟时，国家广电总局将委托有关部门，向外推介国内动画制作机构和动画产品，并密切跟踪和及时通报国内外市场供需、政策法规等动态，为我国动画产品出口企业提供信息。

12．积极争取国家相关政策支持。国家广电总局将向国家争取有关促进我国影视动画产业发展的政策支持，对从事国产动画片制作发行机构取得的制作收入、发行收入、出口收入、特许权使用费收入免征营业税。对从事国产动画片研发、生产机构，凡符合国家关于高新技术企业税收优惠政策规定的，鼓励其申请相应的税收优惠政策。争取安排促进我国影视动画产业发展资金，专项用于重点影视动画基地的设备更新改造和用于重点动画剧目的拍摄；争取从电视台上缴的文化事业建设经费中，安排一定资金专项用于重点影视动画片的创作、制作、发行的资助和贴息；争取从电影专项资金中安排一定资金，专项用于重点动画电影的创作、制作、发行的资助和贴息。

13．切实加强动画知识产权保护工作。要建立健全有关法律法规，依法保障动画制作机构的各项权益。动画产品进入市场前，要及时进行商标注册、作品登记和专利申请。通过相关的法律法规，我国动画制作机构将进一步获得动画创作和动画品牌的知识产权保护，并最大限度地利用知识产权获取利润。国家广电总局将协调国家有关部门查处和打击在动画片播出、相关音像图书出版、动画形象的使用和开发等方面的侵权、盗版行为，加大对动画知识产权的保护力度。

14．搞好国产动画片的评奖工作。国家广电总局将做好国家级美术动画片评奖工作，扩大优秀国产动画片的社会影响和示范作用。动画片评奖要坚持思想性、艺术性、观赏性统一的原则，坚持观众满意和市场检验的标准，强调科学、公正、合理、权威、有益、有效。要加强对评奖工作的规范管理，评奖项目要认真论证，明确评奖标准和实施办法，力求综合反映领导、专家、群众等各方面具有代表性的意见，评出思想精深、艺术精湛、制作精良的优秀作品。对于创作成绩突出的动画工作者和组织动画创作的部门要给予表彰奖励。

15. 建设高素质的动画人才队伍。建设一支思想健康、恪尽职守、敬业奉献、业务过硬的动画人才队伍，是繁荣我国影视动画产业的重要前提。要充分发挥北京广播学院、北京电影学院、吉林艺术学院等大专院校的作用，加强动画创作队伍特别是中青年优秀人才的培养。要推进动画职业培训，制定培训计划，建立和完善教育培训与岗位实践相结合的人才培养机制，建立和完善有利于优秀人才脱颖而出、充分施展才能的选人用人机制，建立和完善以能力和业绩为导向的人才评价机制，建立和完善能激发积极性、主动性和创造性的人才激励机制。既要注意在动画专业院校选拔人才，又要注意从其他领域和国际上吸纳人才，特别要注意培养和使用既懂创作生产又懂市场运营的复合型人才。

四、切实加强对影视动画工作的领导

16. 高度重视影视动画工作。大力发展我国影视动画产业，是党和政府从全局和战略的高度作出的重要决策。各级广播影视管理部门和播出机构要把推进我国影视动画产业繁荣发展摆上重要议事日程，抓紧抓好。要尊重影视动画产业发展的客观规律，尊重动画工作者的创造性劳动，高度重视、热情帮助，把握导向、正确引导，科学管理、积极服务，解决好国产动画节目制作、播出和衍生产品开发等问题。要明确牵头部门，制定发展规划，落实管理责任，加强督促检查。

17. 坚持正确的创作方向。发展我国影视动画产业是建设社会主义先进文化的重要内容。国产动画片的创作应当立足改革开放和现代化建设的实际，立足我国的基本国情，既要充分发扬中华民族优秀文化，又要摒弃封建糟粕；既要认真吸取国际动画产业发展的经验，又要反对西方颓废文化；既要提高作品的观赏性和趣味性，又要防止脱离生活、庸俗搞笑的倾向，确保国产动画片的创作沿着健康发展的轨道前进。要尽快制定国产动画节目内容审查标准和实施细则。

18. 建立国产动画片题材规划制度。国家广电总局将每年召开国产动画片题材规划会议，传达中央有关精神和广电总局有关要求，搞好组织规划和指导协调工作。所有用于影视播映机构播映的动画片题材一律实行立项报批制度。动画片题材规划工作，由国家广电总局和省级广播影视管理部门两级管理，省级广播影视管理部门按照属地管理的原则负责本省（区、市）动画片的题材规划初步审核工作。国家广电总局负责全国动画片题材规划的终审工作。

19. 建立国产动画片发行许可制度。中直单位及其直属单位制作的国产动画片经国家广电总局审查后，由国家广电总局颁发《国产动画片发行许可证》。地方单位制作的国产动画片经省级广播影视管理部门审查后，由省级广播影视管理部门颁发《国产动画片发行许可证》。国家广电总局将实行发证情况备案制度，即省级广播影视管理部门在每月第一周内，将上个月《国产动画片发行许可证》发证情况报国家广电总局备案。国产动画电影经国家广电总局电影审查委员会审查合格后，由国家广电总局电影局颁发《电影片公映许可证》；部分省市制作的动画电影由国家广电总局委托地方省级广播影视管理部门审查。

20. 加强与境外动画产业的广泛合作。要支持和鼓励国内影视动画产业与境外动画产业开展广泛有益的合作。通过合作，吸引人才，吸纳资金，开阔眼界，更新观念，培养队伍，拓宽市场。要从我国影视动画产业发展战略的高度出发，借鉴、学习、吸收国外先进的动画创作理念、制作技术、研发方式和运营模式。合拍动画片要着力表现中华民族优秀文化传统、歌颂中华民族美好情感、创建中国动画品牌形象。凡是表现"中国特色、中国故事、中国形象、中国风格、中国气派、中国精神"的合拍动画片，享受与国产动画片同等的政策待遇。所有合拍动画片要经国家广电总局审查通过，并获得发行许可证后方可发行播出。要支持和保护境内外有关方面合作开办动画制作经营机构，但境内方必须占有绝对控股权。中央单位或其直属单位与境外机构合作开办动画制作经营机构，要报国家广电总局审批；地方单位与境外机构合作开办动画制作经营机构，要由省级广播影视管理部门审核，报国家广电总局审批。凡已持有《广播电视节目制作经营许可证》或《摄制电影许可证》的机构即可制作经营国产影视动画片。

21．加强对境外动画片引进的管理。境外动画片的引进，必须坚持"以我为主，洋为中用"的方针，必须适合中国国情，不能忽视中华民族的文化传统、生活习惯和情感表达方式，要自觉抵制外来腐朽思想和观念的侵蚀，杜绝格调低下和内容庸俗。引进的境外动画片必须能够表现世界各民族的优秀文化，体现动画艺术质量和制作技术的国际水平。要通过研究比较，吸收借鉴，博采众长，融会贯通，促进国产动画片制作水平的提高。生产国产动画片的省级电视台、省会城市电视台、计划单列市电视台和国家广电总局指定有引进资格的动画制作机构可以引进境外动画片，引进境外动画片与其生产国产动画片数量比例为1∶1；未生产国产动画片的机构不得引进境外动画片。所有引进动画片须经国家广电总局审查通过，并获得发行许可证后，方可发行播出。随着国产动画片生产数量的增加，将逐步降低境外动画片的引进比例。要实行以进带出的原则，将引进境外动画片与出口国产动画片有机结合起来。

22．建立健全影视动画产业法律法规，强化政府监管。要加快法制建设，尽快建立健全影视动画产业法律法规及政策体系，维护市场秩序，保障我国影视动画产业健康发展。要根据我国影视动画产业的实际情况，抓紧出台促进我国影视动画产业发展的一系列政策、意见和措施，并及时将有关政策措施通过法律程序上升为法律法规。要进一步转变政府职能，提高宏观调控能力。要坚持依法行政，切实做好导向把握、政策支持、市场监督、社会管理和公共服务等工作。要完善行政审批制度，转变工作作风，提高服务质量，建立科学的影视动画产业统计指标体系。要加强画片的播出调控工作，国家广电总局负责上星频道动画片的播出管理，省级广播影视管理部门负责对所属各级电视台动画片的播出管理。

23．加强动画理论研究和动画评论。要加强对国产动画创作思想、艺术实践、产品开发、产业发展等方面的研究，为我国影视动画产业繁荣发展提供理论支持。动画评论工作要坚持实事求是、科学健康、平等善意、以理服人的原则，倡导不同学术观点和艺术观点的交锋和交流，营造客观真实、积极向上的舆论氛围。要倡导正确的创作思想，客观评价优秀作品，发挥精品示范效应，分析动画节目的优劣，帮助和引导动画工作者廓清模糊认识，遵循正确的创作和生产方向，开创国产动画创作生产的新局面。

24．充分发挥动画行业协会的作用。要重视并发挥动画行业协会的作用，团结国内外从事动画创作和产业开发的艺术家、企业家、理论研究和文艺评论工作者，积极有效地开展各类活动。要通过举办各种相关活动，促进国产动画片的创作和我国影视动画产业化的发展，加强我国影视动画产业与境外动画产业的交流与合作，提升我国影视动画产业的创新力和竞争力，为我国影视动画产业发展开辟广阔的国内外市场。现有影视动画行业协会要按照我国影视动画产业的发展要求，不断调整和完善行业协会的职能和运作机制，在提高专业素质、规范企业行为、健全市场要素、维护行业权益、加强行业自律等方面发挥重要作用，真正成为政府部门连接动画制作机构和动画工作者的桥梁和纽带。国家广电总局要加强对影视动画行业协会的管理，使影视动画行业协会更具生机和活力。

文化部《关于扶持我国动漫产业发展的若干意见》

各省、自治区、直辖市文化厅（局），本部各直属单位：

为贯彻党的十七大关于推动社会主义文化大发展大繁荣的精神，落实《国家"十一五"时期文化发展规划纲要》和《中共中央、国务院关于进一步加强和改进未成年人思想道德建设的若干意见》（中发〔2004〕8号），根据《国务院办公厅转发财政部等部门关于推动我国动漫产业发展若干意见的通知》（国办发〔2006〕32号）精神和《国务院办公厅关于印发文化部主要职责内设机构和人员编制规定的通知》（国办发〔2008〕79号）的规定，按照扶持动漫产业发展部际联席会议的总体工作部署，文化部现就扶持我国原创动漫产业发展提出以下意见：

一、基本状况和指导思想

（一）近年来，我国动漫产业发展很快，国产动漫产品的数量大幅度增长，质量有所提高，一批动漫企业和动漫品牌崭露头角，中国动漫"走出去"步伐加快。同时，我国动漫产业的发展现状与人民群众不断增长的精神文化需求还不相适应，与旺盛的市场需求不相适应，在原创能力、人才培养、技术开发、产业链整合、知识产权保护等方面还需要进一步提高，用5至10年时间实现跻身世界动漫大国和强国行列的目标任重道远。

（二）弘扬社会主义核心价值观，坚持动漫文化和动漫产业发展的正确方向。从建设社会主义先进文化、和谐文化、加强未成年人思想道德建设的高度，充分认识新形势下发展我国原创动漫产业的重要意义。加强创作，培育精品，倡导、扶持动漫产业走民族风格和时代特点相结合的原创之路，坚持走技术创新与市场开发相结合的产业发展道路，大幅度提高我国原创动漫产品的数量和质量，打造拥有自主知识产权的动漫形象和动漫品牌。

（三）深入贯彻落实科学发展观，实现动漫产业的全面协调可持续发展。遵循市场规律，发挥市场对资源配置的基础性作用，合理引导社会资金，完善动漫产业链条。从实际出发，探索多种盈利模式，构建自我良性发展的内生机制。统筹规划、突出重点、整合资源，将动漫产业发展与区域特点有机结合，避免盲目发展，无序竞争。积极创新机制，改进管理，努力消除影响动漫产业发展的体制、机制和制度性障碍，形成政府引导、市场主导的发展局面和统一、开放、竞争、有序的市场格局。

二、扶持民族原创，完善产业链条

（四）实施国产动漫振兴工程。以重点支持原创产品的创作生产为龙头，发挥财政资金的杠杆作用，鼓励扶持各类所有制企业创作、推广和传播贴近实际、贴近生活、贴近群众，富有中国文化精神、承载中华优秀传统文化、饱含时代特点的动漫产品。一是评选国家原创动漫大奖，奖励内容健康、艺术性强、创新度高、深受群众喜爱的原创动漫产品；二是扶持原创动漫作品，每年评估、遴选出若干优秀原创漫画、网络动漫、手机动漫作品、动漫舞台剧进行重点扶持；三是扶持原创动漫创作人才，每年扶持若干漫画、网络动漫、手机动漫、动漫舞台剧创作者；四是推广原创动漫作品，以多种形式向社会特别是青少年推介优秀原创动漫作品。努力增强国产动漫的原创制作能力、衍生产品开发设计能力，培育一批具有活力、专业性强的动漫企业和具有中国风格、国际影响的动漫形象、动漫品牌。

（五）构建相互支撑的动漫产业链。动漫产业链主要包括漫画（图书、报刊）、动画（电影、电视、音像制品）、舞台剧、网络动漫、手机动漫等环节。漫画创作是产业的基础，影视动漫是产业的主体，动漫舞台剧是产业的延展和提升，网络动漫、手机动漫是产业的前锋。此外，还有与动漫形象有关的服装、玩具、文具、电子游戏等衍生产品。全面把握动漫产业各环节的内在联系，以动漫形象为核心，构建产业自我良性发展的内生机制。

（六）支持漫画创作，夯实产业基础。高度重视漫画在动漫产业链中的基础性作用。加强对漫画创作的引导，扶持漫画创作与研究的重点刊物，奖励具有突出贡献的漫画创作人员。以美术馆、文化馆、群艺馆、博物馆为依托，展览展示原创漫画精品，推进漫画艺术教育，加强市场推广。

（七）发展动漫舞台剧。鼓励儿童剧、青春剧等艺术形式向动漫化、多媒体化方向延伸。充分发挥国有文艺表演团体创作主力军的作用，以场次补贴的形式扶持原创动漫舞台剧的演出。"国家舞台艺术精品工程"鼓励动漫舞台剧的创作，打造更多原创动漫演出精品，塑造中国特色动漫演出经典形象。鼓励动漫企业进入演出市场，支持动漫企业通过参股、控股或兼并等形式参与国有文艺表演团体转企改制，实现动漫形象、动漫品牌的再次推广与提升。依法加强对动漫形象角色扮演（cosplay）类文艺表演团体及其演出活动的管理与规范。

（八）大力发展网络动漫、手机动漫。运用高新技术创新生产方式，培育新兴动漫业态。大力发展以数字化生产、网络化传播为主要特征的网络动漫、手机动漫产业，充分利用数字、网络等核心技术和现代生产方式，改造传统的动漫生产和传播模式。积极推动动漫产品通过网络传播，丰富表现形式，拓展传播方式，推进传统动漫产业升级，延伸产业链条。鼓励经营性互联网文化单位从事网络动漫业务及开展动漫版权代理，将动漫网站打造成为网络动漫产业发展的重要平台。鼓励点击率高、市场反应好的优秀网络动漫产品向传统渠道拓展延伸。积极引导财政资金、社会资金支持网络动漫相关技术的研发和应用，推动基于新技术、新平台的动漫制作、传播和消费。高度重视手机动漫产业的发展，办好中国原创手机动漫大赛，不断提高原创手机动漫作品的质量和水平，并将其作为我国动漫产业发展新的增长点和提升我国动漫产业国际竞争力的突破口。

三、完善支撑体系，加快平台建设

（九）加强理论研究。积极发挥扶持动漫产业发展部际联席会议专家委员会的作用，鼓励动漫企业和有关高等学校、研究机构开展动漫产业基础理论和重大现实问题的研究。整合相关资源，完善研究体系，积极争取国家社科基金支持，拓宽理论研究的支撑领域。文化部文化"创新奖"加大对动漫理论和实践创新的奖励力度。发布中国动漫产业发展年度报告，提供权威信息。

（十）提高人才培养水平，促进动漫人才职业化。从高等教育、职业教育、继续教育、基础教育等不同层次全面推进动漫人才培养。发挥文化行政部门的艺术教育与培训资源优势，将动漫人才培养纳入国家文化艺术类人才培养规划，在学科门类、学位设置（包括博士硕士点）、教学研究经费上给予积极支持。以高等职业院校为依托，大力推进动漫人才职业教育。充分调动企业、学校、行业协会等的积极性，开展动漫人才培训。社会艺术考级中增设动漫方面的考级专业。抓好动漫高端人才培养，办好动漫产业发展高级研修班。加快动漫人才培养标准化进程，制定动漫人才培养标准，促进动漫人才职业化。

（十一）培育提升动漫产业发展平台。加强国家动漫产业基地和区域性特色动漫产业园区建设的引导和管理，严格准入标准，制定评估机制，避免资源浪费，防止过热与泛化。充分发挥现有基地在人才培养、技术研发与服务、公共技术平台支撑、龙头企业集约发展、中小型企业孵化、国际交流与合作等功能。办好中国国际动漫游戏博览会等专业性展会，为民族原创动漫产品走向世界搭建展示平台。加强对区域性动漫会展与动漫节庆活动的规划与指导。涉外和国际性动漫会展交易和比赛活动要依照有关规定报文化部审批。

（十二）建设动漫产业公共信息服务管理平台。公共信息平台包括政策信息发布、产业统计、专家委员会工作交流等功能，公共服务平台包括创作生产民族民间动漫素材库，提供政务服务；公共管理平台包括动漫企业认定网上申报及公示系统，是扶持动漫产业发展部际联席会议办公室项目管理的工作平台。

（十三）促进国际交流与合作，支持动漫企业"走出去"。鼓励政府间和民间与国（境）外开展多边和双边的交流与合作，鼓励我国动漫企业以合资、合作、服务加工等多种形式参与国际合作和国际市场竞争。大力扶持原创动漫产品出口，将优秀动漫出口企业产品列入《文化产品和服务出口指导目录》。鼓励和组织动漫企业参加国际知名展会，支持我国动漫企业开拓海外市场。设立国产动漫产品出口奖励和补贴专项资金，促进我国动漫产业国际化。

四、改进管理服务，优化发展环境

（十四）加强市场监管，保护动漫知识产权。以国产原创动漫形象、动漫品牌及其衍生产品为重点，加大知识产权保护力度。通过日常监管和专项整治，严厉打击违法动漫经营活动，保护合法经营，规范市场秩序，为动漫产业发展创造公平竞争的市场秩序。对保护动漫知识产权业绩突出的单位和个人给予表彰和奖励。

（十五）加强动漫产品内容监管，净化市场环境。依法查处存在暴力、色情、淫秽、危害社会公德和民族优秀传统文化、侵害民族风俗习惯等违法内容的动漫产品。加强对漫画类美术品、动漫舞台剧和网络动漫、手机动漫等进口文化产品的内容审查。有序引进优秀动漫产品，丰富我国动漫品种、门类，提高公众特别是青少年的审美情趣和欣赏能力。依法查处未经审查的进口动漫产品，坚决抵制不良文化通过动漫产品传播，为动漫文化营造健康有序的市场环境，为青少年营造健康向上的文化环境。

（十六）指导动漫行业协会建设。发挥现有各类动漫类学会和协会的作用，以协商、协作、协调为基础，以企业为主体，兼顾学术性和社会性，调整、充实或改造、新建动漫行业协会，整合行政资源和产业资源，形成合力，发挥行业协会联系政府、服务企业、行业自律的作用。

（十七）加强组织领导和部门协作。各级文化行政部门要统一思想，提高认识，加强领导，按照新"三定"方案赋予文化行政部门的职责，积极主动地开展工作。准确掌握本地区动漫产业发展状况，全面履行职能，认真贯彻国办发〔2006〕32号文件，因地制宜制定配套政策，争取专项经费保障，积极做好动漫产业规划、产业基地、项目建设、会展交易、市场监管、行业协会指导等方面的工作。有效承担扶持动漫产业发展联席会议办公室的日常工作，大力加强办公室自身建设，提高综合协调能力，与各部门密切协作，认真解决本地动漫产业发展中的问题，促进动漫产业又好又快发展。

国办发〔2008〕79号文件给文化部新增的动漫产业规划、产业基地、项目建设、会展交易、市场监管、指导行业协会等职责，文化部将制定具体落实措施另行发布。

文化部、财政部、国家税务总局《动漫企业认定管理办法（试行）》

第一章 总 则

第一条 为扶持我国动漫产业发展，落实国家对动漫企业的财税优惠政策，根据《国务院办公厅转发财政部等部门关于推动我国动漫产业发展的若干意见的通知》（国办发〔2006〕32号，以下简称《通知》）规定，制定本办法。

第二条 按照本办法认定的动漫企业，方可申请享受《通知》规定的有关优惠和扶持政策。

第三条 动漫企业认定管理工作坚持为动漫企业服务、促进动漫产业发展的宗旨，遵循公开、公平、公正的原则。

第四条 本办法所称动漫企业包括：

（一）漫画创作企业；

（二）动画创作、制作企业；

（三）网络动漫（含手机动漫）创作、制作企业；

（四）动漫舞台剧（节）目制作、演出企业；

（五）动漫软件开发企业；

（六）动漫衍生产品研发、设计企业。

第五条 本办法所称动漫产品包括：

（一）漫画：单幅和多格漫画、插画、漫画图书、动画抓帧图书、漫画报刊、漫画原画等；

（二）动画：动画电影、动画电视剧、动画短片、动画音像制品，影视特效中的动画片段，科教、军事、气象、医疗等影视节目中的动画片段等；

（三）网络动漫（含手机动漫）：以计算机互联网和移动通信网等信息网络为主要传播平台，以电脑、手机及各种手持电子设备为接收终端的动画、漫画作品，包括FLASH动画、网络表情、手机动漫等；

（四）动漫舞台剧（节）目：改编自动漫平面与影视等形式作品的舞台演出剧（节）目、采用动漫造型或含有动漫形象的舞台演出剧（节）目等；

（五）动漫软件：漫画平面设计软件、动画制作专用软件、动画后期音视频制作工具软件等；

（六）动漫衍生产品：与动漫形象有关的服装、玩具、文具、电子游戏等。

第二章 认定管理

第六条 文化部、财政部、国家税务总局共同确定全国动漫企业认定管理工作方向，负责指导、管理和监督全国动漫企业及其动漫产品的认定工作，并定期公布通过认定的动漫企业名单。

第七条 全国动漫企业认定管理工作办公室（以下称办公室）设在文化部，主要职责为：

（一）具体组织实施动漫企业认定管理工作；

（二）协调、解决认定及相关政策落实中的重大问题；

（三）组织建设和管理"动漫企业认定管理工作平台"；

（四）负责对已认定的重点动漫企业进行监督检查和年审，根据情况变化和产业发展需要对重点动漫产品、重点动漫企业的具体认定标准进行动态调整；

（五）受理、核实并处理有关举报。

第八条　各省、自治区、直辖市文化行政部门与同级财政、税务部门组成本行政区域动漫企业认定管理机构（以下称省级认定机构），根据本办法开展下列工作：

（一）负责本行政区域内动漫企业及其动漫产品的认定初审工作；

（二）负责向本行政区域内通过认定的动漫企业颁发"动漫企业证书"；

（三）负责对本行政区域内已认定的动漫企业进行监督检查和年审；

（四）受理、核实并处理本行政区域内有关举报，必要时向办公室报告；

（五）办公室委托的其他工作。

第九条　各级认定机构应制订本辖区内的动漫企业认定工作规程，定期召开认定工作会议。推进认定工作电子政务建设，建立高效、便捷的认定工作机制。

动漫企业认定管理工作所需经费由各级认定机构的同级财政部门拨付。

第三章　认定标准

第十条　申请认定为动漫企业的应同时符合以下标准：

（一）在我国境内依法设立的企业；

（二）动漫企业经营动漫产品的主营收入占企业当年总收入的60%以上；

（三）自主开发生产的动漫产品收入占主营收入的50%以上；

（四）具有大学专科以上学历的或通过国家动漫人才专业认证的、从事动漫产品开发或技术服务的专业人员占企业当年职工总数的30%以上，其中研发人员占企业当年职工总数的10%以上；

（五）具有从事动漫产品开发或相应服务等业务所需的技术装备和工作场所；

（六）动漫产品的研究开发经费占企业当年营业收入8%以上；

（七）动漫产品内容积极健康，无法律法规禁止的内容；

（八）企业产权明晰，管理规范，守法经营。

第十一条　自主开发、生产的动漫产品，是指动漫企业自主创作、研发、设计、生产、制作、表演的符合本办法第五条规定的动漫产品（不含动漫衍生产品）；仅对国外动漫创意进行简单外包、简单模仿或简单离岸制造，既无自主知识产权，也无核心竞争力的除外。

第十二条　申请认定为重点动漫产品的应符合以下标准之一：

（一）漫画产品销售年收入在100万元（报刊300万元）人民币以上或年销售10万册（报纸1000万份、期刊100万册）以上的，动画产品销售年收入在1000万元人民币以上的，网络动漫（含手机动漫）产品销售年收入在100万元人民币以上的，动漫舞台剧（节）目演出年收入在100万元人民币以上或年演出场次50场以上的；

（二）动漫产品版权出口年收入100万元人民币以上的；

（三）获得国际、国家级专业奖项的；

（四）经省级认定机构、全国性动漫行业协会、国家动漫产业基地等推荐的在思想内涵、艺术风格、技术应用、市场营销、社会影响等方面具有示范意义的动漫产品。

第十三条　符合本办法第十条标准的动漫企业申请认定为重点动漫企业的，应在申报前开发生产出 1 部以上重点动漫产品，并符合以下标准之一：

（一）注册资本 1000 万元人民币以上的；

（二）动漫企业年营业收入 500 万元人民币以上，且连续 2 年不亏损的；

（三）动漫企业的动漫产品版权出口和对外贸易年收入 200 万元人民币以上，且自主知识产权动漫产品出口收入占总收入 30％以上的；

（四）经省级认定机构、全国性动漫行业协会、国家动漫产业基地等推荐的在资金、人员规模、艺术创意、技术应用、市场营销、品牌价值、社会影响等方面具有示范意义的动漫企业。

第四章　认定程序

第十四条　动漫企业认定的程序如下：

（一）企业自我评价及申请

企业认为符合认定标准的，可向省级认定机构提出认定申请。

（二）提交下列申请材料

1. 动漫企业认定申请书；

2. 企业营业执照副本复印件、税务登记证复印件；

3. 法定代表人或者主要负责人的身份证明材料；

4. 企业职工人数、学历结构以及研发人员占企业职工的比例说明；

5. 营业场所产权证明或者租赁意向书（含出租方的产权证明）；

6. 开发、生产、创作、经营的动漫产品列表、销售合同及销售合同约定的款项银行入账证明；

7. 自主开发、生产和拥有自主知识产权的动漫产品的情况说明及有关证明材料（包括版权登记证书或专利证书等知识产权证书的复印件）；

8. 由有关行政机关颁发的从事相关业务所涉及的行政许可证件复印件；

9. 经具有资质的中介机构鉴证的企业财务年度报表（含资产负债表、损益表、现金流量表）等企业经营情况，以及企业年度研究开发费用情况表，并附研究开发活动说明材料；

10. 认定机构要求出具的其他材料。

（三）材料审查、认定与公布

省级认定机构根据本办法，对申请材料进行初审，提出初审意见，将通过初审的动漫企业申请材料报送办公室。

文化部会同财政部、国家税务总局依据本办法第十条规定标准进行审核，审核合格的，由文化部、财政部、国家税务总局联合公布通过认定的动漫企业名单。

省级认定机构根据通过认定的动漫企业名单，向企业颁发"动漫企业证书"并附其本年度动漫产品列表；并根据本办法第五条、第十一条的规定，在动漫产品列表中，对动漫产品属性分类以及是否属于自主开发生产的动漫产品等情况予以标注。

动漫企业设有分支机构的，在企业法人注册地进行申报。

第十五条　已取得"动漫企业证书"的动漫企业生产的动漫产品符合本办法第十二条规定标准的，可向办公室提出申请认定为重点动漫产品，并提交下列材料：

1. 重点动漫产品认定申请书；

2. 企业营业执照副本复印件、税务登记证复印件，"动漫企业证书"复印件；

3. 符合本办法第十二条规定标准的相关证明材料：经具有资质的中介机构鉴证的企业财务年度报表（含资产负债表、损益表、现金流量表）等企业经营情况，并附每项产品销售收入的情况说明；获奖证明复印件或版权出口贸易合同复印件等版权出口收入证明；有关机构的推荐证明；

4. 认定机构要求出具的其他材料。

办公室收到申报材料后，参照本办法第十四条第三款规定的程序予以审核。符合标准的，由办公室颁发"重点动漫产品文书"。

第十六条　已取得"动漫企业证书"的动漫企业符合本办法第十三条规定标准的，可向办公室提出申请认定为重点动漫企业，并提交下列材料：

1. 重点动漫企业认定申请书；

2. 企业营业执照副本复印件、税务登记证复印件，"动漫企业证书"复印件，"重点动漫产品文书"复印件；

3. 符合本办法第十三条规定标准的相关证明材料：经具有资质的中介机构鉴证的企业近两个会计年度财务报表（含资产负债表、损益表、现金流量表）等企业经营情况或版权出口贸易合同复印件等版权出口收入证明；有关机构的推荐证明；

4. 认定机构要求出具的其他材料。

办公室收到申报材料后，参照本办法第十四条第三款规定的程序予以审核。符合标准的，由文化部会同财政部、国家税务总局联合公布通过认定的重点动漫企业名单，并由办公室颁发"重点动漫企业证书"。

第十七条　动漫企业认定实行年审制度。各级认定机构应按本办法第十条、第十三条规定的标准对已认定并发证的动漫企业、重点动漫企业进行年审。对年度认定合格的企业在证书和年度自主开发生产的动漫产品列表上加盖年审专用章。

不提出年审申请或年度认定不合格的企业，其动漫企业、重点动漫企业资格到期自动失效。

省级认定机构应将对动漫企业的年审情况、年度认定合格及不合格企业名单报办公室备案，并由办公室对外公布。

重点动漫企业通过办公室年审后，不再由省级认定机构进行年审。

第十八条　动漫企业对年审结果有异议的，可在公布后20个工作日内，向办公室提出复核申请。

提请复核的企业应当提交复核申请书及有关证明材料。办公室收到复核申请后，对复核申请调查核实，由文化部、财政部、国家税务总局作出复核决定，通知省级认定机构并公布。

第十九条　经认定的动漫企业经营活动发生变化（如更名、调整、分立、合并、重组等）的，应在15个工作日内，向原发证单位办理变更手续，变化后不符合本办法规定标准的，省级认定机构应报办公室审核同意后，撤销其"动漫企业证书"，终止其资格。不符合本办法规定标准的重点动漫企业，由办公室直接撤销其"重点动漫企业证书"，终止其资格。

动漫企业更名的，原认定机构为其办理变更手续后，重新核发证书，编号不变。

第二十条　经认定的动漫企业、重点动漫企业，凭本年度有效的"动漫企业证书"、"重点动漫企业证书"，以及本年度自主开发生产的动漫产品列表、"重点动漫产品文书"，向主管税务机关申请享受《通知》规定的有关税收优惠政策。

第二十一条　重点动漫产品、重点动漫企业优先享受国家及地方各项财政资金、信贷等方面的扶持政策。

第五章　罚　则

第二十二条　申请认定和已认定的动漫企业有下述情况之一的，一经查实，认定机构停止受理其认定申请，或撤销其证（文）书，终止其资格并予以公布：

（一）在申请认定过程中提供虚假信息的；

（二）有偷税、骗税、抗税等税收违法行为的；

（三）从事制作、生产、销售、传播存在违法内容或盗版侵权动漫产品的，或者使用未经授权许可的动漫产品的；

（四）有其他违法经营行为，受到有关部门处罚的。

被撤销证书的企业，认定机构在3年内不再受理该企业的认定申请。

第二十三条　对被撤销证书和年度认定不合格的动漫企业，同时停止其享受《通知》规定的各项财税优惠政策。

第二十四条　参与动漫企业认定工作的机构和人员对所承担的认定工作负有诚信以及合规义务，并对申报认定企业的有关资料信息负有保密义务。违反动漫企业认定工作相关要求和纪律的，依法追究责任。

第二十五条　对违反本办法规定的省级认定机构，由办公室责令整改。

第六章　附　则

第二十六条　"动漫企业证书"、"重点动漫产品文书"、"重点动漫企业证书"等证书、文书，由办公室统一监制。

第二十七条　按照本办法认定的动漫企业及其自主开发生产的动漫产品享受的财税优惠政策的具体范围、具体内容由财政部、国家税务总局另行发布。

第二十八条　本办法中涉及数字的规定，表述为"以上"的，均含本数字在内。

第二十九条　本办法由文化部、财政部、国家税务总局负责解释。

第三十条　本办法自2009年1月1日起实施。

文化部《"十二五"时期国家动漫产业发展规划》

前　言

动漫产业是极具生机和活力的新兴文化产业。发展动漫产业对于满足人民群众精神文化需求、传播先进文化、丰富群众生活、促进青少年健康成长、进一步优化产业结构、扩大消费和就业、培育新的经济增长点都具有重要意义。党的十七届五中、六中全会明确提出要推动文化产业成为国民经济支柱性产业，动漫产业作为文化产业的重要组成部分，深受群众喜爱，又广泛服务社会，发展前景十分广阔。

为全面贯彻落实党的十七届六中全会精神，推动动漫产业跨越式发展，根据《中共中央关于深化文化体制改革、推动社会主义文化大发展大繁荣若干重大问题的决定》、《中华人民共和国国民经济和社会发展第十二个五年规划纲要》、《国家"十二五"时期文化改革发展规划纲要》、《国务院办公厅转发财政部等部门关于推动我国动漫产业发展若干意见的通知》，立足动漫产业发展实际，结合市场需求，确定"十二五"时期动漫产业发展的基本思路和主要目标：以邓小平理论和"三个代表"重要思想为指导，深入贯彻落实科学发展观，坚持社会主义先进文化前进方向，始终把社会效益放在首位，遵循动漫产业发展规律，加强动漫内容建设和引导；树立"大动漫观、全产业链"的发展思路，优化产业结构、完善产业链条，发挥市场在资源配置中的积极作用，培育一批充满活力、专业性强的动漫企业，打造若干具有中国风格和国际影响的动漫品牌；加强政府政策引导和公共服务，努力形成布局结构合理、产业链条相对完整、整体技术水平先进、市场竞争有序、经济效益显著的动漫产业发展格局，推动动漫在丰富群众生活和未成年人思想道德建设方面发挥更大作用，在社会生活各领域得到更加广泛的普及应用。为实现上述目标，推动我国从动漫大国向动漫强国跨越发展，特编制本规划。

一、基本经验和面临的形势

"十一五"以来，我国动漫产业蓬勃发展，在提高思想认识、创新体制机制、满足消费需求、积极学习借鉴、坚持中国特色等方面取得了许多有益的经验。当前，我国动漫产业发展既面临着有利的形势，又存在诸多的困难和挑战，需要进一步明确思路、合理引导、科学规划，全面提高我国动漫产业发展水平。

（一）基本经验

1. 坚持发展理念与产业实践相适应，不断提高和深化对动漫发展的认识。随着动漫产业发展理念的不断完善，社会各界对动漫的认识更加全面，动漫不仅是艺术、也是重要的文化产业门类已经成为共识。动漫消费的年龄阶层逐步扩大，动漫应用的社会领域更加广泛，"大动漫观、全产业链"的发展思路极大拓展了动漫产业的发展空间。

2. 坚持社会效益与经济效益相统一，以满足人民精神文化需求为出发点和落脚点。动漫产业发展中始终坚持把社会效益放在首位，坚持社会主义先进文化前进方向，努力实现社会效益与经济效益相统一。确保动漫产业发展与社会主义先进文化前进方向保持一致、与人民群众日益增长的精神文化需求相适应。广泛的消费需求为动漫产业拓展了发展空间，我国动漫产品数量、产值规模和盈利水平相比"十一五"之初取得了重大进展。

3. 坚持自主创新与借鉴国际经验相结合，走具有中国特色的动漫发展道路。在积极学习借鉴国际成功经验的基础上，我国动漫界始终坚持以我为主、为我所用，努力挖掘民族优秀文化资源，坚持走中国特色的原创动漫发展道路，立足国际国内两个市场，不断提高中国动漫产业的整体实力和国际竞争力。

4. 坚持技术创新与人才培养相结合，为动漫产业发展提供有力支撑。动漫发展呈现出艺术与技术高度融合的趋势，动漫关键技术研发及应用取得一定突破，有效促进了动漫生产效率和产品质量的提升。动漫人才培养工作稳步推进，一批优秀的创意与经营管理人才和大量专业技术人才为动漫产业发展奠定了坚实基础。

5. 坚持政府推动和市场运作相结合，努力营造动漫产业发展良好环境。扶持动漫产业发展部际联席会议制度最大限度地调动了各方积极性，各成员单位团结协作，制订政策、搭建平台、举办活动。各地方各界高度重视，积极开展工作，社会力量投资动漫产业的热情高涨，动漫产业发展环境得到优化。

（二）面临的形势

当前，我国动漫产业发展势头迅猛，产值从"十五"期末不足 100 亿元，到 2010 年达 470.84 亿元，年均增长率超过 30％；原创能力不断增强，产品数量大幅增长，质量不断提高，"十一五"期间，国产电视动画片产量从 8 万分钟增长到 22 万分钟；动画电影批准备案数量从 12 部增长到 46 部，国产动画电影票房纪录连续破亿；漫画期刊年发行量从 4000 万册增长到 1 亿多册，漫画图书年发行量从 3000 万册增长一倍以上；一批动漫企业和动漫品牌崭露头角，动漫产业链日益完善，动漫"走出去"步伐加快，动漫在社会生活各领域的应用更加广泛，动漫产业的发展面临着极为有利的条件和形势。

同时，我国与世界动漫强国相比，仍然存在很大的差距：对动漫产业发展规律性的认识还有待提高；具有市场竞争力的精品力作不多，缺少具有国际影响力的动漫品牌；产业结构不尽合理，部分企业持续盈利能力不强，产业链尚不完整；侵权盗版现象依然存在；高端创意策划与经营管理人才不足等等，必须要紧抓机遇，奋发有为，努力实现我国动漫产业跨越发展，为推动社会主义文化大发展大繁荣贡献力量。

二、主要任务

"十二五"期间，努力推动我国原创动漫创意、研发、制作能力大幅提升，动漫精品力作不断涌现，技术创新能力持续增强，国际竞争力大大提高，发挥市场机制对动漫文化资源配置的积极作用，着力打造 5 至 10 个知名国产动漫品牌和骨干动漫企业，培育出一批具有较强市场意识、国内外知名的动漫艺术家和企业家，动漫产业的影响力、辐射力、带动力持续增强，动漫在社会生活各领域的普及应用更加广泛深入，成为文化产业发展的重要增长点。

（一）引导原创动漫创作生产

坚持正确的创作生产方向，加强内容引导和建设，鼓励原创、打造精品，促进弘扬中华民族优秀文化、内容积极健康、贴近群众的动漫产品的创作、生产和传播。

1. 加强内容引导

坚持社会主义先进文化前进方向，引导广大动漫工作者自觉践行社会主义核心价值体系，继承弘扬民族传统文化、吸收借鉴世界优秀文化，鼓励、扶持动漫工作者和动漫企业创作、生产、传播和推广贴近实际、贴近生活、贴近群众、富有中国文化精神、饱含时代特点的动漫产品。不断提高产品研发和原创能力，着力提升产品内涵、质量、艺术和技术水平，加大对内容创新的支持力度，满足人民群众精神文化生活需求，为青少年健康快乐成长营造良好氛围。

2. 完善评价体系和激励机制

完善动漫产品评价体系和激励机制，做好中国文化艺术政府奖动漫奖的申报评选工作，完善评选标准，建立公开、公平、公正的评选机制，做到群众评价、专家评价和市场检验相统一，奖励内容健康、艺术性强、创新度高、深受群众喜爱的优秀动漫产品，提高权威性和公信度，引导中国动漫产业发展方向。

3. 加大优秀动漫产品扶持推广力度

实施国家动漫精品工程、国产影视动画扶持项目、"原动力"原创动漫出版扶持计划，扶持原创动漫产品的创作生产，在制作、资本、授权宣传等方面为优秀动漫创意和产品搭建产业化推广平台。继续实施原创动漫推广计划，支持和鼓励优秀原创动漫产品的播映、演出、出版、比赛、展览等各项传播、推广活动，通过展会推广、边疆推广、媒体推广、校园推广和海外推广，大力宣传和推广原创动漫精品和优秀人才，提高其影响力和知名度。

专栏一

项目名称	项目内容	责任单位	发展目标
中国文化艺术政府奖动漫奖	通过周期为 3 年的评奖、评选、表彰优秀动漫作品、品牌、形象、人才、机构和技术成果等。	文化部 广电总局 新闻出版总署 教育部 工业和信息化部	作为中国动漫的国家奖、最高奖，引导动漫艺术创作和产业发展方向。
国家动漫精品工程	扶持原创动漫产品的创作生产，选择一批具备产业价值的优秀动漫创意和作品，为其搭建产业化推广平台。	文化部 广电总局 新闻出版总署	成为动漫领域的国家级、常设性项目，推动动漫产品进一步品牌化、市场化和产业化。
国产影视动画扶持项目	评审、奖励年度优秀动画作品、创作人才、制作机构，表彰优秀动画传播机构，宣传推广优秀动画作品。	广电总局	引导影视动画内容创作走精品路线，培育优秀动画人才，鼓励创作机构积极投身精品创作，扩大优秀动画作品、人才和企业的社会影响力。
"原动力"原创动漫出版扶持计划	每年扶持一批具有较好市场潜力的优秀原创动漫作品的创作出版。	新闻出版总署	集中扶持原创动漫出版机构、产品和作者，引导创作出版动漫的精品力作。

专栏二

项目名称	项目内容	责任单位	发展目标
原创动漫推广计划	通过展会推广、边疆推广、校园推广、媒体推广、海外推广、译制补贴等方式，支持动漫企业积极开拓国际国内市场，努力形成国内外知名的动漫品牌和形象。	文化部 商务部 教育部 广电总局 新闻出版总署	"十二五"期间，支持30～50家企业参加国内、国际知名动漫展会，在西藏、新疆、青海等边疆民族地区举办动漫推广活动，支持动漫产品外语和少数民族语言译制。支持动漫产品进入国际市场。

4. 强化国产动画播映体系

动画播出机构要遵循"优质优价、优质优时、优质优奖"的原则，不断扩大播出国产动画片的规模。各级影视动画播出机构要公开公布动画片播映采购标准和流程，建立完善按质论价的影视动画节目购买制度。要形成国产动画电影放映规模，为国产动画电影推向主流院线和重要影院创造良好条件。

（二）创新盈利模式，完善动漫产业链条

充分发挥市场对动漫文化资源配置的积极作用，提高动漫产业盈利能力。全面把握动漫产业各环节的内在联系，以动漫创意和形象为核心，构建相互支撑、完善的动漫产业链条，形成产业上下游之间的良性互动。

1. 发挥市场机制积极作用，创新盈利模式

营造良好市场环境，鼓励各类所有制主体进行公平竞争，引导动漫企业积极探索创新产业盈利模式，大力发展动漫要素市场、产品市场，鼓励各种要素通过市场进行高效流通，提高动漫企业盈利能力。加强动漫产业与服装、玩具、食品、文具以及其他产业的合作。

2. 发挥漫画创作的基础性作用

高度重视漫画创作在动漫产业链中的基础性作用，加大支持和引导力度，鼓励创作生产更多弘扬社会主义核心价值、具有民族特色的优秀漫画作品。推动优秀漫画与动画、游戏、衍生产品等行业的结合，积极发展动漫形象授权，打造受众欢迎、具有市场基础的漫画形象和产品。

3. 建设完善动漫出版体系

"十二五"时期，实施"原动力"动漫出版扶持计划，以骨干动漫图书、期刊、音像电子出版单位为抓手，重点打造一批社会效益好、经济效益高、为受众喜闻乐见的精品动漫出版物，打通动漫创作、出版、发行等环节，提高动漫出版的规模化、集约化、专业化水平，为动漫产业提供更加畅通的出版渠道。

4. 积极发展影视动画

保持影视动画平稳发展，到"十二五"末，电视动画年产量保持在 5000 小时左右，动画电影年产量保持在 30 部左右。鼓励创作生产富有民族特色、体现时代特征、深受群众欢迎的电视动画和动画电影精品，以质量为核心，着力提高影视动画的编剧创意能力。要努力建立中央和地方电视台共同参与，上星频道、地面频道相互协调，专业频道和非专业频道互相补充，传统媒体和新兴媒体积极参与，电视平台与电影院线共同促进的多层次多元化的播映体系，构建稳定有效的播映市场，努力形成互动传播、特色传播、多媒体传播的新型传播方式。对国产动画电影放映实施一定的鼓励措施。

5. 重点培育新媒体动漫

积极推动传统动漫产品通过新媒体传播，鼓励面向移动互联网等新媒体渠道及手机、平板电脑等智能终端的动漫创作和理论研究，推出一批具有较强影响力的新媒体动漫精品，发展壮大新媒体动漫产业。研究制订手机动漫行业标准，推动相应制作工具开发，打通新媒体产业链条，实现动漫内容的跨平台共享，降低内容制作和产品推广成本。

6. 鼓励动漫舞台剧发展

鼓励各类演艺机构与动漫企业的深度合作，积极参与动漫演出的创作、制作和演出，

打造更多原创动漫舞台剧精品，塑造动漫演出经典形象。鼓励动漫企业通过品牌授权，参与动漫舞台剧创作、经营，实现动漫形象、品牌的推广与提升。

7. 大力发展应用动漫

贯彻落实"大动漫"产业观，注重动漫的社会推广与技术应用，大力发展应用动漫。继续推进动漫创意、技术在教育科普、医疗卫生、航天、会展、广告、设计、建筑、核电等各领域的广泛应用。促进动漫产业与制造业、服务业等相关产业融合发展，使动漫创意和技术成为相关产业转型升级的助推器。

8. 扩大动漫衍生产品市场规模

促进与动漫形象有关的服装、玩具、食品、文具、电子游戏等衍生产品的生产和经营，延伸动漫产业链，扩大动漫产业的盈利空间和市场规模。大力发展动漫品牌授权业务，推动各环节企业的互动合作。

（三）优化动漫产业布局结构

按照统筹协调和可持续发展原则，加快动漫产业布局结构的战略性调整，形成布局合理、特色突出、集聚效应明显、资源高效利用的协调发展格局。

1. 促进区域动漫产业协调发展

加强统筹规划，突出重点、整合资源，将动漫产业发展与区域优势和特点有机结合，促进资源的合理配置和产业分工合作，支持有条件的地区发展具有鲜明地域、民族特色的动漫产业，避免盲目发展、无序竞争。结合国家各项区域性专项规划，做好动漫产业相关政策在各地的落实工作。

2. 加强动漫产业基地园区、主题公园的建设与管理

统筹规划、突出特色、控制总量、提高水平，重点建设3~5家具有示范引领作用的国家级动漫产业示范基地园区，优化基地园区布局，加强动漫类主题公园的建设和管理。完善动漫产业基地园区，推动产业集聚、产品展示、人才培养、企业孵化、技术支撑、版权交易和国际合作等功能。

3. 合理发展动漫会展交易活动

加强对动漫会展节庆比赛论坛等活动的管理，控制和压缩政府参与主办的会展交易活动，科学布局、提升内容、突出特色、讲求实效。发挥动漫会展交易活动的展示、交流、交易的平台作用，打造3~5个亚洲一流、世界知名的动漫产业会展品牌。重点支持中国国际动漫游戏博览会、中国国际动漫节、中国国际漫画节等会展交易活动。

（四）推进动漫技术创新

推动新兴技术在动漫产业中的应用，加快形成以企业为主体、市场为导向、产学研相结合的动漫技术创新体系，加强动漫领域关键技术研发，加强动漫产业公共技术服务平台建设和管理。

1. 加强关键技术的研发推广

加大技术研发支持力度，支持动漫产业关键技术、核心技术和共性技术的研发与产业化推广应用。鼓励企业、高校、科研院所向有关单位提供动漫创作工具和相关服务，支持开展产学研合作，针对产业发展中的关键领域和薄弱环节，研发具有自主知识产权的核心专利和技术标准，全面提升我国动漫技术应用能力和整体技术装备水平。

2. 完善公共技术服务支撑体系

建立动漫技术设备、公共技术服务支撑体系和共享机制，优化提升现有动漫公共技术服务平台的功能，实现资源互联互通和信息共享，提高资源利用效率。建设国家动漫公共素材库和国家动漫产业公共信息平台，完善共享机制，有效降低企业创作成本。

专栏三

项目名称	项目内容	责任单位	发展目标
动漫产业公共技术服务平台	为动漫企业提供制作、设备租赁、研发、培训等技术支撑服务。	扶持动漫产业发展部际联席会议办公室	在全国布局建设5～10个重点动漫产业公共技术服务平台，每年服务企业数量100家以上。
动漫领域核心关键技术研发	在动漫建模、动作捕捉、运动处理、后期渲染合成等核心关键制作领域，部署研发一批自主知识产权的关键共性技术，并注重动漫生产与超级计算机、云计算等先进技术的结合，研发我国自主的动漫技术。	扶持动漫产业发展部际联席会议办公室	完成2～3项动漫核心关键技术研发项目，并实现产业化推广应用。
国家动漫公共素材库	建设符合制作标准、时代要求的公共动漫素材库，为国内动漫企业、制作团队提供专业的素材服务。	扶持动漫产业发展部际联席会议办公室	国内规模最大的公共动漫素材库。
国家动漫产业公共信息服务平台	为产业政策信息发布、咨询、统计服务，开展电子政务。	文化部	国内动漫产业最具权威性的信息发布共享平台。

（五）实施骨干企业和重大项目带动战略

实施骨干企业和重大项目带动战略，以产业、项目为纽带，带动中小动漫企业同步发展，提高动漫产业规模化、集约化、专业化水平，促进产业由量的增长到质的提升。

1. 培育壮大市场主体

加大政策扶持力度，培育骨干企业，扶持中小企业，打造一批有影响、有品牌、有竞争力的动漫企业。支持和壮大国有动漫企业，使其在发展产业和繁荣市场方面发挥主导作用。支持各类所有制动漫企业健康发展。通过信贷支持、加强服务等多种形式扶持各类中小动漫企业发展。改善动漫企业经营环境，帮助解决融资等瓶颈问题。

2. 实施重大项目带动战略

积极联合有关部门，加快建设一批具有示范效应、体现政策导向的重大动漫产业项目，提升产业规模和整体素质，加快产业结构调整和优化升级。建设国家动漫产业项目资源库，为各部门各地方提供优质项目资源。推进国家动漫产业综合示范园、中国动漫游戏城、动漫领域核心关键技术研发等重大项目建设。协调有关部门，支持国家重点动漫企业开展重大项目建设。

（六）强化人才支撑

以培养高端创意人才和经营管理人才为重点，实施动漫高端人才培养计划，不断完善动漫人才培养机制，全面提高动漫产业人才队伍的整体素质，为动漫产业发展提供强有力的人才支撑。

1. 构建动漫产业人才培养体系

根据市场需求和产业发展趋势，构建覆盖高等教育、职业教育、继续教育等不同层次的动漫人才培养体系。将动漫人才培养纳入国家文化艺术类人才培养规划，在学科门类、学位设置、教学研究经费上给予积极支持。继续举办国家动漫产业发展高级研修班，着力培养产业发展急需的既懂创意又善经营管理的复合型高端人才。充分发挥高等院校、动漫企业、科研院所、行业协会和培训机构的积极性，积极开展各种层次的社会培训。加快动漫人才培养标准化进程，为符合条件的动漫从业人员评定职称。

2. 提高动漫教育质量

加强漫画、动画、数字媒体艺术专业规范制定和动漫专业标准化教程及教材开发，努力形成具有中国特色、世界水平的动漫类教材体系。推动高等学校利用国内外企业的优势资源，以动漫产业需求为导向，加强与企业合作共建国家大学生校外实践教育基地，积极聘请国内外企业动漫创意、技术和企业经营管理专家授课，多种渠道培养高素质动漫人才。

专栏四

项目名称	项目内容	责任单位	发展目标
国家动漫产业高级研修班	以动漫企业、院校的高端人才为对象，举办市场、管理、编辑、制作、策划、导演、编剧、技术等方向的研修班。	扶持动漫产业发展部际联席会议办公室	"十二五"期间，重点举办 8～10 期高级研修班，培训高端人才 500 人次以上。
动漫人才培养标准化工程	研究动漫人才培养规律，制订标准化培训课程体系，开展标准化人才社会培训。	文化部	举办低、中、高级标准化培训课程若干次，培养各类从业人员 1 万人以上。
动漫高端人才联合实验班计划	在北京师范大学、中国传媒大学和北京电影学院组建跨校联合体，每年选拔一批本科生进入实验班进行联合培养。在人才选拔方式、课程体系、人才培养模式、实践教学环节四个方面进行重点探索。	教育部 文化部	探索建立高校与科研院所、行业企业联合培养动漫类人才的新机制，努力培养一批高素质动漫专门人才。
漫画、动画、数字媒体艺术专业规范调研和制定项目	开展漫画、动画、数字媒体艺术专业规范调研，制定本科专业规范。	教育部	指导高校科学设置动漫类专业，提高专业人才培养质量。

续表

项目名称	项目内容	责任单位	发展目标
高等学校动漫类教材建设项目	加强动漫类专业教材建设；新编、评选、译制动漫类优秀教材，向全国高等学校动漫类专业推荐使用。	教育部 文化部	推进动漫类教材编写、引进工作，努力构建具有中国特色、世界水平的动漫类教材体系。

（七）推动动漫产业"走出去"

充分利用国内国外两个市场，通过信息共享、政策咨询、宣传推广、境内外参展、表彰鼓励等方式，推动动漫企业、产品和服务走向国际市场，全面提高我国动漫产业国际化水平。

1. 促进动漫产品和服务出口

积极鼓励优秀动漫产品和服务出口，力争出口数量和效益有明显增加，在国际市场的竞争力和市场份额显著提升。积极鼓励动漫企业根据《文化产品和服务出口指导目录》申报国家文化出口重点企业和重点项目。继续完善服务外包人才支持体系，加强对动漫人才培养和培训的支持力度。鼓励我国企业通过承接服务外包业务积累经验、培养人才，提升动漫产业创作水平。建设国家动漫游戏海外市场数据库和信息支撑平台。

2. 支持动漫企业"走出去"

鼓励动漫企业在境外直接投资、并购或合资设立分支机构。通过资本运作，充分利用境外的人才、资源和技术优势，推进我国动漫产业的国际化。积极支持动漫企业参加境外国际动漫展会节庆比赛等活动，协助提升在国内举办的动漫展示交易会的国际化运营能力。充分发挥驻外使领馆文化处（组）、商务处、海外中国文化中心等驻外机构的作用，积极协助动漫企业开拓海外市场。

3. 加强国际动漫产业交流合作

充分利用我国官方对外文化交流主渠道和平台，加强与国外动漫产业发达地区交流合作，鼓励动漫企业同国外有实力的动漫企业和制作机构进行项目合作。积极学习国外先进的制作技术和管理经验。充分挖掘我国丰富的文化资源，通过合作进入国际主流市场。

三、保障措施

进一步完善支持动漫产业发展政策体系，继续发挥扶持动漫产业发展部际联席会议制度推动动漫产业发展的重要作用，加快完善财政、税收、金融等扶持政策，加强知识产权保护，创造有利于动漫产业跨越发展的良好环境。

（一）加大财政投入

继续发挥财政资金的杠杆作用，扩大中央财政扶持动漫产业发展专项资金规模，提高资金使用效率。重点扶持原创动漫产品的创作生产和推广传播、高端人才培养、核心关键技术研发及产业化以及动漫"走出去"，支持重点动漫企业的重大项目建设。

（二）保护知识产权

鼓励动漫作者进行动漫产品、形象的著作权登记和商标注册，加大国产原创动漫形象、品牌和衍生产品的知识产权保护力度。保护优秀民族动漫品牌，规范知识产权交易秩序，强化动漫市场监管，加强对优秀知名动漫产品的保护和数字版权保护，开展动漫市场专项整治行动，严厉查处侵犯动漫知识产权的行为，建立公平竞争的市场秩序，营造良好的市场环境。

（三）完善投融资政策

鼓励引导各类文化产业投资基金、中小企业创业投资基金加大对动漫产业的投资，鼓励有实力的大型企业通过参股、控股或兼并等方式进入动漫产业。引导社会资本以多种形式投资动漫产业，参与各类动漫产品的研发、创作和生产，参与重大项目实施。推动政策性银行对符合条件的动漫企业提供融资支持。将符合条件的动漫企业纳入相关政策性基金资助范围。支持动漫企业上市融资。

（四）实行税收优惠

修订完善《动漫企业认定管理办法（试行）》，做好动漫企业、重点动漫产品和重点动漫企业认定工作。贯彻落实国家对动漫企业的各项税收优惠政策。推动出台动漫产业公共技术服务平台进口设备的税收优惠政策。企业出口动漫产品享受国家统一规定的出口退（免）税政策。境外已缴纳的所得税款可按规定予以抵扣。

（五）加强组织实施

各地、各有关部门要统一思想、提高认识、加强领导、科学谋划，认真组织实施，做好各项政策的落实。扶持动漫产业发展各级联席会议各成员单位要相互支持、加强协调配合，指导和推动动漫产业发展。各级联席会议办公室要提高综合协调能力，与各部门密切协作，承担各项日常工作，确保《规划》提出的各项任务落到实处。鼓励各地根据动漫产业发展的集聚程度成立不同层次的动漫行业协会，推动成立中国动漫行业协会，充分发挥协会的行业协调、自律、培训、标准制定等方面的作用。

第二节　我国网络游戏产业政策分析

一、我国网络游戏产业政策提出的背景

21世纪初，作为新兴互联网文化产业业态，网络游戏产业迅猛发展，并在短短的时间里逐渐发展成为全球最重要的娱乐产业之一。早在2003年全球网络游戏产业规模就达到70多亿美元，占整个游戏市场规模的24.7%。其中，美国的网络游戏产业规模达到25亿美元，占全球市场的33%；韩国是亚洲游戏产业的“后起之秀”，早在2003年韩国的网络游戏产业所带来的产值就已经超过了韩国的汽车工业。经过十多年的高速发展，网络游戏已然进入了井喷期。Digi-Capital发布的《全球游戏投资总结》显示，全球游戏产业产值将在2017年达到1000亿美元，其中移动端游戏和在线游戏将以23.6%的增长率增长，到2017年全球网络游戏的产值将达600亿美元，占游戏总产值的60%。

近年来，我国网络游戏迅猛发展，每年都以超过20%的增长率领跑所有网络行业。据相关数据统计，2013年中国网络游戏网民规模达到3.45亿，网络游戏在网民中的使用率达58.5%，中国网络游戏的实际收入共718.4亿元，比2012年增长26.12%，其中客户端游戏市场实际销售收入536.6亿元，网页游戏市场实际收入127.7亿元，社交游戏市

场实际销售收入 54.1 亿元，如图 6-4 所示。

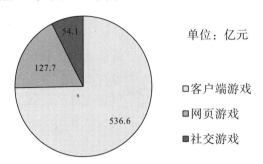

图 6-4　2013 年我国网络游戏产业产值构成

二、我国网络游戏产业政策的内涵与外延

（一）网络游戏、网络游戏产业的内涵

关于网络游戏的概念，学界的主要观点如下：

"网络游戏是网络与游戏的结合，是一种集娱乐、智力、音乐和体育于一体的综合文化休闲产品。"[①]

"网络游戏是近年来新兴的网络产品，与传统游戏不同的是，网络游戏把人们个体生活和社会生活抽象到虚拟的游戏中，使得游戏中的角色也像现实中的人一样具有各种社会关系。"[②]

由此可以看出，网络游戏具有以下特点：

强烈的真实感：新兴的网络游戏，不再局限于人机互战，开始给用户构建一个人与人之间的真正的战斗和联合平台。

良好的互动性：新兴的网络游戏，强调游戏者之间的沟通互动，强调人与人之间的平等沟通。

强大的产业相关性：网络游戏产业是一个集游戏设备商、游戏内容商、游戏运营商为一体的多行业产业链，有强大的产业融合性。

网络游戏综合了大部分文化休闲产品，涵盖面非常广，上、中、下游产业链都拥有巨大的市场，从网络游戏产品，到包括服装、生活用品、饰品、玩具等的网游衍生品。网络游戏概念如图 6-5 所示。

---

① 熊文红. 发展我国网络游戏产业的战略选择 [J]. 新疆师范大学学报（哲学社会科学版），2006，27（4）：96-98.

② 胡超. 我国网络游戏产业及其盈利新模式初探 [J]. 科技情报开发与经济，2007，17（35）：124-126.

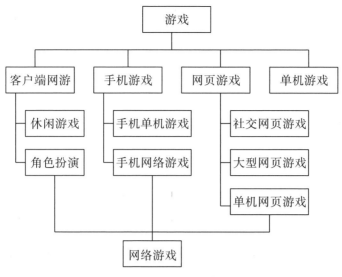

图 6—5　网络游戏概念

关于网络游戏产业的界定如下：

网络游戏产业"是一种新兴的信息文化产业，是指提供与网络游戏服务相关的产业，包括网络游戏开发商、电信运营商、互联网提供商及计算机软硬件生产商等部门"[①]。

"网络游戏产业是一个依托现代信息技术，特别是电子技术、计算机硬软件技术和网络通信技术的新兴文化产业。"[②]

总而言之，网络游戏产业是以新信息技术为支撑、内容生产传播为核心的新兴文化产业。

（二）网络游戏产业政策的内涵和外延

网络游戏产业政策是指国家政府机构依据国家经济发展目标和网络游戏产业发展的现状，在遵循经济和产业发展规律的情况下，制定的所有有关网络游戏产业政策的总和。网络游戏产业政策按照制定主体，可以分为人民代表大会及其常务委员会出台的各类有关规范网络游戏产业的法律法规、国务院出台的促进网络游戏产业发展的行政法规、国务院各部门出台的部门章程、地方政府出台的地方性行政规范各级政府出台的规范性文件。按政策的性质，可以划分为市场管理政策和产业发展政策（包括财税政策、金融政策、对外贸易政策）等。

三、我国网络游戏产业的发展历程与现状

网络游戏产业的兴起与发展，在我国不过短短 20 来年的历史。按照产业发展状态，可以将我国网络游戏产业的发展归纳为三个阶段。

---

① 刘拓知，戴增辉. 中国网络游戏产业发展研究 [J]. 中国证券期货，2010（4）：89—90.
② 陈琳. 我国网络游戏产业发展的问题及对策研究 [J]. 大众文艺（理论研究），2009（1）：9.

（一）网络游戏产业萌芽期（1998—2000 年）

中国网络游戏正式出现是从 1998 年 6 月《联众游戏世界》上线开始的。联众游戏是国内最早自主研发和提供网络棋牌及其他休闲网络游戏的综合网络休闲娱乐服务商。同世界各国一样，中国网络游戏的历史发源于文字 MUD，这种游戏的玩家集中在游戏从业人员和大学生人群，受众规模有限，商业价值有限。

经过一段时间的发展，到了 2000 年 7 月，首个中文 MUD 游戏《万王之王》面市，标志着国内电子游戏业已经进入了网络游戏时代，中国网络游戏市场正式形成。但此时我国的网络游戏市场规模仅为 3800 万元，市场规模很小，社会影响也很小。

（二）网络游戏产业初步发展时期（2001—2003 年）

早期由于经济技术条件以及文化管理等方面的原因，我国网民主要消费的是日、韩等国制作的网络游戏。从 2000 年开始，《万王之王》《石器时代》《千年》等多款网络游戏开始进入我国。但这一时期的中国网络游戏市场处于较为混乱的自发发展阶段，很多游戏都没能成功地长久运营。但同时，很多企业看到了中国网络游戏市场的潜力，开始加大对网络游戏的研发投入，盛大代理运营的《传奇》开启了中国网络游戏的收费时代。到 2001年末，网络游戏产业产值增长到 3.1 亿元，网络游戏在市场占有率方面与单机游戏旗鼓相当。

2002 年，网络游戏的内容生产商和网络游戏的平台运营商开始全面合作，网络游戏产业链开始建立，我国的网络游戏市场逐渐形成稳定发展的良好态势。

2003 年，网络游戏市场规模突破 10 亿元，文化部开始正式介入对网络游戏的监管。2003 年 5 月，文化部发布《互联网文化管理暂行规定》，将网络游戏产品纳入"互联网文化产品"，对"经营性互联网文化单位"实行许可制度，我国网络游戏产业开始进入政策监督时代。同时，网络游戏正式列入国家 863 计划，政府投入 500 万元支持原创网游开发。

这一时期，网络游戏产业的特点是产业链初步形成，国家关于网络游戏的政策开始出台。由此，我国的网络游戏产业走过成长期并快速走向成熟期。

（三）网络游戏产业迅猛发展与兴盛时期（2004 年至今）

网络游戏产业经过前期的快速发展，积累了一定的资金、技术、经验和品牌，促使这一时期的网络游戏产业继续高速发展。网络游戏市场规模由 2004 年的 31 亿元增长到2012 年的 891.6 亿元。

这一时期，中宣部、文化部等国家部委推出了一系列鼓励民族网络游戏开发运营的政策。在这些利好政策的推动下，我国的民族网络游戏企业和品牌得到迅猛发展。

2012 年，中国网络游戏市场规模（仅包括互联网游戏和移动网游戏市场）达到 601.2亿元，其中互联网游戏市场规模为 536.1 亿元，移动网游戏市场规模为 65.1 亿元，中国网络游戏企业总体营收规模达到 693.7 亿元。

网络游戏用户接近 2 亿，其中网页游戏用户规模达 1.63 亿，移动网游戏用户规模超过 8000 万。2012 年，移动网游戏用户规模呈高速增长态势，移动网游戏用户数翻番。

2012年的网络游戏市场中，互联网游戏仍然占据市场份额的89.2%，移动网游戏上升至10.8%，网页游戏市场规模保持了以往的高速增长态势，规模达92.3亿元。

2008—2012年中国互联网游戏市场规模与增长率如图6−6所示。

图6−6　2008—2012年中国互联网游戏市场规模与增长率

（数据来源：文化部《2012中国网络游戏市场年度报告》）

四、我国网络游戏产业政策分析

（一）政策主体分析

1. 政策主体构成

我国尚未建立统一的网络游戏主管部门，对于网络游戏的管理职能分布在国务院各部委，包括文化部、原国家新闻出版总署、工业和信息化部、商务部、公安部、国家工商行政管理局等。文化部主要负责对网络游戏的内容审查，所有网络游戏产品都必须经过文化部的内容审批，获得文化部颁发的《网络文化经营许可证》。原国家新闻出版总署主要负责网络游戏版权管理，所有网络游戏产品都必须在国家新闻出版总署进行游戏版号申请，进行游戏备案，获得《互联网出版许可证》。工业和信息化部主要负责网络游戏的网络运营，所有游戏产品都必须获得工业和信息化部颁发的《ICP经营许可证》。商务部主要负责对网络游戏中虚拟货币的管理。公安部和国家工商行政管理局主要负责对网络游戏市场秩序的管理，以及打击网游游戏赌博、网游"外挂"和"私服"等市场违法行为。

2. 政策主体特征

（1）产业政策主体不明确，导致政策冲突。

我国网络游戏产业政策主体不明确，主体间利益冲突，主要体现在国家新闻出版总署和文化部之间关于网络游戏前置审批权之争。在网络游戏兴起前，单机游戏作为电子出版物，其主管部门是新闻出版署。网络游戏兴起后，国家新闻出版总署于2002年颁布的《互联网出版管理暂行规定》明确指出，互联网出版物必须报新闻出版总署前置审批。然而随着网络游戏的迅猛发展，作为国家文化主管部门的文化部也开始介入网络游戏的管理领域。2003 年，网游市场规模突破 10 亿元，文化部正式介入对网络游戏的监管，网络游戏被纳入"互联网文化产品"范围，实施经营许可制度，并由文化部对进口网络游戏实行内容审查。由此，一场关于网络游戏的监管权之争拉开序幕。这场利益冲突在 2009 年达到顶峰，两个部门在这一年分别发布《关于规范进口网络游戏产品内容审查申报工作的公告》和《关于加强对进口网络游戏审批管理的通知》两个政策文件，强调自身对网络游戏的主管权。在新闻出版总署发布的《关于加强对进口网络游戏审批管理的通知》中甚至明确指出："有的部门未经国务院授权，自设网络游戏前置审批和进口网络游戏审查，造成重复审批，干扰了正常的管理程序。"① 最终，一个网络游戏企业要开展网络游戏业务，就必须获得网络文化经营许可证、网络游戏虚拟货币发行许可证、新闻出版署游戏版号、互联网出版许可证、ICP 经营许可证等多种许可证。而这种情况一直从 2003 年延续到 2013 年，直到国家新闻出版总署与国家广电总局合并，地方政府层面的文广新全面合并，文化部公布《网络文化经营单位内容自审管理办法》下放移动游戏的行政审批权后才有所缓解。

（2）缺少财政部、国家税务总局等经济杠杆部门，国家财政支持政策不明确。

相较于国家出台专门的动漫产业税收优惠政策扶持动漫产业发展，我国财政部、国家税务总局在网络游戏领域却存在明显的缺位。这主要体现在，目前在我国众多的网络游戏政策中，没有一个专门的，由财政部、国家税务总局制定的税收优惠政策。作为国家扶持产业发展的经济杠杆部门，财政部、国家税务总局在网络游戏政策领域的主体缺位，造成了我国网络游戏领域国家财政支持政策不明确、支持力度不足等问题。而造成这种现象的原因在于网络游戏本身的负面效益难以控制，过度发展的网络游戏给社会带来了许多负面影响。

（二）政策文本分析

1. 管理政策文本分析

（1）内容管理政策——以内容审批，禁止低俗、赌博、暴力内容出现为核心。

我国网络游戏产业的内容管理政策主要以文化部对网络游戏内容进行审查，颁发《网络文化经营许可证》为核心。文化部对网络游戏的内容审查主要集中在网络游戏产品是否包含违反宪法，危害国家领土主权完整，泄露国家秘密，危害国家安全，煽动民族仇恨，破坏民族团结，宣扬淫秽、色情、赌博、暴力，教唆犯罪等一系列违法违宪内容。2004 年，文化部《关于加强网络游戏产品内容审查工作的通知》明确了文化部实施进口网络游戏内容审查和国产网络游戏备案管理的程序、要求，并设立了进口网络游戏产品内容审查委员会。2005 年，文化部和信息产业部联合发布的《关于网络游戏发展和管理的若干意见》明确规定："严禁含有淫秽、色情、赌博、暴力、迷信、非法交易敛财以及危害国家安全等内容的网络游戏产品在国内的生产和传播。"② 2009 年，《关于改进和加强网络游戏

---

① 国家新闻出版总署. 关于加强网络游戏审批管理的通知［EB/OL］. 中国政府网，http://www.gov.cn/zwgk/2009-07/22/content _ 1371221. htm.

② 文化部，信息产业部. 关于网络游戏发展和管理的若干意见［EB/OL］. 中国政府网，http://www.gov.cn/jrzg/2005-08/04/content _ 20403. htm.

内容管理工作的通知》进一步明确网络游戏企业的自审自查制度，网络游戏产品内容的跟踪监管。2009年12月4日，中国互联网协会、工业和信息化部、公安部、全国"扫黄打非"办公室联合发布了《举报互联网和手机媒体淫秽色情及低俗信息奖励办法》，对举报互联网淫秽色情及低俗信息进行奖励。分析以上政策，我们不难发现，我国网络游戏产业的内容管理主要集中在打击网络游戏产品中的淫秽、色情和暴力等低俗内容。文化部是我国网络游戏文化内容主管部门。

（2）版权管理政策——以版权申请、备案为主。

2004年7月，新闻出版总署（国家版权局）发布的《关于落实国务院归口审批电子和互联网游戏出版物决定的通知》明确规定："新闻出版总署对出版引进版电子游戏出版物和互联网游戏出版物进行审批。所有电子游戏出版物和互联网游戏出版物必须办理著作权合同备案手续。新闻出版总署对电子和互联网游戏出版物进行前置审批。"[1] 2008年，新闻出版总署发布的《电子出版物出版管理规定》再次明确，国家对电子出版活动实行许可证制度。2009年7月，新闻出版总署发布的《关于加强对进口网络游戏审批管理的通知》第三次重申，网络游戏的前置审批单位是新闻出版总署。任何网络游戏都必须取得新闻出版总署颁发的《互联网出版许可证》。

（3）市场管理政策——以打击"私服""外挂"，禁止网游赌博，规范虚拟货币管理为主要内容。

与其他互联网文化产业形态不同，网络游戏的市场管理除了打击盗版以外，还存在"私服""外挂"，网游赌博，虚拟货币管理等一系列需要进行规范的问题。因此，我国网络游戏的市场管理政策对这三个方面都进行了一定的规范。

①打击"私服""外挂"。

在2005年文化部和信息产业部《关于网络游戏发展和管理的若干意见》、2009年文化部、商务部《关于加强网络游戏虚拟货币管理工作的通知》和文化部《关于改进和加强网络游戏内容管理工作的通知》中都明确提出，经营"私服"和"外挂"都属于违法行为，要加大对"私服"和"外挂"的打击力度，加强对网吧的监管，取缔网吧中的"私服""外挂"行为。

②严禁利用网络游戏进行赌博。

2007年，公安部、信息产业部、文化部、新闻出版总署联合出台的《关于规范网络游戏经营秩序查禁利用网络游戏赌博的通知》明确规定，对含有赌博内容的网络游戏出版物，从事网络赌博活动的互联网出版服务单位进行严厉打击，直至吊销其网络文化经营许可证、互联网出版经营许可证、互联网信息服务许可证，或撤销其非经营性互联网信息服务备案。

③加强对虚拟货币的管理。

随着网络游戏盈利模式的不断变化，虚拟货币的购买对象不仅局限于虚拟商品，而是呈现出向现实世界扩充的趋势。虚拟货币与现实货币间一定程度上的双向兑换，将对国家的货币政策形成冲击。为了规范虚拟货币的发行，我国政府专门出台了相关管理政策。

---

[1] 新闻出版总署. 关于落实国务院归口审批电子和互联网游戏出版物决定的通知［EB/OL］. 法律教育网，http://www.chinalawedu.com/falvfagui/fg22016/66067.shtml.

2009 年 6 月，文化部、商务部联合发布《关于加强网络游戏虚拟货币管理工作的通知》。该通知首先对网络游戏虚拟货币发行主体进行了严格规定，实行市场准入许可证制度；其次规范了虚拟货币市场发行和交易行为，禁止虚拟货币间的交换行为，禁止虚拟货币购买现实物品，禁止发行机构变更虚拟货币单位购买价，禁止随意新增发行类型，禁止向未成年人提供交易服务；最后明确提出严厉打击利用虚拟货币进行网络赌博的违法行为。

2. 产业发展政策文本分析

（1）财税政策——以重大项目扶持与税收优惠并重的财税扶持政策。

在财政扶持方面：为了推动本土网络游戏的快速、健康发展，从 2004 年开始，新闻出版总署推出"中国民族网络游戏出版工程"，投入数十亿元对入选工程的网游项目进行资金补贴和税收优惠。

在税收优惠政策方面：虽然我国财政部、国家税务总局没有出台针对网络游戏的专门税收优惠政策，但是获得国家高新技术企业认定或者软件企业认定的网络游戏企业可以享受相关税收优惠政策。认定为高新技术企业的网络游戏企业，可以减按 15％的税率征收企业所得税；认定为软件企业的网络游戏企业，可以按 17％的法定税率征收增值税，对实际税负超过 3％的部分即征即退。

（2）金融政策——以鼓励民间资本进入、金融资本投资、扶持企业上市为主的金融政策。

我国网络游戏产业享受的国家金融扶持政策主要集中在《关于金融支持文化产业振兴和发展繁荣的指导意见》《文化部关于鼓励和引导民间资本进入文化领域的实施意见》《文化产业发展专项资金管理暂行办法》等综合政策文件中。这些政策明确强调："一，金融机构应积极开发针对网络出版的信贷产品；二，网络游戏属于《文化部文化产业投资指导目录》中的鼓励类项目，鼓励和引导民间资本投资游戏行业；三，对文化企业利用银行、非银行金融机构等渠道融资发展予以支持，对文化企业上市融资、发行企业债等活动予以支持。"①

（3）对外贸易政策。

经过国家高新技术企业认定的网络游戏企业，可以享受高新技术企业相关的免征关税和进口环节增值税，以及相关出口退税政策。经过国家软件企业认定的网络游戏企业，可以享受国家相关软件企业的进出口优惠政策。

（三）政策效果分析

1. 产业规模迅速扩大

文化部发布的《2012 中国网络游戏市场年度报告》显示："2004 年至 2008 年，中国网络游戏市场增长速度一直保持在 50％以上，2009 年跌至 39.5％，2010 年继续降到 26.2％，2011 年增长规模止跌回升，达 34.4％，2012 年增速又有所减缓。2012 年我国网

---

① 财政部. 文化产业发展专项资金管理暂行办法［EB/OL］. 财政部，http://wzb.mof.gov.cn/pdlb/zcfb/201205/t20120504_648718.html.

络游戏市场收入规模达 601.2 亿元。"① 2003—2012 年中国网络游戏市场规模与增长率如图 6-7 所示。

图 6-7　2003—2012 年中国网络游戏市场规模与增长率
（数据来源：文化部《2012 中国网络游戏市场年度报告》）

2. 企业融资渠道多元化

国家出台的相关金融扶持政策以及市场准入政策，为我国网络游戏企业拓宽投资渠道奠定了坚实的政策基础。上市融资，向风投、私募等金融资本融资，申请金融机构的贴息贷款，民间资本投资，国外资本投资等方式已然成为我国网络游戏企业扩充资本的主要融资渠道。目前我国网络游戏企业上市主要通过两大途径：一是国内上市，以深圳创业板上市为首选；二是海外上市，以纳斯达克上市为主。目前成功在美国纳斯达克上市的公司主要有新浪、网易、搜狐、第九城市、盛大、腾讯、空中网、搜狐畅游、金山软件、巨人网络、完美时空等。

同时，近年来由于网络游戏的高回报率，民间资本和外国资本也纷纷投资我国网络游戏产业。相关数据显示，"2000—2010 年上半年，中国网络游戏行业共有 92 起投资案例，其中已经披露的投资案例为 57 起，披露投资金额总额为 42030 万美元，平均单笔投资金额为 737.37 万美元"②。

3. 企业原创能力大幅提升，本土游戏开始成为市场主体

在"中国民族网络游戏出版工程"等一批国家重点工程的扶持下，近年来我国网络游戏企业的原创能力大幅提升，本土游戏在整个网游市场中所占比重日益增长。文化部发布的《2012 中国网络游戏市场年度报告》显示，"2012 年，共有 883 款网络游戏通过文化部的审查或备案。其中，国产游戏 830 款，进口游戏 53 款。国产网络游戏在整个网络游戏

① 新华网. 数据显示国内排名前十网络游戏本土仅占其三 ［EB/OL］. 新华网，http：//news. xinhuanet. com/yzyd/tech/20130628/c_116321748. htm.

② 德勤会计师事务所. 2010 年中国网络游戏行业投资研究报告 ［EB/OL］. 凤凰网，http：//finance. ifeng. com/gem/vc/20100916/2627131. shtml.

市场中占 58.7%"①。

2005—2012 年备案国产网游与已审进口网游数量对比如图 6-8 所示，2003—2012 年中国国产互联网游戏市场规模与增长率如图 6-9 所示。

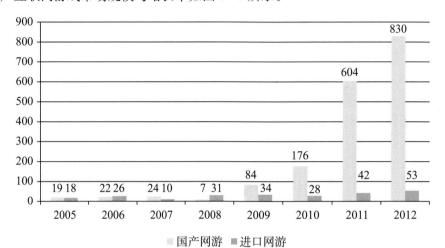

图 6-8　2005—2012 年备案国产网游与已审进口网游数量对比
（数据来源：文化部《2012 中国网络游戏市场年度报告》）

图 6-9　2003—2012 年中国国产互联网游戏市场规模与增长率
（数据来源：文化部《2012 中国网络游戏市场年度报告》）

4. 市场进入壁垒高，中小厂商难以进入，部分龙头企业垄断市场的趋势加剧

2005 年，文化部、信息产业部联合发布的《关于网络游戏发展和管理的若干意见》明确规定："提高市场准入门槛，申请新设立从事网络游戏经营活动的互联网文化经营单位除符合有关规定外，应当具备 1000 万元以上的注册资金。"② 这一政策规定提高了我国网络游戏市场进入壁垒，只有达到一定资金规模的互联网企业才能进入网络游戏市场。这

---

① 文化部. 2012 中国网络游戏市场年度报告［EB/OL］. 文化部，http://www.ccnt.gov.cn/sjzznew2011/whscs/whscs_zhxw/201305/W020130516550447658654.pdf.

② 文化部，信息产业部. 关于网络游戏发展和管理的若干意见［EB/OL］. 中国政府网，http://www.gov.cn/jrzg/2005-08/04/content_20403.htm.

种市场高壁垒性限制了网游厂商的更替。此外，网络游戏本身的高投入、高风险性更是限制了部分具有创新能力的小厂商的进入。中小厂商难以进入网络游戏市场，在一定程度上阻碍了我国网络游戏市场的自由竞争，造成了部分大企业垄断市场的现象，这给尚处于发展初期的我国网络游戏产业带来了不良影响。

（四）政策问题分析

1. 多头管理，政策主体利益冲突，加剧了网游企业的政策成本和政策风险

文化部、国家新闻出版总署在网络游戏管理权方面的利益冲突比较激烈。在双方出台的关于网络游戏管理规制的 15 条政策中，有 8 条政策都涉及网络游戏主管部门的认定。2004 年，新闻出版总署在《新闻出版总署、国家版权局关于落实国务院归口审批电子和互联网游戏出版物决定的通知》中指出，互联网游戏出版物是电子出版物的一种，新闻出版总署负责对其进行出版审批。其后，在新闻出版总署发布的《电子出版物出版管理规定》和《关于加强对进口网络游戏审批管理的通知》中再次强调新闻出版总署对网络游戏的出版审批权。而在文化部 2004 年发布的《关于加强网络游戏产品内容审查工作的通知》中规定，网络游戏属于网络文化产品，文化部依法对其进行内容审查。而在其后的《关于规范进口网络游戏产品内容审查申报工作的公告》《关于改进和加强网络游戏内容管理工作的通知》《网络游戏管理暂行办法》中，文化部再次明确文化部是网络游戏的主管部门，网络游戏需经过文化部的前置审批。这种重复审批导致了网络游戏企业在运营前必须取得网络文化经营许可证、网络游戏虚拟货币发行许可证、新闻出版署游戏版号、互联网出版许可证、ICP 经营许可证等多种许可证，文化部、新闻出版总署、工业和信息化部的层层审批，提高了网游企业的政策成本和政策风险，对产业发展造成了不利影响。

2. 重管理政策，轻扶持政策，在一定程度上限制了产业发展

目前我国出台的网络游戏产业政策共计 16 条，其中 14 条政策全是管理、规范政策，1 条政策包含了管理规范和扶持发展两个维度，1 条政策是纯扶持政策。通过以上数据，我们不难看出我国网络游戏产业政策存在重管理、轻扶持现象。当然，由于网络游戏本身带来的众多社会问题和对青少年的负面影响，以及网络游戏产业发展本身面临的诸多市场规范问题，如"私服""外挂"问题和虚拟货币管理问题，国家对网络游戏采取严格的管理规范政策是无可厚非的。但是这种重管理、轻扶持的政策倾向在一定程度上影响了我国网络游戏产业的快速发展。

3. 缺乏专门的打击"外挂""私服"的市场管理政策，制约了产业发展

所谓"外挂"，是指企业或个人利用电脑技术针对一个或多个网络游戏专门制作的一种第三方软件，它通过改变网络游戏软件的部分程序，实现玩家各种功能增强的作弊程序。"外挂"的大量存在每天给网络游戏运营商造成了数以万计的损失。所谓"私服"，是指未经版权拥有者授权，非法获得服务器端安装程序之后设立的网络服务器，其实质是网络盗版。"私服"的存在造成了网络游戏玩家的大量流失，给网络游戏运营企业带来了巨大的经济损失，同时由于"私服"脱离了相关部门的监管，成为各种违法信息流通的重要渠道，给社会带来了严重危害。由此可见，"外挂""私服"的大量存在不但扰乱了我国网络游戏产业的正常市场秩序，对社会信息安全、社会稳定也造成了巨大影响，因此，对"外挂""私服"的惩治应该是我国网络游戏政策问题的重要内容。但是分析现有网络游戏

政策，我们可以看到，截至 2014 年，我国只出台了一个专门的针对"外挂""私服"的政策文件，即 2003 年国家新闻出版总署联合信息产业部等 5 部门发布的《关于开展对"私服""外挂"专项治理的通知》。随后，国家再没有出台相关专门措施对"外挂"和"私服"进行整治，相关管理措施零星地散布在 5 个不同的政策文件里。由于缺乏专门的打击"外挂""私服"的市场管理政策，"外挂""私服"整治以突击式的专项整治为主，缺乏长效管理机制，所以不能对"外挂""私服"问题形成有效打击，不利于我国网络游戏市场秩序的规范，阻碍了我国网络游戏产业的发展。

网络游戏的运营如图 6-10 所示。

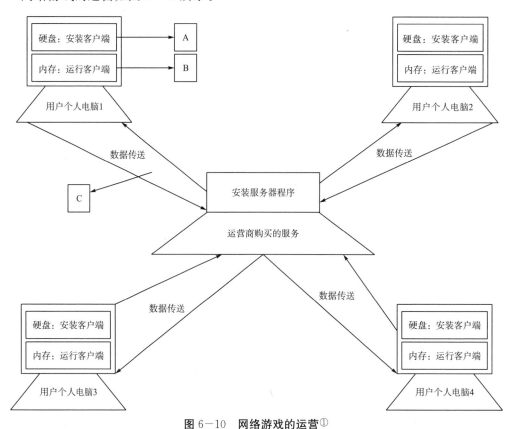

图 6-10　网络游戏的运营①

（图片说明：A 点表示"外挂"可修改用户安装客户端的源代码；B 点表示"外挂"可修改用户运行客户端的源代码；C 点表示"外挂"可修改、拦截用户与服务器之间相互发送的指令）②

4."防沉迷系统"的基本失效，未形成对青少年网络游戏消费者进行监管和保护的有效政策

文化部公布的《2012 中国网络游戏市场年度报告》显示，2012 年我国网络游戏的主要用户群体仍然是 18～24 周岁和 25～34 周岁的用户。其中，18～24 周岁的用户占总用户

①　寿步，黄毅峰，张蓥锋，等. 网络游戏外挂程序法律政策问题研究之一：外挂程序的起源和机理［J］. 电子知识产权，2005（8）：10—13.

②　寿步，黄毅峰，张蓥锋，等. 网络游戏外挂程序法律政策问题研究之一：外挂程序的起源和机理［J］. 电子知识产权，2005（8）：10—13.

数的 59.6％，25～34 周岁的用户比重为 31.2％。同时，随着移动网游戏的发展，以智能手机终端为主要载体的新型移动网游戏吸引了越来越多的青少年成为网络游戏玩家。据相关数据统计，从 2006 年到 2010 年，高中前的网游玩家在整个网游玩家中所占比重从 1.9％上升至 10％。由此可见，我国的网游用户以青少年群体为主。而网络游戏中的淫秽色情、暴力血腥内容会对青少年带来巨大的负面影响。因此，世界上许多国家都出台了网络游戏分级制度，如韩国推出的《网上游戏等级分类和标准案》，美国成立的游戏分级组织"娱乐软件定级委员会"对网络游戏实施分级分类制度，2003 年欧洲推出了统一的游戏分级制度 Pan European Game Information（PEGI）。

但是，目前我国尚未形成网络游戏分级制度，仅仅在部分网络游戏管理政策中提出贯彻《未成年人保护法》，加强网络游戏管理，并对网络游戏内容进行了限定。但是这种模糊的政策并不能很好地保护青少年，防止青少年沉迷于网络游戏之中。为了防止青少年沉迷于网络，2005 年新闻出版总署发布了《防沉迷系统开发标准（试行）》。然而这个系统的开发是基于网络实名制的切实有效执行，但是目前我国网络实名制由于众多细节问题、技术问题尚未解决，并没有很好地履行，因此该系统基本上没能起到防止青少年沉迷于网络游戏的作用。

（五）政策调整建议

1. 统一管理部门，减少网络游戏行政审批程序和审批部门，降低网游企业政策成本

在网络游戏领域，我国传统的政府架构已不能满足产业发展的现实需要，部门与部门间的职能重合、政策冲突日益成为阻碍我国网络游戏产业快速发展的主要因素。因此，在现有政府机构难以迅速改变的情况下，单独建立专门的统一主管部门，是解决网络游戏多重管理的最有效方式。以韩国为例，为了推动游戏产业的快速发展，1999 年韩国政府在韩国文化产业部旗下专门成立了韩国游戏产业振兴院，主要负责制定支持韩国游戏产业发展的相关法律法规，为韩国游戏企业的产品研发制作、出口提供资金支持，管理规范游戏内容和游戏市场，构建健康的游戏产业市场和文化环境，培养游戏产业人才。韩国游戏产业振兴院的成立，为韩国网络游戏产业的发展提供了体制机制的重要保障。我国网络游戏产业要实现快速发展，必须解决目前的"政出多门、多重管理"问题，理顺产业管理机制，明确统一的主管部门，减少网络游戏的行政审批环节，降低网游企业的政策成本和政策风险。

2. 加大扶持力度，调整扶持重点，加强对有创新能力的中小型网游企业和国产原创网游产品的扶持力度

长期以来，社会舆论对网络游戏产业的认识存在一定偏差和争议，一些专家、学者和普通民众认为，网络游戏充斥着各种淫秽色情、暴力血腥等不健康的低俗内容，对社会文化，尤其是青少年的身心健康产生了巨大的负面作用。因此，他们认为国家应该大力出台各种措施制约网络游戏产业的发展，而不是给予相关优惠政策，扶持产业发展。甚至有学者认为，网游企业本身资金雄厚，不需要政府支持，同时，这些网游企业还应该缴纳更重的税收，为其产品带来的社会负面效应买单。基于这种社会背景，以及我国目前网络游戏发展尚处于初级阶段，网游产业还存在许多不规范的问题，需要国家政策的规范、引导、规制，我国政府出台的网游政策中多数是管理政策。这种以管理为主导的政策，虽然在一定程度上规范了网游市场秩序，但是也对尚处于发展初期的网游产业带来了不利影响。目前，我国政府没有出台任何专门针对网游企业的税收优惠政策，网游企业只有通过高新技术企业和软件企业的认定，才能享受相关的税收优惠政策。而很多具有创新能力的中小型网络游戏企业是很难满足相关认定条件的。这在很大程度上造成了在我国网络游戏领域，大型企业不缺钱也能享受国家各种优惠，而中小型网络游戏企业缺少研发资金却很难享受国家优惠政策。最终造成我国网络游戏产业部分龙头企业垄断市场，而中小型网络游戏企业发展不足，市场竞争不充分，企业原创力需大幅提升的问题。

因此，要加快我国网络游戏产业的发展，提升我国网络游戏企业的原创能力，就必须进一步加大政策扶持力度，尤其是出台专门针对中小型网络游戏企业的财税政策，加大对有原创能力的中小型网络游戏企业和国产原创网游产品的财政扶持力度。

3. 制定进一步打击、惩治"外挂""私服"的相关法律政策，为产业发展提供良好的市场环境

"外挂""私服"的大量存在，极大地破坏了我国网络游戏市场环境，给我国网络游戏产业发展带来了冲击。2003 年，国家新闻出版总署联合信息产业部等 5 部门发布的《关于开展对"私服""外挂"专项治理的通知》，将"外挂""私服"纳入了我国"扫黄""打非"的范畴，在一定程度上打击了"外挂""私服"。但是由于此后国家没有出台专门的针对"外挂""私服"的法律法规和政策文件，也没有形成打击、惩治"外挂""私服"的长效措施，使得这类违法活动长期存在，给合法运营的网络游戏企业带了巨大的损失，也给社会和谐健康信息环境的建设带来了进一步的冲击。因此，我国政府应进一步出台针对"外挂""私服"的专门政策，为打击、惩治"外挂""私服"等违法行为提供法律和政策依据，为网络游戏产业的发展提供良好的市场环境。

4. 加大对网游企业内容违法的事后追惩力度，降低网络游戏对青少年的负面影响

网络游戏作为一种全民娱乐方式，其消费人群分散在各个年龄段，尤其青少年更是网络游戏的主要消费群体。由于各个年龄段的娱乐需求不同，思想成熟程度不同，对网络游戏的消费需求以及受网络游戏的影响也就不同。因此，不是所有网络游戏都能做到"老少皆宜"，满足所有人群的需求。日韩、欧美等国家为了保护未成人的利益，降低暴力网游对青少年的负面影响，纷纷建立了网络游戏分级分类制度。所有网络游戏产品在上市之前，都必须送交有关分级部门进行等级审批，审批完成后在网络游戏产品的市场营销、产品信息中都要标注产品的等级。游戏销售商要根据游戏等级进行分类销售。这既在一定程度上降低了青少年接触含有淫秽色情、暴力血腥内容的网游产品的机会，又满足了不同人群对网游产品的不同需求，扩大了网络游戏的市场规模。但是，这种网游分级制度并不完全适合我国国情，这主要是由于网络游戏作为一种社会文化产品，其本身承担着传播社会主义先进文化的责任，暴力、色情内容是绝对不允许被传播的，而网游分级制度建立的前提是承认暴力、色情等内容的合法性，这有悖于我国社会主义先进文化发展的基本逻辑。因此，在这一前提下，我国要规范网络游戏产业的发展，保护未成人利益，就必须加大对内容违法和违规企业的事后惩处力度，提高企业的违法成本，从而规范企业产品生产，降低网络游戏对青少年的负面影响。

附件1：我国网络游戏产业主要政策文件一览表

类型	发布机构	时间	政策文件
法律	全国人大及其常委会	1990年	《中华人民共和国著作权法》
		2010年	《全国人民代表大会常务委员会关于修改〈中华人民共和国著作权法〉的决定》
行政法规	国务院	1996年	《中华人民共和国计算机信息网络国际互联网管理暂行规定》
		2001年	《计算机软件保护条例》
		2006年	《信息网络传播权保护条例》
		2013年	《国务院关于修改〈中华人民共和国著作权法实施条例〉的通知》
		2013年	《国务院关于修改〈计算机软件保护条例〉的决定》
部门规章	国务院各部委	2002年	国家新闻出版总署、信息产业部《互联网出版管理暂行规定》
		2003年	文化部《互联网文化管理暂行规定》
		2004年	文化部《关于修订〈互联网文化管理暂行规定〉等规章的决定》
		2004年	《关于落实国务院归口审批电子和互联网游戏出版物决定的通知》
		2005年	国家版权局、国家信息产业部《互联网著作权行政保护办法》
		2008年	国家新闻出版总署《电子出版物管理规定》
		2009年	信息产业部《软件产品管理办法》
		2010年	文化部《网络游戏管理暂行办法》
		2011年	文化部《互联网文化管理暂行规定》
		2011年	工业和信息化部《规范互联网信息服务市场秩序若干规定》
司法解释	最高人民法院	2006年	《最高人民法院关于审理涉及计算机网络著作权纠纷案件适用法律若干问题的解释》

续表

类型	发布机构	时间	政策文件
规范性文件	国务院及各部委	2003 年	《关于开展对"私服""外挂"专项治理的通知》
		2004 年	国家新闻出版总署《关于实施"中国民族网络游戏出版工程"的通知》
		2005 年	文化部、信息产业部《关于网络游戏发展和管理的若干意见》
		2005 年	国家新闻出版总署《防沉迷系统开发标准（试行）》
		2007 年	公安部、信息产业部、文化部、新闻出版总署《关于规范网络游戏经营秩序查禁利用网络游戏赌博的通知》
		2007 年	公安部、信息产业部、文化部、国家工商行政管理局《关于规范"网吧"经营行为加强安全管理的通知》
		2007 年	文化部等 14 部委《关于进一步加强网吧及网络游戏管理工作的通知》
		2009 年	文化部《关于规范进口网络游戏产品内容审查申报工作的公告》
		2009 年	文化部、商务部《关于加强网络游戏虚拟货币管理工作的通知》
		2009 年	国家新闻出版总署《关于加强对进口网游审批管理的通知》
		2009 年	文化部《关于改进和加强网络游戏内容管理工作的通知》
		2009 年	中央编办《关于印发〈中央编办对文化部、广电总局、新闻出版总署"三定"规定中有关动漫、网络游戏和文化市场综合执法的部分条文的解释〉的通知》
		2010 年	文化部《关于加强网络游戏市场推广管理制止低俗营销行为的函》
		2012 年	文化部《关于印发〈网络文化市场执法工作指引（试行）〉的通知》
		2013 年	文化部《关于加强行政审批规范化建设开展文化市场行政审批大检查的通知》
		2013 年	文化部《关于实施〈网络文化经营单位内容自身管理办法〉的通知》
		2015 年	文化部《关于加强网络游戏宣传推广活动监管的通知》

附件 2：主要政策文本

新闻出版总署 国家版权局《关于落实国务院归口审批电子和互联网游戏出版物决定的通知》

一、引进版电子游戏出版物或互联网游戏出版物是指由境外著作权人开发的电子游戏或互联网游戏软件作品，通过版权贸易方式，授权给中国的电子出版单位或互联网游戏出版机构在中国境内出版发行的电子游戏出版物或互联网游戏出版物。

二、电子游戏出版物是电子出版物种类之一，指通过计算机应用程序，将图文声像等游戏内容编辑加工后，以数字代码方式存储在磁、光、电介质上，通过计算机、掌上阅读器、手机或者具有类似功能的交互设备读取使用，并可复制发行的电子游戏软件作品。载体形态包括只读光盘（CD-ROM）、高密度只读光盘（DVD-ROM）、集成电路卡（IC Card）、软磁盘（FD）、交互式光盘（CD-I）、照片光盘（Photo-CD）和新闻出版总署认定的其他类似载体形态。

互联网游戏出版物是指通过计算机应用程序，将图文声像等游戏内容经过选择、编辑和数字化制作加工，以互联网（含局域网、专网）为传播载体，发送至电脑、电视、手机等用户终端，供多人同时在线浏览、阅读、使用或者下载的互联网游戏软件作品。

三、电子出版单位出版引进版电子游戏出版物，互联网游戏出版机构出版引进版互联网游戏出版物，均应向所在地省、自治区、直辖市出版行政部门提出引进出版申请，省、自治区、直辖市出版行政部门自受理申请之日起 20 日内，对申报的引进版电子游戏出版物或引进版互联网游戏出版物内容提出审核意见。符合出版条件的，报新闻出版总署审批；不符合出版条件的，应当说明理由并书面通知申请人。

新闻出版总署根据有关法律法规，对申报的引进版电子游戏出版物或引进版互联网游戏出版物内容进行审查，并按照国家对电子游戏出版物、互联网游戏出版物总量、结构、布局的规划，做出批准或者不批准的决定。不批准的，书面说明理由。

申请出版引进版电子游戏出版物应提交以下材料：

（一）电子出版单位的申请报告。内容包括电子游戏出版物的中外文名称、著作权人情况（中外文名称、所在国家或地区、经营情况等）、引进前的出版经营情况、详细的作品内容介绍、责任编辑审读意见、预计的出版时间等。

（二）所在地区省级新闻出版局或主管单位审核同意文件。

（三）著作权合同备案机构出具的《著作权合同备案证书》。

（四）送审的电子游戏出版物样盘和中文脚本全文。

（五）电子游戏出版物中主要人物和主要场景彩色图片。

（六）代理公司营业执照及电子出版物发行许可证复印件。

申请出版引进版互联网游戏出版物应提交以下材料：

（一）互联网游戏出版机构的申请报告。内容包括互联网游戏出版物的中外文名称、著作权人情况（中外文名称、所在国家或地区、经营情况等）、引进前的出版经营情况、详细的作品内容介绍、责任编辑审读意见、预计的出版（公测）时间等。

（二）互联网游戏出版机构所在地省级新闻出版局的审核同意文件。

（三）著作权合同备案机构出具的《著作权合同备案证书》。

（四）互联网游戏出版物中文脚本全文。

（五）彩色打印图片和演示光盘。表现互联网游戏出版物中的主要人物、场景、道具、情节等，能反映互联网游戏出版物的基本面貌。

四、出版引进版电子游戏出版物或引进版互联网游戏出版物应遵守《著作权法》及有关规定，出版前应按照著作权法的有关规定，取得合法授权，签订出版合同，并履行著作权合同备案手续。经新闻出版总署批准设立的电子出版单位可以办理引进版电子游戏出版物著作权合同备案手续；经新闻出版总署批准设立的互联网游戏出版机构可以办理引进版互联网游戏出版物著作权合同备案手续。电子出版单位持引进版电子游戏出版物著作权合同或互联网游戏出版机构持引进版互联网游戏出版物著作权合同，向著作权行政管理部门的著作权合同备案机构办理合同备案手续。符合规定的，由著作权合同备案机构出具《著作权合同备案证书》。

五、电子出版单位凭新闻出版总署批准引进的文件和《电子出版物复制委托书》，委托光盘复制单位或集成电路卡加工企业复制加工引进版电子游戏出版物只读光盘或集成电路卡。

互联网游戏出版机构可以出版本版引进版互联网游戏出版物的客户端程序只读光盘。互联网游戏出版机构应到所在地省、自治区、直辖市出版行政部门申领电子出版物书号和《电子出版物复制委托书》，凭新闻出版总署批准引进的文件和《电子出版物复制委托书》，委托光盘复制单位复制引进版互联网游戏出版物客户端程序只读光盘。

六、各光盘复制单位或集成电路卡加工企业应严格遵守国家有关电子出版物复制的法规，在承接引进版电子游戏出版物只读光盘或引进版互联网游戏出版物客户端程序只读光盘时，应按照本通知第五条规定认真审验有关手续，对不符合规定的，一律不得复制、加工。

七、电子出版单位可以发行本版电子游戏出版物，互联网游戏出版机构可以发行本版互联网游戏出版物的客户端程序只读光盘、游戏计费卡。经出版行政部门批准设立的电子出版物发行单位可以发行电子游戏出版物、互联网游戏出版物的客户端程序只读光盘、游戏计费卡。凡未取得出版行政部门颁发的电子出版物发行许可证的单位、机构或个人（包括各类电子产品市场、软件销售店、网吧等）一律不得从事电子游戏出版物、互联网游戏出版物的客户端程序只读光盘、游戏计费卡的发行业务。

八、互联网游戏出版是互联网出版的重要形式，从事互联网游戏出版活动必须遵守《出版管理条例》、《互联网信息服务管理办法》等规定。根据国务院《互联网信息服务管理办法》规定，从事互联网出版信息服务，在向电信管理机构申请办理互联网信息服务增值电信业务经营许可前，必须先取得国家出版行政主管部门的审批许可。互联网接入服务提供者在为从事互联网游戏出版活动的机构提供互联网接入服务前，应审验申请人的资格，申请人必须是新闻出版总署批准设立的有互联网游戏出版业务范围的互联网出版机构，并提供互联网出版许可证复印件。同时，其出版运营的引进版互联网游戏出版物必须是经新闻出版总署审查批准的，并提供审批文件复印件。

九、凡1995年以来，经新闻出版总署审查批准出版的引进版电子游戏出版物和互联网游戏出版物，并办理了著作权登记手续，属于合法出版物。《出版管理条例》第二十四条规定："合法出版物受法律保护，任何组织和个人不得非法干扰、阻止、破坏出版物的出版。"第五十三条进一步规定："对非法干扰、阻止和破坏出版物出版、印刷或者复制、进口、发行的行为，县级以上各级人民政府出版行政部门及其他有关部门，应当及时采取措施，予以制止。"

十、违反上述规定的，由出版行政部门和版权行政部门依法追究其法律责任。

文化部、商务部《关于加强网络游戏虚拟货币管理工作的通知》

一、严格市场准入，加强主体管理

（一）本通知所称的网络游戏虚拟货币，是指由网络游戏运营企业发行，游戏用户使用法定货币按一定比例直接或间接购买，存在于游戏程序之外，以电磁记录方式存储于网络游戏运营企业提供的服务器内，并以特定数字单位表现的一种虚拟兑换工具。网络游戏虚拟货币用于兑换发行企业所提供的指定范围、指定时间内的网络游戏服务，表现为网络游戏的预付充值卡、预付金额或点数等形式，但不包括游戏活动中获得的游戏道具。

（二）文化行政部门要严格市场准入，加强对网络游戏虚拟货币发行主体和网络游戏虚拟货币交易服务提供主体的管理。从事"网络游戏虚拟货币发行服务"和"网络游戏虚拟货币交易服务"业务的，依据《国务院对确需保留的行政审批项目设定行政许可的决定》（国务院第412号令）和《互联网文化管理暂行规定》管理。凡提供上述两项服务的企业，须符合设立经营性互联网文化单位的有关条件，向企业所在地省级文化行政部门提出申请，省级文化行政部门初审后报文化部审批。"网络游戏虚拟货币发行企业"是指发行并提供虚拟货币使用服务的网络游戏运营企业。"网络游戏虚拟货币交易服务企业"是指为用户间交易网络游戏虚拟货币提供平台化服务的企业。同一企业不得同时经营以上两项业务。

（三）企业申请从事"网络游戏虚拟货币发行服务"业务的，除依法提交相关材料外，须在业务发展报告中提交虚拟货币表现形式、发行范围、单位购买价格、终止服务时的退还方式、用户购买方式（含现金、银行卡、网上支付等购买方式）、用户权益保障措施、技术安全保障措施等内容。

（四）从事"网络游戏虚拟货币交易服务"业务须符合商务主管部门关于电子商务（平台）服务的有关规定。此类企业在提出申请时，除依法提交的材料外，须在业务发展报告中提交服务（平台）模式、用户购买方式（含现金、银行卡、网上支付等购买方式）、用户权益保障措施、用户账号与实名银行账户绑定情况、技术安全保障措施等内容。

（五）已经从事网络游戏虚拟货币发行或交易服务的企业，应在本通知印发之日起3个月内，向文化行政部门申请相关经营业务。逾期未申请的，由文化行政部门按照《互联网文化管理暂行规定》予以查处。文化行政部门批准文件抄送商务部和中国人民银行。

二、规范发行和交易行为，防范市场风险

（六）网络游戏运营企业应当依据自身的经营状况和产品营运情况，适量发行网络游戏虚拟货币。严禁以预付资金占用为目的的恶意发行行为。网络游戏运营企业发行虚拟货币总量等情况，须按季度报送企业所在地省级文化行政部门。

（七）除利用法定货币购买之外，网络游戏运营企业不得采用其它任何方式向用户提供网络游戏虚拟货币。在发行网络游戏虚拟货币时，网络游戏运营企业必须保存用户的充值记录。该记录保存期自用户充值之日起不少于180天。

（八）网络游戏虚拟货币的使用范围仅限于兑换发行企业自身所提供的虚拟服务，不得用以支付、购买实物产品或兑换其它企业的任何产品和服务。

（九）网络游戏运营企业应采取必要的措施和申诉处理程序措施保障用户的合法权益，并在企业向用户提供服务的网站上显著位置进行说明。

（十）用户在网络游戏虚拟货币的使用过程中出现纠纷的，应出示与所注册的身份信息相一致的个人有效身份证件。网络游戏运营企业在核实用户身份后，应提供虚拟货币充值和转移记录，按照申诉处理程序处理。用户合法权益受到侵害时，网络游戏运营企业应积极协助进行取证和协调解决。

（十一）网络游戏运营企业计划终止其产品和服务提供的，须提前60天予以公告。终止服务时，对于用户已经购买但尚未使用的虚拟货币，网络游戏运营企业必须以法定货币方式或用户接受的其它方式退还用户。

网络游戏因停止服务接入、技术故障等网络游戏运营企业自身原因连续中断服务30天的，视为终止。

（十二）网络游戏运营企业不得变更网络游戏虚拟货币的单位购买价格，在新增虚拟货币发行种类时，需根据本通知第三条所列材料内容报文化行政部门备案。

（十三）网络游戏运营企业不支持网络游戏虚拟货币交易的，应采取技术措施禁止网络游戏虚拟货币在用户账户之间的转移功能。

（十四）网络游戏虚拟货币交易服务企业在提供网络游戏虚拟货币相关交易服务时，须规定出售方用户使用有效身份证件进行实名注册，并要求其绑定与实名注册信息一致的境内银行账户。网络游戏虚拟货币交易服务企业必须保留用户间的相关交易记录和账务记录，保留期自交易行为发生之日起不少于180天。

（十五）网络游戏虚拟货币交易服务企业要建立违法交易责任追究制度和技术措施，严格甄别交易信息的真伪，禁止违法交易。在明知网络游戏虚拟货币为非法获取或接到举报并核实的，应及时删除虚假交易信息和终止提供交易服务。

（十六）网络游戏虚拟货币交易服务企业不得为未成年人提供交易服务。

（十七）网络游戏虚拟货币发行企业和交易服务企业应积极采取措施保护个人信息安全，在相关部门依法调查时，必须积极配合，并提供相关记录。

（十八）网络游戏运营企业提供用户间虚拟货币转移服务的，应采取技术措施保留转移记录，相关记录保存时间不少于180天。

三、加强市场监管，严厉打击利用虚拟货币从事赌博等违法犯罪行为

（十九）各地要按照公安部、文化部等部门《关于规范网络游戏经营秩序查禁利用网络游戏赌博的通知》（公通字〔2007〕3号）的要求，配合公安机关从严整治带有赌博色彩的网络游戏，严厉打击利用网络游戏虚拟货币从事赌博的违法犯罪行为。

（二十）网络游戏运营企业不得在用户直接投入现金或虚拟货币的前提下，采取抽签、押宝、随机抽取等偶然方式分配游戏道具或虚拟货币。

（二十一）网络游戏虚拟货币发行和交易服务企业应积极配合管理部门，采取技术手段打击"盗号"、"私服"、"外挂"等。

（二十二）对经文化部认定的网络游戏"私服"、"外挂"网站上提供网上支付服务的，由文化部通报中国人民银行。

四、加大执法力度，净化市场环境

（二十三）对未经许可，擅自从事网络游戏虚拟货币发行和交易服务的企业，由省级以上文化行政部门依据《互联网文化管理暂行规定》予以查处。

（二十四）对违反本通知要求的网络游戏虚拟货币发行和交易服务企业，由文化行政部门、商务主管部门通知其限期整改。逾期未整改的，由有关部门依法予以查处。

（二十五）建立网络游戏虚拟货币管理工作协调机制，加大对"盗号"、"私服"、"外挂"、非法获利、洗钱等违法行为的打击力度。各部门应定期沟通，协调配合，及时通报有关情况，在各自职责范围内做好网络游戏虚拟货币的管理工作。

（二十六）网络游戏运营企业所发行的网络游戏虚拟货币不得与游戏内道具名称重合。网络游戏内道具的管理规定由国务院文化行政部门会同有关部门另行制订。

文化部《关于改进和加强网络游戏内容管理工作的通知》

一、建立网络游戏经营单位自我约束机制

（一）树立正确的文化价值取向，提高网络游戏产品的文化内涵。网络游戏产品和服务承担着娱乐、审美、教育、交流等重要的文化使命和社会责任。网络游戏经营单位应当将社会效益放在首位，在游戏的研发运营中以社会主义核心价值体系为指导，增强产品的文化内涵，大力弘扬时代精神和民族优秀文化，为实现人的全面发展与社会和谐服务。

（二）改进游戏规则，调整产品结构。网络游戏企业要根据国家文化发展需要和市场走向，创新游戏规则，丰富游戏内容，调整产品结构，改变以"打怪升级"为主导的游戏模式，对游戏玩家之间的"PK系统"、"婚恋系统"等进行更加严格的限制，采取技术措施，加强对未成年玩家的注册指导和游戏时间限制。

（三）专设机构人员负责产品内容自审自查。网络游戏运营单位要设立专门的内容自审机构负责游戏产品内容的管理，组织产品策划、研发、运营人员进行政策法规培训，提高相关人员的法律意识和社会责任意识。在网络游戏产品研发、申报、上线运营前对产品内容进行自审自查，保障网络游戏产品内容的合法性。内容自审机构的负责人应由经过文化部门培训的人员担任。

（四）健全企业负责人培训考核制度。文化部将制定《经营性互联网文化单位负责人培训考核纲要》，在两年内对包括网络游戏企业在内的网络文化企业负责人及研发、运营部门负责人进行培训考核，将国家的管理要求内化到企业管理之中。

二、完善网络游戏内容监管制度

（五）加强对进口和国产网络游戏内容的审查备案管理。文化部将进一步调整充实网络游戏内容审查机构和人员，完善网络游戏审查技术要求和工作流程，并根据网络游戏产品发展变化，修改完善内容审查细则。

（六）实施网络游戏研发技术引导工程。制定技术标准，建设游戏开发及工程管理规范，为国产原创网络游戏提供必要的技术支撑，带动国产精品网络游戏的研发生产。评选社会效益和经济效益良好的优秀网络游戏产品，鼓励思想性强、趣味丰富、具有教育意义的网络游戏开发运营。

（七）落实网络游戏经营主体属地管理。省级文化行政部门要对本行政区域内从事网络游戏经营活动的企业开展一次全面的梳理，一是要实地检查其是否取得文化部核发的《网络文化经营许可证》、是否严格按照许可证载明的经营范围进行经营；二是要实地检查网络游戏经营单位是否按照有关规定履行网络游戏产品审批或备案手续、落实内容自审制度、运营规范制度；三是要加强对网络游戏经营单位经营管理人员、内容审查人员的政策指导，分期分批开展法律法规和相关业务培训；四是要严格审查申请从事网络游戏经营活动单位的资质，在初审工作中加强注册资本及股东结构的审核，对申请网络游戏经营资质的企业要在营业执照、章程以及股东证明材料、注册资金等方面加强审验；凡不符合《互联网文化管理暂行规定》所要求条件的，一律不予受理。

（八）加强网络游戏产品内容的跟踪监管。省级文化行政部门要对本行政区域内网络游戏经营单位的网络游戏产品运营情况逐一进行网上巡查，巡查内容包括：网络游戏故事背景、情节语言、地名设置、任务设计、经济系统、交易系统、生产建设系统、社交系统、客服系统、对抗功能、角色形象、声音效果、地图道具、动作呈现、团队系统等方面，产品内容不得含有《互联网文化管理暂行规定》或其他法律法规所禁止的内容。检查中发现的有关问题及时上报。

（九）突出重点，坚决封堵违法网络游戏。各省级文化行政部门和文化市场综合执法机构要重点查处以下违法网络游戏及其经营行为：利用互联网对运营的网络游戏产品进行格调低俗的广告宣传和市场推广；运营宣扬低俗、色情、赌博、暴力等内容的网络游戏产品；未经批准，擅自从事网络游戏经营活动；提供未经文化部批准进口的网络游戏产品；运营国产网络游戏产品未按规定备案的；向未成年人提供虚拟货币交易、在用户直接或变相投入现金或网络游戏虚拟货币的前提下，采取随机抽取等偶然方式使用户获取游戏产品和服务的；非法提供网络游戏"私服"、"外挂"等。要积极会同通信管理、工商行政管理等部门，落实对违法经营单位的行政处罚。同时，将行政处罚和技术监管相结合，对提供违法网络游戏的网站通过技术措施予以封堵。

（十）加强管理与执法责任追究。各级文化行政部门和文化市场综合执法机构要落实管理责任制，根据本地区网络文化市场状况配置专门力量，加强互联网文化管理知识技能学习，提升管理人员素质能力，并将网络游戏管理作为工作重点纳入到对综合执法机构的考核之中。

三、强化网络游戏社会监督与行业自律

（十一）完善社会监督制度。各级文化行政部门要建立学校、家长、媒体、社会紧密配合的综合治理机制，充分发挥网吧及网络游戏管理工作协调小组的重要作用，密切配合，形成合力，提升网络游戏监管水平。根据舆情和举报情况，定期组织教育工作者、消费者、有关部门以及新闻媒体等各方面代表对特定网络游戏产品进行评议，并将评议结果向社会发布。

（十二）加强行业自律。加快筹建全国及地方网络游戏行业协会，建立和完善行业自律公约，引导网络游戏经营单位增强社会责任感，健全内部管理制度，自觉遵守法律法规和社会公德、职业道德，自觉为营造健康文明的网络文化环境作出贡献。

文化部《网络游戏管理暂行办法》

第一章 总 则

第一条 为加强网络游戏管理，规范网络游戏经营秩序，维护网络游戏行业的健康发展，根据《全国人民代表大会常务委员会关于维护互联网安全的决定》和《互联网信息服务管理办法》以及国家法律法规有关规定，制定本办法。

第二条 从事网络游戏研发生产、网络游戏上网运营、网络游戏虚拟货币发行、网络游戏虚拟货币交易服务等形式的经营活动，适用本办法。

本办法所称网络游戏是指由软件程序和信息数据构成，通过互联网、移动通信网等信息网络提供的游戏产品和服务。

网络游戏上网运营是指通过信息网络，使用用户系统或者收费系统向公众提供游戏产品和服务的经营行为。

网络游戏虚拟货币是指由网络游戏经营单位发行，网络游戏用户使用法定货币按一定比例直接或者间接购买，存在于游戏程序之外，以电磁记录方式存储于服务器内，并以特定数字单位表现的虚拟兑换工具。

第三条　国务院文化行政部门是网络游戏的主管部门，县级以上人民政府文化行政部门依照职责分工负责本行政区域内网络游戏的监督管理。

第四条　从事网络游戏经营活动应当遵守宪法、法律、行政法规，坚持社会效益优先，保护未成年人优先，弘扬体现时代发展和社会进步的思想文化和道德规范，遵循有利于保护公众健康及适度游戏的原则，依法维护网络游戏用户的合法权益，促进人的全面发展与社会和谐。

第五条　网络游戏行业协会等社团组织应当接受文化行政部门的指导，依照法律、行政法规及章程制定行业自律规范，加强职业道德教育，指导、监督成员的经营活动，维护成员的合法权益，促进公平竞争。

第二章　经营单位

第六条　从事网络游戏上网运营、网络游戏虚拟货币发行和网络游戏虚拟货币交易服务等网络游戏经营活动的单位，应当具备以下条件，并取得《网络文化经营许可证》：

（一）单位的名称、住所、组织机构和章程；

（二）确定的网络游戏经营范围；

（三）符合国家规定的从业人员；

（四）不低于 1000 万元的注册资金；

（五）符合法律、行政法规和国家有关规定的条件。

第七条　申请《网络文化经营许可证》，应当向省、自治区、直辖市文化行政部门提出申请。省、自治区、直辖市文化行政部门自收到申请之日起 20 日内做出批准或者不批准的决定。批准的，核发《网络文化经营许可证》，并向社会公告；不批准的，应当书面通知申请人并说明理由。

《网络文化经营许可证》有效期为 3 年。有效期届满，需继续从事经营的，应当于有效期届满 30 日前申请续办。

第八条　获得《网络文化经营许可证》的网络游戏经营单位变更网站名称、网站域名或者法定代表人、注册地址、经营地址、注册资金、股权结构以及许可经营范围的，应当自变更之日起 20 日内向原发证机关办理变更手续。

网络游戏经营单位应当在企业网站、产品客户端、用户服务中心等显著位置标示《网络文化经营许可证》等信息；实际经营的网站域名应当与申报信息一致。

第三章　内容准则

第九条　网络游戏不得含有以下内容：

（一）违反宪法确定的基本原则的；

（二）危害国家统一、主权和领土完整的；

（三）泄露国家秘密、危害国家安全或者损害国家荣誉和利益的；

（四）煽动民族仇恨、民族歧视，破坏民族团结，或者侵害民族风俗、习惯的；

（五）宣扬邪教、迷信的；

（六）散布谣言，扰乱社会秩序，破坏社会稳定的；

（七）宣扬淫秽、色情、赌博、暴力，或者教唆犯罪的；

（八）侮辱、诽谤他人，侵害他人合法权益的；

（九）违背社会公德的；

（十）有法律、行政法规和国家规定禁止的其他内容的。

第十条　国务院文化行政部门负责网络游戏内容审查，并聘请有关专家承担网络游戏内容审查、备案与鉴定的有关咨询和事务性工作。

经有关部门前置审批的网络游戏出版物，国务院文化行政部门不再进行重复审查，允许其上网运营。

第十一条　国务院文化行政部门依法对进口网络游戏进行内容审查。进口网络游戏应当在获得国务院文化行政部门内容审查批准后，方可上网运营。申请进行内容审查需提交下列材料：

（一）进口网络游戏内容审查申报表；

（二）进口网络游戏内容说明书；

（三）中、外文文本的版权贸易或者运营代理协议、原始著作权证明书和授权书的副本或者复印件；

（四）申请单位的《网络文化经营许可证》和《营业执照》复印件；

（五）内容审查所需的其他文件。

第十二条　申报进口网络游戏内容审查的，应当为依法获得独占性授权的网络游戏运营企业。

批准进口的网络游戏变更运营企业的，由变更后的运营企业，按照本办法第十一条的规定，向国务院文化行政部门重新申报。

经批准的进口网络游戏应当在其运营网站指定位置及游戏内显著位置标明批准文号。

第十三条　国产网络游戏在上网运营之日起 30 日内应当按规定向国务院文化行政部门履行备案手续。

已备案的国产网络游戏应当在其运营网站指定位置及游戏内显著位置标明备案编号。

第十四条　进口网络游戏内容上网运营后需要进行实质性变动的，网络游戏运营企业应当将拟变更的内容报国务院文化行政部门进行内容审查。

国产网络游戏内容发生实质性变动的，网络游戏运营企业应当自变更之日起 30 日内向国务院文化行政部门进行备案。

网络游戏内容的实质性变动是指在网络游戏故事背景、情节语言、地名设置、任务设计、经济系统、交易系统、生产建设系统、社交系统、对抗功能、角色形象、声音效果、地图道具、动作呈现、团队系统等方面发生显著变化。

第十五条　网络游戏运营企业应当建立自审制度，明确专门部门，配备专业人员负责网络游戏内容和经营行为的自查与管理，保障网络游戏内容和经营行为的合法性。

第四章　经营活动

第十六条　网络游戏经营单位应当根据网络游戏的内容、功能和适用人群，制定网络游戏用户指引和警示说明，并在网站和网络游戏的显著位置予以标明。

以未成年人为对象的网络游戏不得含有诱发未成年人模仿违反社会公德的行为和违法犯罪的行为的内容，以及恐怖、残酷等妨害未成年人身心健康的内容。

网络游戏经营单位应当按照国家规定，采取技术措施，禁止未成年人接触不适宜的游戏或者游戏功能，限制未成年人的游戏时间，预防未成年人沉迷网络。

第十七条　网络游戏经营单位不得授权无网络游戏运营资质的单位运营网络游戏。

第十八条　网络游戏经营单位应当遵守以下规定：

（一）不得在网络游戏中设置未经网络游戏用户同意的强制对战；

（二）网络游戏的推广和宣传不得含有本办法第九条禁止内容；

（三）不得以随机抽取等偶然方式，诱导网络游戏用户采取投入法定货币或者网络游戏虚拟货币方式获取网络游戏产品和服务。

第十九条　网络游戏运营企业发行网络游戏虚拟货币的，应当遵守以下规定：

（一）网络游戏虚拟货币的使用范围仅限于兑换自身提供的网络游戏产品和服务，不得用于支付、购买实物或者兑换其它单位的产品和服务；

（二）发行网络游戏虚拟货币不得以恶意占用用户预付资金为目的；

（三）保存网络游戏用户的购买记录。保存期限自用户最后一次接受服务之日起，不得少于180日；

（四）将网络游戏虚拟货币发行种类、价格、总量等情况按规定报送注册地省级文化行政部门备案。

第二十条　网络游戏虚拟货币交易服务企业应当遵守以下规定：

（一）不得为未成年人提供交易服务；

（二）不得为未经审查或者备案的网络游戏提供交易服务；

（三）提供服务时，应保证用户使用有效身份证件进行注册，并绑定与该用户注册信息相一致的银行账户；

（四）接到利害关系人、政府部门、司法机关通知后，应当协助核实交易行为的合法性。经核实属于违法交易的，应当立即采取措施终止交易服务并保存有关记录；

（五）保存用户间的交易记录和账务记录等信息不得少于180日。

第二十一条　网络游戏运营企业应当要求网络游戏用户使用有效身份证件进行实名注册，并保存用户注册信息。

第二十二条　网络游戏运营企业终止运营网络游戏，或者网络游戏运营权发生转移的，应当提前60日予以公告。网络游戏用户尚未使用的网络游戏虚拟货币及尚未失效的游戏服务，应当按用户购买时的比例，以法定货币退还用户或者用户接受的其他方式进行退换。

网络游戏因停止服务接入、技术故障等网络游戏运营企业自身原因连续中断服务超过30日的，视为终止。

第二十三条　网络游戏经营单位应当保障网络游戏用户的合法权益，并在提供服务网站的显著位置公布纠纷处理方式。

国务院文化行政部门负责制定《网络游戏服务格式化协议必备条款》。网络游戏运营企业与用户的服务协议应当包括《网络游戏服务格式化协议必备条款》的全部内容，服务协议其他条款不得与《网络游戏服务格式化协议必备条款》相抵触。

第二十四条　网络游戏经营单位根据法律法规或者服务协议停止为网络游戏用户提供服务的，应当提前告知用户并说明理由。

第二十五条　网络游戏经营单位发现网络游戏用户发布违法信息的，应当依照法律规定或者服务协议立即停止为其提供服务，保存有关记录并向有关部门报告。

第二十六条　网络游戏经营单位在网络游戏用户合法权益受到侵害或者与网络游戏用户发生纠纷时，可以要求网络游戏用户出示与所注册的身份信息相一致的个人有效身份证件。审核真实的，应当协助网络游戏用户进行取证。对经审核真实的实名注册用户，网络游戏经营单位负有向其依法举证的责任。

双方出现争议经协商未能解决的，可依法申请仲裁或者向人民法院提起诉讼。

第二十七条　任何单位不得为违法网络游戏经营活动提供网上支付服务。为违法网络游戏经营活动提供网上支付服务的，由文化行政部门或者文化市场综合执法机构通报有关部门依法处理。

第二十八条　网络游戏运营企业应当按照国家规定采取技术和管理措施保证网络信息安全，包括防范计算机病毒入侵和攻击破坏，备份重要数据库，保存用户注册信息、运营信息、维护日志等信息，依法保护国家秘密、商业秘密和用户个人信息。

第五章　法律责任

第二十九条　违反本办法第六条的规定，未经批准，擅自从事网络游戏上网运营、网络游戏虚拟货币发行或者网络游戏虚拟货币交易服务等网络游戏经营活动的，由县级以上文化行政部门或者文化市场综合执法机构依据《无照经营查处取缔办法》的规定予以查处。

第三十条　网络游戏经营单位有下列情形之一的，由县级以上文化行政部门或者文化市场综合执法机构责令改正，没收违法所得，并处 10000 元以上 30000 元以下罚款；情节严重的，责令停业整顿直至吊销《网络文化经营许可证》；构成犯罪的，依法追究刑事责任：

（一）提供含有本办法第九条禁止内容的网络游戏产品和服务的；

（二）违反本办法第八条第一款规定的；

（三）违反本办法第十一条的规定，上网运营未获得文化部内容审查批准的进口网络游戏的；

（四）违反本办法第十二条第二款的规定，进口网络游戏变更运营企业未按照要求重新申报的；

（五）违反本办法第十四条第一款的规定，对进口网络游戏内容进行实质性变动未报送审查的。

第三十一条　网络游戏经营单位违反本办法第十六条、第十七条、第十八条规定的，由县级以上文化行政部门或者文化市场综合执法机构责令改正，没收违法所得，并处 10000 元以上 30000 元以下罚款。

第三十二条　网络游戏运营企业发行网络游戏虚拟货币违反本办法第十九条第一、二项规定的，由县级以上文化行政部门或者文化市场综合执法机构责令改正，并可根据情节轻重处 30000 元以下罚款；违反本办法第十九条第三、四项规定的，由县级以上文化行政部门或者文化市场综合执法机构责令改正，并可根据情节轻重处 20000 元以下罚款。

第三十三条　网络游戏虚拟货币交易服务企业违反本办法第二十条第一项规定的，由县级以上文化行政部门或者文化市场综合执法机构责令改正，并处 30000 元以下罚款；违反本办法第二十条第二、三项规定的，由县级以上文化行政部门或者文化市场综合执法机构责令改正，并可根据情节轻重处 30000 元以下罚款；违反本办法第二十条第四、五项规定的，由县级以上文化行政部门或者文化市场综合执法机构责令改正，并可根据情节轻重处 20000 元以下罚款。

第三十四条　网络游戏运营企业违反本办法第十三条第一款、第十四条第二款、第十五条、第二十一条、第二十二条、第二十三条第二款规定的，由县级以上文化行政部门或者文化市场综合执法机构责令改正，并可根据情节轻重处 20000 元以下罚款。

第三十五条　网络游戏经营单位违反本办法第八条第二款、第十二条第三款、第十三条第二款、第二十三条第一款、第二十五条规定的，由县级以上文化行政部门或者文化市场综合执法机构责令改正，并可根据情节轻重处 10000 元以下罚款。

第六章　附　则

第三十六条　本办法所称文化市场综合执法机构是指依照国家有关法律、法规和规章的规定，相对集中地行使文化领域行政处罚权以及相关监督检查权、行政强制权的行政执法机构。

第三十七条　文化行政部门或者文化市场综合执法机构查处违法经营活动，依照实施违法经营行为的企业注册地或者企业实际经营地进行管辖；企业注册地和实际经营地无法确定的，由从事违法经营活动网站的信息服务许可地或者备案地进行管辖；没有许可或者备案的，由该网站服务器所在地管辖；网站服务器设置在境外的，由违法行为发生地进行管辖。

第三十八条　网络游戏的网上出版前置审批和出版境外著作权人授权的互联网游戏作品的审批，按照《中央编办对文化部、广电总局、新闻出版总署〈"三定"规定〉中有关动漫、网络游戏和文化市场综合执法的部分条文的解释》（中央编办发〔2009〕35 号）的规定，由有关部门依据相关法律法规管理。

第三十九条　本办法自二〇一〇年八月一日起施行。

第三节　我国网络视听产业政策分析

一、我国网络视听产业政策提出的背景

网络技术和数字技术的发展正在极大地改变着网络视听产业的传播形态和传播方式，改变着整个视听产业的发展态势。

以数字技术为依托的网络视听产业伴随全球经济的迅猛增长、技术革命的不断推进，互联网作为主要的信息手段和渠道，在我国落地生根，并逐渐发展壮大。但是网络视听产业在我国的发展并非顺风顺水，期间也存在诸多问题，下面将对网络视听概念的界定、网络视听产业政策的含义、网络视听产业在我国的发展历程和现状、网络视听产业发展的全球背景以及其在我国发展过程中面临的机遇和挑战进行具体介绍，以期展示我国网络视听产业政策提出的宏观背景。

随着信息技术的发展与不断升级，新媒体逐渐取代传统媒体，成为人们日常接触最频繁的媒介。互联网技术的迅猛发展改变了人们丈量世界的尺度和感知世界的方式，人们不再满足于仅仅阅读报纸，不再满足于坐在电视机前被动地接受既定而枯燥单一的电视议程。打破时空壁垒，提升自身主导地位，成为新型受众的需求。在此环境下，网络视听产业应运而生，网络视听以其便捷性打破时空限制，使网民可以随时通过浏览器观看并分享视频，同时通过"用户创造内容"（UGC）的方式，用户可以互动分享自己拍摄的视频，成为网络视听产业的传者。如今，网络视听已成为人们获取视频内容的重要渠道，在发达国家，网络视听已逐渐取代传统电视在人们视听生活中的主导地位，形成替代效应。

2006年，美国视频网站YouTube在短短数月内从一家小公司变成"下一代最有前途的公司"，并被谷歌高价收购。2007年初，比尔·盖茨预言，到2012年互联网将颠覆传统电视的地位。如今，YouTube成为美国最有名的视频共享网站之一，已经实现了与NBC、CNN等传统电视媒体平起平坐的梦想。美国皮尤公司的调查显示，2010年美国30岁以下的年轻人中，有65%将互联网作为主要新闻来源。

2011年，得益于智能手机和平板电脑销量的增长，移动终端的增加，网络视听产业逐渐呈现移动化、多样化、分散化的趋势。业界多年前预测的"视频服务无处不在、随时观看"开始变成现实。2012年，约翰·杜尔（John Doerr）提出"SoLoMo"概念（Social，Local & Mobile）。"他认为未来信息行业是基于消费者时时位置定位而传播信息的天下，受众在真实生活中所产生的位移，通过移动网络而反向服务于生活本身。而社交本地化移动产品也是未来信息产品发展的趋势。"[1] 越来越多的消费者开始通过移动设备的显示屏，来观看时间较长的视频（电影和电视剧等内容）。各视频网站的竞争从网页扩展到了移动终端，使网络视听产业现状变得更加复杂。

随着网络技术的迅速发展，MP3和网络技术的结合使得网络音乐的传播方式发生了根本性的改变，摒弃了过去传统的"创作—发行—销售"的商业模式，突破了网络音乐传播的时空局限，尤其是Web2.0技术被广泛采用后，博客、空间、P2P等交互式传播方式的兴起，使得网络音乐传播的主体出现了去中心化的趋势。与此同时，互联网与3G技术的结合、移动APP软件的开发使得网络音乐的盈利模式发生了重大改变，手机彩铃等无线音乐增值业务成为网络音乐的主要赢利点。

二、我国网络视听产业政策的内涵与外延

（一）网络视听的内涵与外延

"网络视听是网络传播中的一类信息资源，是制作、编辑、集成并通过互联网向社会提供视音频节目以及为其他人提供上载传播视听节目服务的活动。"[2] 与传统的信息资源相比，网络视听节目在记录载体、表达类型、传播方式上皆不同，是以数字化的形式存储

---

① 陈华明，王康力. 微博事件传播的媒介生态学解读 [J]. 西南民族大学学报（人文社会科学版），2013（7）：168-171.

② 张珊珊. 我国网络视听节目服务商版权监管策略研究 [D]. 北京：北京大学，2010.

于网络节点中，并借助互联网进行传播与使用的信息产品。

2003 年 1 月国家广电总局发布的《互联网等信息网络传播视听节目管理办法》（第 15号令）中，将网络视听定义为"通过包括互联网在内的各种信息网络，将视听节目登载在网络上或者通过网络发送到用户端，供公众在线收看或下载收看的活动"[①]。

随着全球化的进一步加深和技术的发展，我国视听产业的发展逐渐分离成网络视频和网络音乐两个部分，其内涵与外延也各不相同，下面笔者将对网络视频与网络音乐的概念分别进行阐释。

1. 网络视频的定义

关于网络视频社会各界有很多不同的定义方法。随着互联网技术的进步，网络视频概念的内涵也相应随之变化。

宏观意义上的网络视频应包括视频会议、视频聊天、视频点播、视频电话、监控系统、远程部署、技术支持。以上皆是基于互联网应用的视频体验，本书所涉及的是狭义范围的网络视频，即在线播放和视频点播。本书所支持的是 CNNIC 对于网络视频的定义。CNNIC（中国互联网信息中心）在 2009 年始创网络视频板块，其对网络视频的定义如下："网络视频是指内容格式以 WMV、RM、RMVB、FLV、MOV 等流媒体类型为主，可以在线播放、观看的文件内容。"[②]

2. 网络音乐的定义

在文化部出台的《关于网络音乐发展与管理的若干意见》中，网络音乐被定义为："它是音乐产品通过互联网、移动通信网等各种有线和无线方式传播的，其主要特点是形成了数字化的音乐产品制作、传播和消费模式，主要由两个部分组成：一是通过电信互联网提供在电脑终端下载或者播放的互联网在线音乐，二是无线网络运营商通过无线增值服务提供在手机终端播放的无线音乐，又被称为移动一月。网络音乐中所指的'网络'，不仅包括我们通常所说的计算机国际互联网，它所指的信息网络是包括电信网、移动互联网、有线电视网以及卫星通信、微波通信、光纤通信等各种以 FP 协议为基础的能够实现互动的智能化网络的互联。"[③] 本书即是在这个概念范围内对网络音乐进行探讨。

（二）网络视听产业政策的内涵与外延

网络视听产业政策是一个非常复杂的概念，其内涵和外延非常丰富，按照其内容类型的不同，可分为网络视频产业政策以及网络音乐产业政策。

网络视听产业由网络视听的内容制作、网络视听设备的生产、网络视听渠道的网络建构等多个环节构成。内容制造商、设备制造商和网络渠道运营商在整个网络视听产业链中各司其职，根据自身的定位和分工，进行网络视听相关产品的生产，实现产业利润，推动产业发展。

笔者认为，所谓网络视听产业政策，就是政府为了保证网络视听产业的良性发展，针

---

① 国家广电总局. 互联网等信息网络传播视听节目管理办法（第 15 号令）［EB/OL］. 中国政府网，http://www.gov.cn/gongbao/content/2005/content_64200.htm.

② 张艳霜. 网络主持的分类与特点［D］. 北京：中国社会科学院研究生院，2010.

③ 郭丽彬. 网络音乐营销策略研究［J］. 物流工程与管理，2012（5）：163－165.

对网络视听产业链中的各个环节（包括内容生产、市场流通与监管、财税、金融、对外发行与引进等）制定标准化规定与行业政策，为规范行业发展、遏制不正当竞争、优化行业发展环境而颁布的一系列政策文件。

由于我国尚未对视听产业进行完全意义上的分离，颁布的多种政策仍通用于视频和音乐两大产业，因此下面对于网络视频产业、网络音乐产业的政策分析将基于不同的基础上统一进行研究与阐释。

三、我国网络视听产业的发展历程与现状

（一）网络视频产业的发展历程与现状

网络视频在中国诞生于 2004 年，最早为基于 P2P 流媒体技术的 P2P 直播服务，并没有广泛流行。但是以 VC 和 PE 为代表的金融资本开始进入网络视频领域，网络视频产业开始迅速发展，经历了初始期、成长期和成熟期三个不同阶段。中国网络视频行业发展阶段如图 6-11 所示。

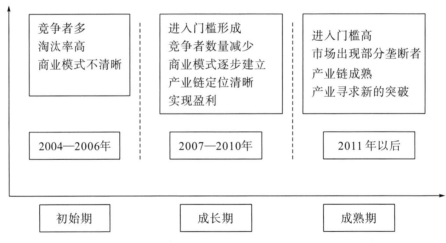

图 6-11　中国网络视频行业发展阶段

1. 初始期（2004—2006 年）

在网络视频发展的初始阶段，网络视频产业经历初创之期的小众应用后，凭借一些热点事件（如转播欧洲杯/世界杯、超级女声，一些流行的视频等），网络视频开始在网民中流行。2005 年，在用户需求的推动下，国内视频创业公司相继成立，优酷、土豆、56 等视频网站如雨后春笋，网络视频覆盖率迅速提高，受关注度明显增强。网络视频的蓬勃发展吸引了大量的投资进入，网络视频厂商数量开始暴增，但是由于缺乏相关政策引导，整个市场环境非常混乱。

2. 成长期（2007—2010 年）

2007 年，资本机构开始大量介入，推动网络视频产业迅速发展。

2008 年是中国网络视频产业高速发展的重要年份。奥运会等国家重大事件极大地推动了我国网络视频产业的发展，网络视频开始步入了主流新媒体行列。

2008年底，世界金融危机的爆发逼迫产业经营者努力更新产业发展模式。在这一背景下，通过各方的努力，我国网络视频产业的可持续发展模式基本确定，一些厂商开始盈利。相关统计显示，截至2008年底，我国网络视频产业市场规模达到13.2亿元，网络视频产业已经成为中国互联网经济的重要组成部分。

前期过快发展导致的一些问题开始出现，如厂商竞争同质化，很多厂商开始出现生存危机，一些厂商开始退出市场；版权问题凸显，官司不断。2009年，国家相继出台视听内容监管政策，发布《关于加强互联网视听节目内容管理的通知》等，以政策扶持的方式推动网络视频产业的发展。同时，国家级网络视频网站与民营企业开始竞争。2009年底，以央视电视节目为主集合其他地方台节目为辅的国家级网络视频网站"中国网络电视台"（CNTV）正式开播。与其他网络视频网站相比，CNTV具有更多的电视台节目资源，包括各种新闻、娱乐节目，节目样态更加丰富。由此，我国的网络视频产业进入了全面竞争阶段。

2010年是网络视频企业竞争激烈的一年。版权争夺，司法纠纷，客户端的开发，独播剧的买断，自制剧、微电影的出现，使得网络视频产业发展势头迅猛。企业收购、合并、注资成为国内网络视频发展的新契机。人人收购56、盛大收购酷6、优酷土豆合并、腾讯入股华谊兄弟、PPTV与湖南卫视台网联动等行业动作，使得网络视频产业开始走向整合优势资源、纵横联合发展的道路。

3. 成熟期（2011年至今）

这一阶段的中国网络视频产业主要表现出三个方面的发展态势：第一，内容版权市场秩序更加完善。这一时期随着相关版权制度的完善，我国影视版权交易呈火爆态势，影视版权竞争成为关键词。第二，更多的企业主将产品广告、品牌广告投向网络视频产业，尤其是"限娱令"等系列政策的出台更是助推了网络视频广告的快速发展。第三，随着网络视频产业的发展以及广告发布等盈利模式的清晰，视频网站可用于成本投入的资金日益丰富。在这一背景下，各大视频网站开始通过购买电视剧、电影等方式，丰富网站影视内容。搜狐等门户网站也推出专门的视频频道，加入网络视频产业竞争中。

2012年1月，随着广电总局"限娱令"的正式施行，网络视频产业的内容制作出现政策转移，传统电视台与网络视频网站之间的合作联动成为我国视频行业应对国家政策压力的重要做法，网络与电视同步播出影视剧成为视频网站吸引观众眼球的重要手段。相关统计显示，我国网络视频的月度浏览时间长达24.5亿小时，由此成为中国互联网第一大应用。网络视频产业的高黏性、高覆盖性成为行业最大特征，体现了网络视频产业巨大的价值潜力。

2013年，网络视频格局再次发生变化。5月，百度收购PPS视频业务，并将其与爱奇艺合并；10月，苏宁宣布联合弘毅投资以4.2亿美元投资PPTV。随着弹幕视频的兴起，网络自制剧逐渐走向成熟。同时，由于移动互联网的快速发展和智能手机、IPD等移动终端的发展，以及网络视频内容质量的大幅提升，我国网络视频产业市场规模得以较大增长。2013年末，优酷土豆集团董事长兼首席执行官古永锵宣布2013年第四季度成为网络视频行业的盈利拐点。同时，网络剧的迅猛发展使得我国网络视频市场也发生变化。2014年初，网络剧迎来一个"爆点"——总量高达1700集，比2013年增长45%，彻底摆脱低成本、小作坊运作，赢得了"大制作、大明星、大导演"的青睐。

2013—2014 年，我国网络视频产业迎来了宽带中国、4G 牌照发放等一系列重大政策利好。互联网电视、移动视频、在线音乐等业务由于具有巨大的市场想象空间，成为资本追逐的热点。据不完全统计，互联网电视盒在终端市场上突飞猛进，几乎是在短短一两年内就卖出了 IPTV、互动数字电视近十年的销售量；而在网络视频方面，"洋剧"同播、自制流行以及在线演艺同样挑战着监管层的神经。2014 年，网络视听产业（狭义）的市场规模达到 378.4 亿元，其中，网络视频产业的年市场规模接近 200 亿元。

纵观比较，我国网络视频产业的发展呈现出网络视频产业链重心下移、内容商探索互联网生存之路、技术商谋求以技术换内容、渠道商在严酷处境中把握机遇、电信运营商准备发力跨平台渠道、广告代理商利用自身优势构建网络视频分发平台等特征。同时，移动端商业化深入带来了新的增长点，自制与互联网电视成为网络视频的重要布局领域，内容独播与多屏互动将成为日后竞争的焦点。2009—2014 年我国网络视频行业市场规模如图 6-12 所示。

图 6-12　2009—2014 年我国网络视频行业市场规模
（数据来源：艾瑞咨询）

（二）网络音乐产业的发展历程与现状

网络音乐是伴随着互联网的发展和普及而产生发展起来的新型音乐业态。网络音乐深刻改变了传统音乐的创作、传播和发展模式，为音乐的推广与普及提供了新的空间。网络音乐包含在线音乐和无线音乐两个部分。

网络音乐经历了从单纯的音乐搜索、试听、下载，到正版音乐的版权代理，再到音乐社区化的三个发展阶段。虾米、豆瓣、人人等社区成为在线音乐的重要推广渠道。在线音乐发展轨迹如图 6-13 所示。

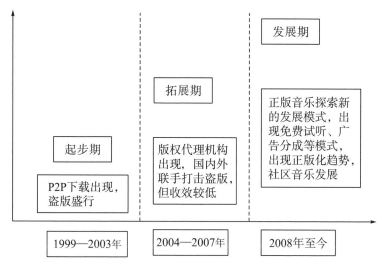

图 6-13　在线音乐发展轨迹

2004 年，数字音乐在中国进入了产业化发展阶段。近年来兴起的网络传播改变了传统的依靠音乐专辑售卖的版权盈利模式，音乐的传播介质也经过了从磁带、CD 到数字的变化。盗版音乐和免费下载让传统唱片业不可避免地走向衰亡，整个传统音乐产业在互联网的冲击下面临生存困境。

据文化部统计，截至 2014 年底，网络音乐用户规模增长至 4.78 亿人。网络音乐已作为网络文化中用户量最大、影响最广泛的应用之一，成为人们日常精神生活中不可或缺的部分。网络的发展更为音乐产业的发展打开了一扇窗，网络以每年近 9% 的速度增长，市场份额逐年递增。

目前，我国网络音乐产业正处在迅速发展时期。文化部《2014 中国网络音乐市场年度报告》显示，截至 2014 年底，取得网络音乐经营资质的企业总数为 1034 家，其中2014 年新增企业 339 家，增长率为 49%，总体市场规模达到 75.5 亿元。

通过应用融合、技术创新和个性化服务，涌现出了以音悦台、豆瓣电台为代表的新兴专业音乐网站和以酷我、酷狗为代表的音乐客户端。无线音乐方面，随着移动互联网和智能终端的日益普及，一些基于移动互联网和智能终端的网络音乐形式开始受到用户的推崇，无线音乐成为网络音乐市场中最有活力的细分领域。

同时，随着互联网的普及和发展，网络对音乐传播的推动作用进一步显现，网民自发原创的网络歌曲成为流行歌曲的新形式。从《老鼠爱大米》《两只蝴蝶》到《后舍男生》《月亮之上》，再到 2011 年因微博"咆哮体"，网络歌曲《伤不起》迅速风靡，其他如《爱情买卖》《异地恋》等网络歌曲也如雨后春笋般层出不穷，"旭日阳刚"组合、"西单女孩"通过网络成为家喻户晓的明星。

随着我国网络音乐市场需求的不断扩大，网络音乐盈利模式的逐渐清晰，以及国家相关扶持引导政策的陆续出台，我国的网络音乐市场开始进入良性发展时期。这主要表现在市场秩序进一步规范，相关产品更加丰富，产业间的融合加剧，新的服务模式和新的应用加速涌现。

这一时期，我国网络音乐的快速发展主要体现在以下方面：一是网络音乐企业数量不断攀升；二是付费的在线音乐内容和服务日益成为行业发展的新增长点，但是免费的网络音乐模式仍然没有较大突破；三是随着移动互联网的快速发展和智能手机的不断普及，我国的移动互联网用户呈井喷式发展。在这一背景下，以移动互联网络和移动互联终端为支撑的无线音乐市场进入快速发展期。这一时期我国的无线音乐整体发展呈现出以下特点：首先是商业模式日益完善，内容制造商、网络运营商、设备制造商之间不断加强合作；其次是无线用户数量大幅提升，极大地带动了整个无线音乐市场规模的扩大。市场的大力发展推动了整个无线音乐产业的不断融合、创新、良性发展。

2007—2014 年我国在线音乐市场规模如图 6-14 所示，2007—2014 年我国无线音乐市场规模如图 6-15 所示。

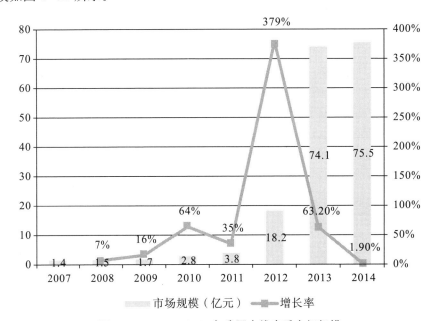

图 6-14　2007—2014 年我国在线音乐市场规模

（数据来源：文化部《2014 中国网络音乐市场年度报告》）

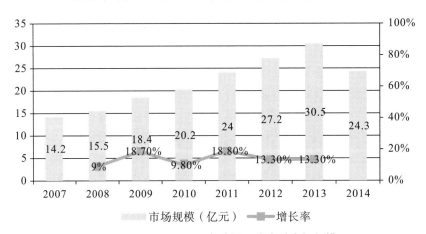

图 6-15　2007—2014 年我国无线音乐市场规模

（数据来源：文化部《2014 中国网络音乐市场年度报告》）

四、我国网络视听产业政策分析

在国际网络视频、网络音乐产业的冲击与影响下，我国网络视听产业迅速发展。国内技术的进步、相关产业的迅速崛起有力支撑了网络视听产业的壮大，特别是我国网络视听产业相关政策的出台，为网络视听产业的发展提供了可靠保障。但由于市场环境变幻莫测、产业发展刚刚起步等因素，我国现有的网络视听产业政策很难满足网络视听产业的迅速崛起和长远发展。下面就我国网络视听产业的市场管理政策、内容管理政策、发展政策进行分析。

（一）政策主体分析

1. 政策主体构成

我国网络视听产业的政策主体主要包括原国家广电总局、原国家新闻出版总署、工业和信息化部、文化部等。其中，原国家广电总局主要负责互联网视听节目的管理；原国家新闻出版总署主要负责互联网视听节目的版权管理和保护；工业和信息化部主要负责网络视听企业的互联网运营管理，颁发《互联网经营许可证》；文化部主要负责网络音乐产业相关政策的制定。

2. 政策主体特征

主管部门较明确，政策主体间冲突较少。

尽管网络视听产业的政策主体仍然较为多元，但是由于网络视听产业是传统视听产业的网络延续，长期以来国家广电总局都是我国传统视听产业的主管部门，加之 2013 年国家广电总局和国家新闻出版总署的整合构建了统一的国家新闻出版广电总局，使得网络视听产业的政策主体较明确，政策主体间冲突较少，避免了网络视听产业政策冲突的问题，有利于网络视听产业政策的有效执行。

（二）政策文本分析

1. 管理政策文本分析

（1）内容管理政策——我国网络视听节目的内容管理可以分为三个阶段，不同阶段的管理重点不同。

第一阶段（1999—2008 年）：我国网络视听内容管理政策主要包括《互联网等信息网络传播视听节目管理办法》等。这一阶段我国的网络视听节目的内容管理主要以国务院 2000 年颁布的《互联网信息服务管理办法》中对互联网信息内容管理的规定为依据。这主要是由于这一时期我国互联网视听网站的主要内容还是来自于传统媒体和影视机构制作的相关视听节目和电影、电视剧，原创的网络视听节目和内容还相对较少，网络视听的内容管理问题主要还是集中在对淫秽色情内容的管理方面。

第二阶段（2009—2011 年）：随着家用 DV、智能手机等一系列价格低廉、操作简单的视频拍摄工具的普及，我国的网络视听内容不再仅仅局限于传统电视、电影内容的网络播放，手机电影、微电影、网络原创短片等日益成为我国网络视听内容的重要组成部分。这种原创网络视听节目的兴起给我国网络视听的内容管理带来了极大的冲击。由于传统电影、电视剧的制作都需要获得《电影片公映许可证》《电视剧发行许可证》，这在很大程度上保证了公映电影和电视剧的内容质量。然而网络原创视听作为新生事物，却绕开了这一规定，很多机构和个人在毫无监管的情况下进行网络视听节目的创作，并传播上网，而为了博取眼球、提高点击率，一些网络原创节目内容低俗、粗鄙，给我国网络文化环境造成了巨大的冲击。为此，2009 年 3 月广电总局下发了《关于加强互联网视听节目内容管理的通知》。该通知在强调原有内容管理政策不变的情况下，对网络视听节目服务单位需要进行删节的内容做了更细致的规定。最重要的是，该通知首次明确了对网络原创视听内容的管理规定，要求："互联网视听节目服务单位要完善节目内容管理制度和应急处理机制，聘请高素质业务人员审核把关。"① 并且再次明确："互联网视听节目服务单位传播的影视剧，必须符合广播电影电视管理的有关规定，依法取得广播影视行政部门颁发的《电影片公映许可证》《电视剧发行许可证》《电视动画片发行许可证》；传播的理论文献影视片须依法取得广播影视行政部门颁发的《理论文献影视片播映许可证》。"②

第三阶段（2012 年至今）：以网络剧、微电影等为代表的网络自制类视听节目作为一种新兴网络文化业态发展迅速，但部分网络剧、微电影等网络视听节目出现了内容低俗、格调低下、渲染暴力色情等问题，亟须加强引导和规范。为深入贯彻落实党的十七届六中全会精神，进一步繁荣健康向上的网络文化，依据《互联网视听节目服务管理规定》（广电总局、信息产业部令第 56 号），广电总局于 2012 年 3 月发布了《关于进一步加强网络剧、微电影等网络视听节目管理的通知》，进一步加强网络剧、微电影等网络视听节目管理，对网络视听节目实行先审后播管理制度。③ 这对规范网络剧、微电影等网络视听节目管理起到了促进作用。但是，由于不同视听单位审核尺度不同，同一节目出现不同版本的状况时有发生。同时，个别节目制作方不具备广播电视节目制作资质，对问题节目寻找制作方进行重新编辑的难度较大。为此，广电总局于 2014 年 1 月颁布了《关于进一步加强网络剧、微电影等网络视听节目管理的补充通知》，对网络视听节目做了进一步的规范。该通知指出，互联网视听节目服务单位只能转发已核实真实身份信息并符合内容管理规定的个人上传的网络剧、微电影等网络视听节目，不得转发非实名用户上传的此类节目。④ 同时，该通知要求强化网络剧、微电影等网络视听节目播出机构准入管理、网络视听节目内容审核、网络视听节目监管以及退出机制，要求规范市场视听节目内容并形成同一版本。

（2）市场管理政策——以许可证制度和版权保护制度为核心的市场管理制度。

①以《信息网络传播视听节目许可证》为核心的市场准入制度。

为了规范网络视听运营企业的行为，促进产业快速健康发展，从 1999 年起，国家广

---

① 广电总局. 关于加强互联网视听节目内容管理的通知 [EB/OL]. 中国政府网, http：//www. gov. cn/gzdt/2009-04/02/content _ 1275431. htm.

② 广电总局. 关于加强互联网视听节目内容管理的通知 [EB/OL]. 中国政府网, http：//www. gov. cn/gzdt/2009-04/02/content _ 1275431. htm.

③ 广电总局. 关于进一步加强网络剧、微电影等网络视听节目管理的通知 [EB/OL]. 中华人民共和国国家新闻出版广电总局, http：//www. sarft. gov. cn/articles/2014/03/19/20140319155304800067. html.

④ 广电总局. 关于进一步加强网络剧、微电影等网络视听节目管理的补充通知 [EB/OL]. 中华人民共和国国家新闻出版广电总局, http：//www. sarft. gov. cn/articles/2014/03/21/20140321102321530218. html.

电总局先后发布了多条政策对网络视听市场进行规范。2003 年，广电总局发布的《互联网等信息网络传播视听节目管理办法》中规定："国家广播电影电视总局对视听节目的网络传播业务实行许可管理。通过信息网络向公众传播视听节目必须持有《网上传播视听节目许可证》。"① 在随后几年出台的关于互联网视听节目管理的政策中，广电总局多次重申了《信息网络传播视听节目许可证》制度。2014 年颁布的《关于进一步加强网络剧、微电影等网络视听节目管理的补充通知》进一步规范了网络视听节目的市场准入制度，要求从事生产制作网络剧、微电影等网络视听节目的机构，应依法取得广播影视行政部门颁发的《广播电视节目制作经营许可证》。互联网视听节目服务单位不得播出未取得《广播电视节目制作经营许可证》机构制作的网络剧、微电影等网络视听节目。

2014 年 7 月，国家新闻出版广电总局依据 181 号文（《持有互联网电视牌照机构运营管理要求》），依法对互联网电视市场进行了监管和治理，包括要求下线不合规的互联网电视盒子客户端、明确集成播控平台的责任与义务、明晰各内容提供方与集成播控平台之间的合作关系等，对行业发展产生了深远的影响。

2014 年 9 月 3 日，针对网络外来剧种泛滥、内容良莠不齐的状况，国家新闻出版广电总局办公厅印发新广电发〔2014〕204 号文，对视频网站引进境外影视剧进行限制和综合治理。文件重申网上境外影视剧管理的有关规定，要求用于互联网等信息网络传播的境外影视剧必须依法取得《电影片公映许可证》或《电视剧发行许可证》。未取得《电影片公映许可证》或《电视剧发行许可证》的境外影视剧一律不得上网播放，所有境外影视剧必须登记。

②版权保护政策。

2005 年，国家版权局和信息产业部出台的《互联网著作权行政保护办法》是我国网络视听产业版权保护的基石，对我国互联网著作权的保护办法、著作权人与网络运营者的权责利进行了较清晰的界定。2006 年，国务院颁布的《信息网络传播权保护条例》再次就网络环境下的版权保护进行了详细的界定。该条例的出台与实施标志着我国的网络信息传播开始迈入规范化发展的轨道。2010 年，广电总局发布的《广播影视知识产权战略实施意见》明确规定："研发数字电影版权保护技术，研究推广自主的数字电影系统规范，开发网络影视节目内容加密技术和密钥管理技术。"② 该意见再次强调了对盗版内容加强打击。2011 年，广电总局印发的《广播影视知识产权战略实施意见》规定，加快开发网络影视节目内容加密技术和密钥管理技术，保护网络影视版权。2011 年，国家版权保护中心发布了《网络视频音频版权监测及调查取证服务规则》。国家版权保护中心作为国家新闻出版总署直属的国家事业单位，开始对网络视听内容进行 24 小时实时监测，接受版权所有人的委托，提供相关版权保护服务。

③将网络视听定位于主流媒体的媒体融合新政策。

2014 年 8 月 18 日，中央全面深化改革领导小组第四次会议审议通过了《关于推动传

---

① 广电总局. 互联网等信息网络传播视听节目管理办法［EB/OL］. 中国政府法制信息网，http://www.chinalaw.gov.cn/article/fgkd/xfg/gwybmgz/200503/20050300024368.shtml.

② 广电总局. 广播影视知识产权战略实施意见［EB/OL］. 中国政府网，http://www.gov.cn/gzdt/2010-11/18/content_1747903.htm.

统媒体和新兴媒体融合发展的指导意见》等重要政策文件，这些文件的出台从官方层面肯定了视频媒介的主流媒体地位，为我国视频媒介、移动媒介的融合奠定了强大的政策基础，势必推动我国网络视频媒介的快速发展。

《关于推动传统媒体和新兴媒体融合发展的指导意见》的出台是一个重大转折点，标志着在以视频为主要媒介载体、以移动为主要应用形态、以社交为主要传播方式的生态环境下，民营网络视听企业和国营广播电视机构的新媒体部门都将从"市场的主流化＋地位的边缘化"走向"市场的主流化＋地位的中心化"。

2. 产业发展政策分析

（1）财税政策。

目前，我国缺乏专门针对网络视听产业的财税优惠政策，国家关于网络视听企业的税收优惠主要包括《关于文化体制改革试点中支持文化产业发展若干税收政策问题的通知》中的第七条规定："对从事数字广播影视、数据库、电子出版物等研发、生产、传播的文化企业，凡符合国家现行高新技术企业税收优惠政策规定的，可统一享受相应的税收优惠政策。"① 其他关于网络视听企业的税收优惠政策主要散布在《中共中央关于深化文化体制改革、推动社会主义文化大发展大繁荣若干重大问题的决定》《文化产业振兴规划》《文化部"十二五"时期文化改革发展规划》等纲领性文件中。在财政扶持方面，网络视听企业属于我国文化产业专项资金和电子信息产业发展基金的扶持范围。

（2）金融政策。

我国网络视听产业是我国文化产业的重要组成部分，因此，我国网络视听企业可以享受国家出台的《关于金融支持文化产业振兴和发展繁荣的指导意见》中关于支持文化企业发展的贷款贴息等政策，以及文化部出台的《关于鼓励和引导民间资本进入文化领域的实施意见》中支持民营文化企业多渠道融资的政策。

（3）对外贸易政策。

2005年，《文化体制改革试点中支持文化产业发展若干税收政策问题的通知》出台，其中明确规定文化产品出口享受国家退税政策。2009年，商务部会同有关部门出台了《关于金融支持文化出口的指导意见》，就文化出口的支持范围、协调机制和金融支持方式进行了规定，以支持文化企业和项目"走出去"为重点，全面支持文化贸易发展。网络视听产业作为文化的一种，符合该意见的要求，享受相关政策支持。

（三）政策效果分析

1. 网络视听市场不断规范，网络视听环境得以净化

以《信息网络传播视听节目许可证》为核心的市场准入政策以及版权保护措施的有力执行抬高了视频网站的经营门槛，使得近年来网络视听市场环境得以迅速肃清，大量资本实力薄弱、流量偏低、违法经营的网站在竞争中消失，大浪淘沙，存留下来的都是颇具实力的服务商。目前，从已获得广电总局颁发的许可证的网络视听机构名单来看，国有资本控股的企业占很大一部分，民营资本的机构仅有20余家左右。总体而言，现行机构对于

---

① 财政部，海关总署，国家税务总局. 关于文化体制改革试点中支持文化产业发展若干税收政策问题的通知[J]. 中国税务，2005（7）：35—36.

许可证数量的颁发管控较严，我国的网络视听行业已经逐渐走向规范化发展的道路。

另外，多年来广电总局出台的多条内容监管政策使得网络视听环境得以净化，大批传播淫秽色情等违法信息的违法违规网站被关停。2009年初，广电总局联合有关部门在"整治互联网低俗之风专项行动"中关闭违法违规视听网站341家。各地公安机关删除网上淫秽信息21万余条，关闭色情网站205余个。土豆、优酷等视听网站也采取各种措施拦截不良视频内容。就总体效果而言，网络视听中的不良视频内容逐渐减少，视听内容处在不断优化升级的过程中。同时，文化部不断加大打击网络音乐领域违法违规行为的力度，查处了百兆音乐网等涉嫌违法违规的网络音乐网站72家，关闭违规网站30余家。在国家政策措施的作用下，我国网络音乐市场的经营秩序和经营环境得到有效改善，网络视听环境不断净化。

2. 版权环境大幅改善，版权所有人的权益得到较大保障

从2005年国家新闻出版总署、信息产业部联合发布《互联网著作权行政保护办法》开始，国家新闻出版总署每年都会会同公安部、工业和信息化部展开打击网络侵权盗版专项治理行动。经过对网络盗版持续多年的有力打击，我国网络版权环境有了极大改善，购买正版视听产品，提供免费观看、下载吸引用户，获取广告收入，已成为我国网络视听企业的主要盈利模式。以"百度音乐"为例，以前的百度MP3是盗版音乐的主要传播渠道，2011年百度公司开始转型，建设正版的"百度ting"（现更名为百度音乐）平台，删除所有盗版链接，并与500家唱片公司达成版权合作协议。随后谷歌音乐、新浪乐库等网络音乐平台也纷纷开始正版化。中国网络音乐产业开始迈入正版化发展的路径。在网络视频领域，国家对网络盗版影视剧的打击以及一系列播放盗版影视剧的网站被关停，迫使中国的视频网站开始向正版化转型，购买正版影视剧网络播放权，吸引网民注意力，提升网站点击量，最终实现广告盈利，成为我国网络视频运营企业的主要盈利模式。

3. "三俗"问题得到部分解决，网络文化安全朝利好方向发展

目前，我国出台的有关"三俗"问题的政策主要有《关于办理利用互联网、移动通讯终端、声讯台制作、复制、出版、贩卖、传播淫秽电子信息刑事案件具体应用法律若干问题的解释》《举报互联网和手机媒体淫秽色情及低俗信息奖励办法》等。伴随我国"三俗"问题相关政策的陆续出台，网络文化安全问题有向好趋势。特别是自专项立法出台以后，我国有关网络文化安全的政策开始细化到从国家安全到文化安全的各个方面，深入到抵制外国强势文化、传承本土文化、制止"三俗"文化的各个领域。手段较为简单、粗暴的网络文化安全犯罪问题已经基本得到解决，每年查处有关网络文化安全问题的案件逐渐增长，国家对相关问题的重视程度也在不断加深。2014年11月，广电总局下发了《关于广播电视节目和广告中规范使用国家通用语言文字的通知》，进一步明确在网络视听节目中规范用词，不得使用网络用语，净化了网络视听内容。

由于政策的细化和完善，目前我国的"三俗"问题较之于早期的整体情形大有改观，但是鉴于互联网的迅猛发展、对外开放政策的进一步深化，影响"三俗"问题的因素与日俱增，单纯依赖现有的文化政策已经不能满足保障我国网络文化安全的客观需求，因此，对原有政策加以修订，出台一些应对当前形势的新规范已是迫在眉睫。

（四）政策问题分析

1. 缺乏有效内容监管体系，UGC 内容的监管尚存漏洞，内容低俗化、庸俗化问题仍然存在

尽管我国政府出台了多条有关加强网络视听节目和网络音乐内容审查的政策，也通过"整治互联网低俗之风专项行动"等措施，不断加强对网络视听领域的内容审查，确保良好的网络视听环境，但是，面对海量的网络视听内容，仅靠突击式的专项整顿行动是难以达到长效监管效果的。因此，有必要借助先进的技术手段，构建网络视听内容审查、监视技术平台，建立政策与技术相结合的内容监管体系，净化网络视听环境。

同时，随着以视频分享为主的 UGC 网站的不断发展壮大，网民原创视听内容已然成为我国网络视听内容的重要组成部分。由于媒介素养、法律意识的参差不齐，网民原创视听内容的品质很难保障。大量偷拍、偷录的视频上传，导致侵犯他人名誉权、隐私权的行为时有发生。然而，目前我国尚未形成对网民上传的视频内容的有效审查机制，导致网络视听内容监管方面出现漏洞，不良视频时有传播。

2. 缺乏产业扶持政策，产业准入门槛高，一定程度上造成了寡头竞争局面

目前，我国尚未出台专门针对网络视听产业的财税扶持政策，仅在《关于文化体制改革试点中支持文化产业发展若干税收政策问题的通知》中规定："对从事数字广播影视、数据库、电子出版物等研发、生产、传播的文化企业，凡符合国家现行高新技术企业税收优惠政策规定的，可统一享受相应的税收优惠政策。"[①] 但是由于网络视听企业主要是视听类网站，其主要盈利模式是通过传播视听节目，获取点击率，最终实现广告盈利，技术研发在视听企业中所占比重相当低，因此，这类企业很难获得国家高新技术企业的认定，难以享受有关税收优惠政策。

另外，我国对网络视听产业采取许可证制度，在一定程度上提高了产业准入门槛，加之网络视听行业，尤其是网络视频行业是一个高成本行业，带宽、硬件、版权构成了网络视频行业的最主要成本，近年来影视版权费用的不断高涨更是加剧了网络视频企业的运营成本。面对高昂的成本，很多中小型网络视频运营企业不得不退出市场。

较高的产业准入门槛以及国家对网络视听产业的支持力度不够，在一定程度上降低了民营资本、中小型文化企业进入网络视听领域的意愿和可能，我国网络视听产业日益呈现出寡头竞争的局面。

3. 缺乏鼓励网络剧、微电影等网络视听原创作品发展的相关政策，制约了产业发展

随着购买传统影视产品版权费用的不断提高，以及视听网站本身节目制作能力的提升，我国网络视听运营企业开始改变以往单纯的购买节目进行播出的方式，开始探索自制网络视听节目的内容制作、传播、盈利模式。2008 年，我国首部由观众决定剧情发展的网络互动剧《Y. E. A. H》在凤凰宽频播出，取得了极大的成功，此后众多视频网站开始推出自制网络剧。2011 年被称为中国微电影元年，多家视频网站相继推出多部微电影，极大地丰富了我国网络视频内容。自 2009 年发展至今，在短短五年内，网络自制剧经历

---

① 财政部，海关总署，国家税务总局. 关于文化体制改革试点中支持文化产业发展若干税收政策问题的通知 [J]. 中国税务，2005（7）：35—36.

了山寨货到自主品牌创立的阶段。2014 年，国产网络自制剧迎来了一个"爆点"，高达 1700 集，比 2013 年增长 45％左右，国产网络自制剧发展成为电视剧市场的一个新潮热门剧种。

微电影和自制网络剧的兴起，不但在一定程度上减低了网络视频运营企业对传统视听内容提供商的依赖，也极大地降低了网络视频运营企业的版权购买成本，为企业提升盈利能力奠定了基础，更重要的是原创网络剧、微电影的发展为解决我国网络视频网站内容单一、雷同问题提供了有效途径，成为各家视频网站差异化发展的重要途径。但是，作为新兴事物，我国网络剧和微电影的发展仍处于初级阶段，需要国家政策大力支持。然而，目前我国还未出台鼓励支持网络剧、微电影等网络视听原创作品发展的相关政策，这在一定程度上制约了产业发展。

（五）政策调整建议

1. 进一步完善内容监管政策，加强对 UGC 内容的监管力度，建立内容监管技术平台，确保内容监管政策的有效执行，净化网络视听环境

视频分享网站的 UGC 内容长期以来是我国网络视听内容监管的盲区，由于这部分内容本身的海量性、难以监管性，国家在对 UGC 的内容监管方面还缺乏有效的措施。而随着网民视听原创能力的不断提升，以及原创成本的不断下降，UGC 内容将日益成为视频分享网站的重要组成部分，因此，国家有必要出台相应的政策，加强对视频分享网站的 UGC 内容监管。

另外，随着网络视听产业的不断发展，海量的视听内容给政策的监管带来了巨大的挑战，我国网络视听内容监管面临着有监管政策却难以有效执行的问题。因此，国家有必要借助相应的技术手段，建立网络视听内容监管平台，保证网络视听内容的质量，构建良好的网络视听环节。

2. 出台相应的税收优惠政策和鼓励投融资政策，推动产业快速发展

目前，我国尚未出台专门针对网络视听产业的税收优惠和金融扶持政策。而网络视听产业本身又是一个高成本、长周期、高风险的行业，这种产业特性使得很多民营资本、风投基金不愿意投资到网络视听行业，在很大程度上阻碍了网络视听企业的发展。因此，为了推动网络视听产业的快速发展，国家应出台相应的税收优惠政策，降低网络视听企业的税负，推动其发展。另外，国家应出台鼓励民营资本、金融资本投资网络视听产业，扶持网络视听企业上市融资的投融资政策，解决阻碍网络视听企业发展的资金瓶颈问题，推动产业快速发展。

3. 出台相应政策鼓励网络剧、微电影等网络原创作品的发展，推动产业多元盈利模式的形成

随着《老男孩》等一批网络微电影的成功，网络剧、微电影已然成为版权之后，视频网站的另一个重要盈利增长点，各大视频网站纷纷推出了自己的网络剧和微电影，以提高网站竞争力。面对网络剧和微电影的快速发展，2012 年 7 月国家广电总局和国家互联网信息办联合下发的《关于进一步加强网络剧、微电影等网络视听节目管理的通知》规定，政府管理部门依法对业务开办主体进行准入和退出管理，网络视频网站对这些内容进行"自审自播""先审后播"。这一管理政策的出台在一定程度上为规范网络剧、微电影的内

容起到了积极作用，同时"自审自播"的审查机制也给予了视频网站一定的自主权。但是，作为新兴事物，网络剧、微电影的发展仍然需要国家给予相关的财税、人才、技术、版权保护等政策措施的扶持。因此，我国政府应出台相关政策鼓励网络剧、微电影的创作和发展，推动网络视频内容的多元化，促进网络视听产业盈利模式的多元化。

附件 1：我国网络视听产业主要政策文件一览表

类型	发布机构	时间	政策文件
法律	全国人大及其常委会	1990 年	《中华人民共和国著作权法》
		2010 年	《全国人民代表大会常务委员会关于修改〈中华人民共和国著作权法〉的决定》
行政法规	国务院	1996 年	《中华人民共和国计算机信息网络国际互联网管理暂行规定》
		2000 年	《互联网信息服务管理办法》
		2001 年	《计算机软件保护条例》
		2006 年	《信息网络传播权保护条例》
		2013 年	《国务院关于修改〈中华人民共和国著作权法实施条例〉的通知》
		2013 年	《国务院关于修改〈计算机软件保护条例〉的决定》
部门规章	国务院各部委	2000 年	国家广电总局《信息网络传播广播电影电视节目监督管理暂行办法》
		2003 年	文化部《互联网文化管理暂行规定》
		2004 年	国家广电总局《互联网等信息网络传播视听节目管理办法》
		2004 年	文化部《关于修订〈互联网文化管理暂行规定〉等规章的决定》
		2005 年	国家版权局、国家信息产业部《互联网著作权行政保护办法》
		2007 年	国家广电总局、信息产业部《互联网视听节目服务管理规定》
		2011 年	文化部《互联网文化管理暂行规定》
		2011 年	工业和信息化部《规范互联网信息服务市场秩序若干规定》
司法解释	最高人民法院	2006 年	《最高人民法院关于审理涉及计算机网络著作权纠纷案件适用法律若干问题的解释》

类型	发布机构	时间	政策文件
规范性文件	国务院及各部委	1999 年	国家广电总局《关于加强通过信息网络向公众传播广播电影电视类节目管理的通知》
		2001 年	国家广电总局《关于加强网上传播广播电影电视类节目管理的实施细则（试行）》
		2006 年	文化部《关于网络音乐发展和管理的若干意见》
		2007 年	国家广电总局《关于加强互联网传播影视剧管理的通知》
		2008 年	国家发展改革委、科技部、财政部、信息产业部、税务总局、广电总局《关于鼓励数字电视产业发展的若干政策》
		2009 年	国家广电总局《关于加强互联网视听节目内容管理的通知》
		2009 年	国家广电总局《关于互联网视听节目服务许可证管理有关问题的通知》
		2009 年	文化部《关于加强和改进网络音乐内容审查工作的通知》
		2010 年	国家广电总局《互联网视听节目服务业务分类目录（试行）》
		2011 年	国家广电总局《持有互联网电视牌照机构运营管理要求》
		2012 年	国家广电总局、国家互联网信息办《关于进一步加强网络剧、微电影等网络视听节目管理的通知》
		2013 年	文化部《关于实施〈网络文化经营单位内容自身管理办法〉的通知》

附件 2：主要政策文本

国家广电总局、信息产业部《互联网视听节目服务管理规定》

第一条 为维护国家利益和公共利益，保护公众和互联网视听节目服务单位的合法权益，规范互联网视听节目服务秩序，促进健康有序发展，根据国家有关规定，制定本规定。

第二条 在中华人民共和国境内向公众提供互联网（含移动互联网，以下简称互联网）视听节目服务活动，适用本规定。

本规定所称互联网视听节目服务，是指制作、编辑、集成并通过互联网向公众提供视音频节目，以及为他人提供上载传播视听节目服务的活动。

第三条 国务院广播电影电视主管部门作为互联网视听节目服务的行业主管部门，负责对互联网视听节目服务实施监督管理，统筹互联网视听节目服务的产业发展、行业管理、内容建设和安全监管。国务院信息产业主管部门作为互联网行业主管部门，依据电信行业管理职责对互联网视听节目服务实施相应的监督管理。

地方人民政府广播电影电视主管部门和地方电信管理机构依据各自职责对本行政区域内的互联网视听节目服务单位及接入服务实施相应的监督管理。

第四条 互联网视听节目服务单位及其相关网络运营单位，是重要的网络文化建设力量，承担建设中国特色网络文化和维护网络文化信息安全的责任，应自觉遵守宪法、法律和行政法规，接受互联网视听节目服务行业主管部门和互联网行业主管部门的管理。

第五条　互联网视听节目服务单位组成的全国性社会团体，负责制定行业自律规范，倡导文明上网、文明办网，营造文明健康的网络环境，传播健康有益视听节目，抵制腐朽落后思想文化传播，并在国务院广播电影电视主管部门指导下开展活动。

第六条　发展互联网视听节目服务要有益于传播社会主义先进文化，推动社会全面进步和人的全面发展、促进社会和谐。从事互联网视听节目服务，应当坚持为人民服务、为社会主义服务，坚持正确导向，把社会效益放在首位，建设社会主义核心价值体系，遵守社会主义道德规范，大力弘扬体现时代发展和社会进步的思想文化，大力弘扬民族优秀文化传统，提供更多更好的互联网视听节目服务，满足人民群众日益增长的需求，不断丰富人民群众的精神文化生活，充分发挥文化滋润心灵、陶冶情操、愉悦身心的作用，为青少年成长创造良好的网上空间，形成共建共享的精神家园。

第七条　从事互联网视听节目服务，应当依照本规定取得广播电影电视主管部门颁发的《信息网络传播视听节目许可证》（以下简称《许可证》）或履行备案手续。

未按照本规定取得广播电影电视主管部门颁发的《许可证》或履行备案手续，任何单位和个人不得从事互联网视听节目服务。

互联网视听节目服务业务指导目录由国务院广播电影电视主管部门商国务院信息产业主管部门制定。

第八条　申请从事互联网视听节目服务的，应当同时具备以下条件：

（一）具备法人资格，为国有独资或国有控股单位，且在申请之日前三年内无违法违规记录；

（二）有健全的节目安全传播管理制度和安全保护技术措施；

（三）有与其业务相适应并符合国家规定的视听节目资源；

（四）有与其业务相适应的技术能力、网络资源和资金，且资金来源合法；

（五）有与其业务相适应的专业人员，且主要出资者和经营者在申请之日前三年内无违法违规记录；

（六）技术方案符合国家标准、行业标准和技术规范；

（七）符合国务院广播电影电视主管部门确定的互联网视听节目服务总体规划、布局和业务指导目录；

（八）符合法律、行政法规和国家有关规定的条件。

第九条　从事广播电台、电视台形态服务和时政类视听新闻服务的，除符合本规定第八条规定外，还应当持有广播电视播出机构许可证或互联网新闻信息服务许可证。其中，以自办频道方式播放视听节目的，由地（市）级以上广播电台、电视台、中央新闻单位提出申请。

从事主持、访谈、报道类视听服务的，除符合本规定第八条规定外，还应当持有广播电视节目制作经营许可证和互联网新闻信息服务许可证；从事自办网络剧（片）类服务的，还应当持有广播电视节目制作经营许可证。

未经批准，任何组织和个人不得在互联网上使用广播电视专有名称开展业务。

第十条　申请《许可证》，应当通过省、自治区、直辖市人民政府广播电影电视主管部门向国务院广播电影电视主管部门提出申请，中央直属单位可以直接向国务院广播电影电视主管部门提出申请。

省、自治区、直辖市人民政府广播电影电视主管部门应当提供便捷的服务，自收到申请之日起 20 日内提出初审意见，报国务院广播电影电视主管部门审批；国务院广播电影电视主管部门应自收到申请或者初审意见之日起 40 日内作出许可或者不予许可的决定，其中专家评审时间为 20 日。予以许可的，向申请人颁发《许可证》，并向社会公告；不予许可的，应当书面通知申请人并说明理由。《许可证》应当载明互联网视听节目服务的播出标识、名称、服务类别等事项。

《许可证》有效期为 3 年。有效期届满，需继续从事互联网视听节目服务的，应于有效期届满前 30 日内，持符合本办法第八条规定条件的相关材料，向原发证机关申请办理续办手续。

地（市）级以上广播电台、电视台从事互联网视听节目转播类服务的，到省级以上广播电影电视主管部门履行备案手续。中央新闻单位从事互联网视听节目转播类服务的，到国务院广播电影电视主管部门履行备案手续。备案单位应在节目开播 30 日前，提交网址、网站名、拟转播的广播电视频道、栏目名称等有关备案材料，广播电影电视主管部门应将备案情况向社会公告。

第十一条　取得《许可证》的单位，应当依据《互联网信息服务管理办法》，向省（自治区、直辖市）电信管理机构或国务院信息产业主管部门（以下简称电信主管部门）申请办理电信业务经营许可或者履行相关备案手续，并依法到工商行政管理部门办理注册登记或变更登记手续。电信主管部门应根据广播电影电视主管部门许可，严格互联网视听节目服务单位的域名和 IP 地址管理。

第十二条　互联网视听节目服务单位变更注册资本、股东、股权结构，有重大资产变动或有上市等重大融资行为的，以及业务项目超出《许可证》载明范围的，应按本规定办理审批手续。互联网视听节目服务单位的办公场所、法定代表人以及互联网信息服务单位的网址、网站名依法变更的，应当在变更后 15 日内向省级以上广播电影电视主管部门和电信主管部门备案，变更事项涉及工商登记的，应当依法到工商行政管理部门办理变更登记手续。

第十三条　互联网视听节目服务单位应当在取得《许可证》90 日内提供互联网视听节目服务。未按期提供服务的，其《许可证》由原发证机关予以注销。如因特殊原因，应经发证机关同意。申请终止服务的，应提前 60 日向原发证机关申报，其《许可证》由原发证机关予以注销。连续停止业务超过 60 日的，由原发证机关按终止业务处理，其《许可证》由原发证机关予以注销。

第十四条　互联网视听节目服务单位应当按照《许可证》载明或备案的事项开展互联网视听节目服务，并在播出界面显著位置标注国务院广播电影电视主管部门批准的播出标识、名称、《许可证》或备案编号。

任何单位不得向未持有《许可证》或备案的单位提供与互联网视听节目服务有关的代收费及信号传输、服务器托管等金融和技术服务。

第十五条　鼓励国有战略投资者投资互联网视听节目服务企业；鼓励互联网视听节目服务单位积极开发适应新一代互联网和移动通信特点的新业务，为移动多媒体、多媒体网站生产积极健康的视听节目，努力提高互联网视听节目的供给能力；鼓励影视生产基地、电视节目制作单位多生产适合在网上传播的影视剧（片）、娱乐节目，积极发展民族网络影视产业；鼓励互联网视听节目服务单位传播公益性视听节目。

互联网视听节目服务单位应当遵守著作权法律、行政法规的规定，采取版权保护措施，保护著作权人的合法权益。

第十六条　互联网视听节目服务单位提供的、网络运营单位接入的视听节目应当符合法律、行政法规、部门规章的规定。已播出的视听节目应至少完整保留 60 日。视听节目不得含有以下内容：

（一）反对宪法确定的基本原则的；

（二）危害国家统一、主权和领土完整的；

（三）泄露国家秘密、危害国家安全或者损害国家荣誉和利益的；

（四）煽动民族仇恨、民族歧视，破坏民族团结，或者侵害民族风俗、习惯的；

（五）宣扬邪教、迷信的；

（六）扰乱社会秩序，破坏社会稳定的；

（七）诱导未成年人违法犯罪和渲染暴力、色情、赌博、恐怖活动的；

（八）侮辱或者诽谤他人，侵害公民个人隐私等他人合法权益的；

（九）危害社会公德，损害民族优秀文化传统的；

（十）有关法律、行政法规和国家规定禁止的其他内容。

第十七条　用于互联网视听节目服务的电影电视剧类节目和其它节目，应当符合国家有关广播电影电视节目的管理规定。互联网视听节目服务单位播出时政类视听新闻节目，应当是地（市）级以上广播电台、电视台制作、播出的节目和中央新闻单位网站登载的时政类视听新闻节目。

未持有《许可证》的单位不得为个人提供上载传播视听节目服务。互联网视听节目服务单位不得允许个人上载时政类视听新闻节目，在提供播客、视频分享等上载传播视听节目服务时，应当提示上载者不得上载违反本规定的视听节目。任何单位和个人不得转播、链接、聚合、集成非法的广播电视频道、视听节目网站的节目。

第十八条　广播电影电视主管部门发现互联网视听节目服务单位传播违反本规定的视听节目，应当采取必要措施予以制止。互联网视听节目服务单位对含有违反本规定内容的视听节目，应当立即删除，并保存有关记录，履行报告义务，落实有关主管部门的管理要求。

互联网视听节目服务单位主要出资者和经营者应对播出和上载的视听节目内容负责。

第十九条　互联网视听节目服务单位应当选择依法取得互联网接入服务电信业务经营许可证或广播电视节目传送业务经营许可证的网络运营单位提供服务；应当依法维护用户权利，履行对用户的承诺，对用户信息保密，不得进行虚假宣传或误导用户、做出对用户不公平不合理的规定、损害用户的合法权益；提供有偿服务时，应当以显著方式公布所提供服务的视听节目种类、范围、资费标准和时限，并告知用户中止或者取消互联网视听节目服务的条件和方式。

第二十条　网络运营单位提供互联网视听节目信号传输服务时，应当保障视听节目服务单位的合法权益，保证传输安全，不得擅自插播、截留视听节目信号；在提供服务前应当查验视听节目服务单位的《许可证》或备案证明材料，按照《许可证》载明事项或备案范围提供接入服务。

第二十一条　广播电影电视和电信主管部门应建立公众监督举报制度。公众有权举报视听节目服务单位的违法违规行为，有关主管部门应当及时处理，不得推诿。广播电影电视、电信等监督管理部门发现违反本规定的行为，不属于本部门职责的，应当移交有权处理的部门处理。

电信主管部门应当依照国家有关规定向广播电影电视主管部门提供必要的技术系统接口和网站数据查询资料。

第二十二条　广播电影电视主管部门依法对互联网视听节目服务单位进行实地检查，有关单位和个人应当予以配合。广播电影电视主管部门工作人员依法进行实地检查时应当主动出示有关证件。

第二十三条　违反本规定有下列行为之一的，由县级以上广播电影电视主管部门予以警告、责令改正，可并处 3 万元以下罚款；同时，可对其主要出资者和经营者予以警告，可并处 2 万元以下罚款：

（一）擅自在互联网上使用广播电视专有名称开展业务的；

（二）变更注册资本、股东、股权结构，或上市融资，或重大资产变动时，未办理审批手续的；

（三）未建立健全节目运营规范，未采取版权保护措施，或对传播有害内容未履行提示、删除、报告义务的；

（四）未在播出界面显著位置标注播出标识、名称、《许可证》和备案编号的；

（五）未履行保留节目记录、向主管部门如实提供查询义务的；

（六）向未持有《许可证》或备案的单位提供代收费及信号传输、服务器托管等与互联网视听节目服务有关的服务的；

（七）未履行查验义务，或向互联网视听节目服务单位提供其《许可证》或备案载明事项范围以外的接入服务的；

（八）进行虚假宣传或者误导用户的；

（九）未经用户同意，擅自泄露用户信息秘密的；

（十）互联网视听服务单位在同一年度内三次出现违规行为的；

（十一）拒绝、阻挠、拖延广播电影电视主管部门依法进行监督检查或者在监督检查过程中弄虚作假的；

（十二）以虚假证明、文件等手段骗取《许可证》的。

有本条第十二项行为的，发证机关应撤销其许可证。

第二十四条　擅自从事互联网视听节目服务的，由县级以上广播电影电视主管部门予以警告、责令改正，可并处 3 万元以下罚款；情节严重的，根据《广播电视管理条例》第四十七条的规定予以处罚。

传播的视听节目内容违反本规定的，由县级以上广播电影电视主管部门予以警告、责令改正，可并处 3 万元以下罚款；情节严重的，根据《广播电视管理条例》第四十九条的规定予以处罚。

未按照许可证载明或备案的事项从事互联网视听节目服务的或违规播出时政类视听新

闻节目的，由县级以上广播电影电视主管部门予以警告、责令改正，可并处 3 万元以下罚款；情节严重的，根据《广播电视管理条例》第五十条之规定予以处罚。

转播、链接、聚合、集成非法的广播电视频道和视听节目网站内容的，擅自插播、截留视听节目信号的，由县级以上广播电影电视主管部门予以警告、责令改正，可并处 3 万元以下罚款；情节严重的，根据《广播电视管理条例》第五十一条之规定予以处罚。

第二十五条　对违反本规定的互联网视听节目服务单位，电信主管部门应根据广播电影电视主管部门的书面意见，按照电信管理和互联网管理的法律、行政法规的规定，关闭其网站，吊销其相应许可证或撤销备案，责令为其提供信号接入服务的网络运营单位停止接入；拒不执行停止接入服务决定，违反《电信条例》第五十七条规定的，由电信主管部门依据《电信条例》第七十八条的规定吊销其许可证。

违反治安管理规定的，由公安机关依法予以处罚；构成犯罪的，由司法机关依法追究刑事责任。

第二十六条　广播电影电视、电信等主管部门不履行规定的职责，或滥用职权的，要依法给予有关责任人处分，构成犯罪的，由司法机关依法追究刑事责任。

第二十七条　互联网视听节目服务单位出现重大违法违规行为的，除按有关规定予以处罚外，其主要出资者和经营者自互联网视听节目服务单位受到处罚之日起 5 年内不得投资和从事互联网视听节目服务。

第二十八条　通过互联网提供视音频即时通讯服务，由国务院信息产业主管部门按照国家有关规定进行监督管理。

利用局域网络及利用互联网架设虚拟专网向公众提供网络视听节目服务，须向行业主管部门提出申请，由国务院信息产业主管部门前置审批，国务院广播电影电视主管部门审核批准，按照国家有关规定进行监督管理。

第二十九条　本规定自 2008 年 1 月 31 日起施行。此前发布的规定与本规定不一致之处，依本规定执行。

国家广电总局《关于加强互联网视听节目内容管理的通知》

一、根据《互联网视听节目服务管理规定》第十六条规定，互联网视听节目不得含有以下内容：

（一）反对宪法确定的基本原则的；

（二）危害国家统一、主权和领土完整的；

（三）泄露国家秘密、危害国家安全或者损害国家荣誉和利益的；

（四）煽动民族仇恨、民族歧视，破坏民族团结，或者侵害民族风俗、习惯的；

（五）宣扬邪教、迷信的；

（六）扰乱社会秩序，破坏社会稳定的；

（七）诱导未成年人违法犯罪和渲染暴力、色情、赌博、恐怖活动的；

（八）侮辱或者诽谤他人，侵害公民个人隐私等他人合法权益的；

（九）危害社会公德，损害民族优秀文化传统的；

（十）有关法律、行政法规和国家规定禁止的其他内容。

二、各互联网视听节目服务单位对有下列情节的视听节目要及时进行剪节、删除：

（一）恶意曲解中华文明、中国历史和历史史实的；恶意曲解他国历史，不尊重人类文明、他国文明和风俗习惯的；

（二）蓄意贬损、恶搞革命领袖、英雄人物、重要历史人物、中外名著及名著中重要人物形象的；

（三）恶意贬损人民军队、武装警察、公安和司法形象的；有虐待俘虏、刑讯逼供罪犯或犯罪嫌疑人等情节的；

（四）表现违法犯罪嚣张气焰，具体展示犯罪行为细节，暴露特殊侦查手段，暴露应当受到保护的举报人、证人等形象、声音的；

（五）鼓吹宗教极端主义，挑起各宗教、教派之间，信教与不信教群众之间的矛盾和冲突，伤害群众感情的；

（六）宣扬看相、算命、看风水、占卜、驱鬼治病等封建迷信活动的；

（七）以恶搞方式描绘重大自然灾害、意外事故、恐怖事件、战争等灾难场面的；

（八）具体展现淫乱、强奸、乱伦、恋尸、卖淫、嫖娼、性变态、自慰等情节的；

（九）表现或隐晦表现性行为、性过程、性方式及与此关联的过多肉体接触等细节的；

（十）故意展现、仅用肢体掩盖或用很小的遮盖物掩盖人体隐私部位的；

（十一）带有性暗示、性挑逗等易使人产生性联想的；

（十二）宣扬婚外恋、多角恋、一夜情、性虐待和换妻等不健康内容的；

（十三）以成人电影、情色电影、三级片、偷拍、走光、露点及各种挑逗性文字或图片作为视频节目标题或分类的；

（十四）有强烈刺激性的凶杀、血腥、暴力、自杀、绑架、吸毒、赌博、灵异等情节的；

（十五）有过度惊吓恐怖的画面、字幕、背景音乐及声音效果的；

（十六）具体展示虐杀动物，捕杀、食用国家保护类动物的；

（十七）带有侵犯个人隐私内容的；

（十八）以肯定、赞许的基调或引人模仿的方式表现打架斗殴、羞辱他人、污言秽语的；

（十九）宣扬消极、颓废的人生观、世界观和价值观，刻意渲染、夸大民族愚昧落后或社会阴暗面的；

（二十）国家广播电影电视总局禁止传播的影视节目以及电影、电视剧的删减片段；

（二十一）违反相关法律、法规精神的。

三、互联网视听节目服务单位要完善节目内容管理制度和应急处理机制，聘请高素质业务人员审核把关，对网络音乐视频 MV、综艺、影视短剧、动漫等类别的节目以及"自拍"、"热舞"、"美女"、"搞笑"、"原创"、"拍客"等题材要重点把关，确保所播节目内容不违反本通知第一、二条规定。同时，对网民的投诉和有关事宜要及时处置。

四、互联网视听节目服务单位传播的影视剧，必须符合广播电影电视管理的有关规定，依法取得广播影视行政部门颁发的《电影片公映许可证》、《电视剧发行许可证》或《电视动画片发行许可证》；传播的理论文献影视片须依法取得广播影视行政部门颁发的《理论文献影视片播映许可证》。未取得《电影片公映许可证》的境内外电影片、未取得《电视剧发行许可证》的境内外电视剧、未取得《电视动画片发行许可证》的境内外动画片以及未取得《理论文献影视片播映许可证》的理论文献影视片，一律不得在互联网上传播。

五、从事互联网视听节目服务的单位要完善节目版权保护制度，严格遵守著作权法律、行政法规的规定，所播节目应具有相应版权。要采取版权保护措施，保护著作权人的合法权益。

各地广电管理部门要依法行政，恪尽职守，切实加强互联网视听节目内容管理，督促视听节目网站认真执行、自觉遵守上述规定，积极努力营造和谐、绿色的网络视听节目环境。

文化部《关于网络音乐发展和管理的若干意见》

一、我国网络音乐市场的现状和发展目标

（一）近年来，我国网络音乐市场发展迅速，音乐产品通过互联网、移动通信网等各种有线或者无线方式的传播，形成了数字化的音乐产品制作、传播和消费模式，促进了我国网络文化产业的发展，丰富了人民群众的文化娱乐生活。

（二）我国网络音乐市场仍然存在着不容忽视的问题，部分网络音乐产品格调不高，侵权盗版、非法链接、非法上传和下载等侵犯知识产权、破坏市场秩序的问题突出，一些单位擅自传播未经审查的进口网络音乐产品，甚至在少数网络音乐作品中出现了侵害民族风俗习惯、影响社会稳定的内容，这些问题严重损害了我国网络音乐市场的健康发展。

（三）网络音乐市场的发展目标是：鼓励扶持民族原创、健康向上的网络音乐产品的创作和传播，拓展民族网络文化的发展空间。规范网络音乐市场秩序，保护知识产权，完善监管体系，增强网络音乐企业竞争能力，努力打造一批具有中国风格和国际影响的民族原创网络音乐品牌。

二、支持网络音乐产业健康发展

（四）坚持正确价值取向，扶持原创网络音乐发展。要按照《国家"十一五"时期文化发展规划纲要》和《二〇〇六至二〇二〇年国家信息化发展战略》的要求，加快推进富有民族风格和时代特点的优秀音乐产品的数字化、网络化，鼓励扶持国内网络服务提供商、网络运营商、音乐内容提供商创作、推广和传播贴近实际、贴近生活、贴近群众，体现民族精神，反映时代特点的原创网络音乐产品。

（五）推动技术和内容融合，培育网络音乐市场。注重利用数字技术和网络技术改造提升传统音乐产业。建立优秀原创网络音乐产品评选、奖励和推广机制，提升网络音乐制作质量和水平。奖励思想性强、艺术性高、音乐内容和网络技术完美结合的原创网络音乐产品。

（六）增强网络音乐企业的市场竞争能力。支持中小网络音乐企业发展。鼓励和支持数字技术、网络技术以及硬件企业投资、兼并、收购文化内容经营企业，形成以资本为纽带、技术为支撑、内容为核心的网络文化企业集团。扶持一批创新能力强、经营信誉好、具有自主知识产权的网络音乐企业。建立以企业为主体、市场为导向，政府积极推动，产学研相结合的国家网络文化创新体系，努力把我国的音乐资源和市场优势转化为企业竞争优势和产业优势。

三、规范网络音乐市场秩序

（七）根据互联网覆盖面广、传播速度快、企业主体跨区域经营等特点，探索网络音乐市场监管的新模式，创新文化市场监管新思路。整合执法资源，增强协作意识，提高办案效率，建立健全跨部门、跨区域的协查制度，努力建设健康、繁荣、规范、有序的网络音乐市场。

（八）严格市场准入，加强内容监管。申请设立从事网络音乐经营活动的互联网文化经营单位，应符合《规定》要求。从事网络音乐产品经营活动，须取得文化部核发的《网络文化经营许可证》。禁止设立外商投资的网络文化经营单位。

（九）实施网络音乐产品的内容审查制度。凡在中华人民共和国境内传播的网络音乐产品，必须经文化部批准进口或备案。进口网络音乐产品，必须经文化部内容审查后，方可投入运营。已经文化部内容审查的进口音乐制品通过网络传播的，需由经营性互联网文化单位依法办理手续。（相关要求参见附件）从事网络音乐进口业务，必须由文化部批准的经营性互联网文化单位经营。对擅自传播进口网络音乐产品的，由文化部门依法查处，并提请通信管理部门对相关网站依法予以处理。拟专门通过网络传播的国产音乐产品，应报送文化部备案。

（十）建设积极健康的网络文化环境。及时合理协调音乐内容提供商、网络服务提供商和消费者的关系，反对不正当竞争和行业垄断，打造多方共赢的合作机制和产业链，构建公开、公平、公正的良好市场环境。网络音乐企业对不以赢利和商业营销为目的的网民自行模仿、编创和表演的音乐产品要加强审查。要倡导网络文明，强化网络道德约束，建立和完善网络行为规范，积极引导广大群众的网络音乐创作，自觉抵御不良内容的侵蚀，摈弃网络音乐产品的低俗之风，建设积极健康的网络文化。

（十一）加大执法力度，规范网络音乐市场。对未经文化部许可，擅自从事网络音乐等网络文化经营活动的，要依法取缔。传播含有违法违规内容的，应依照《规定》第二十四条予以处罚。情节严重，构成犯罪的，依法追究刑事责任。文化行政部门要积极联合有关部门共同打击侵权盗版音乐的违法行为。凡未经许可擅自经营或者经营违法违规内容的网站，要依照《规定》予以严厉查处，社会各界可以拨打12318举报电话举报。对未经著作权人许可，通过信息网络传播他人音乐作品，情节严重，构成犯罪的，由司法机关依据《刑法》予以处罚。

（十二）加强行业自律和社会监督。积极促进网络音乐产业链相关环节的融合与沟通，创新经营模式、商务模式和营销推广模式，避免同质竞争和同行业恶性竞争，努力造就良性互动、可持续发展的和谐网络音乐市场。积极发挥守法经营、信誉良好的网络音乐企业的示范作用。建立健全行业协会组织，加强行业自律、行业监督和行业服务。

国家广电总局《关于互联网视听节目服务许可证管理有关问题的通知》

一、根据《互联网视听节目服务管理规定》第7条规定，任何网站和个人未取得《许可证》，不得从事互联网视听节目服务。各级广电管理部门要按照《互联网视听节目服务管理规定》的要求，对未持有《许可证》擅自开展了互联网视听节目服务的网站和个人，责成其立即停止擅自开办的互联网视听节目服务。

二、目前正在《许可证》申报过程中的已经开展了互联网视听节目服务的网站，符合

《互联网视听节目服务管理规定》第 8 条和《广电总局、信息产业部负责人就〈互联网视听节目服务管理规定〉答记者问》及《〈信息网络传播视听节目许可证〉申报程序》（见广电总局网站）有关申请《许可证》基本条件的，可以继续按照《互联网视听节目服务管理规定》列明的申报程序，通过省级广电管理部门向广电总局申请补办《许可证》。广电总局受理补办《许可证》申请的截止日期为 2009 年 12 月 20 日。

三、2010 年 3 月 1 日起，各级广电管理部门要按照《互联网视听节目服务管理规定》的有关要求，对本辖区内互联网视听节目服务许可证制度的落实情况进行专项检查，对无证播出的依法予以处罚（包括申办未批的）。对违规情节恶劣、无证播出达 3 个月以上的，要按照广电总局与工业和信息化部等 12 部委联合下发的《关于建立境内违法互联网站黑名单管理制度的通知》（工信部联电管（2009）371 号）有关程序要求，重点查处，坚决关闭。

文化部《关于加强和改进网络音乐内容审查工作的通知》

一、管理主体和管理对象

（一）网络音乐是指用数字化方式通过互联网、移动通信网、固定通信网等信息网络，以在线播放和网络下载等形式进行传播的音乐产品，包括歌曲、乐曲以及有画面作为音乐产品辅助手段的 MV 等。

（二）从事网络音乐产品的制作、发布、传播（含直接提供音乐产品链接方式）、进口等经营活动，须是经文化部批准设立的经营性互联网文化单位（以下简称"经营单位"）。

（三）经营单位经营网络音乐产品，须报文化部进行内容审查或备案。

二、进口网络音乐内容审查

（四）进口网络音乐产品是指原始版权为境外自然人、法人和其它组织所拥有的网络音乐产品。进口网络音乐产品，须经文化部内容审查通过后，方可投入运营。

（五）进口网络音乐产品报审单位须为该网络音乐产品在中国内地的直接被授权人。直接被授权人是指直接获得该网络音乐产品的独家且完整的在中国内地的信息网络传播权或代理权的经营单位（以下简称"进口单位"）。

中国香港、澳门特别行政区和台湾地区的网络音乐产品参照进口网络音乐产品报审。

（六）进口单位与境外网络音乐版权人签订的网络音乐进口合同（协议）须符合以下规定：

1. 进口网络音乐的授权期应在一年以上（含一年）；

2. 合同（协议）标的物为音乐产品的信息网络传播权；

3. 合同（协议）应符合我国《合同法》、《著作权法》等法律法规的有关规定；

4. 合同（协议）应注明在经文化部内容审查通过后方可生效执行。

（七）进口单位报审进口网络音乐时须提供以下材料，并对所提供材料的真实性负责：

1. 进口网络音乐审查申请表（电子版）；

2. 网络文化经营许可证、营业执照（复印件）；

3. 报审歌曲的原文和译文歌词（电子版）；

4. 网络音乐进口合同（协议）、原始版权证明材料和授权书（复印件）；

5. 内容审查所需的其它材料。

（八）进口网络音乐产品报审程序。

1. 进口单位报审材料中的电子版通过"文化部网络音乐报备软件"（以下简称报备软件，下载网址：wlyy. mcprc. gov. cn/netmusic）进行报审。按照"报备软件"的要求填写相关信息，并上传到文化部网络音乐审查受理系统。需提交的纸制文件、CD 等材料挂号寄至文化部。

2. 报审材料齐全的，文化部予以受理，并在受理后 20 个工作日内（不包括专家评审所需时间）根据专家审查意见做出批准或者不批准的决定。批准的核发《进口网络音乐产品批准单》，不批准的说明理由。

3. 对内容审查有特殊时限要求的音乐产品，进口单位可通过"报备软件"提供的快速通道功能进行申请，文化部在受理后 3 个工作日内做出批准或者不批准的决定。

4. 对已通过其他相关部门内容审查，并正式出版发行的进口音乐产品，进口单位须提供相关部门的批准文件，文化部核实后准予以网络音乐形式进行传播，并对内容审查程序予以简化。

（九）已批准进口的网络音乐产品在授权期满后需要再次进口的，须重新办理进口手续。授权期内决定终止进口的，进口单位须报文化部撤销其批准文号。

（十）对已批准进口的网络音乐产品在国内进行转授权时，须由原进口单位在转授权行为发生后 20 日内报文化部备案，被授权的经营单位不再另行报审。备案时须提供以下材料：

1. 进口网络音乐产品转授权备案申请表（电子版）；

2. 文化部原批准文件（复印件）；

3. 被授权经营单位网络文化经营许可证和营业执照（复印件）；

4. 转授权合同（协议）（复印件）；

5. 报备所需的其它材料。

（十一）在本通知印发之日前未经内容审查的进口网络音乐产品，须按照本通知的要求在 2009 年 12 月 31 日前向文化部报审。

三、国产网络音乐备案

（十二）国产网络音乐产品实施备案制度。网络音乐经营单位应在正式运营后 30 日内报文化部备案。

（十三）经营单位须提供以下材料，并对所提供材料的真实性负责：

1. 国产网络音乐备案申请表（电子版）；

2. 网络文化经营许可证和营业执照（复印件）；

3. 报备歌曲的歌词（电子版）；

4. 国产网络音乐使用合同（协议）、原始版权证明材料和授权书（复印件）；

5. 备案所需的其它材料。

（十四）国产网络音乐备案程序。

1. 经营单位报审材料中的电子版通过"报备软件"进行报备。相关信息按照"报备软件"的提示要求进行填写，并上传至文化部网络音乐审查受理系统。需提交纸制文件、CD 等材料的，挂号寄至文化部。

2. 备案材料齐全的，文化部予以受理；并在受理后 10 个工作日内，核发《国产网络音乐产品备案表》。

3. 对已正式出版发行的国产音乐产品，经营单位可提供相应的出版物版号，文化部核实后予以备案并简化备案程序。

四、规范网络音乐经营行为

（十五）经营单位应当严格按照《暂行规定》的要求，建立网络音乐内容自审制度，设置专门部门负责音乐内容的自审自查。经营单位提供网民编创和表演等网络音乐上传服务的，要加强审查，保障其合法性。

（十六）经营单位须在网络音乐产品页面显著位置标注其批准文号或备案文号，不得擅自变更经文化部批准或备案的网络音乐产品的名称等其他信息，不得擅自增删或变更网络音乐产品内容。

五、加强网络音乐内容监管

（十七）各地文化行政部门要加强对属地内的网络音乐经营单位的管理，对运营环节中的音乐内容要及时跟踪监管，对从事违法网络音乐经营活动和提供违法网络音乐产品的经营单位依法查处。

国家广电总局《持有互联网电视牌照机构运营管理要求》

一、互联网电视集成业务管理要求

1. 互联网电视集成平台由节目集成和播出系统、EPG 管理系统、客户端管理系统、计费系统、DRM 数字版权保护系统等主要功能系统完整组成，互联网电视集成机构对所建集成平台应当独家拥有资产控制权和运营权、管理权。

2. 互联网电视集成平台只能选择连接广电总局批准的互联网电视内容服务机构设立的合法内容服务平台，在提供接入服务前，互联网电视集成机构应对互联网电视内容服务平台的合法性进行审核检查。

3. 持证的互联网电视内容服务机构，要求互联网电视集成平台为其内容平台向互联网电视终端播放节目提供路径和其他必要的技术支持时，互联网电视集成机构不得予以拒绝，并应当提供多种技术和商务合作模式供选择。

4. 互联网电视集成平台不能与设立在公共互联网上的网站进行相互链接，不能将公共互联网上的内容直接提供给用户。

5. 互联网电视集成平台为内容服务平台提供接入服务时，可以依据自身成本情况，制定公开、透明、公平合理的收费标准。

6. 目前阶段，互联网电视集成平台在功能上以支持视频点播和图文信息服务为主，暂不得开放广播电视节目直播类服务的技术接口。

二、互联网电视内容服务管理要求

1. 互联网电视内容服务平台只能接入到总局批准设立的互联网电视集成平台上，不能接入非法集成平台。同时，内容服务平台不能与设立在公共互联网上的网站进行相互链接。

2. 互联网电视内容服务中，新闻节目点播服务仅由广播电视播出机构开办，影视剧点播服务和图文信息服务可以由广播电视播出机构与拥有版权资源的机构合作开展。

3. 互联网电视内容服务机构应当遵守与广播电视一致的宣传管理要求，保持正确的舆论导向。应当建立、健全节目内容采集、组织、审核、播出等制度和相应的应急处理机制。

4. 互联网电视内容服务平台播放的节目内容在审查标准、尺度和管理要求上，应当与电视台播放的节目一致，应当具有电视播出版权。

5. 目前阶段，互联网电视内容服务以向用户提供视频点播和图文信息服务为主，暂不开展广播电视节目直播类服务。

三、互联网电视业务运营要求

1. 同时开办互联网电视集成和内容服务的机构，应将集成平台和内容服务平台分开设立，分设部门运营，使用不同的播出呼号，保障集成平台的中立性。

2. 同一互联网电视集成平台应当至少为3家以上的互联网电视内容服务平台提供集成运营服务。在许可证有效期内达不到这一要求的，其集成平台许可证期满将不予换发。

3. 同时开办互联网电视集成和内容服务的机构，其内容服务平台除接入到自身集成平台外，还应当接入到1家以上其他集成机构开办的集成平台，在许可证有效期内达不到这一要求的，其内容服务平台许可证期满将不予换发。

4. 互联网电视集成机构应当建立互联网电视独立的用户管理，计费认证体系，不得与传输网络运营商合作进行互联网电视业务的用户管理、计费认证工作。

5. 互联网电视集成机构和内容服务机构在业务开展中各自承担相应的审查把关责任，集成机构主要负责审查所接入的内容服务平台资质是否合法，但不负责对具体的节目进行播前审查；内容服务机构负责审查其开办的内容服务平台上的节目是否符合相应的内容管理、版权管理要求，对具体的节目要进行播前审查，承担播出主体责任；内容平台的合作方负责对自身所提供的节目内容和版权进行审查，向内容平台承担相应责任。

6. 互联网电视集成机构与互联网电视机顶盒生产企业合作生产的机顶盒产品，应在"三网融合"试点地区有计划地投放，不得擅自扩大机顶盒产品投放的地域范围。

7. 开展互联网电视业务过程中，重要的发展计划、方案，应事先报总局，包括所签署的重要合资、合作协议等。未经总局批准，不得将牌照载明的业务擅自转授其他机构运营或其他机构合作运营。

四、互联网电视机顶盒等终端产品管理要求

1. 互联网电视集成机构所选择合作的互联网电视终端产品，只能唯一连接互联网电视集成平台，终端产品不得有其它访问互联网的通道，不得与网络运营企业的相关管理系统、数据库进行连接。

2. 集成机构所选择合作的互联网电视终端产品，只能嵌入一个互联网电视集成平台的地址，终端产品与平台之间是完全绑定的关系，集成平台对终端产品的控制和管理具有唯一性。

3. 集成机构选定拟合作的终端产品的类型、厂家、型号后，向广电总局提交客户端号码申请，广电总局将按照统一分配、批量授权、一机一号等现行的互联网电视客户端编号规则，针对合格型号的终端产品授权发放相应的号段，允许在号段范围内生产终端产品。经授权的集成机构，负责按照唯一原则确定每一台互联网电视客户端的编号。

第四节　我国网络出版产业政策分析

一、我国网络出版产业政策提出的背景

近年来，网络出版产业发展迅速，全球范围内，传统出版产业与网络出版的融合不断深化，网络出版内容不断丰富、形式不断创新、市场日渐完善，跨国跨区域的战略合作与日俱增。与此同时，我国网络出版产值再创新高，技术不断进步，规模不断提升，政府引导力度不断加强，使得网络出版产业在文化产业中的比重逐年上升，开始成为我国经济发展的重要组成部分。

2005 年，谷歌公司因扫描 2000 多万本图书并上传到它的电子图书馆而遭到美国作家协会的起诉，8 年后的 2013 年他们终于赢得了这场官司。案件的宣判陈词表示，谷歌公司扫描图书是为了平等地使用这些内容，它并没有损害原有作品的市场。它同时提出，书籍的电子化能避免图书因为物理衰变而造成的老化，谷歌图书可以帮助读者发现新书，同时又能为图书作者带来新的收入。2014 年 1 月，作家 Melissa Pettignano 将苹果公司告上了法庭，原因是该公司旗下的 iBook 电子书商店出售了没有得到 Melissa 授权的作品。2012 年，美国司法部认定苹果公司与美国五大出版商合谋抬高电子书价格，并连同 33 个州的总检察长指控苹果公司和出版商签署的"代理商模式"违反反垄断法，阻止了其他公司的"批发商模式"[①]。谷歌公司和苹果公司的案例显示出全球网络出版仍然经历着传统出版向数字出版的过渡。版权问题、赢利模式问题等诸多矛盾仍然困扰着网络出版产业的发展。在这一系列的问题和巨大的市场机遇面前，世界各国纷纷出台了推动本国网络出版产业发展的相关政策措施，我国的网络出版产业政策也是在该背景下出台的。

二、我国网络出版产业政策的内涵与外延

（一）网络出版、网络出版产业的内涵与外延

有关网络出版的含义业界、学术界主要有四种界定，即过程说、技术说、介质说和内容说。

过程说：网络出版是建立在高新技术的基础上，基于传统出版内容而发展起来的出版产业。网络出版是在出版的整个过程中，将所有的信息都以数字化形式存储于光盘等介质中，借助终端设备进行传播。它强调内容、生产模式、运作流程、传播载体、阅读消费的数字化。

---

① "批发商模式"主要由亚马逊采用，即由出版商确定批发价，零售商决定零售价。而"代理商模式"则允许出版商确定电子书的最终零售价，但要向苹果公司交纳利润的 30%，并保证向苹果公司提供最优惠价格，也就是禁止其他电子书销售商以低于苹果公司的价格来销售电子书。

技术说："网络出版是指利用数字技术进行内容编辑加工，并通过网络传播数字内容产品的一种新型出版方式，其主要特征为内容生产数字化、管理过程数字化、产品形态数字化和传播渠道网络化。"[①] 目前网络出版产品主要包括电子图书、数字期刊、数字报纸、网络原创文学等。

介质说：网络出版是利用互联网技术，以新媒介为载体的出版活动。其介质主要包括电子书、计算机等形式的各种互联网终端。

内容说：网络出版就是以数字内容生产、传播、流通为核心的数字内容产业。

综合以上定义，网络出版产业是指以互联网为载体，通过"在线"方式，向受众提供互联网出版物的经营性行业。广义的网络出版物包括电子图书、数字期刊、数字报纸、电子杂志、网络游戏、新媒体动漫、网络音乐、网络视频、网络广告等以数字化形式呈现并通过互联网传播的网络文化产品与服务形式。狭义的网络出版物主要包括电子图书、数字期刊、数字报纸、电子杂志等与传统出版物一一对应的数字化网络出版形式。因为前面已单独研究网络游戏、新媒体动漫、网络视听，所以本节所研究的网络出版主要是指狭义的网络出版物及其对应的产业形态。

（二）网络出版产业政策的内涵与外延

网络出版产业政策是一个非常复杂的概念，其内涵和外延非常丰富。

所谓网络出版产业政策，就是政治组织为了实现一定的经济和社会利益，以权威形式标准化地对网络出版产业的形成和发展进行规范和调整的各种政策的总和。其功能在于弥补网络出版产业的市场缺陷，有效配置资源，保护产业成长，减弱经济震荡，促进产业发展。网络出版产业政策具体包括宪法与网络出版有关的规范条例、全国人民代表大会及其常务委员会出台的各类有关规范网络出版产业的法律法规、国务院出台的促进网络出版产业发展的行政法规、国务院各部门出台的部门章程和地方政府出台的地方性行政规范。

三、我国网络出版产业的发展历程与现状

（一）我国网络出版产业的发展历程

1. 萌芽时期（20世纪90年代以前）

这一时期，我国的网络出版业尚未出现，但是已经产生了一些运用数字技术创作加工的环节。受到改革开放政策的影响，越来越多的从业者发现国际上网络和数据库的使用，将编辑加工化繁为简。我国出版领域的很多先驱者在这一时期开始出现。1974年，北大方正集团开创者王选主持发明了"数字化存储和高倍率字形信息压缩及输出复原和失真最小的变倍技术"。

2. 兴起时期（20世纪90年代至21世纪初）

这一时期，我国网络出版产业进入了兴起阶段。网络技术、数字技术、通信技术不断

---

① 梁春芳. 论数字化时代出版人才培养模式的构建［M］//陈寿灿. 人才培养与教学改革——浙江工商大学教学改革论文集. 杭州：浙江工商大学出版社，2012.

发展，电子书、电子杂志等新兴网络出版物开始出现。

1991年，武汉大学出版社推出全文检索电子版《国共两党关系通史》。

1992年，中国软件行业协会软件出版分会成立。

1992年，中国出版工作者协会电子版研究会成立。

1993年，新闻出版署审批成立国内第一批36家电子出版单位。

1995年，国内第一份中文互联网杂志《神州学人》在互联网上推出电子版。

1999年，高等教育电子音像出版社成立。

截至2001年，中国从事网络出版业务的网站达到500家。

3. 兴盛时期（21世纪初至今）

这一时期，我国网络出版产业蓬勃发展，市场规模持续扩大，用户数量平稳增长，内容平台日渐丰富，新兴技术不断涌现，政策扶持日趋规范，发展格局基本形成，发展路径逐渐明朗。具体数据见表6-1。

表6-1　我国网络出版产业产值　　　　　　　　　　　　单位：亿元

时间	2006年	2007年	2008年	2009年	2010年	2011年	2012年
互联网期刊	5+1（多媒体互动期刊）	6+1.6（多媒体互动期刊）	5.13	6	7.49	9.34	10.83
电子书	1.5	2	3	14	24.8	16.5	31
数字报纸	2.5	1.5	2.5	3.1	6	12	15.9
博客	6.5	9.75	——	——	10	24	40
手机出版	80	150	190.8	314	349.8	367.34	486.5
合计	96.5	170.85	201.43	337.1	398.09	429.27	584.23

（数据来源：郝振省《2012—2013中国数字出版产业年度报告》）

由表6-1可以发现，网络出版产业在这一时期得到长足发展，总体呈上升趋势，产值涨幅巨大，发展势头迅猛，我国网络出版产业迎来了从有到强、蓬勃发展的兴盛时期。

（二）我国网络出版产业的发展现状

我国网络出版产业的发展得益于其成长的现实土壤，经济的持续快速发展为我国网络出版产业的兴起奠定了良好的基础。一方面，国家资本的投入为网络出版的发展注入了大量资金；另一方面，民间资本涌入网络出版领域，使得网络出版产业出现了异常繁荣的局面。由图6-16可以看出，以互联网期刊、电子书、数字报纸、博客、手机出版为代表的网络出版产业生产总值在五年内翻了4番。

与此同时，国家相关部委出台了大量文化产业政策，其中更有针对网络出版产业发展的专项规定，在约束和规范网络出版产业发展的同时，也为网络出版产业的进一步发展提供了可循依据。

面对良好机遇，我国网络出版产业乘势而上，顺势而为，不断扩大发展规模，完善内部结构，规范行业标准，实现科学合理的全面发展。

我国网络出版产业在前述宏观背景的影响下，保持着强劲的增长势头，产值不断提升，用户数量迅速增长，出版物品种日益丰富。

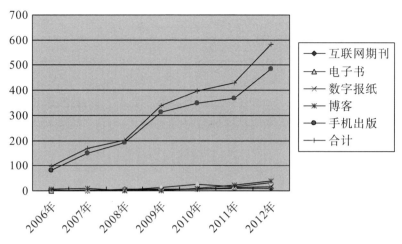

图6－16 我国网络出版产业产值构成

（数据来源：郝振省《2012—2013中国数字出版产业年度报告》）

从产值的角度分析，我国网络出版产业整体收入规模不断扩大，增幅显著。2012年网络出版（不含新媒体动漫、在线音乐、网络游戏、互联网广告）的全年收入达584.23亿元，同比增长36％。其中，互联网期刊收入达10.83亿元，电子书达31亿元，数字报纸达15.9亿元，博客达40亿元，手机出版达486.5亿元。

从用户数量的角度分析，我国网络出版产业的用户规模逐年增加（见表6－2）。截至2012年，电子图书机构用户数达到8500家，增长率为6.25％；博客注册用户数达到37299万，增长率为17.1％；原创网络文学注册用户数为23300万，增长率为14.8％。网络出版用户数量的急速增加，展示了我国网络出版市场的潜在需求。

表6－2 我国网络出版产业的用户规模

时间	2006年	2007年	2008年	2009年	2011年	2012年	增长率
互联网期刊用户数	6300万	7600万	8700万	9500万	数据缺失	数据缺失	—
电子图书机构用户数	3000家	3800家	4000家	4500家	8000家	8500家	6.25％
数字报纸用户数	800万	2500万	5500万	6500万	30000万	数据缺失	—
博客注册用户数	6340万	9100万	16200万	22100万	31864万	37299万	17.1％
手机阅读活跃用户数	—	—	10400万	15500万	30900万	数据缺失	—
原创网络文学注册用户数	—	—	—	16200万	20300万	23300万	14.8％

（数据来源：郝振省《2012—2013中国数字出版产业年度报告》）

从网络出版物品种分析，据《2012—2013中国数字出版产业年度报告》，2012年，我国互联网期刊为2.5万种，多媒体互动期刊为0.34万种，电子书为100万种，互联网原创作品为214.43万种，数字报纸为0.09万种，网络出版物达到317.36万种，同比增长17％，见表6－3。我国数字出版物品种不断丰富，虽然部分产品呈现下降趋势，但总体涨幅明显，发展速度迅猛。

表6-3　我国网络出版物品种统计　　　　　　　　　　　单位：万种

年份	互联网期刊	多媒体互动期刊	电子书	互联网原创作品	数字报纸	网络出版物总计
2009	1.6	2	60	118.67	0.05	182.32
2011	2.5	1.26	90	175.7	0.09	269.55
2012	2.5	0.34	100	214.43	0.09	317.36

（数据来源：郝振省《2012—2013中国数字出版产业年度报告》）

四、我国网络出版产业政策分析

我国网络出版产业的发展受到国际网络出版产业的推动，得到国内技术进步、相关产业迅速崛起的有力支撑，特别是我国网络出版产业相关政策的出台，为网络出版产业的发展提供了可靠保障。但由于市场环境变幻莫测、产业发展刚刚起步等因素，我国现有的网络出版产业政策很难满足网络出版产业的迅速崛起和长远发展。下面就我国网络出版产业的政策主体、政策文本、政策效果、政策问题和政策意见进行分析。

（一）政策主体分析

1. 政策主体构成

由于网络出版起源于传统出版与网络技术的融合，而长期以来我国传统出版产业的主管机构就是原国家新闻出版总署，产业管理主体非常明确，因此，我国网络出版政策主体较其他互联网文化产业单一，主要的政策主体包括原国家新闻出版总署和工业和信息化部。其中，原国家新闻出版总署是所有政策制定的核心主体。

2. 政策主体特征

政策主体明确是我国网络出版产业政策主体的主要特征。这一特征为保证政策制定的合理性、科学性，确保政策的有效执行奠定了扎实的基础。

（二）政策文本分析

1. 管理政策

（1）内容管理政策。

由于我国网络出版产业起源于传统出版产业，是对传统出版产业的创新和提升，因此，我国网络出版产业的内容管理政策主要包括以下两个方面：

一是传统出版产业的内容管理政策。2011年新修订的《出版管理条例》规定：出版物不得含有危害国家安全、破坏民族团结、淫秽色情等内容。该条例特别指出，报纸、期刊登载的内容必须真实，且相关出版单位为其内容的真实性负责。

二是对网络出版物的内容管理新政策。2013年10月，亚马逊、Kobo和巴诺网上书店均下架了一部分网络出版电子书，原因是其内容"不符合网站的内容政策"。网络书店作为网络出版电子书的主要销售通路，对电子书进行大规模下架还是第一次。究其原因，网络出版电子书中包含部分情色内容。网络出版物的内容管理问题再次被人们所重视。

《互联网出版管理暂行规定》在沿用国家对传统出版的内容管理政策的同时，增加了以下内容："互联网出版机构出版涉及国家安全、社会安定等方面的重大选题，应当依照重大选题备案的规定，报新闻出版总署备案。未经备案的重大选题，不得出版。"[①] 这一管理规定的出台，一方面是基于网络出版本身的强大传播能力和社会影响力；另一方面是基于网络传播对国家安全、国家文化安全的强大影响力。另外，该规定强调对未成年人的保护，网络出版实行编辑责任制，编辑承担内容审查责任。

（2）市场管理政策。

为了维护网络出版产业的公平竞争，完善市场体制，规范市场秩序，保障网络出版产业健康快速发展，创建良好的市场环境，制定相关管理政策势在必行。我国关于网络出版产业市场管理的相关政策的基本内容包括以下五个方面：

一是明确了网络出版市场管理的目的："为了加强对互联网出版活动的管理，保障互联网出版机构的合法权益，促进我国互联网出版事业健康、有序地发展。"[②]

二是明确了网络出版产业的监管方、出版商、发行商、批发商、零售商的权利和义务，明确了相关单位的注册、变更、终止的手续和要求。

三是明确了网络出版的市场准入制度。《互联网出版管理暂行规定》明确指出，国家新闻出版总署对网络出版机构进行前置审批，进行网络出版活动，必须经过批准。

四是明确了网络出版的版权办理办法。《互联网出版管理暂行规定》规定："从事互联网出版活动，应当遵守国家有关著作权的法律、法规，应当标明与所登载或者发送作品相关的著作权记录。"[③]"网络著作权的行政保护实施主体是国家各级著作权行政管理部门。国务院信息产业主管部门和各省、自治区、直辖市电信管理机构是著作权保护的执法机构。同时，网络侵权行为由行为实施地的著作权行政管理部门管辖。"[④]

五是明确了惩罚机制。《互联网出版管理暂行规定》第四章"罚则"和《互联网著作权行政保护办法》明确了互联网侵权行为的处罚措施。

政府市场管理政策对我国网络出版产业的影响如图6-17所示。

---

① 国家新闻出版总署，信息产业部. 互联网出版管理暂行规定［EB/OL］. 中国网，http://www.china.com. cn/zhuanti2005/txt/2002-07/15/content _ 5173506. htm.

② 国家新闻出版总署，信息产业部. 互联网出版管理暂行规定［EB/OL］. 中国网，http://www.china.com. cn/zhuanti2005/txt/2002-07/15/content _ 5173506. htm.

③ 国家新闻出版总署，信息产业部. 互联网出版管理暂行规定［EB/OL］. 中国网，http://www.china.com. cn/zhuanti2005/txt/2002-07/15/content _ 5173506. htm.

④ 国家版权局，信息产业部. 互联网著作权行政保护办法［EB/OL］. 国家知识产权局，http://www.sipo. gov.cn/zcfg/flfg/bq/bmgz/200804/t20080403 _ 369311. html.

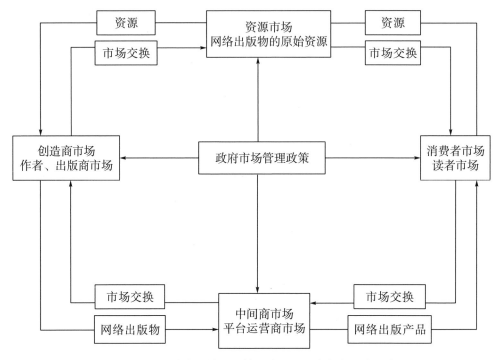

图 6—17　政府市场管理政策对我国网络出版产业的影响

2. 产业发展政策

在网络出版产业施行切实可行的产业发展政策，对扩大内需、保持产业增长有着非常重要的作用，直接关系着网络出版产业的长远快速发展。施行有利的产业发展政策，将加快政府的有关投资，加强关于网络出版的各项建设，扎实推进结构性减税政策的实施，减轻网络出版企业和读者负担，明显增强公众消费网络出版产品的能力，进而推动文化产业的全面发展。

（1）财税政策。

在财政扶持方面：划拨专项资金支持网络出版产业发展。2010 年，《关于加快我国数字出版产业发展的若干意见》提出："要逐步完善数字出版投入机制，积极争取各级财政对数字出版产业发展的扶持，加大对重点数字出版工程项目的资金投入；面向全社会，推动设立扶持数字出版专项资金。"①

在税收优惠方面：2008 年，国家新闻出版总署发布的《国家新闻出版总署关于认定新闻出版行业高新技术企业有关问题的通知》指出："2009 年初至 2013 年底，国家将在文化产业支撑技术等领域内，需要重点扶持的高新技术企业，按减 15% 的税率征收企业所得税，特别是文化企业最新研制的技术、产品、工艺等产生的花费，按国家税法规定，在计算应纳税所得额时加以扣除。"②

---

① 国家新闻出版总署. 关于加快我国数字出版产业发展的若干意见［EB/OL］. 中国政府网，http://www.gov.cn/gongbao/content/2011/content＿1778072.htm.

② 国家新闻出版总署. 国家新闻出版总署关于认定新闻出版行业高新技术企业有关问题的通知［EB/OL］. 国家新闻出版总署，http://www.gapp.gov.cn/news/1663/103108.shtml.

（2）金融政策。

2010 年，《关于加快我国数字出版产业发展的若干意见》提出："鼓励社会各界参与数字出版产业发展，用足用好金融领域支持文化产业的优惠政策，拓宽投融资渠道，实现投资主体多元化。"①

2006 年 8 月，《关于深化出版发行体制改革工作实施方案》提出："经营性出版单位转企改制工作，实现投资主体多元化。国家将鼓励出版集团公司和发行集团公司相互持股，进行跨地区、跨部门、跨行业并购、重组。"②

（3）对外贸易政策。

2010 年，《关于加快我国数字出版产业发展的若干意见》提出："推动数字出版'走出去'。鼓励企业充分利用国际国内两种资源和两个市场，推动优秀出版物通过数字出版方式进入国际市场；重点扶持和培育在'走出去'方面措施得力、成效显著的数字出版骨干企业和示范单位，对切实跨出国门并取得显著成绩的重大项目和重点企业予以资金资助、税收减免和其他奖励。"③

2012 年，《文化产品和服务出口指导目录（修订）》指出："期刊数据库服务年出口额 50 万美元以上、有国际市场开发和营销潜力；电子书出口年出口额 50 万美元以上；出版单位版权输出年出口额 3 万美元以上或版权输出种类达到 30 种；出版单位合作出版年出口额 2 万美元以上；版权输出代理服务年出口额 10 万美元以上。以上符合条件的企业可以在市场开拓、技术创新、海关通关等方面得到支持。"④

（三）政策效果分析

1. 版权保护问题向好发展

2001 年 10 月 27 日，修订后的《中华人民共和国著作权法》正式出台。在该法案中明确增加了"信息网络传播权"条款，增加了"对权利管理电子信息的规定"。此外，2006 年 5 月 10 日，国务院颁布了针对网络传播权的权利保护、权力限制等做了明确规定的《信息网络传播权保护条例》，为我国网络出版领域的版权环境提供了切实可行的法律依据，也是传统版权保护向网络出版领域的沿袭和发展。

2013 年，国务院修订了《计算机软件保护条例》《著作权法实施条例》《信息网络传播权保护条例》，加大了对侵权行为的处罚力度。

回顾 2012 年，我国网络维权诉讼案件屡见不鲜，且影响深远。百度文库系列案、苹果应用商店案、豆丁网系列案件以及谷歌图书搜索案等非常典型。其中，中文在线起诉苹果公司侵权案，判决苹果公司停止侵害并赔偿 60 万元。中国作家维权联盟诉讼苹果应

---

① 国家新闻出版总署. 关于加快我国数字出版产业发展的若干意见 [EB/OL]. 中国政府网，http://www.gov.cn/gongbao/content/2011/content＿1778072.htm.

② 强月新，吴志龙. 转型·创新·调整·融合——2006 年中国媒体发展盘点 [J]. 中国媒体发展研究报告，2007（00）：3—28.

③ 国家新闻出版总署. 关于加快我国数字出版产业发展的若干意见 [EB/OL]. 中国政府网，http://www.gov.cn/gongbao/content/2011/content＿1778072.htm.

④ 商务部，外交部，文化部，广电总局，新闻出版总署，国务院新闻办公室. 文化产品和服务出口指导目录（修订）[EB/OL]. 商务部，http://www.mofcom.gov.cn/article/difang/hebei/201203/20120308006208.shtml.

用程序商店侵权案件，受害作家获赔1000万元。这些案件的审理和最终判决结果很大程度上源于我国网络出版产业版权政策的出台和不断完善，在业界产生了深远影响，进一步促进了网络出版产业版权问题的向好发展。

2. 赢利模式问题探索前进

伴随我国数字出版产业的迅猛发展，相关政策不断出台，我国数字出版产业的赢利模式日渐丰富。2002年6月，新闻出版总署颁布的《互联网出版管理暂行规定》指出，从事互联网出版活动，必须经过批准，对行政审批和监督管理做出了规定。同时明确了互联网出版机构的权利和义务等，规范了参与网络出版各方的行为。与此同时，多项行政法规相继提出的鼓励内容创作的相关条款，使得内容制作方的弱势地位得到改变，在直接进行产品交易获得收入的同时，开始尝试多来源混合型赢利，即付费订阅、广告、无线业务等方式的混合使用。

3. 人才培养问题提上日程

人才培养和人才流向问题提上日程。2010年，新闻出版总署颁布的《关于加快我国数字出版产业发展的若干意见》指出："加快人才培养，特别是传统出版单位数字出版高级管理人才、高级营销人才、高级策划人才及数字出版编辑人才的培养；鼓励数字出版企业与高等院校及科研机构合作，逐步建立起教育培训和岗位实践相结合的数字出版产业人才培养机制；进一步健全人才引进、使用和考核机制。"[①] 与此同时，《鼓励西部地区网络出版产业发展条例》也提出："扶持落后地区发展网络出版产业，引导资本流入偏远地区，出台相关倾向性政策，引进人才流入落后地区，推动网络出版产业的发展与完善。"利用高校的科研力量、师资潜质和现有的社会资源，努力培养出一批业务精良、视野开阔的网络出版人才，成为我国网络出版产业迅速崛起的坚强后盾。

4. 标准化问题日渐明朗

2014年4月出台的《国家新闻出版广电总局 财政部关于推动新闻出版业数字化转型升级的指导意见》指出，当下我国网络出版产业发展的主要任务是"开展数字化转型升级标准化工作"，具体包括：

（1）支持企业对《中国出版物在线信息交换（CNONIX）》国家标准开展应用。重点支持图书出版和发行集团。包括支持企业研制企业级应用标准；搭建出版、发行数据交换小型试验系统，实现出版与发行环节的数据交换；开展实体书店、电子商务（网店）对出版端反馈的应用示范。

（2）支持企业对《多媒体印刷读物（MPR）》国家标准开展应用。重点支持教育、少儿、少数民族语言等出版单位，从产品提供向内容服务的数字化转型升级。包括研制企业级应用标准，部署相应软件系统，开展底层技术兼容性研究与应用，构建从实体店到电子商务的立体销售体系。

（3）支持企业面向数字化转型升级开展企业标准研制。支持出版企业研制企业标准，以及开展国家标准、行业标准的应用研究；支持、鼓励相关技术企业研制基于自主知识产权技术的企业标准；支持以企业标准为基础申报行业标准、国家标准乃至国际标准。

---

① 新闻出版总署. 关于加快我国数字出版产业发展的若干意见［EB/OL］. 国务院，http://www.gov.cn/gongbao/content/2011/content_1778072.htm.

此文件的出台反映了我国当下网络出版产业标准化问题已日渐明朗。

2007 年，文化部出台的《文化标准化中长期发展规划（2007—2020）》明确指出，繁荣文化事业和发展文化产业首先必须做到标准化，文化艺术与现代科技紧密结合、推动文化创新也必须做到标准化。自此，网络出版产业标准化问题逐步得到重视，统一的技术标准相继出台。伴随着《新闻出版资源唯一标示符 PDRI》《中国标准名称标识 ISNI》等政策的颁布和执行，用户使用便捷性得到提高。同时，我国新闻出版标准化技术委员会根据网络出版的发展和国际标准的修订，目前正在组织《中国标准连续出版物号》的制定，标准化规范的制定和执行也正在逐步深入。在电子书方面，目前我国已经出台了《电子书内容标准体系》《电子书内容元数据》《电子书内容格式基本要求》等政策。在手机出版方面，全国新闻出版标准化技术委员会制定的《手机出版标准化体系表》已经出台并开始执行。相关政策的不断出台，使得标准化问题逐渐明朗。

（四）政策问题分析

1. 扶持、规范网络文学产业发展政策仍需加强

近年来，我国网络文学产业迅速发展，出现了大量具有广泛社会影响力的网络文学作品，如《鬼吹灯》《杜拉拉升职记》等，以及著名的网络文学网站，如起点中文网、榕树下等。网络文学企业不断做大做强，如盛大文学有限公司等。但是，与我国网络文学迅猛发展的产业实际相对比，我国政府却尚未出台网络文学产业规范、扶持的相关政策，这在很大程度上阻碍了网络文学产业的健康发展。首先，网络文学由于门槛低，一些写作水平低下、知识层次有限的网络写手借网络文学平台发布了大量抄袭、不雅、低俗、恶俗的网络文学作品，给我国网络文化环境造成了巨大的冲击。这一问题需要国家出台相关网络文学内容规范政策予以管理。其次，网络盗版成为制约我国网络文学发展的关键因素，非法链接（盗链）、非法转载、刊登等成为网络盗版的主要形式。OCR 截屏扫描和"人肉打字机"成为盗版网站侵权的主要手段，而国家在网络版权保护方面的立法滞后更加剧了网络文学的盗版问题。最后，正版网络文学网站盈利能力低，需要国家相关政策扶持。以盛大文学旗下的网络文学网站为例，2010 年榕树下总营收约 4.9 万元，亏损约 668 万元；天方听书总营收约 137 万元，亏损约 156 万元。正版网络文学企业面临版权支出高、被盗版现象严重、企业毛利率低的问题。因此，网络文学产业的健康发展，需要国家出台相关的财税优惠等扶持政策，鼓励、支持正版网络文学企业的快速发展。

2. 版权保护体系不完善，版权保护政策执行不到位

相对于其他网络文化产品，以文字内容为主体的网络出版产品的侵权行为是操作最简单、成本最低廉的一种。非法链接、转载等无须任何成本的网络出版侵权行为，极大地损害了网络著作权人的利益，也给国家监管带来了巨大的困难。目前，我国网络出版侵权主体主要分为两类：一是大量存在的小型盗版网站。这些网站没有自己的原创队伍，也不进行版权购买，仅仅简单地通过复制技术或者"人肉打字机"将正版网站的内容放在自己的网站上，免费提供给网民，赚取点击率，以实现盈利。二是搜索引擎。由于百度、谷歌等搜索引擎对盗版没有进行有效的监管，用户在百度、谷歌中能够轻易搜索到盗版内容，这给正版网络文学网站带来了巨大的用户流失和高额的经济损失。加之搜索引擎用户数量巨大，导致网络侵权行为广泛，给合法经营的网络出版企业和著作权人造成了巨额的损失。

因此，网络出版产业的快速健康发展，亟须国家完善相关网络版权保护体系，出台相关法律法规，然而我国目前仅有 2005 年出台的《互联网著作权行政保护办法》，网络版权保护政策权威性不高，缺乏法律约束力。另外，在版权政策执行方面，政策执行不力，也是我国网络出版版权保护中亟须解决的问题。《互联网著作权行政保护办法》规定："侵犯互联网信息服务活动中的信息网络传播权的行为由侵权行为实施地的著作权行政管理部门管辖。"① 这一规定在一定程度上造成了版权保护受到地方保护主义的冲击。

（五）政策调整建议

1. 进一步完善网络版权保护法律政策体系，增强政策执行力度，为产业发展提供健康环境

应尽快出台《网络出版版权保护法》，完善网络版权保护法律政策，就网络出版产业所涉及的各参与方的权利、义务做出明确规范，特别是针对传统出版业不存在的诸如技术平台运营商等网络出版产业的主要参与者应予以明确的权利、义务界定，规范其市场行为，为产业发展奠定基础。修订网络侵权行为的相关诉讼程序，尽量减少地方保护主义在网络版权保护方面的负面影响。加强对网络版权侵权行为的惩罚力度，提高网络侵权成本，加强版权保护法律政策对网络侵权行为的震慑力度和惩处力度。

确立网络作品备案登记制度。设立国家级的版权登记数据库，实现规范化的网络出版刊号管理。鼓励有条件的社会中介力量先建立起版权登记平台，鼓励业内已经建成的大型版权库实现开放，对版权登记统计平台上的作品权利信息进行公示，做到版权"可查询、可保护"。

鼓励数字作品的版权贸易。同步构建全国性的网络版权资源和交易平台，统一交易制度和标准，降低交易成本，推动行业的良性发展。

2. 出台相关鼓励政策，鼓励企业在进行网络出版时采用统一格式，促进企业间的资源共享，推动产业快速发展

产业标准体系不统一，是制约我国网络出版企业资源共享、强强联合的一个重要因素。2013 年，国家新闻出版总署经过 4 年的努力推出了《数字阅读终端内容呈现格式》，该格式是我国方正公司研发的 CEBX 格式，具有完全的自主知识产权。该标准的出台旨在解决网络出版格式不统一、用户很难在多终端设备中进行简单转换的问题。国家新闻出版总署建议各地新闻出版局等有关出版单位在出版数字阅读终端内容时采用该标准。但是，目前我国多家网络出版企业在出版时多采用的是 PDF 格式，采用新的标准格式会给企业带来相当大的成本付出。因此，建议相关政策主体尽快出台鼓励办法，鼓励企业在进行网络出版时采用 CEBX 格式，从而推动我国网络出版企业间的资源共享和元数据贡献，提高整体利益，推动网络出版产业的快速、有序发展。

---

① 国家版权局，信息产业部. 互联网著作权行政保护办法［EB/OL］. 国家知识产权局，http：//www. sipo. gov. cn/zcfg/flfg/bq/bmgz/200804/t20080403 _ 369311. html.

附件 1：我国网络出版产业主要政策文件一览表

类型	发布机构	时间	政策文件
法律	全国人大及其常委会	1990 年	《中华人民共和国著作权法》
		2010 年	《全国人民代表大会常务委员会关于修改〈中华人民共和国著作权法〉的决定》
行政法规	国务院	1996 年	《中华人民共和国计算机信息网络国际互联网管理暂行规定》
		2000 年	《互联网信息服务管理办法》
		2001 年	《计算机软件保护条例》
		2006 年	《信息网络传播权保护条例》
		2013 年	《国务院关于修改〈中华人民共和国著作权法实施条例〉的通知》
		2013 年	《国务院关于修改〈计算机软件保护条例〉的决定》
部门规章	国务院各部委	2000 年	信息产业部《互联网电子公告服务管理规定》
		2002 年	国家新闻出版总署、信息产业部《互联网出版管理暂行规定》
		2003 年	文化部《互联网文化管理暂行规定》
		2004 年	文化部《关于修订〈互联网文化管理暂行规定〉等规章的决定》
		2005 年	国家版权局、信息产业部《互联网著作权行政保护办法》
		2008 年	国家新闻出版总署《电子出版物管理规定》
		2011 年	文化部《互联网文化管理暂行规定》
		2011 年	工业和信息化部《规范互联网信息服务市场秩序若干规定》
司法解释	最高人民法院	2006 年	《最高人民法院关于审理涉及计算机网络著作权纠纷案件适用法律若干问题的解释》
规范性文件	国务院及各部委	2002 年	文化部《关于加强网络文化市场管理的通知》
		2010 年	国家新闻出版总署《关于加快我国数字出版产业发展的若干意见》
		2012 年	国家发改委、工业和信息化部《关于印发下一代互联网"十二五"发展建设的意见的通知》
		2013 年	文化部《关于印发〈网络文化市场执法工作指引（试行）的通知〉》
		2013 年	文化部《关于实施〈网络文化经营单位内容自身管理办法〉的通知》
		2015 年	国家新闻出版广电总局《关于印发〈关于推动网络文学健康发展的指导意见〉的通知》
		2015 年	国家版权局《关于规范网络转载版权秩序的通知》

附件 2：主要政策文本

国家新闻出版总署、信息产业部《互联网出版管理暂行规定》

第一章 总 则

第一条 为了加强对互联网出版活动的管理，保障互联网出版机构的合法权益，促进我国互联网出版事业健康、有序地发展，根据《出版管理条例》和《互联网信息服务管理办法》，制定本规定。

第二条 从事互联网出版活动应当遵守宪法和有关法律、法规，坚持为人民服务、为社会主义服务的方向，传播和积累一切有益于提高民族素质、推动经济发展、促进社会进步的思想道德、科学技术和文化知识，丰富人民的精神生活。

第三条 在中华人民共和国境内从事互联网出版活动，适用本规定。

第四条 新闻出版总署负责监督管理全国互联网出版工作，其主要职责是：

（一）制定全国互联网出版规划，并组织实施；

（二）制定互联网出版管理的方针、政策和规章；

（三）制定全国互联网出版机构总量、结构和布局的规划，并组织实施；

（四）对互联网出版机构实行前置审批；

（五）依据有关法律、法规和规章，对互联网出版内容实施监管，对违反国家出版法规的行为实施处罚。

省、自治区、直辖市新闻出版行政部门负责本行政区域内互联网出版的日常管理工作，对本行政区域内申请从事互联网出版业务者进行审核，对本行政区域内违反国家出版法规的行为实施处罚。

第五条 本规定所称互联网出版，是指互联网信息服务提供者将自己创作或他人创作的作品经过选择和编辑加工，登载在互联网上或者通过互联网发送到用户端，供公众浏览、阅读、使用或者下载的在线传播行为。其作品主要包括：

（一）已正式出版的图书、报纸、期刊、音像制品、电子出版物等出版物内容或者在其他媒体上公开发表的作品；

（二）经过编辑加工的文学、艺术和自然科学、社会科学、工程技术等方面的作品。

本规定所称互联网出版机构，是指经新闻出版行政部门和电信管理机构批准，从事互联网出版业务的互联网信息服务提供者。

第二章 行政审批与监督管理

第六条 从事互联网出版活动，必须经过批准。未经批准，任何单位或个人不得开展互联网出版活动。

互联网出版机构依法从事互联网出版活动，任何组织和个人不得干扰、阻止和破坏。

第七条 从事互联网出版业务，除符合《互联网信息服务管理办法》规定的条件以外，还应当具备以下条件：

（一）有确定的出版范围；

（二）有符合法律、法规规定的章程；

（三）有必要的编辑出版机构和专业人员；

（四）有适应出版业务需要的资金、设备和场所。

第八条　申请从事互联网出版业务，应当由主办者向所在地省、自治区、直辖市新闻出版行政部门提出申请，经省、自治区、直辖市新闻出版行政部门审核同意后，报新闻出版总署审批。

第九条　申请从事互联网出版业务，应提交以下材料：

（一）新闻出版总署统一制发的《互联网出版业务申请表》；

（二）机构章程；

（三）资金来源、数额及其信用证明；

（四）主要负责人或者法定代表人及主要编辑、技术人员的专业职称证明和身份证明；

（五）工作场所使用证明。

第十条　新闻出版行政部门应当自受理申请之日起 60 日内，做出批准或者不批准的决定，并由所在地省、自治区、直辖市新闻出版行政部门书面通知主办者；不批准的，应当说明理由。

第十一条　互联网出版业务经批准后，主办者应当持新闻出版行政部门的批准文件到省、自治区、直辖市电信管理机构办理相关手续。

第三章　互联网出版机构的权利和义务

第十二条　互联网出版机构，应当在其网站主页上标明新闻出版行政部门批准文号。

第十三条　互联网出版机构改变名称、主办者，合并或者分立，应当依据本规定第八条、第九条的规定办理变更手续，并应持新闻出版行政部门的批准文件到省、自治区、直辖市电信管理机构办理相应的手续。

第十四条　互联网出版机构终止互联网出版业务，主办者应当自终止互联网出版业务之日起 30 日内到所在地省、自治区、直辖市新闻出版行政部门办理注销手续，并报新闻出版总署备案。同时，到相关省、自治区、直辖市电信管理机构办理互联网信息服务业务经营许可证的变更或注销手续。

第十五条　互联网出版机构自登记之日起满 180 日未开展互联网出版活动的，由原登记的新闻出版行政部门注销登记，并向新闻出版总署备案。同时，向相关省、自治区、直辖市电信管理机构通报。

第十六条　互联网出版机构出版涉及国家安全、社会安定等方面的重大选题，应当依照重大选题备案的规定，报新闻出版总署备案。未经备案的重大选题，不得出版。

第十七条　互联网出版不得载有以下内容：

（一）反对宪法确定的基本原则的；

（二）危害国家统一、主权和领土完整的；

（三）泄露国家秘密、危害国家安全或者损害国家荣誉和利益的；

（四）煽动民族仇恨、民族歧视，破坏民族团结，或者侵害民族风俗、习惯的；

（五）宣扬邪教、迷信的；

（六）散布谣言，扰乱社会秩序，破坏社会稳定的；

（七）宣扬淫秽、赌博、暴力或者教唆犯罪的；

（八）侮辱或者诽谤他人，侵害他人合法权益的；

（九）危害社会公德或者民族优秀文化传统的；

（十）有法律、行政法规和国家规定禁止的其他内容的。

第十八条　以未成年人为对象的互联网出版内容不得含有诱发未成年人模仿违反社会公德的行为和违法犯罪的行为的内容，以及恐怖、残酷等妨害未成年人身心健康的内容。

第十九条　互联网出版的内容不真实或不公正，致使公民、法人或者其他组织合法利益受到侵害的，互联网出版机构应当公开更正，消除影响，并依法承担民事责任。

第二十条　互联网出版机构发现所登载或者发送的作品含有本规定第十七条、第十八条所列内容之一的，应当立即停止登载或者发送，保存有关记录，并向所在地省、自治区、直辖市新闻出版行政部门报告并同时抄报新闻出版总署。

第二十一条　互联网出版机构应当实行编辑责任制度，必须有专门的编辑人员对出版内容进行审查，保障互联网出版内容的合法性。互联网出版机构的编辑人员应当接受上岗前的培训。

第二十二条　互联网出版机构应当记录备份所登载或者发送的作品内容及其时间、互联网地址或者域名，记录备份应当保存60日，并在国家有关部门依法查询时，予以提供。

第二十三条　从事互联网出版活动，应当遵守国家有关著作权的法律、法规，应当标明与所登载或者发送作品相关的著作权记录。

第四章　罚　则

第二十四条　未经批准，擅自从事互联网出版活动的，由省、自治区、直辖市新闻出版行政部门或者新闻出版总署予以取缔，没收从事非法出版活动的主要设备、专用工具及违法所得，违法经营额1万元以上的，并处违法经营额5倍以上10倍以下罚款；违法经营额不足1万元的，并处1万元以上5万元以下罚款。

第二十五条　违反本规定第十二条的，由省、自治区、直辖市新闻出版行政部门或者新闻出版总署予以警告，并处5000元以上5万元以下罚款。

第二十六条　违反本规定第十六条的，责令停止登载或者发送未经备案的重大选题作品，由省、自治区、直辖市新闻出版行政部门或者新闻出版总署予以警告，并处1万元以上5万元以下罚款；情节严重的，责令限期停业整顿或者撤销批准。

第二十七条　互联网出版机构登载或者发送本规定第十七条、第十八条禁止内容的，由省、自治区、直辖市新闻出版行政部门或者新闻出版总署没收违法所得，违法经营额1万元以上的，并处违法经营额5倍以上10倍以下罚款；违法经营额不足1万元的，并处1万元以上5万元以下罚款；情节严重的，责令限期停业整顿或者撤销批准。

第二十八条　违反本规定第二十二条的，由省、自治区、直辖市电信管理机构责令改正；情节严重的，责令停业整顿或者暂时关闭网站。

第五章　附　则

第二十九条　本规定施行前按照国家有关规定已经从事互联网出版活动的，应当自本规定施行之日起60日内依据本规定第八条、第九条的规定办理审批手续。

第三十条　本规定自2002年8月1日起施行。

国家版权局、信息产业部《互联网著作权行政保护办法》

第一条　为了加强互联网信息服务活动中信息网络传播权的行政保护，规范行政执法行为，根据《中华人民共和国著作权法》及有关法律、行政法规，制定本办法。

第二条　本办法适用于互联网信息服务活动中根据互联网内容提供者的指令，通过互联网自动提供作品、录音录像制品等内容的上载、存储、链接或搜索等功能，且对存储或传输的内容不进行任何编辑、修改或选择的行为。

互联网信息服务活动中直接提供互联网内容的行为，适用著作权法。

本办法所称"互联网内容提供者"是指在互联网上发布相关内容的上网用户。

第三条　各级著作权行政管理部门依照法律、行政法规和本办法对互联网信息服务活动中的信息网络传播权实施行政保护。国务院信息产业主管部门和各省、自治区、直辖市电信管理机构依法配合相关工作。

第四条　著作权行政管理部门对侵犯互联网信息服务活动中的信息网络传播权的行为实施行政处罚，适用《著作权行政处罚实施办法》。

侵犯互联网信息服务活动中的信息网络传播权的行为由侵权行为实施地的著作权行政管理部门管辖。侵权行为实施地包括提供本办法第二条所列的互联网信息服务活动的服务器等设备所在地。

第五条　著作权人发现互联网传播的内容侵犯其著作权，向互联网信息服务提供者或者其委托的其他机构（以下统称"互联网信息服务提供者"）发出通知后，互联网信息服务提供者应当立即采取措施移除相关内容，并保留著作权人的通知6个月。

第六条　互联网信息服务提供者收到著作权人的通知后，应当记录提供的信息内容及其发布的时间、互联网地址或者域名。互联网接入服务提供者应当记录互联网内容提供者的接入时间、用户账号、互联网地址或者域名、主叫电话号码等信息。

前款所称记录应当保存60日，并在著作权行政管理部门查询时予以提供。

第七条　互联网信息服务提供者根据著作权人的通知移除相关内容的，互联网内容提供者可以向互联网信息服务提供者和著作权人一并发出说明被移除内容不侵犯著作权的反通知。反通知发出后，互联网信息服务提供者即可恢复被移除的内容，且对该恢复行为不承担行政法律责任。

第八条　著作权人的通知应当包含以下内容：

（一）涉嫌侵权内容所侵犯的著作权权属证明；

（二）明确的身份证明、住址、联系方式；

（三）涉嫌侵权内容在信息网络上的位置；

（四）侵犯著作权的相关证据；

（五）通知内容的真实性声明。

第九条　互联网内容提供者的反通知应当包含以下内容：

（一）明确的身份证明、住址、联系方式；

（二）被移除内容的合法性证明；

（三）被移除内容在互联网上的位置；

（四）反通知内容的真实性声明。

第十条　著作权人的通知和互联网内容提供者的反通知应当采取书面形式。

著作权人的通知和互联网内容提供者的反通知不具备本办法第八条、第九条所规定内容的，视为未发出。

第十一条　互联网信息服务提供者明知互联网内容提供者通过互联网实施侵犯他人著作权的行为，或者虽不明知，但接到著作权人通知后未采取措施移除相关内容，同时损害社会公共利益的，著作权行政管理部门可以根据《中华人民共和国著作权法》第四十七条的规定责令停止侵权行为，并给予下列行政处罚：

（一）没收违法所得；

（二）处以非法经营额 3 倍以下的罚款；非法经营额难以计算的，可以处 10 万元以下的罚款。

第十二条　没有证据表明互联网信息服务提供者明知侵权事实存在的，或者互联网信息服务提供者接到著作权人通知后，采取措施移除相关内容的，不承担行政法律责任。

第十三条　著作权行政管理部门在查处侵犯互联网信息服务活动中的信息网络传播权案件时，可以按照《著作权行政处罚实施办法》第十二条规定要求著作权人提交必备材料，以及向互联网信息服务提供者发出的通知和该互联网信息服务提供者未采取措施移除相关内容的证明。

第十四条　互联网信息服务提供者有本办法第十一条规定的情形，且经著作权行政管理部门依法认定专门从事盗版活动，或有其他严重情节的，国务院信息产业主管部门或者省、自治区、直辖市电信管理机构依据相关法律、行政法规的规定处理；互联网接入服务提供者应当依据国务院信息产业主管部门或者省、自治区、直辖市电信管理机构的通知，配合实施相应的处理措施。

第十五条　互联网信息服务提供者未履行本办法第六条规定的义务，由国务院信息产业主管部门或者省、自治区、直辖市电信管理机构予以警告，可以并处三万元以下罚款。

第十六条　著作权行政管理部门在查处侵犯互联网信息服务活动中的信息网络传播权案件过程中，发现互联网信息服务提供者的行为涉嫌构成犯罪的，应当依照国务院《行政执法机关移送涉嫌犯罪案件的规定》将案件移送司法部门，依法追究刑事责任。

第十七条　表演者、录音录像制作者等与著作权有关的权利人通过互联网向公众传播其表演或者录音录像制品的权利的行政保护适用本办法。

第十八条　本办法由国家版权局和信息产业部负责解释。

第十九条　本办法自 2005 年 5 月 30 日起施行。

国家新闻出版总署《关于加快我国数字出版产业发展的若干意见》

数字出版是指利用数字技术进行内容编辑加工，并通过网络传播数字内容产品的一种新型出版方式，其主要特征为内容生产数字化、管理过程数字化、产品形态数字化和传播渠道网络化。目前数字出版产品形态主要包括电子图书、数字报纸、数字期刊、网络原创文学、网络教育出版物、网络地图、数字音乐、网络动漫、网络游戏、数据库出版物、手机出版物（彩信、彩铃、手机报纸、手机期刊、手机小说、手机游戏）等。数字出版产品的传播途径主要包括有线互联网、无线通讯网和卫星网络等。由于其海量存储、搜索便捷、传输快速、成本低廉、互动性强、环保低碳等特点，已经成为新闻出版业的战略性新兴产业和出版业发展的主要方向。

发展数字出版产业，对于提升我国文化软实力，推动文化产业乃至国民经济的可持续发展，转变出版业发展方式具有重要意义。进入新世纪以来，我国数字出版产业取得了较快进展。与此同时，由于存在投入成本高，盈利模式不成熟，相关标准不统一等问题，制约了数字出版产业的进一步发展，其生产力尚未得以充分释放。为贯彻落实中央关于调整产业结构和转变发展方式的战略部署，贯彻落实《文化产业振兴规划》和新闻出版总署《关于进一步推动新闻出版产业发展的指导意见》，推进出版业升级，现就加快我国数字出版产业发展提出如下意见。

一、加快数字出版产业发展的总体目标

1. 战略目标。要以数字化带动新闻出版业现代化，鼓励自主创新，研发数字出版核心技术，推动出版传播技术升级换代，构建传输快捷、覆盖广泛的现代新闻出版传播体系；要形成一批发展思路清晰、内容资源充沛、立足自主创新、出版方式多样、营销模式成熟、市场竞争力强、产品影响广泛的数字出版龙头企业；要切实从社会需求出发，将优质内容与数字技术紧密结合，打造弘扬中华优秀文化、反映科学技术进步、体现时代精神、为大众喜闻乐见、具有国际影响力的数字出版产品和品牌；要构建要素完整、结构合理、水平先进、效益良好、多方共赢的数字出版产业发展新格局，把数字出版产业打造成新闻出版支柱产业。

2. 发展指标。到"十二五"末，我国数字出版总产值力争达到新闻出版产业总产值的25％，整体规模居于世界领先水平。在全国形成8～10家各具特色、年产值超百亿的国家数字出版基地或国家数字出版产业园区，形成20家左右年主营业务收入超过10亿元的具有国际竞争力的数字出版骨干企业。到2020年，传统出版单位基本完成数字化转型，其数字化产品和服务的运营份额在总份额中占有明显优势。

二、加快数字出版产业发展的主要任务

3. 加快推动传统出版单位数字化转型。加快书报刊出版单位采用新技术和现代生产方式改造传统出版流程；高度重视出版资源数字化工作，加快存量资源整理，按统一标准进行分类、存储；积极探索出版资源数字版权授权解决方案；鼓励传统出版单位开展网络出版业务；支持传统出版单位设立完全市场化的数字出版公司，尽快做大做强，成为数字出版龙头企业。

4. 加快推动音像电子出版单位数字化升级。积极运用新媒体、新技术加速产业升级；鼓励音像电子出版单位与通信运营商、网络运营商及硬件制造商进行全方位合作，拓展新业态。

5. 加快推动传统印刷复制企业数字化改造。推动传统印刷复制企业积极采用数字和网络技术，改造印刷生产流程和设备，大力发展数字印刷，提高对消费者多样化、个性化需求的服务供给能力。

6. 大力增强网游动漫出版产品的创作和研发能力。鼓励企业通过自主创新，充分挖掘中华优秀文化，研发网游动漫精品，提高国产网游动漫产品的质量和市场占有率，提升产品附加值；打造网游动漫知名品牌，提高市场运作能力；组织实施民族网游动漫海外推广计划，大力支持国产原创网游动漫产品开发海外市场。

7. 切实加强新闻出版公共服务项目的数字化建设。对新闻出版公共服务工程中的数字化项目予以资金、政策、技术等方面的扶持；支持和鼓励出版单位、数字化公司承担和拓展数字出版公共服务项目；积极支持"农家书屋"向数字化方向发展；高度重视数字阅读，拓展全民阅读的空间；加快全民阅读工程指导性网站建设；积极开发盲文有声教材和读物；充分利用互联网，扩大民文出版物传播范围。

8. 加快国家数字出版重点科技工程和重大项目建设。加快国家数字复合出版工程、数字版权保护技术研发工程、中华字库工程和国家知识资源数据库工程等数字出版重大科技工程项目的建设进度；建设国家重点数字出版工程项目库，扶持企业建设以公共服务平台建设、内容资源数据库建设、数字出版软件产品开发以及相关技术研发为主的数字出版工程项目；加快数字出版领域科技推广和成果转化；扶持以动漫出版、网络游戏出版、数据库出版等为主的数字出版项目；扶持具有自主知识产权的电子纸、终端阅读器等新产品、新载体的研发和应用。

9. 加快推进数字出版相关标准研制工作。坚持"基础急用"标准先行的原则，尽快制定各种数字出版相关的内容标准、格式标准、技术标准、产品标准、管理和服务标准，完成数字出版、移动出版等相关数字出版标准体系的制定，在生产、交换、流通、版权保护等过程中形成符合行业规范的数字出版业标准化体系，创造公平的市场竞争环境。

10. 推动数字出版产业聚集区建设。打破行政区划壁垒，在有条件的区域建设数字出版产业聚集区，形成一批核心数字出版产业集群和特色产业基地；吸引国内国际知名的相关企业落户，逐步形成产业集群效应；支持进入国家级数字出版基地的企业开展互联网出版业务。

11. 支持非公有制企业从事数字出版活动。支持民营新技术公司研发基于不同传输平台和阅读终端的游戏、动漫、音乐等数字出版产品和具有自主知识产权的移动终端等硬件设备；建立数字出版企业评估体系，对长期从事数字出版活动且出版导向正确、技术实力雄厚、竞争优势明显、发展前景广阔、经营业绩突出的非公有制企业予以重点扶持；建立健全互联网出版准入退出机制，完善准入退出评估标准。

12. 推动数字出版"走出去"。鼓励企业充分利用国际国内两种资源和两个市场，借助网络传输快捷、覆盖广泛和无国界特性，加快推动优秀出版物通过数字出版方式进入国际市场，参与国际竞争，不断增强中国新闻出版的传播能力，提高中华文化的国际影响力；重点扶持和培育在"走出去"方面措施得力、成效显著的数字出版骨干企业和示范单位，对切实跨出国门并取得显著成绩的重大项目和重点企业予以资金资助、税收减免和其他奖励。

三、加快数字出版产业发展的保障措施

13. 加强组织领导。各级新闻出版行政部门要充分认识加强数字出版工作的重要性和紧迫性，把推进数字出版产业发展作为本地区新闻出版业繁荣发展的重要工作内容；要加强组织领导，完善组织机构，积极创造条件，设立专职数字出版管理部门；要加强对本地区数字出版产业发展的统计、规划、协调和引导，做好对本地区从事数字出版内容生产、加工、复制和数字出版产品销售、进出口等活动的数字出版企业的监管与服务工作；要采取有效措施，切实解决数字出版管理工作中存在的突出问题，为数字出版产业发展创造良好的环境和条件。

14. 发挥部门合力。地方各级新闻出版行政部门要主动加强与当地党委、政府相关部门的沟通合作，争取本地发展和改革、财政、税务、工信、科技等综合职能部门对数字出版工作的支持，将数字出版发展规划纳入本地经济社会发展规划之中，为本地数字出版产业发展创造条件、提供保障；要结合本地实际，深入研究针对数字出版产业的财税政策，充分发挥政策的推动引导作用，促进数字出版产业健康发展，把国家以及各地支持推进数字化进程、文化体制改革和文化产业发展的优惠政策落到实处，为数字出版产业发展争取更多的政策支持。

15. 优化资源配置。对内容资源丰富、具备技术和其他条件的传统出版单位优先赋予互联网出版权；鼓励条件成熟的传统出版单位开发基于互联网、无线通讯网、有线电视网、卫星传输等各类移动终端的数字出版产品；鼓励传统出版企业与新媒体公司进行深层次合作，探索新型业务模式和营销模式，拓展和延伸出版产业链；倡导联合重组，鼓励非公有制企业与拥有内容资源优势的国有出版企业嫁接重组，拓展发展领域，形成新的市场主体。

16. 加大投入力度。要逐步完善数字出版投入机制，积极争取各级财政对数字出版产业发展的扶持，加大对重点数字出版工程项目的资金投入；充分发挥文化产业发展专项资金、宣传文化发展专项资金、科技创新资金和现代信息服务业专项资金的扶持导向作用，面向全社会，推动设立扶持数字出版专项资金，重点用于数字出版公共服务平台和骨干项目建设；鼓励社会各界参与数字出版产业发展，用足用好金融领域支持文化产业振兴和繁荣发展的优惠政策，拓宽投融资渠道，引入战略投资者，实现投资主体多元化。

17. 搭建交流平台。继续支持和扶持办好中国数字出版博览会、中国数字出版年会、中国国际数码互动娱乐展览会、中国国际动漫创意产业交易会、中国国际漫画节等数字出版产业方面的重要会展；积极组织参与全国图书博览会、全国图书订货交易会、北京国际图书博览会、深圳文博会、海峡两岸图书交易会，搭建展示和交流平台，推动数字出版新技术、新经验、新模式的深度交流，展示数字出版新产品和新技术。

18. 加强版权保护。要加大版权保护宣传力度，强化版权保护意识；加大对数字版权侵权盗版行为的打击力度，切实保障著作权人合法权益；加快技术创新和标准制定，为版权保护提供有效的技术手段；积极建立以司法、行政、技术和标准相结合的版权保护体系。

19. 强化网络监管。要建立属地内出版、外宣、公安、通信、"扫黄打非"等部门的协调、沟通和信息共享机制；增强网络出版突发事件的应对能力，提高监管工作的预见性、针对性和时效性，全面提升主动监管能力和技术保障水平；要加大对互联网低俗之风和手机网站传播淫秽色情信息的打击力度，同时切实加强对网络游戏出版审批把关和网络游戏动态出版、非法出版的监管，全面净化互联网和手机出版环境；各地要加快网络出版监管系统建设，积极探索网络出版监管的有效方式，强化长效动态监管机制。

20. 完善法规体系。加快修订《出版管理条例》、《互联网出版管理暂行规定》等法律法规，制定发布《手机媒体出版服务管理办法》、《数据库出版服务管理办法》、《互联网文学出版服务管理办法》和《互联网游戏审批管理细则》等部门规章，加快规范数字出版产业发展的法规体系建设。

21. 健全考评体系。要建立健全数字出版工作考评体系，加大对出版单位数字出版业绩考核的指标权重，重点评估其数字出版总体规划、新兴媒体和服务建设、内容资源数字化加工水平、出版流程再造、数字出版企业的市场表现、数字出版人才队伍建设、数字出版创新成果等具体指标和数据；充分调动企业经营管理者和数字出版从业人员的积极性和主动性，激发文化创造力，把推动数字出版的实际效果和发展水平纳入年度考评指标。

22. 加快人才培养。要不断完善数字出版人才培养体系，加大数字出版人才培养力度，特别是传统出版单位数字出版高级管理人才、高级营销人才、高级策划人才及数字出版编辑人才的培养，加快解决数字出版产业高层次、复合型人才的短缺问题；积极开展形式多样的数字出版产业经营管理人才培训，鼓励数字出版企业与高等院校及科研机构合作，建立人才培养和实训基地，逐步建立起教育培训和岗位实践相结合的数字出版产业人才培养机制；进一步健全人才引进、使用和考核机制。

国家新闻出版广电总局《关于印发〈关于推动网络文学健康发展的指导意见〉的通知》

网络文学是依托互联网创作和传播文学作品的新形态，具有内容丰富、形式多样、题材多元、传播广泛、消费便捷等特点。近年来，网络文学迅速发展，已成为我国数字出版产业的重要组成部分和网络文艺的重要类型，广受众多文学爱好者及青少年喜爱。同时必须看到，目前网络文学也存在数量大质量低，有"高原"缺"高峰"，抄袭模仿、内容雷同，机械化生产、快餐式消费以及片面追求市场效益，侵权盗版屡打不绝，市场主体良莠不齐，管理规则不健全，市场监管不完善等突出问题。

推动网络文学健康有序发展，对繁荣文学创作，引导文艺创新，提升数字出版产品质量和服务水平，培育出版产业新的增长点，丰富网络内容建设，激发民族文化创造活力，满足人民群众精神文化需求，增强国家文化软实力等都具有重要意义。现就网络文学健康发展提出如下指导意见。

一、指导思想、基本原则和发展目标

（一）指导思想。坚持为人民服务、为社会主义服务根本方向，高扬社会主义核心价值观旗帜，追求真善美，传播正能量；紧跟时代发展，把握人民需求，以中国梦为时代主题，以爱国主义为主旋律，以中国精神为灵魂，以中华优秀传统文化为根基，始终把创作生产优秀作品作为中心环节，推出更多人民喜闻乐见的优秀作品，使人民群众精神文化生活更加丰富和积极向上。

（二）基本原则。坚持百花齐放、百家争鸣方针，提倡体裁、题材、形式、手段充分发展；把社会效益和社会价值放在首位，实现社会效益与经济效益、社会价值与市场价值相统一；坚持深化改革与促进发展并重，规范管理与扶持引导并举，形成精品力作不断涌现、优秀人才脱颖而出的生动局面；加快科技创新和成果运用，以精品战略、品牌战略和重点项目为带动，激发网络文学产业链各个环节的创造热情，构建优势互补、良性竞争、有序发展的产业格局。

（三）发展目标。用3至5年时间，使创作导向更加健康，创作质量明显提升，陆续推出一批思想精深、艺术精湛、制作精良、深受群众喜爱的原创网络文学精品；使运营和服务的模式更加成熟，与图书影视、戏剧表演、动漫游戏、文化创意等相关产业形成多层次、多领域深度融合发展，在网络内容建设和文艺创新中的作用更加突出；培育一批原创能力强、投送规模大、覆盖范围广、管理有章法的网络文学出版和集成投送骨干企业，打造一批具有市场竞争力的品牌，为弘扬社会主义先进文化、丰富人民群众精神文化生活，推动数字出版和文化产业繁荣发展发挥重要作用。

二、重点任务

（四）把握正确导向。引导网络文学创作者牢固树立马克思主义文艺观，坚持以人民为中心的创作导向，把人民作为创作表现的主体，作为审美的鉴赏者和评判者，把满足人民精神文化需求作为内容创作和传播的出发点、落脚点；引导网络文学创作植根现实生活，为人民抒写、为人民抒情、为人民抒怀；倡导网络文学创作塑造美好心灵、引领社会风尚，使网络文学价值引导、精神引领、审美启迪等方面作用得到充分发挥。

（五）实施精品工程。引导网络文学企业把出版优秀作品作为中心环节，努力推出更多传播当代中国价值观念、体现中华文化精神、反映中国人审美追求，思想性、艺术性、观赏性有机统一的优秀作品；引导网络文学企业以社会主义核心价值观为引领，大力弘扬中国精神，唱响爱国主义主旋律，聚焦中国梦的时代主题，传承中华优秀传统文化，展示中国文化独特魅力；倡导网络文学企业把创新精神贯穿创作生产全过程，不断增强网络文学的吸引力和感染力；推动设立"网络文学精品工程"，支持网络文学企业积极承担国家重点出版工程项目，在选题立项、作品生产、评选、评奖、表彰和宣传推广等方面加大扶持力度。

（六）不断提升作品质量。把内容质量作为网络文学的生命线，积极引导网络文学讲品位、重格调，弃粗鄙、戒恶搞；建立网络文学内容质量管理长效机制，健全作品抽查、阅评制度，完善符合网络文学作品出版特点的审读流程及管理办法；支持网络文学企业根据自身特点，建立有利于精品力作不断涌现的编、审、发出版全过程质量评估体系和控制机制。

（七）健全编辑管理机制。完善网络文学编辑人员管理机制，落实持证上岗制度，建立健全网络文学发表作品的作者实名注册、责任编辑及出版单位署名等管理制度；以明确范围、规范程序、强化监督和责任追溯为重点，加强网络文学编辑人员内容导向判断和艺术水准把关的发稿能力建设，加强网络文学编辑人员的职业道德教育和业务培训，引导企业建立有利于落实编辑责任制的考评办法和激励机制。

（八）建立完善作品管理制度。坚持有利于企业管理、有利于公众查询、有利于版权保护及利用的原则，加快推动网络文学作品登记识别、标识申领、存储分类等作品管理技术标准研发，建立兼容性强、使用便捷的原创网络文学作品编目系统、版权信息系统和社会公示及查询系统，逐步建立完善海量网络文学作品有效管理制度，为网络文学产业链深度开发和多重使用提供有效信息、科学数据及可靠支撑。

（九）推动内容投送平台建设。鼓励企业充分利用互联网、移动互联网，以图文、音频、视频等不同形式，对优秀原创网络文学作品进行全方位、多终端化开发利用及传播，实现一次开发生产、多种载体发布；支持网络文学企业与电子商务、金融、物流、通信等不同类型企业进行战略合作和资源整合，构建线上和线下流通相结合的投送传播体系；发挥集成汇编类文学网站作品数量大、品种多、目标用户定位准等特点，打造开放式、综合性、多功能网络文学作品投送平台，提高投送实效性和用户满意度，扩大优秀网络文学作品的覆盖范围。

（十）大力培育市场主体。鼓励拥有优质资源、创新能力强、市场化程度高的国有出版企业开展网络文学出版业务，尽快做大做强，发挥网络文学生产创作引领作用；在国家许可范围内，引导社会资本以独资、控股、收购、并购等多种形式参与网络文学出版，对导向正确、主业突出、管理规范、实力雄厚、核心竞争力强的民营文化企业授予网络文学出版资质，发挥其产品策划、资本运作、技术运用、生产管理、市场营销等多方面优势，使网络文学发展路径更加宽阔。

（十一）开展对外交流，推动"走出去"。支持网络文学作品在坚守中华文化立场，传承中华优秀文化，展示中华审美风范的基础上，学习借鉴世界优秀文化成果和艺术形式；鼓励网络文学作品积极进入国际市场，在世界舞台讲好中国故事、传播好中国声音、阐发中国精神、展示中国风貌；支持有条件的网络文学企业通过海外并购、联合经营、设立分支机构等方式开拓海外市场，加大对优秀网络文学作品对外贸易、版权输出、合作出版传播渠道的拓展扶持力度；鼓励以技术、标准、产品、品牌、知识产权、差异化服务等自身优势和特点参与国际竞争。

三、保障措施

（十二）开展网络文学评论引导。充分发挥文学评论褒优贬劣、激浊扬清的作用，在艺术质量和水平上实事求是，在大是大非问题上表明立场，说真话、讲道理；遵循网络文学创作传播的规律和特点，积极开展多种形式的网络文学作品内容研讨和评论，坚持把人民群众满意认可作为衡量标准，综合作品价值取向、艺术水准、审美情趣、读者口碑，凝聚社会共识，逐步建立科学的网络文学作品评价体系，切实改变文学网站单纯追求点击率倾向。

（十三）发挥科技创新引领作用。加大推动网络文学与新媒体的融合力度，创新融合发展模式，促进多种内容资源、媒介渠道、技术应用、人才队伍的共享融通、优势互补；支持网络文学企业加快信息应用技术、数字版权保护技术、产品技术标准等高新技术的研发研制及应用推广；鼓励网络文学在选题管理、制作生产、内容表现、编校审读、作品传播、增值服务等诸多环节的技术更新，发挥科技创新在推动网络文学健康发展过程中的引领、示范和带动作用。

（十四）切实加强版权保护。健全法律法规，加强日常监管，持续打击网络文学作品侵权盗版行为，保障著作权人合法权益，构建网络文学版权保护的长效机制；鼓励企业建立规范的版权资产登记、使用、流转等环节管理制度，提高存量版权资产评估和增量版权资产使用水平；加快网络文学作品版权保护技术及标准研发和运用，逐步形成司法、行政、技术和标准相结合的版权保护体系；加大版权保护宣传力度，引导产业链各环节及社会公众树立和强化版权保护意识。

（十五）依法规范市场秩序。坚持依法行政、依法管理，加快推进网络出版监管属地管理体制机制建设，加强管理部门网络出版执法队伍和监管能力建设，发挥"扫黄打非"综合协调作用，综合运用法律、行政、经济等多种方式，加大对利用网络文学传播淫秽、色情等有害内容的打击力度；大力整治扰乱市场秩序、侵害用户利益等行为，引导网络文学产业链各环节建立透明、诚信的收益分成机制；督促网络文学企业加强对签约、注册作者和自由撰稿人的规范化管理；搭建数字化社会舆论监督的便捷通道，简化读者举报受理流程，探索引入公众参与监督的便捷途径。

（十六）加大政策扶持力度。积极争取各级财政对网络文学发展的扶持，加大对优质原创内容支持；完善相关出版基金和专项资金的支持方式，重点扶持符合国家文化创新和精品生产、具有示范性和导向性的网络文学出版产业项目研发，以财政资金引导带动更多社会资本的参与；积极推动网络文学出版等环节增值税优惠政策的落实。

（十七）加快人才培养。加强网络文学从业者思想道德建设，深化马克思主义文艺观教育，引导网络文学创作、编辑、出版、传播等环节自觉践行社会主义核心价值观，培养造就一批思想、业务、道德水平高的名作家、名编辑；完善网络文学出版人才培养体系，着力培养管理人才、营销人才、策划人才，切实解决高层次、专业化、复合型人才短缺问题；依托社会组织、行业协会、大专院校开展多种形式的专业人才技术培训，完善人才评价标准，形成人才培养、引进、使用、考核、晋升、退出等全过程良性互动机制，为网络文学繁荣持续发展提供源源不断的人才保障。

（十八）加强行业自律。支持网络文学企业组建行业组织，研究新问题，交流新经验，加强产业链各环节间的充分沟通、互利合作，更好地履行协调、监督、服务、维权等职能，健全行业规范，完善行业自律管理；支持行业协会依照相关法规和章程，开展版权代理、评估鉴定、技术交易、推介咨询等服务，促进共同发展。

各地新闻出版广电行政部门要在党委领导下，紧紧依靠网络文学工作者，尊重和遵循文艺规律，切实加强对网络文学工作的指导和扶持，加强对网络文学从业者的引导和团结，坚持守土有责、守土尽责；要从激发民族文化创造活力，增强国家文化软实力的高度，充分认识推动网络文学健康发展的重要意义，抓紧研究制定本地区做好新形势下网络文学工作的意见，进一步明确政策措施、具体路径和有效办法；要结合本地区实际情况，确保各项任务措施落到实处，切实解决发展中存在的突出问题，营造有利于网络文学持续、健康发展的良好环境和条件。

第五节　我国三网融合产业政策分析

一、我国三网融合产业政策提出的背景

20 世纪 90 年代，在光纤技术、互联网技术、多媒体技术的不断发展和推动下，各国分而治之的电信行业和广播电视行业等信息行业间出现了基于数字技术的技术基础、业务模式和服务内容逐步统一的趋势，传统的电信业和广电行业间的界限逐渐模糊，行业间的交叉、融合越来越多，出现了众多的增长迅速的新型行业。1994 年，国际电信联盟在《世界电信发展报告》中分析指出，随着数字技术和网络技术的不断发展，电信业、广电业与计算机产业将随着网网互通的实现，逐步融合成一个统一的信息行业。随后，在市场和技术的双重推动下，各国政府开始改变原有的电信业、广电业分而治之和严禁双向进入的管理政策，打破政策藩篱，逐步允许电信业和广电业的双向进入，并为之改变相关的管理政策和管理机制，设立推动三网融合发展的统一机构，助推本国的信息产业融合发展。1996 年，美国出台了著名的《1996 电信法》，打破了以往对电信业和广电业融合发展的严格限制，对电信运营商与广播电视运营商实行双向准入，音频、视频等多种数字媒体业务都可由电信、广电提供给客户。从 2001 年起，日本政府制定了多项旨在推进三网融合发展的法律法规和政策文件，包括《高度信息通信网络社会形成基本法》《利用电信服务进行广播电视服务法》《通信广播电视融合相关技术开发促进法》《通信与广电事业改革促进

方案》《广播电视法修正案》等。这些法律法规和政策措施的出台，为日本三网融合产业的快速发展奠定了坚实的政策基础。

世界各国三网融合管制模式演进如图6-18所示。

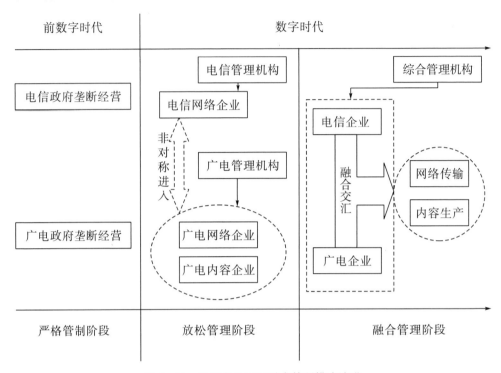

图6-18　世界各国三网融合管制模式演进

我国的三网融合发展基本上与世界其他国家同步，以互联网技术为代表的第三次科技革命，同样给我国社会经济发展带来了巨大的冲击，技术推动的产业融合形成了强大的市场倒逼力，倒逼我国政府认真审视传统的产业政策，并根据产业发展实际对产业监管机制和政策做出适时的调整，以适应产业发展需求，提升国家产业竞争力。20世纪90年代后期，我国电信业和广播电视业的快速发展，以及数字技术的推动，使我国具备了产业融合的相关基础，国内的相关领域专家和从业者开始讨论电信业和广电业相互融合发展的问题。国家"十五"计划纲要第一次正式提出了"促进电信、电视、计算机三网融合"，三网融合开始正式进入国家议事日程。

二、我国三网融合产业政策的内涵与外延

（一）三网融合的内涵与外延

1978年，美国学者尼古拉斯·尼葛洛庞帝首次提出三大产业网络重合的概念，他认为，计算机业、出版印刷业和广播电影业三大产业网络间会有重合交叠，并且三网重合部分将是未来发展最具有前景的领域。此后，随着数字技术和信息技术的不断发展，世界各国的专家、学者开始对三网融合进行深入研究，并对三网融合的概念进行不断调整和完

善。目前，世界各国将三网融合定义为电信网、有线电视网与互联网的融合。我国对三网融合的权威定义来源于 2010 年国务院《关于印发推进三网融合总体方案的通知》，该通知指出："三网融合是指在向新的下一代网络的推进过程中其技术功能趋于一致，业务范围趋于相同，网络互联互通、资源共享，能为用户提供话音、数据和广播电视等多种服务。"①

三网融合产业就是指三网融合催生的电信业和广电业的新业态、新变化，其产业链演变主要体现在对传统电信业和广电业产业链的重构中。

（二）三网融合产业政策的内涵与外延

三网融合产业政策是指国家政府机构依据国家经济发展目标和三网融合产业发展的现状，在遵循经济和产业发展规律的情况下，制定的所有有关三网融合发展，规范、促进三网融合产业发展的政策的总和。三网融合产业政策按照制定主体，可以分为全国人民代表大会及其常务委员会出台的各类有关规范三网融合产业的法律法规、国务院出台的促进三网融合产业发展的行政法规、国务院各部门出台的部门章程、地方政府出台的地方性行政规范、各级政府出台的规范性文件等。按政策的性质，可以划分为市场管理政策和产业发展政策（包括财税政策、金融政策、对外贸易政策）等。

三、我国三网融合产业的发展历程与现状

我国三网融合产业的发展与世界其他国家相似，也经历了严格禁止—初步试点—政策助推—全面融合几个发展阶段。这主要是由于在前数字时代，广电网和电信网采用的是不同的技术基础，业务内容和服务范围各有不同，且以提供文化内容服务为主的广电企业自身体量较小，很难与规模庞大的电信企业相抗衡。因此，为了保护广电企业的利益，避免电信企业过分强大后的垄断问题，世界上许多国家在 20 世纪 90 年代之前，对广电企业和电信企业的相互进入都采取明令禁止的政策。到 20 世纪 90 年代中后期，随着数字技术、互联网技术的不断发展，广电网、电信网和互联网有了日趋一致的数字技术基础和相互交叉融合的服务内容，三个产业之间开始尝试互相进入，相互融合。

在我国，对三网融合的最早讨论源于 1997 年的全国信息化工作会议。该会议通过的《国家信息化总体规划》明确指出："我国信息基础设施的基本结构是一个平台：互联互通的平台；三个网：电信网、广播电视网与计算机网。"② 这是我国政府文件中对三网融合的最早阐述。随后，相关学界和业界人士就"三网合一"还是"三网融合"、如何融合等问题展开了大讨论。国务院机构改革于 20 世纪 90 年代末开始，邮电部和电子工业部合并成立信息产业部，广电部改为广电总局，电信网、互联网与广电网分而治之的监管模式形成。尽管在国务院办公厅发布的关于广电总局的"三定"规定中"将原广播电影电视部的广播电视传送网（包括无线和有线电视网）的统筹规划与行业管理、组织制订广播电视传

---

① 国务院. 关于印发推进三网融合总体方案的通知 [EB/OL]. 中广互联，http://www. sarft. net/a/43664. aspx.

② 邬江兴. 三网融合的发展历程与目标 [J]. 中兴通讯技术，2011，17（4）：1—3，18.

送网络的技术体制与标准的职能，交给信息产业部。"① 但是，因为各种复杂的原因，该项规定并未执行，取而代之的是信息产业部负责建设电信网和互联网，广电总局负责建设广播电视传送网。这一网络基础设施建设的分工格局直接深远地影响了我国三网融合产业的发展。1999 年，出于对广电网络作为国家政治思想宣传工作喉舌的特殊性考虑，以及广电业和电信业自身发展不成熟，缺乏合理理性的融合产业结构，出现了各种恶劣的、低层次的恶性竞争，给国家信息产业的发展带来了巨大冲击。在这一背景下，1999 年 9 月 17 日，国务院出台了影响深远的国办发〔1999〕82 号文件，明令禁止广电业和电信业的互相进入。同时，文件更进一步强调了广电网的特殊重要性，文件指出："在规定建立广播电视网传输公司、接受信息产业主管部门在制定广播电视传输网的统筹规划和全国统一技术标准等方面行业管理的同时，必须进一步明确，建立有线电视频道、设立网上播出前端和经营广播电视节目传送业务等，须经广播电视主管部门许可。"② 这一政策文件的发布，对我国以后数十年的三网融合发展产生了深远影响。

综上所述，在 20 世纪 90 年代，我国的三网融合发展处于政府严格禁止下的冰封时期。然而，政府的公共政策是政府为规制产业行为、促进产业发展而制定的一系列政策措施，它会随着产业的不断发展变化以及政策制定者对政策问题的认识变化而不断调整和修订。我国三网融合政策也经历了这样一个不断调整、修订的过程。21 世纪初，随着数字技术的不断发展，以及我国电信业和广电业自身不断的发展成熟，人为的限制已不能适应产业发展的需要，且技术的不断更新和突破使得这种限制日益失效。因此，这一时期，我国政府开始改变限制三网融合的政策方向，转而促进其发展。我国三网融合产业迎来了政策破冰期。我国在"十五"计划纲要首次提出"促进电视、电信、互联网三网融合"，之后又在"十一五"规划纲要中再次提出"积极推进三网融合发展"。国家政策的变化促进了我国三网融合产业的初步发展。2008 年，国务院批转的《关于鼓励数字电视产业发展若干政策的通知》（国办发〔2008〕1 号），将我国三网融合的发展正式推进到产业链构建层面。与此同时，电信业和广电业也积极开始为三网融合、双向进入进行自我调整。2008 年 5 月，各运营商重组方案正式公布，中国电信、中国联通、中国移动三大运营商正式成立。2009 年 1 月，三家运营商获得工业和信息化部发放的 3G 牌照，中国通信企业进入电信全业务竞争时代。广电总局于 2009 年发布《关于加快广播电视有线网络发展的若干意见》，广电网进入加速建设时代。三大网络的快速发展为三网融合的发展奠定了基础。我们将此阶段界定为我国三网融合的破冰时期。

经过十数年的发展与准备，我国三网融合正式进入试点实施阶段。国务院于 2010 年召开常务会议，决定加快推进三网融合，会议还明确了三网融合时间表，由此，三网融合上升为国家战略。根据国务院关于三网融合的时间进程规划，我国的三网融合分为两个阶段：第一阶段（2010 年至 2012 年），通过试点先行、逐步推广的方式，着力推进广电和电信业务的双向进入，重点开展广电和电信业务双向进入试点；第二阶段（2013 年至 2015 年），广电网、电信网与互联网全面融合发展。我们将这一阶段界定为我国三网融合

---

① 李杰伟. 三网融合的最新演进［J］. 电子世界，2013（7）：10，12.

② 信息产业部，国家广播电影电视总局. 关于加强广播电视有线网络建设管理的意见［J］. 广播与电视技术，1999（12）：33－34.

的融冰时期。

目前，在国家政策的大力推动下，我国的三网融合在艰难中前行。一方面，随着 4G 牌照的发放，电信网与互联网的二网融合很好地完成，移动互联网呈规模化、爆发式发展状态；另一方面，广电网与电信网、互联网的融合遭遇各种现实瓶颈和阻力，在艰难中前行。其主要原因在于：①广电系统传统的台网合一、四级办广电的模式，加大了台网分离、广电网全国统一一张网的改革、建设难度。②广电业和电信业实力对比悬殊，中国三大电信公司全部进入世界 500 强行列，而广电系统才刚刚走到上市这一步，在市值、产业规模、网络基础等方面，中国广电系统都处于劣势，如果全面放开广电市场，允许电信企业的全面进入，将给广电系统带来难以承受的竞争压力。因此，广电系统本身在政策层面，为电信企业的进入设置了很多门槛，目前的双方进入呈现出一种非对称进入的态势，广电系统向电信领域开放的只有视频节目的播送权，即"管道"功能。广电系统最具核心竞争力的内容制作和传输业务仍由广电网络公司掌控。③广电网络本身肩负的舆论引导责任和信息传输安全的特殊性等事关国家意识形态安全，使得国家在推进三网融合的过程中必须考虑广电网络的安全和发展，因此，在政策的制定和执行中会对广电系统采取一定的政策性保护。

在三网融合发展的过程中，随着数字技术和网络技术的不断发展，传统的三网融合出现了四网融合、多网融合的趋势。四网融合的概念最早是由国家电网提出的。所谓四网融合，是指在建设智能电网、实现电力光纤入户的过程中，智能电网与互联网、电信网、广电网相互融合，提供各种基于四网融合平台的智能服务。另外，随着物联网技术的发展，以及各种可穿戴式智能设备的研发生产推广，物联网＋智能电网＋互联网＋电信网＋广电网的多网融合模式将逐步建立。物联网的核心是通信感知技术，将物与物相连接，而可穿戴式设备的运用，将物联网的发展又向前推进了重要的一步，即物与人的有机连接，真正实现智能家庭、智慧生活。而这种多网融合的发展模式将给我国的电子信息市场带来数以亿计的商机。

我国三网融合产业发展历程如图 6－19 所示。

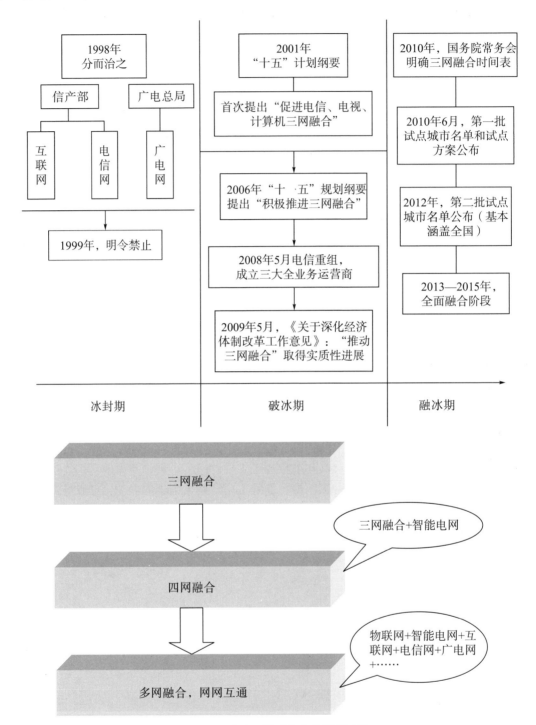

图6-19　我国三网融合产业发展历程

四、我国三网融合产业政策分析

（一）政策主体分析

1. 政策主体构成

我国三网融合产业政策主体包括国务院、国家新闻出版广电总局、工信部。国务院主要负责制定发布国家三网融合总体方案，协调广电总局与工信部的相关工作，对相关问题做出解释和安排。工信部既是国务院三网融合政策的执行者，又是电信网络、互联网络建设规划、行业政策等的制定者。工信部主要负责管理、协调电信企业的三网融合工作，推动电信网络和互联网的技术升级改造等工作。国家新闻出版广电总局既是国务院三网融合政策的执行者，又是广电网络建设规划、广电行业政策的制定者。广电总局主要负责广电系统的三网融合工作，推动广电网络的技术升级改造，以及相关产品内容审查、市场准入管理等工作。

2. 政策主体特征

（1）政策主体间关系结构复杂，影响政策的制定和执行。

我国三网融合产业政策主体间存在垂直与平行两层不同关系结构。一方面，国务院作为广电总局和工信部的主管部门，国务院与广电总局、工信部是管理与被管理的垂直关系。因此，国务院制定的三网融合政策是广电总局和工信部部门规章的基本依据，是国家三网融合工作的纲领性政策。广电总局和工信部的三网融合政策是对国务院政策的具体化、细节化。另一方面，广电总局和工信部之间是平行关系。这种平行关系在很大程度上造成了两大部委在政策制定上各自为政，影响了国家政策的制定和执行。

（2）部门间的利益冲突，影响国家政策的执行和部门政策的制定。

相较于西方国家统一管理的模式，我国三网融合受限于广电、电信分而治之的分业管理模式。国家新闻出版广电总局负责广电网络的建设和发展，工信部负责电信网和互联网的建设和发展，在执行国家政策和制定部门政策时，双方的利益冲突影响了政策的制定和执行。

一方面，我国的广电网络建设缘起于"四级办电视、四级办广播，混合覆盖"的事业建设模式，这种管理模式使得我国的广电网络缺乏真正的市场竞争力。单打独斗的地方广电网络无法与早已是世界 500 强企业的中国三大通信运营商抗争。在双方实力悬殊的情况下，进行双向进入，将对广电网络造成巨大的打击。因此，出于对自身利益的考虑，在国网全面实现有效整合前，广电部门对电信行业的双向进入都会采取防御性政策，以确保自身的发展。但是，广电网络的全国整合并非易事，国网和省网的利益冲突将极大地影响全国广电网络的建设。尽管 2010 年国务院已就三网融合发展对广电部门提出建设国家广电网络的要求，但是直到 2014 年，中国广播电视网络有限公司才正式挂牌成立，而成立后的国网公司还未能对已经基本完成的省网公司进行有效整合。因此，实力的悬殊和利益的冲突都会影响国家广电主管部门的三网融合政策行为。

另一方面，作为电信业的主管部门，工信部在制定和执行国家三网融合政策时，首先会考虑电信行业的利益。为了避免三网融合后电信运营商在三网融合业务链条中沦为传输渠道，避免电信运营商的核心产业资源受到广电网络运营商的激烈冲击，行业准入、市场准入成为工信部保护电信运营商利益的重要政策措施。

（二）政策文本分析

1. 纲领性政策

2010 年 1 月 21 日，国务院公布的《推进三网融合总体方案》是我国三网融合产业发展的纲领性政策文件。该方案对我国三网融合工作的开展及三网融合产业的发展做出了全局性的安排。

（1）明确了三网融合的内涵和外延。

《推进三网融合总体方案》指出："三网融合是指电信网、广播电视网、互联网在向宽带通信网、数字电视网、下一代互联网演进过程中，其技术功能趋于一致，业务范围趋于相同，网络互联互通、资源共享，能为用户提供话音、数据和广播电视等多种服务。"[①]

（2）明确了国家三网融合的时间推进路线和总体目标。

《推进三网融合总体方案》规定，2010—2012 年是我国三网融合的试点阶段。这一时期，我国将选择有条件的地区开展三网融合试点。组建国家级有线电视网络公司，推进广电和电信业务双向阶段性进入仍旧是工作重点。2013—2015 年是我国三网融合的推广阶段。这一阶段，国家将在全国全面推进三网融合。这一阶段的工作重点是三网融合的核心技术的掌握，宽带通信网、数字电视网、下一代互联网的网络承载能力的提升；三网融合业态的推广，网络产业格局的建立；三网融合发展体制机制的构建。

《推进三网融合总体方案》确定了我国三网融合的总体目标："到 2015 年，实现电信网、广播电视网、互联网融合发展，新型信息产品和服务不断涌现，网络利用率大幅提高，科技创新能力明显增强，国民经济和社会信息化水平迅速提升，网络信息安全和文化安全保障能力进一步增强，信息产业、文化产业和社会事业进一步发展，社会主义进一步繁荣，人民群众享有更加丰富多样、快捷经济的信息和文化服务。"[②]

（3）明确了工信部、广电总局在三网融合推进中的职能。

《推进三网融合总体方案》规定："广电部门主要负责对从事广播电视业务企业的业务规划、业务准入等管理工作；电信部门主要负责对经营电信业务企业的网络互通互联、服务质量、普遍服务等管理工作。"

（4）确定了电信、广电双向进入的基本方针。

《推进三网融合总体方案》确定了我国三网融合的基本方针是电信和广电的双向进入，并明确了双向进入的业务范围，包括经营增值电信业务、基础电信业务、互联网接入业务、互联网数据传送增值业务、国内 IP 电话业务、IPTV、手机电视的集成播控业务、除时政类节目之外的广播电视节目生产制作、互联网视听节目信号传输、转播时政类新闻视听节目服务，以及除广播电台电视台形态以外的公共互联网音视频节目服务和 IPTV 传输服务、手机电视分发服务。

---

① 国务院. 推进三网融合总体方案 [EB/OL]. 中广互联，http://www.sarft.net/a/43664.aspx.
② 蔡赴朝. 发展现代传播体系，提高社会主义先进文化辐射力和影响力 [J]. 电视研究，2012 (2)：4—6.

（5）明确了国家推进三网融合的政策措施。

《推进三网融合总体方案》规定，成立国家三网融合协调小组，由国务院领导牵头，中央宣传部、中央外宣办、发展改革委、科技部、工业和信息化部、公安部、财政部、国资委、质检总局、广电总局等相关部门参加。同时，《推进三网融合总体方案》还对三网融合的政策扶持体系建设、法律体系完善、体制机制改革等进行了规定。

2. 市场准入政策

《推进三网融合总体方案》中规定，广电部门主要负责对从事广播电视业务企业的业务准入进行管理。在这一政策前提下，2010 年 7 月 12 日，广电总局发布了《广电总局关于三网融合试点地区 IPTV 集成控制平台建设有关问题的通知》。该通知规定：IPTV 集成播控平台实行两级构架，IPTV 集成播控总平台牌照由中央电视台申请，IPTV 集成播控分平台牌照由地方电视台申请。2012 年，《广电总局关于 IPTV 集成播控平台建设有关问题的通知》再次明确："IPTV 集成播控总平台牌照由中央电视台持有，IPTV 集成播控分平台牌照由省级电视台申请。全国性 IPTV 内容服务平台牌照由中央级广播电视播出机构和拥有全国性节目资源的省级广播电视播出机构申请，省级 IPTV 内容服务平台牌照由拥有本省节目资源的广播电视播出机构申请。IPTV 传输服务牌照由中国电信集团公司、中国联通网络通信集团有限公司向广电总局申请。"

（三）政策效果分析

1. 非对称性双向进入逐步展开，三网融合产业链逐渐形成

目前，中国电信、中国移动、中国联通三大电信企业已开始和各地广电机构中取得互联网电视牌照的机构加强合作，开拓 IPTV 业务，发展互联网电视产业。其中，中国电信在北方与央视、华数合作，大力发展互联网电视，在南方大力发展 IPTV 业务，用户数达1500 万。中国移动与中央电视台签署战略合作协议，探讨合作运营中国手机电视台；中国移动部分省公司也纷纷开展与各省电视台的合作。三网融合后电信产业链的演变如图6—20 所示。

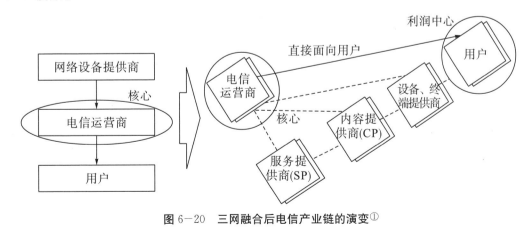

图 6—20 三网融合后电信产业链的演变①

---

① 曾剑秋，张静. 三网融合产业链演变与业务模式创新［J］. 北京邮电大学学报（社会科学版），2011，13（6）：19—24.

在广电方面，"大部分省已完成省到地市的网络整合；试点城市双向覆盖率普遍在70％以上，两批54个试点城市集中了全国双向业务用户的76.3％；有线宽带用户超过500万户"[①]。设备制造商也开始进行三网融合业务探索。多家电视机制造商推出了"硬件＋牌照＋服务"的模式，发展互联网电视产品。视频网站也纷纷试水三网融合业务。乐视网站率先推出了"互联网网站＋机顶盒"方式，拓展自身产业链。三网融合后广电产业链的演变如图6-21所示。

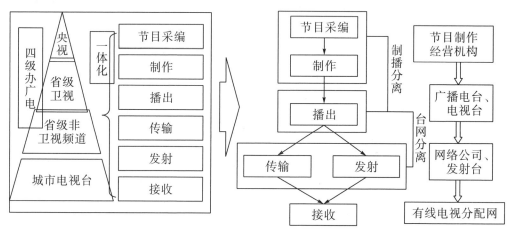

图6-21　三网融合后广电产业链的演变[②]

2. 广电网络整合逐步展开，中国广播电视网络公司正式成立

2010年，《国务院关于印发推进三网融合总体方案的通知》明确提出，组建国家级有线电视网络公司，逐步实现全国有线电视网络的四个统一，即规划、建设、运营、管理的统一。尽管在从"四级电视网络"向"全省一张网"到"全国一张网"的发展过程中矛盾重重，阻碍众多，但是在国家政策的大力推动下，截至2011年底，全国内地31个省级行政区已经有25个基本实现了"全省一张网"的目标，其他6个省的省级广电网络也正在建设中。2012年10月，广电领域的国家级有线网络公司"中国广播电视网络公司"组建方案正式获得国务院的批准。新的"中国广播电视网络公司"注册资本为45亿元，将由财政部出资，广电总局负责组建和代管。2014年5月，中国广播电视网络有限公司正式挂牌成立，广电网络整合推进到实质阶段。中国广播电视网络公司的成立将极大地改变我国广电业和电信业的竞合格局，为我国三网融合发展带来新的变化和推动力。

（四）政策问题分析

1. 分业监管的管理体制，影响政策制定

目前，我国尚未建立三网融合统一主管机构，国家对三网融合采取平行式的分业管理体制，工信部和国家广电总局是我国推进三网融合发展的主要政府职能部门。这种管理体制使得两个部门在制定政策时缺乏协调。而我国的政府管理主体在进行产业管理时，往往

---

① 崔瑞媛，吴峥. 三网融合发展现状研究［J］. 移动通信，2012（23）：7-9.

② 曾剑秋，张静. 三网融合产业链演变与业务模式创新［J］. 北京邮电大学学报（社会科学版），2011，13（6）：19-24.

身兼多职，同时承担着行业监管和行业发展的职能，这样的制度安排使得监管者在制定政策时往往偏袒本行业企业。因此，两个部门在制定政策时必然首先考虑本部门、本行业的利益，这种部门间的利益冲突极大地影响了我国三网融合政策的制定，阻碍了三网融合的发展。

以 2012 年广电总局发布的《广电总局关于 IPTV 集成播控平台建设有关问题的通知》为例，该政策规定："IPTV 集成播控总平台牌照由中央电视台持有，IPTV 集成播控分平台牌照由省级电视台申请。全国性 IPTV 内容服务平台牌照由中央级广播电视播出机构和拥有全国性节目资源的省级广播电视播出机构申请，省级 IPTV 内容服务平台牌照由拥有本省节目资源的广播电视播出机构申请。"[①] 而中国电信集团公司、中国联通网络通信集团有限公司这两家电信企业只能向广电总局申请 IPTV 传输服务牌照。这一市场准入制度将电信企业排除在内容运营之外，只能做内容传输渠道。"从商业运营来看，IPTV 集成播控平台亦是整个 IPTV 产业链条中的核心环节，是内容提供商制作的产品进入播出渠道、抵达受众、实现产品价值并完成资源补偿的必经之路，集成播控平台是否认可、是否接纳、是否推荐某一内容产品，直接影响内容提供商的收益状况甚至生死存亡。任何关于 IPTV 的新产品、新业务如缴费、购物等都必须依赖这一平台才能实现，且必须向这个平台让渡一定比例的收益。特别是对于电信企业来说，如果完全被排斥在 IPTV 集成播控平台之外，那么就彻底的'渠道化'，实际上成为被租用的信息通道，而并非具有能动性的参与者。"[②] 广电总局在 IPTV 播控平台方面设置的准入门槛，将电信企业完全渠道化，使得电信企业无法真正进入三网融合的内容核心业务，无法获取三网融合后产业链延伸带来的新的市场利润。

另外，国务院颁布的《中华人民共和国电信条例》规定："国家对电信业务经营按照电信业务分类，实行许可制度。未取得电信业务经营许可证，任何组织或者个人不得从事电信业务经营活动。"[③] 根据这一规定，任何广电企业要进入电信领域，经营电信业务都必须获得工信部颁发的经营许可证。分业管理的现有管控格局，在一定程度上阻碍了我国三网融合的发展。

2. 不同政策执行主体间的利益冲突，影响三网融合政策的执行

20 世纪 80 年代以来，我国广电网络采取的是"四级办电视，四级混合覆盖"的模式，造成了全国广电网络业"小圈子运行、封闭发展"的格局，广电网络业长期处于"诸侯割据、规模小、实力弱、产权散、规模乱"的局面中。因此，整合全国广电网络，形成国家级广电网络公司，确定广电网络运营商的市场主体地位，是我国推行三网融合的必然要求。然而，"在'分灶吃饭'的财政体制改革和'事业单位、企业化运营'的事业单位改革的大背景下，中央、省、市、县四级政府投资办广播电视的改革发展政策，衍生出这样的制度安全——各级政府出资，各级广播电视台主管、主办广电网络，各地的有线广电网络资产成为各级政府的资产，各级有线广电网络收入成为各级广播电视台的主要'财

---

① 广电总局. 广电总局关于 IPTV 集成播控平台建设有关问题的通知［EB/OL］. 中国日报网，http://www.chinadaily.com.cn/micro-reading/dzh/2012-07-09/content_6388663.html.

② 鞠宏磊. 从 IPTV 集成播控平台看三网融合的困境与出路［J］. 当代传播，2011（5）：77—78.

③ 国务院. 中华人民共和国电信条例［EB/OL］. 工信部，http://www.miit.gov.cn/n11293472/n11293877/n11301753/n11496139/11537485.html.

源'之一，各级广电网络成为各级广播电视台自己掌握的传输渠道。地方利益和部门利益，也就成为以'整合'为主体、以'一张网'为目标的当代中国广电网络体制改革必须而又难以冲破的'雄关'"①。由此可见，在广电领域，不同层级广电部门间的利益冲突是影响我国三网融合政策执行的主要因素。

3. 法律法规的滞后，影响三网融合进程

目前，我国综合性的《电信法》尚未出台，电信和广电的法规体系依然是传统的相互独立的系统，没有一部能够明确电信和广电部门分工的效力阶位更高的法律，使得我国电信和广电处于两个不同的法规体系管理之下，电信领域遵从《中华人民共和国电信条例》的管理，广电领域遵从《广播电视管理条例》的管理。而"《中华人民共和国电信条例》规定电信管制的目标侧重于网络的经济性管制，抑止垄断企业滥用市场力量，更大程度地促进竞争；《广播电视管理条例》规定的目标则由于广电业的传播性质决定了其管制重点是内容管制，维护舆论多样性，以及保护未成年人利益"②。两个不同法规体系的管制目标和管制诉求截然不同。这种法律法规的独立、分割造成了电信和广电双向进入的制度壁垒，成为制约我国三网融合的主要因素。

另外，IPTV、互联网电视等新兴业态的出现已经具备了跨平台的特征，传统的法律法规框架难以对其进行有效管理。"在这种环境下容易产生规范回避及竞争者间不均等之竞争条件，而此又会扭曲市场之竞争（例如造成不同部门之间交叉补贴）、损害技术与商业创新以及消费者福利（例如资费的不当调整）。"③ 缺乏上位法的规范，使得不守法的业者可在不同管制间的漏洞中获取利益，而守法的业者却被层层关卡绑手绑脚。

（五）政策调整建议

1. 改变平行式的分业监管模式，建立统一的监管机构，进行垂直管理

目前，我国对三网融合采取的水平监管模式造成电信和广电行业监管机构间利益冲突不断，难以协调，电信业和广电业间的行业壁垒难以突破，三网融合难以推进。而世界上其他国家大多对三网融合采取垂直监管的模式。以英国为例，为了推动三网融合全面发展，英国政府成立了新的通信管制机构——通信管理局（The Office of Communications, OFCOM），对三网融合实施全面监管。2003 年，英国政府颁布《通信法》，确定了OFCOM 的权利，将其成立前的电信管理局、无线电通信管理局、无线电管理局、独立电视委员会、播放标准委员会等机构对广电和电信的相关业务监管权，全部纳入 OFCOM的监管权利之中，并确定了 OFCOM 对英国三网融合的统一监管权，打破了英国广电业和电信业间的行业壁垒，为英国三网融合的全面展开铺平了道路。

因此，我国要全面推进三网融合，加快国家三网融合产业的发展，就必须改变现有的水平式分业监管模式，在广电总局和工信部之外，成立新的三网融合监管机构，对我国三网融合产业进行垂直式的统一监管，打破广电业和电信业间的行业壁垒，全面推动广电业

---

① 姚军毅. 似被前缘误——当代中国广电网络产业发展之思 [J]. 粤海风，2013（4）：23-25.
② 何婧. 三网融合政策背景下电信与广电双向进入法律问题研究 [D]. 北京：北京邮电大学，2012.
③ 王健，朱宏文. "三网融合"与法律变革——兼论我国反垄断法如何应对"三网融合"的挑战 [J]. 法商研究，2008，25（4）：16.

和电信业间的双向进入，推动我国三网融合产业的快速发展。

2. 进一步制定利益补偿和分享机制，保障不同政策执行主体的利益，确保国家三网融合政策的有效执行

目前，阻碍我国三网融合顺利推进的因素除了广电和电信两大部门间的利益冲突外，广电内部不同层级、不同政策执行主体间的利益矛盾，也是阻碍三网融合快速推进的主要因素。全国一张网的整合战略损害了地市县级政府和广播电视机构的利益，影响了他们的政策执行力度。而作为我国三网融合政策的重要执行者，地市县级政府和广播电视机构如果对政策采取消极和抵抗态度，将极大地影响我国三网融合政策的有效执行，影响政策目标的实现。

因此，我国必须尽快制定针对不同政策执行主体的利益补偿和分享机制，保障政策执行主体的利益，确保三网融合政策的有效执行。目前国家在这方面已经出台了相关措施，如2009年广电总局发布的《广电总局关于印发〈关于加快广播电视有线网络发展的若干意见〉的通知》明确规定："推进有线网络整合，必须坚持存量保值、增量分成。应当综合考虑有线网络历史积累情况和网络长远发展的要求，既要合理又要能具体操作。网络资产价值的评估和确定要充分考虑分配网络用户资源及网络业务能力的价值，要采取稳妥有效的方式处理好网络资产负债问题。网络整合要在有利于广播电视有线网络长远发展的基础上，特别保护好地市县广电部门的利益，要有利于调动地市县网络运营主体的积极性和主动性，有利于巩固基层广电发展基础，有利于促进基层广电事业发展。"[①] 这种"存量保值、增量分成"的方式，较好地解决了"以网补台"的问题，但是仍然无法解决一些相对落后地区"以网养台"的问题。因此，国家必须在现有政策的基础上，进一步制定利益补偿和分享机制，确保国家三网融合政策的有效执行。

3. 完善三网融合法律法规，出台统一的《电信法》

分析欧美国家三网融合进程，我们不难发现，统一的《电信法》是推动这些国家三网融合发展的重要法律基础。以美国为例，为了防止通信行业的寡头垄断，《1934年通信法》将美国的电子传播业划分成通信和广播两大领域，两者之间有着严格的界限，不能互相进入。随着20世纪美国国家信息高速公路建设计划的出台，这种电信与广播相互分割的法律限制已然不能适应美国信息产业的发展。在这一背景下，1996年美国通过了对美国通信产业具有重大影响的《1996年电信法》。该法案打破了电信业、传媒业与其他产业之间的壁垒，允许通信产业间相互渗透、相互进入。这一法律的制定和公布为美国三网融合发展奠定了坚实的法律基础，极大地促进了美国通信产业的发展。

然而，目前我国电信业和广电业相互独立的《中华人民共和国电信条例》和《广播电视管理条例》严重阻碍了我国三网融合的推进。因此，我国要加快三网融合互通，推动三网融合产业快速发展，就必须尽快出台综合、统一的《电信法》，通过具有更高法律效力阶位的《电信法》，协调现有两部法规的矛盾与冲突，在《电信法》中明确电信业和广播电视业相互进入的基本方针，形成完善的三网融合上位法，并以此作为推动我国三网融合发展的指导纲领和最高法律依据。同时，在《电信法》的基础上进一步完善相关的配套法

---

① 广电总局. 广电总局关于印发《关于加快广播电视有线网络发展的若干意见》的通知［EB/OL］. 中国政府网，http://www.gov.cn/gongbao/content/2010/content_1547225.htm.

律法规和政府政策，以《电信法》为依据，调整现有的、相互冲突的部门规章，制定具体的、可操作的、相互协调的部门章程来保障《电信法》的切实有效实施，最终实现我国三网融合的建设目标，推动我国三网融合产业的快速发展。

附件1：我国三网融合产业主要政策文件一览表

类型	发布机构	时间	政策文件
行政法规	国务院	1997 年 （2013 年修订）	《广播电视管理条例》
		2000 年 （2014 年修订）	《中华人民共和国电信条例》
		2001 年	《计算机软件保护条例》
		2006 年	《信息网络传播权保护条例》
规范性文件	国务院及各部委	2008 年	国务院办公厅《关于鼓励数字电视产业发展若干政策的通知》
		2010 年	国务院《三网融合试点工作方案》
		2010 年	国务院《关于三网融合试点工作有关问题的通知》
		2010 年	广电总局《关于加强三网融合试点地区 IPTV 集成播控平台建设有关问题的通知》
		2011 年	广电总局《有线电视网络三网融合试点总体技术要求和框架》
		2013 年	工业和信息化部《信息化发展规划》
		2015 年	国务院《关于印发三网融合推广方案的通知》

附件 2：主要政策文本

工业和信息化部等《关于推进第三代移动通信网络建设的意见》

一、充分认识 3G 网络建设的重要性，共同推进网络建设发展

发展 3G 是提升自主创新能力和相关产业竞争力的重要手段，也是应对金融危机影响，实现扩内需、保增长、促就业的重要举措，对于我国国民经济和社会长远发展具有重要意义。TD-SCDMA（以下简称 TD）是我国通信业第一个拥有自主知识产权的 3G 国际标准，对于建设创新型国家，加快产业结构调整和优化升级，保障网络与信息安全具有重要意义。3G 网络建设是 3G 发展中的关键环节，是促进产业壮大和应用繁荣的基础，关系 3G 发展的成败。

自 2009 年初 3G 牌照发放以来，电信企业制定了 3G 发展规划，在各方的共同努力和支持下，3G 网络建设基本顺利开展，投资已超过 1600 亿元。但目前在 3G 网络建设中，基站选址困难、业务应用不足等问题日益突出，将影响到后续 3G 建设的顺利开展。

各有关单位要充分认识 3G 网络建设的重要意义，着力解决 3G 网络建设和应用中的

困难和问题，共同推进网络建设发展。

二、落实 3G 发展规划，促进网络协调持续发展

电信企业要切实落实 3G 发展规划，按照国家有关规定和技术规范开展 3G 网络建设，加大加深 3G 网络覆盖，积极开展网络优化，改善网络性能，确保网络与信息安全。要统筹协调 3G 与 2G 以及未来网络演进的关系，充分利用 2G 已有网络资源，发挥已有投资效益，逐步引入增强型技术，在网络建设中考虑与未来演进的结合，保障网络的平滑升级。要通过电信基础设施共建共享加快网络建设，节约建设成本，减少重复建设。到 2011 年，3G 网络覆盖全国所有地级以上城市及大部分县城、乡镇、主要高速公路和风景区等，3G 建设总投资 4000 亿元，3G 基站超过 40 万个，3G 用户达到 1.5 亿户。

三、制定和出台 3G 网络建设的支持政策，解决网络建设困难

各级通信行业主管部门要会同城乡规划、国土资源、市政等部门，组织电信企业编制基站站址、管道、杆路等设施的专项规划，专项规划应符合当地土地利用总体规划和城乡规划的要求并做好相关衔接。各级城乡规划、国土资源和投资主管部门在住宅小区、商住楼、办公楼等建设项目的审批中，明确为通信建设配套预留站址资源（包括机房、天面、铁塔、管道、分布系统等），在地铁、机场、车站、铁路、公路等公共设施项目的审批中统筹考虑通信建设的需求，并保证电信企业的平等进入。各级环保部门应根据移动通信网络点多面广的特点，在保障人民群众健康安全的同时，通过对移动通信网络建设规划的环评审批加快审批进度，对基站的建设可简化审批手续。各相关单位要积极协调推动政府机关、企事业单位开放楼宇资源提供站址，支持 3G 建设。

四、引导和支持 3G 网络应用发展和创新，带动 3G 网络建设升级

电信企业要以市场为导向，联合产业链相关企业，发挥各自网络和技术优势，开发适合 3G 网络及移动互联网的特色业务，不断丰富 3G 业务种类，加快 3G 应用的创新，探索 3G 应用的商业模式，形成差异经营、合作共赢的良性发展局面，促进工业化和信息化融合，以应用带动网络建设升级。对利用 3G 开展研发、技术改造、增值服务的企业，符合税收法律法规规定条件的，依法享受有关税收优惠政策。将 TD 等 3G 的网络建设、应用和研发纳入《产业结构调整指导目录》鼓励类。TD 产品和应用，经认定为国家自主创新产品的，可列入《国家自主创新产品目录》和《政府采购自主创新产品目录》。鼓励政府、行业信息化和电子商务中广泛应用 TD 等 3G 技术。

五、继续落实和完善支持 3G 发展的其他政策措施，保障 3G 网络建设

继续利用国家科技重大专项、高新技术产业化专项、科技支撑计划、电子发展基金、重点产业振兴和技术改造专项资金、自主创新产业化资金等相关政策措施，落实国家对 TD 等 3G 的各项支持。开展 3G 增强型技术和未来演进技术的标准化、产业化和业务应用研发等工作，同时促进设备及终端产业的发展，根据发展需要，增加 3G 及其演进技术发展所需频率资源。加强对 3G 网络与信息安全的监督和管理，完善网间互联互通监管措施，完善电信基础设施共建共享配套措施，营造健康有序的市场竞争环境。

六、加强组织领导，确保各项工作落到实处

各有关单位要加强组织领导，落实责任分工，密切配合协作，务求实效，及时研究解决发展中出现的突出问题和矛盾，不断调整完善相关政策，进一步发挥 3G 网络建设和业务应用对国民经济和社会发展的促进作用。有关单位要加强对本意见贯彻执行情况的督促

检查。

国务院三网融合工作协调小组办公室《关于三网融合试点工作有关问题的通知》

一、尽快建立健全试点地区三网融合组织协调机构。试点地区省、市党委政府要组织宣传、电信、广电、公安等相关主管部门成立省级三网融合工作协调小组（以下简称省级协调小组），负责当地三网融合试点工作的组织实施。省级协调小组下设办公室，负责督办落实省级协调小组的各项工作要求，承担与国务院三网融合工作协调小组办公室的日常联络任务。

二、组织制定试点地区的三网融合试点实施方案。各省级协调小组尽快组织制定试点地区的三网融合试点实施方案，包括广播电视播出机构负责制定 IPTV、手机电视集成播控平台的建设方案；电信企业负责制定在当地开展 IPTV 传输、手机电视分发、除广播电台电视台形态以外的公共互联网音视频节目服务等广电业务的实施方案；有线电视网络企业负责制定在当地开展增值电信业务、比照增值电信业务管理的基础电信业务、基于有线电视网络的互联网接入、互联网数据传送增值业务和国内 IP 电话业务的实施方案；试点地区的行业主管部门负责制定安全监管平台的建设方案；当地党委政府的政策规划措施，包括试点地区三网融合工作的具体目标任务、发展规划、扶持政策和组织保障措施等内容。各地三网融合试点实施方案应于 2010 年 8 月 16 日前，由省级人民政府办公厅报至国务院协调小组办公室。国务院协调小组办公室将组织安全评估小组对试点实施方案进行评估。

三、组织做好双向进入业务许可申报工作。试点实施方案经审查通过以后，相关试点企业和单位应自接到审查通过通知之日起 15 日内，向广电、电信主管部门提交许可申报材料。国有电信企业集团公司申请从事广电业务，由广电总局按照相关规定受理和审批，同意集团公司授权试点地区的子公司经营相应的业务。有线电视网络公司申请经营增值电信业务和比照增值业务管理的基础电信业务，由省通信管理局按照相关规定受理和审批，申请经营基于有线电视网络的互联网接入业务、国内 IP 电话业务、互联网数据传送增值业务，由工业和信息化部受理和审批，同意总公司授权试点地区的子公司经营相应的业务。

四、落实行业监管职责。试点地区电信、广电行业主管部门要按照分业监管的原则，切实落实属地管理要求，加强安全监管，维护行业管理秩序，督促试点企业和单位落实安全责任，保障试点业务的协调有序开展。

五、加强组织协调，营造良好政策环境。试点地区党委、政府要抓紧研究出台扶持本地区三网融合试点工作所涉及的扶持政策，推动网络建设和业务应用的财政、金融、产业等政策；将电信传输网和广播电视传输网的建设和升级改造纳入本地区重要信息基础设施建设范围，统筹规划，避免重复建设；要切实维护群众合法利益，使老百姓充分享受三网融合带来的益处；加强舆论引导，为试点工作的顺利开展营造良好的舆论氛围。

广电总局《持有互联网电视牌照机构运营管理要求》

一、互联网电视集成业务管理要求

1. 互联网电视集成平台由节目集成和播出系统、EPG 管理系统、客户端管理系统、计费系统、DRM 数字版权保护系统等主要功能系统完整组成，互联网电视集成机构对所建集成平台应当独家拥有资产控制权和运营权、管理权。

2. 互联网电视集成平台只能选择连接广电总局批准的互联网电视内容服务机构设立的合法内容服务平台，在提供接入服务前，互联网电视集成机构应对互联网电视内容服务平台的合法性进行审核检查。

3. 持证的互联网电视内容服务机构，要求互联网电视集成平台为其内容平台向互联网电视终端播放节目提供路径和其他必要的技术支持时，互联网电视集成机构不得予以拒绝，并应当提供多种技术和商务合作模式供选择。

4. 互联网电视集成平台不能与设立在公共互联网上的网站进行相互链接，不能将公共互联网上的内容直接提供给用户。

5. 互联网电视集成平台为内容服务平台提供接入服务时，可以依据自身成本情况，制定公开、透明、公平合理的收费标准。

6. 目前阶段，互联网电视集成平台在功能上以支持视频点播和图文信息服务为主，暂不得开放广播电视节目直播类服务的技术接口。

二、互联网电视内容服务管理要求

1. 互联网电视内容服务平台只能接入到总局批准设立的互联网电视集成平台上，不能接入非法集成平台。同时，内容服务平台不能与设立在公共互联网上的网站进行相互链接。

2. 互联网电视内容服务中，新闻节目点播服务仅由广播电视播出机构开办，影视剧点播服务和图文信息服务可以由广播电视播出机构与拥有版权资源的机构合作开展。

3. 互联网电视内容服务机构应当遵守与广播电视一致的宣传管理要求，保持正确的舆论导向。应当建立、健全节目内容采集、组织、审核、播出等制度和相应的应急处理机制。

4. 互联网电视内容服务平台播放的节目内容在审查标准、尺度和管理要求上，应当与电视台播放的节目一致，应当具有电视播出版权。

5. 目前阶段，互联网电视内容服务以向用户提供视频点播和图文信息服务为主，暂不开展广播电视节目直播类服务。

三、互联网电视业务运营要求

1. 同时开办互联网电视集成和内容服务的机构，应将集成平台和内容服务平台分开设立，分设部门运营，使用不同的播出呼号，保障集成平台的中立性。

2. 同一互联网电视集成平台应当至少为 3 家以上的互联网电视内容服务平台提供集成运营服务。在许可证有效期内达不到这一要求的，其集成平台许可证期满将不予换发。

3. 同时开办互联网电视集成和内容服务的机构，其内容服务平台除接入到自身集成平台外，还应当接入到 1 家以上其他集成机构开办的集成平台，在许可证有效期内达不到这一要求的，其内容服务平台许可证期满将不予换发。

4. 互联网电视集成机构应当建立互联网电视独立的用户管理、计费认证体系，不得与传输网络运营商合作进行互联网电视业务的用户管理、计费认证工作。

5. 互联网电视集成机构和内容服务机构在业务开展中各自承担相应的审查把关责任，集成机构主要负责审查所接入的内容服务平台资质是否合法，但不负责对具体的节目进行播前审查；内容服务机构负责审查其开办的内容服务平台上的节目是否符合相应的内容管理、版权管理要求，对具体的节目要进行播前审查，承担播出主体责任；内容平台的合作方负责对自身所提供的节目内容和版权进行审查，向内容平台承担相应责任。

6. 互联网电视集成机构与互联网电视机顶盒生产企业合作生产的机顶盒产品，应在"三网融合"试点地区有计划地投放，不得擅自扩大机顶盒产品投放的地域范围。

7. 开展互联网电视业务过程中，重要的发展计划、方案，应事先报总局，包括所签署的重要合资、合作协议等。未经总局批准，不得将牌照载明的业务擅自转授其他机构运营或其他机构合作运营。

四、互联网电视机顶盒等终端产品管理要求

1. 互联网电视集成机构所选择合作的互联网电视终端产品，只能唯一连接互联网电视集成平台，终端产品不得有其它访问互联网的通道，不得与网络运营企业的相关管理系统、数据库进行连接。

2. 集成机构所选择合作的互联网电视终端产品，只能嵌入一个互联网电视集成平台的地址，终端产品与平台之间是完全绑定的关系，集成平台对终端产品的控制和管理具有唯一性。

3. 集成机构选定拟合作的终端产品的类型、厂家、型号后，向广电总局提交客户端号码申请，广电总局将按照统一分配、批量授权、一机一号等现行的互联网电视客户端编号规则，针对合格型号的终端产品授权发放相应的号段，允许在号段范围内生产终端产品。经授权的集成机构，负责按照唯一原则确定每一台互联网电视客户端的编号。

《国务院办公厅关于印发三网融合推广方案的通知》

按照国务院关于推进三网融合有关部署，现就三网融合推广阶段工作提出如下方案：

一、工作目标

（一）三网融合全面推进。总结推广试点经验，将广电、电信业务双向进入扩大到全国范围，并实质性开展工作。

（二）网络承载和技术创新能力进一步提升。宽带通信网、下一代广播电视网和下一代互联网建设加快推进，自主创新技术研发和产业化取得突破性进展，掌握一批核心技术，产品和业务的创新能力明显增强。

（三）融合业务和网络产业加快发展。融合业务应用更加普及，网络信息资源、文化内容产品得到充分开发利用，适度竞争的网络产业格局基本形成。

（四）科学有效的监管体制机制基本建立。适应三网融合发展的有关法律法规基本健全，职责清晰、协调顺畅、决策科学、管理高效的新型监管体系基本形成。

（五）安全保障能力显著提高。在中央网络安全和信息化领导小组的领导下，网络信息安全和文化安全管理体系更加健全，技术管理能力显著提升，国家安全意识进一步增强。

（六）信息消费快速增长。丰富信息消费内容、产品和服务，活跃信息消费市场，拓展信息消费渠道，推动信息消费持续稳定增长。

二、主要任务

（一）在全国范围推动广电、电信业务双向进入。

1. 确定开展双向进入业务的地区。广电、电信业务双向进入分期分批扩大至全国。各省（区、市）三网融合工作协调小组（以下称省级协调小组）结合当地实际确定本省（区、市）开展双向进入业务的地区，报国务院三网融合工作协调小组办公室备案。（工业和信息化部、新闻出版广电总局负责）

2. 开展双向进入业务许可审批。在全面做好试点地区双向进入工作的基础上，按照"成熟一个、许可一个"的原则，开展双向进入许可申报和审批工作。广电企业在符合电信监管有关规定并满足相关安全条件的前提下，可经营增值电信业务、比照增值电信业务管理的基础电信业务、基于有线电视网的互联网接入业务、互联网数据传送增值业务、国内网络电话（IP电话）业务，中国广播电视网络有限公司还可基于全国有线电视网络开展固定网的基础电信业务和增值电信业务。符合条件的电信企业在有关部门的监管下，可从事除时政类节目之外的广播电视节目生产制作、互联网视听节目信号传输、转播时政类新闻视听节目服务、除广播电台电视台形态以外的公共互联网视听节目服务、交互式网络电视（IPTV）传输、手机电视分发服务。国家和省级电信、广电行业主管部门按照相关政策要求和业务审批权限，受理广电、电信企业的申请，同步向符合条件的企业颁发经营许可证。企业取得许可证后，即可依法开展相关业务。（工业和信息化部、新闻出版广电总局负责）

3. 加快推动IPTV集成播控平台与IPTV传输系统对接。在宣传部门的指导下，广播电视播出机构要切实加强和完善IPTV、手机电视集成播控平台建设和管理，负责节目的统一集成和播出监控以及电子节目指南（EPG）、用户端、计费、版权等的管理，其中用户端、计费管理由合作方协商确定，可采取合作方"双认证、双计费"的管理方式。IPTV全部内容由广播电视播出机构IPTV集成播控平台集成后，经一个接口统一提供给电信企业的IPTV传输系统。电信企业可提供节目和EPG条目，经广播电视播出机构审查后统一纳入集成播控平台的节目源和EPG。电信企业与广播电视播出机构应积极配合、平等协商，做好IPTV传输系统与IPTV集成播控平台的对接，对接双方应明确责任，保证节目内容的正常提供和传输。在确保播出安全的前提下，广播电视播出机构与电信企业可探索多种合资合作经营模式。（工业和信息化部、新闻出版广电总局等负责）

4. 加强行业监管。电信、广电行业主管部门要按照公开透明、公平公正的原则，加强对广电、电信企业的监督管理，规范企业经营行为，维护良好行业秩序。电信行业主管部门应按照电信监管有关政策法规要求，加强对经营电信业务企业的网络互联互通、服务质量、普遍服务、设备入网、网络信息安全等管理；广电行业主管部门应按照广播电视管理有关政策法规要求，加强对从事广播电视业务企业的业务规划、业务准入、运营监管、内容安全、节目播放、服务质量、公共服务、设备入网、互联互通等管理。工业和信息化部、新闻出版广电总局要督促已获得许可的地区全面落实双向进入，推动相关企业实际进入和正常经营，丰富播出内容，提高服务水平。电信和广电企业要相互合作，优势互补，推动双向进入业务快速发展。（工业和信息化部、新闻出版广电总局负责）

（二）加快宽带网络建设改造和统筹规划。

1. 加快下一代广播电视网建设。加快推动地面数字电视覆盖网和高清交互式电视网络设施建设，加快广播电视模数转换进程。采用超高速智能光纤传输交换和同轴电缆传输技术，加快下一代广播电视网建设。建设下一代广播电视宽带接入网，充分利用广播电视网海量下行宽带、室内多信息点分布的优势，满足不同用户接入带宽的需要。加快建设宽带网络骨干节点和数据中心，提升网络流量疏通能力，全面支持互联网协议第6版（IPv6）。加快建设融合业务平台，提高支持三网融合业务的能力。中国广播电视网络有限公司要加快全国有线电视网络互联互通平台建设，尽快实现全国一张网，带动各地有线电视网络技术水平和服务能力全面提升，引导有线电视网络走规模化、集约化、专业化发展道路。充分发挥有线电视网络的国家信息基础设施作用，促进有线电视三网融合业务创新，全面提升有线电视网络的服务品质和终端用户体验。（新闻出版广电总局牵头，中央宣传部、发展改革委、工业和信息化部、财政部等参加）

2. 加快推动电信宽带网络建设。实施"宽带中国"工程，加快光纤网络建设，全面提高网络技术水平和业务承载能力。城市新建区域以光纤到户模式为主建设光纤接入网，已建区域可采用多种方式加快"光进铜退"改造。扩大农村地区宽带网络覆盖范围，提高行政村通宽带、通光纤比例。加快互联网骨干节点升级，提升网络流量疏通能力，骨干网全面支持IPv6。加快业务应用平台建设，提高支持三网融合业务的能力。（工业和信息化部牵头，发展改革委、财政部、国资委等参加）

3. 加强网络统筹规划和共建共享。继续做好电信传输网和广播电视传输网建设升级改造的统筹规划，充分利用现有信息基础设施，创新共建共享合作模式，促进资源节约，推动实现网络资源的高效利用。加强农村地区网络资源共建共享，努力缩小"数字鸿沟"。（工业和信息化部、新闻出版广电总局牵头，发展改革委、财政部、国资委等参加）

（三）强化网络信息安全和文化安全监管。

1. 完善网络信息安全和文化安全管理体系。结合文化改革发展重大工程的实施，推进国家新媒体集成播控平台建设，探索三网融合下党管媒体的有效途径，健全相关管理体制和工作机制，确保播出内容和传输安全。完善互联网信息服务管理，重点加强对时政类新闻信息的管理，严格规范互联网信息内容采编播发管理，构筑清朗网络空间。（中央宣传部、网信办、新闻出版广电总局、公安部等负责）

按照属地化管理和谁主管谁负责、谁经营谁负责、谁审批谁监管、谁办网谁管网的原则，健全网络信息安全和文化安全保障工作协调机制。企业要按照国家信息安全等级保护制度和行业网络安全相关政策要求，完善网络信息安全防护管理制度和技术措施，建立工作机制，落实安全责任，制定应急预案，定期开展安全评测、风险评估和应急演练。建立事前防范、事中阻断、事后追溯的信息安全技术保障体系，落实接入（含互联网网站、手机、有线电视）用户实名登记、域名信息登记、内外网地址对应关系留存管理制度，为有关部门依法履行职责提供技术支持，增强三网融合下防黑客攻击、防信息篡改、防节目插播、防网络瘫痪等能力。加强三网融合新技术、新应用上线前的安全评估，及时消除重大安全隐患。（工业和信息化部、公安部、安全部、国资委、新闻出版广电总局、网信办等负责）

2. 加强技术管理系统建设。完善国家网络信息安全基础设施，提高隐患发现、监测预警和突发事件处置能力。按照同步规划、同步建设、同步运行的要求，统筹规划建设网络信息安全、文化安全技术管理系统，加快提升现有国家网络信息安全技术管理平台、广电信息网络视听节目监管系统、三网融合新闻信息监测管理系统的技术能力。加快地方网络信息安全技术管理平台建设，积极研究适应三网融合新技术、新业务的安全技术管理手段，加强相关技术研究，提高安全技术管理能力。（发展改革委、科技部、工业和信息化部、公安部、安全部、财政部、新闻出版广电总局、网信办等负责）

广电信息网络视听节目监管系统要进一步提高搜索发现能力，在节目集成播控、传输分发、用户接收等环节部署数据采集和监测系统，及时监测各类传输网络中视听节目播出情况，及时发现和查处违规视听节目和违法信息。（新闻出版广电总局牵头，工业和信息化部、公安部、安全部等参加）

3. 加强动态管理。强化日常监控，确保及时发现安全方面存在的新情况、新问题，采取措施妥善应对处理，及时、客观、准确报告网络安全重大事件。充分发挥国家三网融合安全评估小组的作用，对重大安全问题进行论证并协调解决。省级协调小组办公室下要成立安全评估小组，定期开展安全评估，协调解决安全问题。（中央宣传部、科技部、工业和信息化部、公安部、安全部、新闻出版广电总局、网信办等负责）

（四）切实推动相关产业发展。

1. 加快推进新兴业务发展。进一步探索把握新型业务的发展方向。鼓励广电、电信企业及其他内容服务、增值服务企业充分利用三网融合的有利条件，以宽带网络建设、内容业务创新推广、用户普及应用为重点，通过发展移动多媒体广播电视、IPTV、手机电视、有线电视网宽带服务以及其他融合性业务，带动关键设备、软件、系统的产业化，推动三网融合与相关行业应用相结合，催生新的经济增长点。（发展改革委、科技部、工业和信息化部、国资委、新闻出版广电总局、网信办等负责）

大力发展数字出版、互动新媒体、移动多媒体等新兴文化产业，促进动漫游戏、数字音乐、网络艺术品等数字文化内容的消费。加强数字文化内容产品和服务开发，建设数字内容生产、转换、加工、投送平台，鼓励各类网络文化企业生产提供弘扬主旋律、激发正能量、宣传社会主义核心价值观的信息内容产品。（中央宣传部、工业和信息化部、国资委、新闻出版广电总局、网信办等负责）

2. 促进三网融合关键信息技术产品研发制造。围绕光传输和光接入、下一代互联网、下一代广播电视网等重点领域，支持高端光电器件、基于有线电视网的接入技术和关键设备、IPTV 和数字电视智能机顶盒、互联网电视及配套应用、操作系统、多屏互动技术、内容传送系统、信息安全系统等的研发和产业化。（发展改革委、科技部、工业和信息化部、公安部、安全部、国资委、新闻出版广电总局等负责）

加快更高速光纤接入、超高速大容量光传输和组网、新一代万维网等关键技术的研发创新，加强三网融合安全技术、产品及管控手段研究，加强自主知识产权布局和标准制定工作。支持电信、广电运营单位与相关产品制造企业通过定制、集中采购等方式开展合作，带动智能终端产品竞争力提升。（发展改革委、科技部、工业和信息化部、公安部、安全部、国资委、质检总局、新闻出版广电总局等负责）

3. 营造健康有序的市场环境。建立基础电信运营企业与广电企业、互联网企业、信息内容供应商等的合作竞争机制，规范企业经营行为和价格收费行为，加强资费监管，维护公平健康的市场环境。鼓励电信、广电企业及其他内容服务、增值服务企业加强协作配合，创新产业形态和市场推广模式，鼓励创建三网融合相关产业联盟，凝聚相关产业及上下游资源共同推动产业链成熟与发展，促进创新成果快速实现产业化。（发展改革委、工业和信息化部、国资委、新闻出版广电总局等负责）

4. 建立适应三网融合的标准体系。围绕三网融合产业发展和行业监管的需要，按照"急用先行、基础先立"的原则，加快制定适应三网融合要求的网络、业务、信息服务相关标准，优先制定网络信息安全和文化安全相关标准，尽快形成由国家标准、行业标准和企业标准组成的三网融合标准体系。企业开展相关业务应遵循统一标准，充分发挥标准在规范行业发展、保障市场秩序等方面的作用。（质检总局牵头，工业和信息化部、公安部、新闻出版广电总局、网信办等参加）

三、保障措施

（一）建立健全法律法规。推动制定完善电信、广电行业管理法律法规，积极推进电信法、广播电视传输保障法立法工作，清理或修订相关政策规定，为广电、电信业务双向进入提供法律保障。（工业和信息化部、新闻出版广电总局等负责）

（二）落实相关扶持政策。利用国家科技计划（专项、基金等）及相关产业发展专项等，支持三网融合共性关键技术、产品的研发和产业化，推动业态创新。将三网融合业务应用纳入现代服务业范畴，大力开发信息资源，积极创新内容产品和业务形态。完善电信普遍服务补偿机制，形成支持农村和中西部地区宽带网络发展的长效机制。对三网融合相关产品开发、网络建设、业务应用及在农村地区的推广给予政策支持。（中央宣传部、发展改革委、科技部、工业和信息化部、财政部、新闻出版广电总局、网信办等负责）

（三）提高信息网络基础设施建设保障水平。城乡规划建设应为电信网、广播电视网预留所需的管线通道及场地、机房、电力设施等，各类市政基础设施和公共服务场所应向电信网、广播电视网开放，并为网络的建设维护提供通行便利。（各地政府、发展改革委、工业和信息化部、新闻出版广电总局、住房和城乡建设部、交通运输部等负责）

（四）完善安全保障体系。研究加大资金落实等政策支持力度，加强工作能力建设，完善三网融合网络信息安全和文化安全保障体系。提高各省（区、市）有关行业主管部门安全管理能力，加快建立健全监管平台，有效维护网络信息安全和文化安全。（工业和信息化部、公安部、安全部、财政部、新闻出版广电总局、网信办等负责）

第七章 我国互联网文化产业政策对策研究

第一节 结合国家战略制定加快互联网文化产业发展行动计划

一、"互联网＋"上升为国家概念

2015 年 3 月，李克强总理在政府工作报告中明确提出："制定'互联网＋'行动计划，推动移动互联网、云计算、大数据、物联网等与现代制造业结合，促进电子商务、工业互联网和互联网金融健康发展，引导互联网企业拓展国际市场。"① "互联网＋"正式从民间概念上升为国家概念。

"互联网＋"概念的提出与 21 世纪以来云计算、大数据、物联网、移动互联网技术的迅猛发展有密切的关系。尤其是物联网、移动互联网和可穿戴式设备的快速发展，成功地实现了万物随时随地的互联互通，无时不在、无所不在的泛在网络、移动网络通过无所不在的计算、数据、知识，创造了无所不在的创新，彻底地颠覆了人们的生产生活方式。新技术背景下的互联网，对传统产业的革新早已不再局限于某一个具体领域，而是涵盖整个一、二、三次产业。这种革命和改变深入到传统产业的各个方面，包括：①产业重构，互联网带来的"破坏性创新"和"去中心化"将打破传统行业的垄断，产生新的产业机会和行业龙头；②商业模式创新，传统企业的互联网化将带来商业模式的巨大改变，催生新的创业者和创业公司，带来新的工作岗位；③资本重构，无所不在的互联网和互联网金融的快速发展，将为国家的资本市场带来新的巨大变化，从而为产业的发展提供更多可利用的资本空间和投融资模式。由此可见，"互联网＋"的发展为各产业的发展带来了巨大的空间，同时这种变化也倒逼传统企业重新审视自身资源和发展模式，适时利用新技术转变自身的生产模式、盈利模式，创造新的产业价值。

二、"互联网＋"文化产业，需要政策规制与扶持

对于文化产业而言，互联网文化产业是"互联网＋"文化产业的最主要形态。互联网文化产业的发展会给我国文化产业的发展带来巨大的推动力，最终助推社会主义文化强国

---

① 政府工作报告中的"质量好声音"［J］. 中国质量万里行，2015（3）：1—2.

目标的实现。

互联网文化产业对国家文化产业发展的革新主要表现在以下方面：

一是"粉丝经济时代"的内容生产模式革新，前网络时代的封闭生产到后网络时代的内容生产协同创新模式。在"互联网＋"的助力下，互联网文化产品的生产完全打破了传统文化企业自我封闭的内容生产方式，借助互联网平台全面激活产品粉丝的内容创作活力，构建全新的内容生产协同创新模式，让产品粉丝参与到整个产品的内容创作中，从而生产出更具创意、更符合消费需求的网络文化产品，同时在这个内容生产协同创新的过程中，极大地增强了粉丝与互联网文化产品的黏合度，为最后产品的销售盈利提供了保障。以科幻电影《三体》创作为例，在电影开拍之前，游族影业公司就借助《三体》小说粉丝大数据，在线上打造"三体社区"，将小说粉丝积聚在这个网络虚拟社区里，然后将影片制作的最新信息，包括角色的选定、制作团队的选择、剧本的编写、内容的展现等都公布在社区里，并广泛征集粉丝的意见，且根据意见进行调整。这种双向开放的内容生产协同创新模式，为产品的创作提供了更多元的创作团队，提升了产品的品质，增加了粉丝与产品的黏合度，为产品的销售提供了保证。

二是"平台经济时代"的全平台文化生产生态系统革新。对于文化产业的发展而言，互联网技术带来的另一巨大变革就是全平台的文化生产生态系统。在互联网络这个开放共享的平台上，网络文化产品所需的创意、技术、资本、设备等各种资源要素都整合在同一平台上，消融了阻碍产品生产的各种物理隔阂，打通了文化生产的各个环节，在降低企业生产成本的同时，也给企业的文化生产带来了更大的可能空间。以互联网金融时代的众筹模式为例，在传统金融时代，文化产品由于其资产的无形性和投资的高风险性，很难从银行等金融机构融资，尤其是小微文化企业。但是互联网金融众筹模式的兴起，彻底改变了文化企业、文化项目融资难的问题，借助互联网众筹平台（专业众筹网站或社交网络），文化创意发起人向社会大众提出筹措资金和帮助的需求，前期得到认可后，创意发起人再将自己创意文化的设计初衷、过程以及结果提供给愿意为此创意项目提供资金的社会大众，即出资人，最后创意项目的出资人可以从该创意项目所获盈利中或者是通过消费创意产品来获得相应的报酬。[①] 这种"自金融"的融资方式消融了文化投资者和文化创业者之间的隔阂，降低了文化企业的融资难度，且积沙成塔的众筹原理能在极短时间内为企业汇聚大量资金。尤其是对于初创期的小微型文创团队和文创企业来说，互联网众筹具有获取资金成本低、对接匹配度高的特点，是最理想的融资模式之一。2013年9月，天娱在众筹网发起的快乐男声主题电影众筹就是文化众筹的成功案例。通过"团购＋预售"的方式，天娱19天内就筹到了500万元。这种文化众筹模式不仅解决了文化企业的融资问题，而且提前实现了文化产品的销售，更重要的是文化项目众筹的过程本身也是一场文化产品互联网营销的过程，是文化产品营销的重要组成部分。"互联网＋"除了改变了文化产业的金融生态圈外，"平等、开放、协作、分享"的互联网精神通过网络平台渗透到了文化生产的各个环节，在全开放的互联网平台文化产品生产的各种要素得到了充分的流动和有效配置，全社会的文化创造力、文化生产力、文化生产要素在这个平台激发整合，新的文化生产生态系统得以建立。

---

① 高鑫. 基于金融创新的互联网金融［J］. 商，2014（37）：217.

"互联网＋"时代，文化金融模式变革如图 7-1 所示。

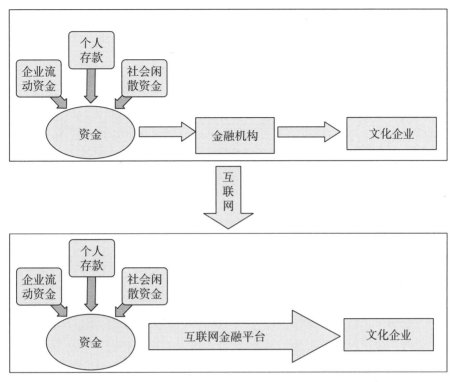

图 7-1　"互联网＋"时代，文化金融模式变革

三是"全球化"的文化贸易链，助推中华文化走出去。开放的互联网极大地突破了文化产品的营销渠道，实现了全球文化服务贸易的融合。在国际互联网平台上，数字化的互联网文化产品能够真正实现全球营销，为中国文化走出去提供了巨大的平台和机会。

由此可见，"互联网＋"文化产业为我国文化产业的发展带来了巨大的变革，这种变革深入到文化产品生产销售的各个环节。"平等、开放、协作、共享"的互联网最大限度地解放了国家文化生产力，激发了国民文化创新活力，为文化企业尤其是中小型文化企业的发展强大带来了巨大的机遇。而文化企业的全面繁荣发展是活跃国家文化市场、激发产业活力、促进产业创新、增加社会就业、丰富文化供给、满足人民文化需求的最重要保证。只有文化企业发展壮大了，文化市场繁荣稳定了，才能真正实现社会主义文化大发展大繁荣。

同时，我们也必须看到，由于相关产业规制政策的不完善，我国互联网文化产业的发展还存在以下问题：一是色情、暴力、低俗的互联网文化产品充斥网络空间，影响国家文化安全；二是互联网文化内容企业实力有待提升，互联网文化精品缺乏；三是互联网版权保护机制不健全，互联网文化企业的核心竞争力难以得到保护；四是国外的互联网文化产品借助互联网平台进一步入侵我国文化市场，给本国文化企业带来巨大的挑战。因此，国家文化主管部门有必要制定全面系统的互联网文化产业发展计划。一方面，规制互联网文化主体行为，构建健康和谐的互联网文化市场空间；另一方面，实施互联网文化精品工程，提升互联网文化企业在当今市场上的竞争力，使其尽快成为互联网文化产业能够在网络大环境中健康快速发展的奠基者，最终提升国家文化软实力，实现社会主义文化强国的建设目标。

第二节　统一管理机构，明确互联网文化产业政策主体

2013年，为了统筹推动报刊、出版社、通讯社、电台电视台和互联网等新媒体发展，我国国务院将原来的广电总局与新闻出版总署合并，组建全新的国家新闻出版广电总局。在地方政府层面，政府将文化局、广电局和新闻出版局整合组建文化广电新闻出版局。这一整合，尤其是地方层面的大整合，有利于我国互联网文化产业管理主体的统一，不仅使我国互联网文化产业管理主体更加清晰，也使其发展前进的道路更加畅通有序。但是，从互联网文化产业政策主体分析，文化部和国家新闻出版广电总局仍然是两个平行部委，真正的文化大部制并未完全形成。互联网文化产品的内容审批和版权审批、网络运营审批仍然分属文化部、国家新闻出版广电总局和工信部三个不同部委，众多互联网文化企业仍然面临着多重管理主体、多重审批的问题。因此，要推动我国互联网文化产业的快速发展，我国还需要继续深化文化管理体制改革，建立适应互联网文化产业发展文化大部制管理体制，对我国互联网文化产业进行统一管理，确保互联网文化产业的统一、客观、高效。在这方面，我国可以借鉴韩国的经验。为了推动互联网文化产业的快速发展，韩国成立了"文化产业振兴院"，不仅统一制定了互联网文化产业的相关政策，还提供了一系列援助措施，促进产业发展。

第三节　建立健全互联网文化产业法律法规体系

一、制定相关产业促进法，为互联网文化产业的发展提供法律支持

近年来，我国出台了多条互联网文化产业政策以规范网络文化企业行为，推动互联网文化产业发展。但是到目前为止，我国尚未出台一部专门针对互联网文化产业的法律。相关法律的缺失影响了我国互联网文化产业相关政策的执行效力，我国互联网文化产业的发展需求也不能得到相应满足。尽快制定出台《互联网文化产业促进法》有利于提升我国互联网文化产业网络政策法规的法律效力，为国家互联网文化产业政策有效执行提供法律依据。同时，制定出台《互联网文化产业促进法》有利于改善目前我国网络文化政策重监管、轻扶持的倾向，为政府出台更多的产业扶持政策提供法律依据，推动互联网文化产业快速发展。

《互联网文化产业促进法》应该包括以下内容：①互联网文化产业的内涵、外延的明确界定。《互联网文化产业促进法》的适应对象的明确。网络游戏、新媒体动漫、网络视听、网络出版等都应该是《互联网文化产业促进法》的作用对象、保护对象、规范对象。②明确《互联网文化产业促进法》的立法目标。一是规范互联网文化产业市场行为，保护

守法网络文化业者的利益，制裁不守法业者的违法行为；二是促进互联网文化产业发展。③明确促进互联网文化产业发展的具体条例。一是确定促进网络游戏产业发展的相关条例；二是确定促进新媒体动漫产业发展的相关条例；三是确定促进网络视听产业发展的相关条例；四是确定促进网络出版产业发展的相关条例；五是确定促进其他互联网文化产业发展的相关条例。④明确互联网文化产业知识产权保护问题。明晰网络文化产品的著作权、版权专属权、专利权和隐私权。⑤明确相关罚则，清晰界定互联网文化产业领域内的违法行为，并明确对相关违法行为的惩处措施。

二、完善互联网文化产业知识产权保护体系，制定相关网络知识产权保护条例

近年来，我国出台了多条法律法规保护知识产权，形成了较完善的知识产权保护法律体系。这些法律法规包括："2001年修订的《商标法》，相关配套法规有《商标法细则》《驰名商标认定和管理暂行规定》《集体商标、证明商标注册和管理办法》。该法的出台主要是为工商业活动中的商品商标和服务商标提供法律保障，注册商标所有人将对标记拥有独占性权利。2008年第三次修订的《专利法》，配套细则有《专利法实施细则》。该法针对工业技术领域的发明创造成果，保护创造者的发明专利权、实用新型专利权和外观设计专利权。2010年第二次修订的《著作权法》，配套条例有《著作权法实施条例》《著作权集体管理条例》《计算机软件保护条例》《信息网络传播权保护条例》。这些法律主要是保护权利人对自己创作的文学、艺术、科学作品依据法律规定享有的各种权利，其客体范围除一般意义上的作品外，还包括民间文学艺术和计算机软件等。"①

但是，随着网络技术和数字技术的发展，几乎所有的文化版权产品都可以被数字化，所有版权产品都可以从网络上下载，网络以其极低的边际成本，极快的传播速度，极广的覆盖范围，极大地冲击了传统的知识产权领域，并带来了新的网络版权保护问题。面对这些新问题，目前我国可以适用的最直接法律法规仅有2006年第二次修改的《最高人民法院关于审理涉及计算机网络著作权纠纷案件适用法律若干问题的解释》。作为司法解释范畴，该文件法律位阶低，法律效力有限，因此，制定专门的《网络著作权保护条例》符合互联网文化产业发展的需要，有利于减少网络盗版行为，保护合法网络版权人的利益，推动互联网文化产业的快速健康发展。

《网络著作权保护条例》应该包括以下内容：①网络文化产品著作权的认定和管理办法的明确。目前，网络文化产品的著作权存在两种情况：一是传统文化产品的网络化、数字化，网络视听、网络出版的多数产品属于这一类。这类产品的著作权属于原有传统文化产品的著作权人，《著作权法》已对这类作品的著作权有明确规定，不存在重新认定的问题。对于这类作品，《网络著作权保护条例》的规制重点在于对网络运营商的侵权行为的认定，对网络运营商与传统版权人的网络版权交易行为进行规范，以及出台相关惩罚措施。二是基于网络技术、平台产生的新业态、新产品，网络游戏、新媒体动漫产品属于这一类产品。对于这类作品，《网络著作权保护条例》的规制重点在于针对这类产品知识产

---

① 杨雪. 文化产业知识产权法律保护浅析 ［J］. 河北北方学院学报（社会科学版），2011（3）：49-51.

权保护的新问题，出台适应这类产品特性的知识产权条例。以网络游戏为例，《网络著作权保护条例》应该明确对网络游戏的著作权、网络游戏引擎专利权、网络游戏商标权等相关知识产权的认定、管理条例。②明确网络传播转载相关规定。一是对网站的侵权行为进行认定，惩罚网站盗版行为。目前，我国网站的侵权行为除了对传统视听产品的侵权外，更严重的是对新闻传媒的新闻报道侵权。几乎所有的网站在转载传统传媒的新闻报道时，都不给传统媒体支付相关的版权费用，而由于目前我国版权保护法律对新闻报道版权的保护条例还相对缺乏，最终造成传统媒体尤其是报纸和期刊免费用自己的内容支撑了网站的繁华，而传统媒体自身却不得不面临读者流失、产业规模日益萎缩的问题。同时，由于网站长期的拿来主义，过分依赖传统媒体，缺乏自身新闻采编队伍和新闻报道能力，长期下去网站自身也很难做大做强。因此，《网络著作权保护条例》应该制定相关网络传播转载规定，对网站的侵权行为（尤其是新闻内容的侵权行为）进行明确界定，并出台相关惩处措施，加大对网站侵权行为的惩处力度，保证网站的健康长远发展。二是对网站的原创版权内容进行认定和保护。网站原创内容包括网站原创的影视作品以及网站的名称、设计、布局、排版等。目前，网站原创的影视作品受到传统著作权的保护，但是网站的设计布局等内容却缺少相关法律保护，造成许多网站抄袭其他网站的设计，侵犯其他网站的权益。《互联网文化产业知识产权法》应对此行为做出相关规定。③明确网络版权的主管部门及其职责。统一的网络版权主管部门是建立高效、完善的网络版权法律保护体系的组织保障。④明确相关罚则。明确界定网络版权侵权行为，并出台相关违法行为的惩处措施，加强对网络版权侵权行为的惩罚力度，提高网络侵权成本。

版权保护对我国互联网文化产业的影响如图7-2所示。

三、加强对未成年人的保护，出台专门的法律法规保护未成年人的合法权益

互联网文化产品作为一种内容产品，其精神文化属性决定了它对受众的人生观、价值观、文化观的形成和变化具有极大的影响力，尤其是心智尚未成熟的未成年人，更易受互联网文化产品的影响。国家互联网信息中心发布的报告显示：截至2014年12月，我国19岁以下青少年网民占全部网民数的22.80%，达1.48亿人，如图7-3所示。同时，第七次中国未成年人互联网运用状况调查报告显示：未成年人互联网普及率达90.10%，其中城市未成年人互联网使用率达92.90%，农村达80.20%，且60%以上未成年人首次触网时间在10岁之前，如图7-4所示。

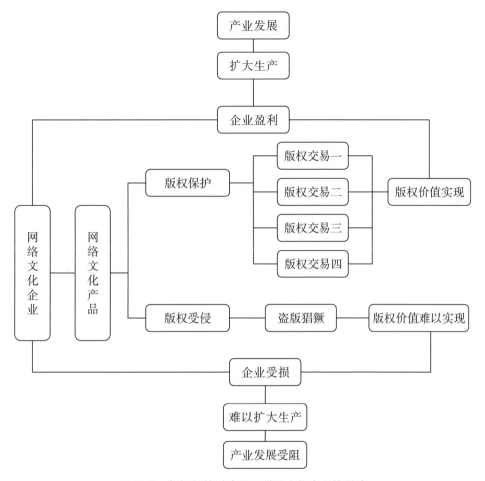

图 7-2 版权保护对我国互联网文化产业的影响

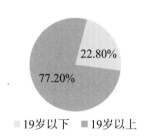

图 7-3 中国网民年龄结构

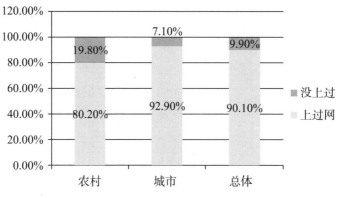

图7—4　中国未成年人触网率

　　加强对互联网文化产品的内容规制，构建良好的互联网文化环境，是保证国家文化安全、保护未成年人合法权益的重要手段。目前，我国对互联网文化产品的内容规制主要采取的是内容审查制度，包括企业自审和先审后播两种形式。一方面，文化部对网络游戏和网络音乐产品采取的是内容自审制，企业在产品上线前，根据文化部的相关审查规范对即将上线的产品进行自审。这种自审制较好地保护了企业的积极性，有利于网络文化市场的繁荣。但是，企业对自审标准的掌握和执行以及企业利益和社会效益的博弈会影响政策的效果。另一方面，国家新闻出版广电总局作为网络视频的主管部门，对网络视频产业实行先审后播制。这种预审制在很大程度上保证了网络文化产品的内容质量，但是对网络文化市场的活跃产生了不利影响。由此可见，笼统的、分散的内容审查制很难完全适应互联网文化产业的发展要求，不能有效地杜绝网络不良信息对未成年人的负面影响。第七次中国未成年人互联网运用状况调查报告显示，接近80％的未成年人都遭遇过互联网不良信息，这些信息主要来自互联网广告、网络视听、网络游戏等各种网络文化产品，而80％以上的未成年人表示会模仿网络上的语言、人物或行为，互联网会对未成年人的思想和言行产生巨大的影响。

　　中国未成年人遭遇网络不良信息概率如图7—5所示，网络不良信息来源如图7—6所示，未成年人网络模仿行为如图7—7所示。

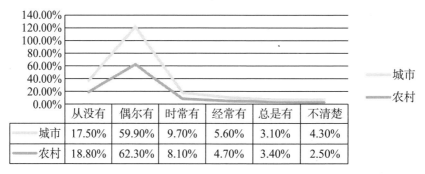

	从没有	偶尔有	时常有	经常有	总是有	不清楚
城市	17.50%	59.90%	9.70%	5.60%	3.10%	4.30%
农村	18.80%	62.30%	8.10%	4.70%	3.40%	2.50%

图7—5　中国未成年人遭遇网络不良信息概率

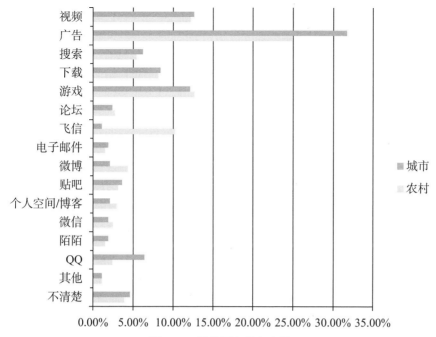

图 7—6　网络不良信息来源

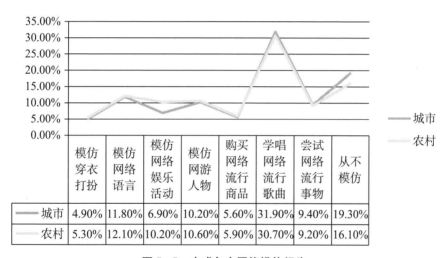

	模仿穿衣打扮	模仿网络语言	模仿网络娱乐活动	模仿网游人物	购买网络流行商品	学唱网络流行歌曲	尝试网络流行事物	从不模仿
城市	4.90%	11.80%	6.90%	10.20%	5.60%	31.90%	9.40%	19.30%
农村	5.30%	12.10%	10.20%	10.60%	5.90%	30.70%	9.20%	16.10%

图 7—7　未成年人网络模仿行为

　　因此，我国应该尽快建立统一详细的《未成年人网络保护法》，为未成年人构建一个健康安全的网络环境。在这方面，美国的未成年人网络保护体系给了我们较好的范例。为了保护未成年人的利益，减少未成年人的网络犯罪行为，近年来，美国出台了《未成年人在线保护法》《未成年人网络隐私规则》《通信内容端正法》等法律法规，在一定程度上为未成年人的网络权利构建了一套有效的法律保护体系。

　　《未成年人网络保护法》应该包含以下内容：①明确监护人的监护责任，要求监护人在为未成年人购置电脑、连接网络时，应首先购置控制屏障软件，帮助过滤含有淫秽色情、暴力血腥等未成年人不应接触的有害网络内容；②明确网络运营商的法律责任，要求运营商在为家庭提供网络服务时，要确认是否有未成年人使用网络，并与用户签订相关协议，为用户提供相关不良信息屏蔽软件；③明确网络内容提供商的法律责任，要求网络内容提供商对自身提供的网络内容产品进行分级管理，对不适合未成年人消费的网络内容产品实施实名制，并在相关网页最醒目位置标明"本内容只对成年人开放"；④明确相关罚则，明确界定相关违法行为，并出台惩处措施，加强对侵犯未成年人合法权益的惩罚力度，保护未成年人的身心健康。

第四节　规制与扶持并重，进一步完善互联网文化产业政策体系

目前，我国互联网文化产业政策主要呈现出一种重规制、轻扶持的趋势。这一方面是源于我国的产业管理思路强调政府对产业的规范、管理、引导作用；另一方面，更重要的原因在于，互联网文化产业本身的文化属性、意识形态属性使得我国政府在发展互联网文化产业的同时，更强调对互联网文化产业的统一管制，确保其在发展壮大的同时也能兼顾文化与社会方面的效益，确保国家的文化安全。尽管这种重规制、轻扶持的管理思路在一定程度上对构建和谐健康的互联网文化环境起到了积极作用，但是过于繁杂的互联网文化审批制度和过高的市场准入门槛不利于激活互联网文化市场，阻碍了互联网文化产业的发展。因此，我国政府应该适时调整国家管理互联网文化产业的思路，采取规制与扶持并重的方式，进一步完善互联网文化产业政策体系。

一、调整互联网文化产业管理政策体系，加强对重点领域的管理

（一）进一步落实网络实名制制度

"网络实名制是指网民必须用真实的身份证明申请网络账号，通过身份验证后才能在网络空间发表言论或进行其他活动，如电子邮件、上传照片、网络游戏等。"① 作为世界上网络发达的国家，韩国在互联网快速发展的同时，也遇到了网络匿名性所带来的"网络暴力""网络公开性与个人隐私保护"之间的矛盾等一系列网络问题。2005 年，韩国政府开始逐步推行网络实名制。2007 年，韩国国会通过《关于利用情报通信网和情报保护的法律》，规定个人在网站发言必须使用实名，否则会对网站处以最高 3 万美金的罚款，由此，韩国的网络实名制正式全面铺开。虽然实名制的实施在最开始的时候受到很多关于"限制言论自由、侵犯个人隐私"的质疑，但是随着实名制的展开，韩国的网络环境确实得以大幅改善，网民的责任意识、自律意识不断增强，"网络暴力"大幅减少，民众也由最开始的反对实名制到逐步接受、赞同推行网络实名制。随着实名制的展开，互联网文化企业可以通过顾客的身份信息对顾客进行分类，建立庞大的顾客数据库，对顾客进行有针对性的产品营销，在产品设计时也可通过数据库的相关信息更细致地了解顾客的需要，生产更符合市场需求的网络文化产品，推动互联网文化产业的快速发展。网络实名制的推行

---

① 唐美丽，曹凯. 韩国网络实名制对我国网络管理的借鉴意义研究 [J]. 情报杂志，2010（B12）：62－66.

更好地保护了未成年人的利益，避免了未成年人接触网络上的淫秽色情、血腥暴力等不良信息，在一定程度上降低了网络对未成年人的负面影响。

我国作为世界上网络发展速度最快、网民规模最大的国家，在发展互联网的过程中，同样面临着"网络暴力"、不良信息等一系列网络负面功能的影响。如何解决这些问题，更好地净化网络环境，是我国网络监管机构面临的重要问题。从 2003 年开始，我国在一些特定领域开始了网络实名制的探讨。2003 年，我国开始对网吧进行实名制管理，要求所有在网吧上网的人员必须进行实名制登记，禁止未成年人进入网吧。2004 年，发布《互联网电子邮件服务标准》，要求电子邮件服务商在提供邮件服务时必须要求客户填写真实资料，以此作为邮箱服务归属的判断标准。同年，教育部发布《进一步加强高等学校校园网络管理工作的意见》，要求校园 BBS 必须实行实名制。2005 年，国家信息产业部发布《非经营性互联网信息服务备案管理办法》，规定从事非经营性互联网信息服务的组织或者个人必须提供真实的备案信息。同年，文化部和信息产业部发布《关于网络游戏发展和管理的若干意见》，规定："PK 类练级游戏（依靠 PK 来提高级别）应当通过身份证登录，实行实名游戏制度，拒绝未成年人登录进入。"[①] 2006 年，腾讯公司对所有新建 QQ 群的创建者和管理者实行实名登记制度。2010 年，国新办主任王晨给全国人大常委会做"积极探索网络实名制"专题讲座，首次确认，我国在网络论坛等领域推行网络实名制。经过多年的发展和探索，我国的网络实名制取得了一些成效，但是相较于国外的相关政策及效果，我国的网络实名制呈现以下特点：一是缺少相关政策、法规支持，网络实名制实施效果不佳；二是社会争议大，实名制推行时遭遇的社会阻力巨大。在我国，由于民众表达意见的渠道有限，新兴的互联网络成为普通民众表达意见、参政议政的重要渠道，很多民众担心推行网络实名制后会阻碍自身的意见表达，限制言论自由，因此，在我国推行网络实名制缺乏相应的群众基础。《中国青年报》进行的网络实名制调查结果显示，83.5％的人明确反对网络实名制，甚至有 59.7％的人强调："虚拟性是网络的天然属性，网络实名制是不可能实现的。"只有 15.6％的人赞同推行实名制，他们认为："实名制可以有效遏制青少年沉迷于网络，并且能在网络上看到更负责的言论。"由此可见，我国要推行网络实名制，必须从以下方面入手：一是加强对网络实名制的宣传力度，让人们充分认识到网络实名制对保障个人合法权益、构建健康网络环境的积极作用；二是尽快出台相关网络实名制推行政策，确保实名制推行有法可依，有理可循；三是明确网络实名制推行时间表，先在网络游戏和网络论坛两个重点领域全面推行网络实名制，然后逐步推开，全面实施；四是加强网络实名制推行技术设计，从技术上采取有力措施保障网民的个人隐私，防止泄露、侵犯个人隐私的行为；五是制定相关处罚措施，对未采取有效实名制的网络论坛、网络游戏运营商进行处罚，确保网络实名制的有效实施。

（二）进一步加强对虚拟货币等网络虚拟财产的管理

随着网络游戏的不断发展，以虚拟货币为代表的虚拟财产日益成为网络交易的重要介质。虚拟货币逐渐从最开始仅限于在发行商和用户之间使用，到后来被用于支付非发行方

---

① 文化部，信息产业部. 关于网络游戏发展和管理的若干意见 ［EB/OL］. 中国政府网，http://www.gov.cn/jrzg/2005-08/04/content_20403.htm.

的第三方商家。虚拟货币的消费者和适用范围不断扩大，支付手段日益便捷。作为一种新兴事物，虚拟货币的产生和发展给网络用户和相关运营商带来了许多便利，更为虚拟货币的发行方带来了经济利益。但是，由于相关监管机制的不到位，这种全新的事物也给社会带来了许多潜在的问题。"虚拟货币的出现对金融秩序甚至货币政策的实施存在潜在威胁。目前，从原则上来看，虚拟货币与法定货币实行单向兑换，即只能用法定货币购买虚拟货币，不能用虚拟货币兑回法定货币，但事实上，私下倒买倒卖虚拟货币已成为尽人皆知的秘密，一定程度上实现了双向流通。一旦虚拟货币具有了这一特征，加之其发行方是不受管制的非金融机构，那么它就会对现有的货币体系产生一定的冲击。其次，虚拟货币的出现也引发了诸多的社会法律问题。虚拟货币的匿名性、虚拟性、不安全性等特点对现行的法律制度提出了挑战。网络犯罪分子获得了新的犯罪渠道，他们可以利用虚拟货币进行网络洗钱、非法集资、网络赌博等。"① 面对虚拟货币等虚拟财产给社会带来的众多问题，我国政府出台了一些相应措施，加强对网络虚拟货币和虚拟财产的管理，如2009年文化部和商务部联合下发的《关于加强网络游戏虚拟货币管理工作的通知》明确了网络游戏中虚拟货币的定义，对网络游戏中虚拟货币的发行、交易，网民合法权益的保障，禁止利用虚拟货币进行赌博等进行了相关规范。但是，该文件属于规范性文件，政策效力有限，且规定所涉及的内容仅限于网络游戏中虚拟货币的管理，并不能完全、有效地解决我国虚拟货币的监管和虚拟财产的保护问题。因此，我国政府有必要出台更具法律效力、更加完善的虚拟货币和虚拟财产管理政策，规范网络虚拟货币交易市场，保护网民的财产安全。

我国的网络虚拟货币和虚拟财产政策可从以下方面入手：一是在现有的市场准入制度下，实施进入保证金制度。根据我国《网络游戏管理暂行办法》的规定，从事网络虚拟货币发行和交易的网络游戏运营商，其企业注册资本不得低于1000万元。这在一定程度上提高了虚拟货币的市场准入门槛，保证了网民的财产安全。但这一制度设计并不能完全防范支付风险。因此，我国应该进一步设立虚拟货币发行保证金制度，即虚拟货币的发行商必须向中央银行提出发行申请，并提交一定额度的虚拟货币发行保证金。一旦发行商出现严重支付风险，央行可以用这笔事先存入的保证金进行支付，化解风险，保证虚拟货币购买者和交易者的合法权益，维护市场稳定。二是明确界定虚拟货币、虚拟财产的内涵与外延，明确网络虚拟财产的涵盖范围和表现形式。三是设立网络虚拟财产价值评估机构。虚拟货币等网络虚拟财产的价值是由虚拟货币发行商主观拟定的，缺乏一定的客观依据，因此，它很难与现实中的货币进行等价交换。然而在实践中，网络空间与现实空间不断融合，网络虚拟财产与现实货币间的交换日益频繁，由于缺乏客观的网络虚拟财产价值评估体系，这种交换往往引发众多交易纠纷和问题。因此，我国应尽快设立网络虚拟财产评估机构，建立网络虚拟财产价值评估体系，根据相关参数（如该财产的生产成本、财产主体取得该财产的平均成本、该财产的市场交易情况、网络货币与现实货币间的对比等）确定网络虚拟财产的确切价值，规范网络虚拟财产交易行为。四是进一步明确企业在网民虚拟财产保护中的主体责任。"网络虚拟财产本质上是一种信息权利，它产生并存续于网络之中，这种信息实际上被网络公司控制。这种特定的数据和信息实际上存在于网吧的计算机服务器内，网吧可以监控这些信息。因此，网络公司与网吧共同控制着这些信息，而网民

---

① 高鸿. 虚拟货币及其对货币政策的影响［D］. 大连：东北财经大学，2011.

或游戏玩家不能实际控制这些信息。这种'信息偏在'或'信息不对称'的状况使网民或游戏玩家在网络公司、网吧面前处于绝对的弱势地位。"① 因此，在网络虚拟财产的保护中，网络公司和网吧等企业应当承担起主体责任。

二、调整互联网文化产业扶持政策体系，加强对重点领域的政策扶持力度

（一）制定《互联网文化产业发展规划》，加强对互联网文化产业的扶持和引导

相关统计数据显示，到 2016 年底，我国互联网文化产业在文化产业中的占比将达到 70%，互联网正在极大地改变着中国文化产业的结构，传统文化企业的文化产品大多通过数字化实现了网络化传播，互联网改变了文化企业的商业模式，给文化企业的发展带来了颠覆性的改变。这种改变为我国文化产业的转型升级提供了有力的支持。因此，系统研究我国互联网文化产业发展现状，分析阻碍产业发展的各种问题，预判未来互联网技术可能对文化产业带来的改变，制定具有前瞻性和可操作性的《互联网文化产业发展规划》，是推动我国互联网文化产业快速发展、带动国家文化产业整体转型升级、提升国家文化软实力的重要制度保障。

作为国家互联网文化产业发展的纲领性文件，《互联网文化产业发展规划》应在全面梳理我国网络文化资源的基础上，科学界定互联网文化产业概念，明确互联网文化产业发展目标，制定互联网文化产业发展路径，确定互联网文化产业发展重点，最终提出合理有效的互联网文化产业发展政策措施保障，为我国互联网文化产业发展指明方向，提供支持，提升我国互联网文化产业的国际竞争力，保护国家的文化安全和执政安全。

（二）设立互联网文化产业发展专项资金，加大对重点领域的资金支持力度

产业发展专项资金是政府发挥市场引导、调控、扶持作用的重要杠杆。通过设立产业发展专项资金，可以更好地推动产业快速发展和结构升级。目前，我国互联网文化产业正在进入快速发展时期，因此，更需要政府对产业发展进行科学的引导和调控。设立互联网文化产业发展专项资金，一方面能够明确中央政府对互联网文化产业发展的重视，奠定产业发展的优势地位；另一方面，中央专项资金的设立，可以更多地撬动地方资金和企业资金的投入，激活各地方政府和市场主体投资互联网文化产业领域的热情。设立互联网文化产业发展专项资金，通过加大对互联网文化产业人才培养、互联网文化产业关键技术研发、互联网文化产业公共服务平台建设等全局性、战略性领域的财政投入，可以解决互联网文化产业发展过程中由于市场失灵造成的人才缺失、技术落后、公共服务缺乏等问题。因此，我国应尽快设立互联网文化产业发展专项资金，明确国家大力发展互联网文化产业的决心，推动更多的社会力量进入互联网文化产业领域，为网络文化企业的发展开拓更多的融资渠道，加大对人才培养、技术研发、公共服务平台搭建等重点领域的投入力度，推动我国互联网文化产业的快速发展。同时，作为一种政府产业调节行为，在设立互联网文

---

① 廖明友. 网络虚拟财产的民法保护［EB/OL］. 中国法院网，http://old.chinacourt.org/html/article/200701/10/230213.shtml.

化产业专项资金时，要注意有效规避相关风险：一是要明确资金资助的重点范围，发挥财政资金的最大效用；二是要建立完善、科学、客观的项目评估机制，避免资金使用过程中"权力寻租"行为的发生；三是要建立有效的资金使用监管机制，避免资金被挪用、挤占等情况的发生。在资金的投入方式方面，应该采取一次性拨付、贷款贴息、上市培育基金、优秀作品奖励等多种方式，满足不同互联网文化企业的不同需求。

（三）制定《互联网文化企业税收优惠办法》，加大对互联网文化企业的税收优惠幅度

目前，我国并未出台专门针对互联网文化企业的税收优惠政策，众多的互联网文化企业主要通过国家软件企业和国家高新技术企业的认定来获得相应的税收优惠，这在很大程度上制约了我国互联网文化企业的发展，尤其是很多中小型互联网文化企业很难满足国家关于软件企业和高新技术企业的认定条件，也就很难获得相关优惠，而这部分企业是最需要国家财税扶持的企业。并且中小型互联网文化企业的繁荣是国家互联网文化产业发展壮大的重要基础。因此，政府应该尽快制定《互联网文化企业税收优惠办法》，明确互联网文化企业的概念和涵盖范围，确定税收优惠幅度和具体优惠办法，加大对互联网文化企业的税收优惠支持。另外，针对部分互联网文化企业无法获得高新技术企业认定和软件企业认定的问题，国家应该尽快制定《文化科技企业认定办法》，对于进行互联网文化相关技术研发的企业给予资金、技术支持和税收优惠扶持。

（四）制定互联网文化产品版权价值评估体系，解决制约我国互联网文化企业拓宽融资渠道的瓶颈性问题

互联网文化产业属于高投入、高风险行业，其产业发展需要大量的资金投入。因此，拓宽企业融资渠道，吸引更多的金融资本、社会资本投入互联网文化产业领域，是我国加快发展互联网文化产业的重要条件。但是，与其他产业不同，互联网文化企业具有资产无形化、产品价值难以评估、版权价值易流失、版权保护不到位、版权保值能力不确定等特性。这种特性极大地制约了各种资本投入互联网文化产业领域的积极性。尽管近年来国家出台了《关于金融支持文化产业振兴和发展繁荣的指导意见》和《关于保险业支持文化产业发展有关工作的通知》等鼓励金融资本支持互联网文化产业发展的政策文件，但是由于互联网文化产品的版权价值评估体系尚未建立、产品版权价值评估难等问题，互联网文化企业在向银行申请金融支持时，由于缺乏科学合理的版权评估结果，无法获得银行等金融机构的信用贷款。因此，国家应该尽快制定互联网文化产品版权价值评估体系，由国家新闻出版广电总局和国家知识产权局牵头，邀请相关金融机构和专家学者，共同研究制定符合互联网文化产业特性、科学合理的网络文化产品版权评估体系，并建立独立的第三方版权评估机构，对我国的互联网文化产品版权价值进行科学评估，解决制约我国互联网文化企业拓宽融资渠道的瓶颈性问题，为互联网文化企业对外融资提供科学依据，增强投资者对我国互联网文化企业的投资信心，推动互联网文化产业快速发展。

（五）搭建互联网文化产品出口平台，鼓励我国互联网文化企业"走出去"

"文化走出去"是我国发展文化产业的重要战略，互联网文化产业作为我国文化产业的重要组成部分和领头羊，也面临着提升产业国际竞争力、推动网络文化产品"走出去"

的重要问题。目前，我国鼓励互联网文化产业"走出去"的政策主要集中在出口退税政策方面，这在一定程度上激发了我国互联网文化企业走出国门、开拓世界市场的积极性。但是，单一的出口退税政策，并不能完全满足互联网文化企业对产品出口政策的需求。国家应该利用更多的政策资源搭建产品出口平台和国际展示平台，为我国网络文化产品的出口搭建市场通道。组织、资助相关企业在海外举办或参加相关文化产品博览会、交易会，为互联网文化产品搭建海外营销平台；发挥驻外领事机构在文化交流、文化传播中的重要作用，为中国互联网文化企业牵线搭桥，促成中外互联网文化企业之间的交流与合作，推动中国互联网文化企业"走出去"。

第五节　加强政策执行管理，推动政策的有效执行

政策执行是政策问题得以解决、政策目标得以实现的重要环节。任何政策在被制定出来以后，其政策效果能否实现在很大程度上取决了政策执行环节是否出现了政策执行偏差和扭曲现象。我国互联网文化产业政策效果的实现，也有赖于政府各部门对政策的有效执行。但是，由于我国互联网文化产业政策存在多头管理的问题，互联网文化产业政策的执行也存在着多执行主体的问题，而这些问题导致了互联网文化产业政策在执行过程中，各部门相互推诿、政策执行不到位的现象。因此，我国政府必须加强对互联网文化产业政策执行的管理，保证政策的有效执行。要加强对互联网文化产业政策执行的管理，政府可以从以下方面入手。

一、运用行政手段，保证互联网文化产业政策的有效执行

一方面，任何政策执行主体都是理性经济人，他们在执行任何政策时，会考虑自身利益。因此，对于各级政府官员来说，政策执行效果与个人利益实现情况存在一定关系。当政策执行效果与执行主体个人利益呈正相关时，政策主体会认真执行政策，保证政策效果的实现。当政策执行效果与执行主体个人利益呈负相关时，政策执行主体会阻碍甚至抵制政策的执行。当政策执行效果与执行主体个人利益呈弱相关时，政策执行主体会在一定程度上忽视政策的执行。因此，中央政府可以通过调整干部考核体系，将地方文化产业、互联网文化产业发展情况纳入干部政绩考核指标体系，使互联网文化产业政策的执行效果与地方官员的个人利益呈强正相关关系。这种制度结构的安全，将极大地保证我国互联网文化产业政策的有效执行，推动政策效果的实现。另一方面，提升我国互联网文化产业政策的权威性。政策本身的权威性是保证政策有效执行的关键前提。政策执行是一项需要多人、多部门配合的协同工作，政策本身的权威性是保证人们共同协作的基础。对于权威的敬畏和服从是政策执行主体认真执行政策最主要的心理压力和动力。而目前，我国互联网文化产业政策多属于部门规范性文件，缺乏国家最高层级的中央决定和精神，政策权威性不够，影响了政策的执行。因此，我国政府应该动用相关政策权威资源，提升互联网文化产业政策的权威性，保证政策的有效执行。

二、运用经济手段，促进互联网文化产业政策的有效执行

所谓经济手段，是指国家运用各种经济政策、经济手段，促进国家互联网文化产业的发展，保障国家互联网文化产业政策的实现。国家应该通过出台相关经济政策、财政政策、货币政策、区域政策、收入分配政策等经济杠杆政策，调动各地、各级政府发展互联网文化产业的积极性和主动性，刺激各政策执行主体从自身利益最大化、社会利益最大化和国家意图实现等方面出发，有力地贯彻执行国家互联网文化产业政策，保证互联网文化产业政策效果的实现。

三、运用法律手段，保证互联网文化产业政策的有效执行

目前，我国互联网文化产业政策执行面临的一个重要问题就是缺乏相应的政策执行监管机制和相关惩罚措施，互联网文化产业政策的执行效果与地方官员的升迁、任免呈弱相关关系，缺乏相应的"问责"制度。因此，国家应该在保障政策执行的适度自由裁量权的前提下，制定相关法律条文，明确政策执行主体的政策执行责任，确定政策执行方法和程序，明确政策执行效果的相关监管办法，确定政策执行中的不作为行为和执行偏差行为，并出台相关问责办法，对执行不作为和执行偏差进行问责，最终通过相关法律的强制手段，保障互联网文化产业政策的有效执行。

第六节　建立政策评估体系，对政策进行客观、有效的评估

政策评估是完整政策过程的重要组成部分，是判断政策的价值大小、检验政策的科学性、提高政策水平、进行政策决策的重要依据。因此，为了提高我国互联网文化产业政策的科学性，提高我国互联网文化产业政策的水平，最大限度地发挥互联网文化产业政策的效果，我国政府必须建立科学、完善的政策评估体系，对互联网文化产业政策进行客观、有效的评估。

一、确立评估机构，明确政策评估实施主体

笔者认为，我国要对互联网文化产业政策进行科学评估，必须引进社会力量，建立独立于政府之外的第三方机构，独立对政策进行评估。而高校作为研究机构和政府智囊团，在我国政策的制定过程中扮演着重要角色，以高校研究机构作为我国互联网文化产业政策评估机构，有利于发挥其在我国政策制定中的重要作用，使得政策评估结果能被政府所采纳，成为政策修改、调整的重要依据，最终提高我国互联网文化产业政策的有效性。同时，高校与政府和企业间的长期合作，使得高校掌握了政策主体和政策作用对象双方的信息，为政策评估提供了信息保证。此外，高校学者所掌握的丰富的政策知识，为科学评估政策奠定了扎实的基础。笔者认为，应引入高校等第三方机构，建立我国互联网文化产业

政策评估机构。

二、确立评估技术内核，明确评估标准和指标

科学的评估标准是对政策进行有效评估的重要基础。国内外学者对政策评估的指标体系认识不同，制定的标准体系也有所不同。"美国政治学家 P·狄辛将人类社会所追求的五种理性作为政策评价的标准：①技术理性，即政策是否对社会产生效用而解决人类所面临的科学技术问题；②经济理性，即政策是否对社会有效率，以最低的成本提供最大的效益，或者提供固定的效益而消耗最低成本；③法律理性，即评定政策是否符合成文的法律规范和各项先例，以探讨政策在社会上的合法性问题；④社会理性，即断定政策的内容是否与社会上流行的规范与价值一致，分析政策在维持社会制度中所做出的贡献；⑤实质理性，即政策是否追求前述四种理性中的两种或两种以上内容，以及能否解决各项理性之间的冲突问题。"① 张金马在其《政策科学导论》中将政策评估标准总结为工作量标准、绩效标准、效率标准、政策充分性标准、政策公平性标准、政策适当性标准、政策执行力标准等。笔者认为，互联网文化产业政策作为调节我国互联网文化产业发展的国家产业政策，其政策评估指标体系应该包括以下标准：一是政策合法性标准，包括政策过程的合法性和政策文本的法律效力。二是政策的绩效标准，即政策的投入产出比。政策投入是指政府为制定互联网文化产业政策所投入的政策资源、人力资源、资金成本等。政策产出是指政府制定互联网文化产业政策后带来的产业经济效益的变化，以及社会效益、文化效益的变化。三是政策执行力标准，即政策的可执行性、执行难度以及政策执行主体的政策执行意愿等。我国互联网文化产业政策效果的最终实现，必须通过政策的有效执行来实现，因此，政策本身的可执行程度是影响政策执行的重要因素。国家在制定互联网文化产业政策时，必须充分评估政策的可执行性和政策执行力。

三、确立评估方法，构建多元的政策评估方法体系

政策评估除了需要建立科学的评估指标外，更需要运用科学的评估方法。因此，我国政府应该构建多元的政策评估方法体系，对互联网文化产业政策进行科学评估。目前，政策评估领域普遍采用的政策评估方法主要有定性分析和定量分析。"常用的定性分析方法有同行评价、问卷调查、当面访谈、电话采访及案例研究等；定量分析方法，如文献计量、专利数据统计分析、经济计量学方法、投入—产出分析、动力学模型分析等。"② 笔者认为，由于互联网文化产业兼具意识形态属性和经济属性双重属性，国家互联网文化产业政策兼具产业管理和产业发展双重功能，单一的定性分析和单一的定量分析都不能对我国互联网文化产业政策进行科学评估。因此，我国政府要对互联网文化产业政策进行科学评估，必须建立融定性分析和定量分析为一体的多元评估方法体系。对互联网文化产业管理政策采取以定性分析为主、定量分析为辅的方法进行政策评估，重点评估政策制定、执

① 胡平仁. 政策评估的标准［J］. 湘潭大学学报（哲学社会科学版），2002，26（3）：87—90.

② 王晓丽. 政策评估的标准、方法、主体［J］. 福建论坛（人文社会科学版），2008（9）：137—140.

行对社会政治、文化的影响；对互联网文化产业扶持政策采取以定量分析为主、定性分析为辅的方法进行评估，重点评估政策制定、执行对互联网文化产业经济效益、产业竞争力的影响。

参考文献

一、中文文献

（一）著作

[1] 赵阳，徐宝祥. 文化产业政策与法规 [M]. 广州：中山大学出版社，2012.

[2] 欧阳坚. 文化产业政策与文化产业发展研究 [M]. 北京：中国经济出版社，2011.

[3] 李思屈. 中国文化产业政策研究 [M]. 杭州：浙江大学出版社，2012.

[4] 何敏. 文化产业政策激励与法治保障 [M]. 北京：法律出版社，2011.

[5] 胡惠林. 我国文化产业政策文献研究综述（1999—2009）[M]. 上海：上海人民出版社，2010.

[6] 林日葵. 中国文化产业政策法规与典型案例分析 [M]. 杭州：浙江工商大学出版社，2009.

[7] 潘嘉玮. 加入世界贸易组织后：中国文化产业政策与立法研究 [M]. 北京：人民出版社，2006.

[8] 张京成，沈晓平，张彦军. 中外文化创意产业政策研究 [M]. 北京：科学出版社，2013.

[9] 张玉国. 文化产业与政策导论 [M]. 北京：高等教育出版社，2006.

[10] 李文群. 中国文化产业发展的财政与金融政策研究 [M]. 北京：中国财政经济出版社，2009.

[11] 杨京钟. 中国文化产业财税政策研究 [M]. 厦门：厦门大学出版社，2012.

[12] 吉姆·麦奎根. 重新思考文化政策 [M]. 何道宽，译. 北京：中国人民大学出版社，2010.

[13] 胡惠林. 文化产业学：现代文化产业理论与政策 [M]. 上海：上海文艺出版社，2006.

[14] 张玉国. 国家利益与文化政策 [M]. 广州：广东人民出版社，2005.

[15] 宋奇慧. 中国数字文化产业研究 [M]. 北京：北京邮电大学出版社，2013.

[16] 解学芳. 互联网文化产业公共治理论 [M]. 上海：同济大学出版社，2011.

[17] 陆地，陈学会. 中国互联网文化产业发展报告 [M]. 北京：新华出版社，2010.

[18] 陈瑾玫. 中国产业政策效应研究 [M]. 北京：北京师范大学出版社，2011.

[19] 赵嘉辉. 产业政策的理论分析和效应分析 [M]. 北京：中国经济出版社，2013.

[20] 田银华. 产业规制与产业政策理论 [M]. 北京：经济管理出版社，2008.

［21］谢勒 F M. 产业结构、战略与公共政策［M］. 张东辉，译. 北京：经济科学出版社，2010.

［22］张平，玉树华. 产业结构理论与政策［M］. 武汉：武汉大学出版社，2009.

［23］杜朝辉. 现代产业组织学理论与政策［M］. 北京：高等教育出版社，2005.

［24］苏振芳. 网络文化研究［M］. 北京：社会科学文献出版社，2007.

［25］顾丽梅. 信息社会的政府治理［M］. 天津：天津人民出版社，2005.

［26］萧琛. 信息网络经济的管理与调控［M］. 北京：人民出版社，2004.

［27］乌家培. 信息社会与网络经济［M］. 沈阳：长春出版社，2002.

［28］熊澄宇. 信息社会 4.0：中国建构新对策［M］. 长沙：湖南人民出版社，2002.

［29］陈鸣. 西方文化管理概论［M］. 太原：山西人民出版社，2006.

［30］孙健. 网络经济学导论［M］. 北京：电子工业出版社，2001.

［31］鲍宇豪. 网络文化概论［M］. 上海：上海人民出版社，2003.

［32］王天德. 网络文化探究［M］. 北京：五洲传播出版社，2005.

［33］齐爱民. 网络法研究［M］. 北京：中国人民大学出版社，2002.

［34］孟建. 网络文化论纲［M］. 北京：新华出版社，2002.

［35］司有和. 信息产业学［M］. 重庆：重庆出版社，2001.

［36］陈湛匀. 改变世界的网络经济［M］. 上海：上海人民出版社，2000.

［37］陈庆云. 公共政策分析［M］. 北京：北京大学出版社，2011.

［38］邓恩. 公共政策分析导论［M］. 谢明，伏燕，朱雪宁，译. 北京：中国人民大学出版社，2011.

［39］托马斯・R・戴伊. 理解公共政策［M］. 谢明，译. 北京：中国人民大学出版社，2011.

［40］严强. 公共政策学［M］. 北京：社会科学文献出版社，2008.

［41］张国庆. 公共政策分析［M］. 上海：复旦大学出版社，2009.

［42］陈振明. 政策科学——公共政策分析导论［M］. 北京：中国人民大学出版社，2003.

［43］张金马. 公共政策分析：概念、过程、方法［M］. 北京：人民出版社，2004.

［44］胡象明. 政策与行政——过程及理论［M］. 北京：北京航空航天大学出版社，2008.

［45］张成福，党秀云. 公共管理学［M］. 北京：中国人民大学出版社，2007.

［46］张国庆. 现代公共政策导论［M］. 北京：北京大学出版社，1997.

（二）期刊

［1］田贵平. 刍议网络文化产业经济发展中的问题与对策［J］. 现代财经，2008，28（6）：85－88.

［2］张晓玲. 我国网络文化产业相关法律制度的完善［J］. 情报杂志，2007（1）：86－88.

［3］朱长春. 基于 SWOT 分析的我国网络文化产业战略研究［J］. 北京邮电大学学报（社会科学版），2008，10（2）：32－34.

［4］解学芳. 政府与市场博弈下的网络文化产业管理［J］. 中共天津市委党校学报，2007
（2）：72－76.

［5］臧志彭，解学芳. 中国网络文化产业技术创新的动态演化［J］. 社会科学研究，2012
（5）：44－51.

［6］臧志彭，解学芳. 中国网络文化产业制度创新演化研究——基于 1994—2011 年的实
证分析［J］. 科学学研究，2013，31（4）：630－640.

［7］刘广伟. 论信息技术与网络文化产业的互动关系［J］. 经济研究导刊，2010（33）：
177－180，261.

［8］解学芳. 论网络文化产业的特征［J］. 学术论坛，2010（6）：164－167.

［9］解学芳. 网络文化产业管理体制改革：技术创新驱动的缺位与突破［J］. 社会科学研
究，2011（5）：30－34.

［10］刘爽. 1999—2009 年我国网络文化产业政策综述［J］. 江汉大学学报（人文科学
版），2011，30（6）：37－41.

［11］解学芳. 网络文化产业的公共治理：一个网络生态视角［J］. 毛泽东邓小平理论研
究，2012（3）：45－50.

［12］李文明，吕福玉. 经济长波理论与网络文化产业发展［J］. 兰州商学院学报，2011
（3）：49－56.

［13］于宏. 我国网络文化产业发展中政府的推动作用及问题研究［J］. 电子商务，2013
（6）：14－15.

［14］李文明，吕福玉. 虚拟文化体验与真实体验文化——基于体验经济的网络文化产业
发展路径［J］. 北京航空航天大学学报（社会科学版），2012（5）：83－84.

［15］刘绪义. 论中国网络文化产业发展的几个问题［J］. 北京理工大学学报（社会科学
版），2005（1）：33－35.

［16］李冬梅，贾丽平. 论网络文化产业市场法律规制的完善［J］. 中国合作经济，2006
（5）：30－32.

［17］方宝璋. 发展中国网络文化产业的对策［J］. 当代传播，2004（6）：55－56.

［18］赵普光，李凌汉. 我国网络文化产业发展的现状、问题与对策［J］. 青岛科技大学
学报（社会科学版），2008，24（3）：44－47.

［19］梁茹. 国内动漫产业政策趋势分析［J］. 科技管理研究，2007（12）：65－67.

［20］高薇华. 中国动漫产业政策的实施效果与展望［J］. 传媒，2008（3）：20－23.

［21］潘瑞芳. 对中国动漫产业政策的思考［J］. 新闻界，2010（2）：42－43，22.

［22］王启超. 中日动漫产业政策比较分析［J］. 声屏世界，2009（9）：63－65.

［23］张鸣. 中国动漫产业政策回顾与展望［J］. 浙江艺术职业学院学报，2009，7（4）：
63－70.

［24］宋林霖，宋闯. 后《阿凡达》时代的中国动漫产业政策分析［J］. 江南论坛，2010
（6）：38－40.

［25］杨曙. 全球格局下中国动漫产业发展之政府角色探析［J］. 长沙民政职业技术学院
学报，2012（3）：134－136.

［26］王娟，杨状振. 国产动漫产业的政策发展与平台建构［J］. 当代电视，2011（4）：

78—79.

[27] 舒三友，欧阳宏生，贺艳. 动漫产业：由大到强的探路之旅 [J]. 中国广播电视学刊，2012（2）：22—23.

[28] 孔建华，杜蕊. 我国的文化产业政策与动漫产业的兴起 [J]. 中国特色社会主义研究，2010（3）：55—59.

[29] 郑明海. 动漫产业发展的国际比较及启示——以中美日三国为例 [J]. 发展研究，2007（8）：50—51.

[30] 李治国，郭景刚. 基于因子分析的我国网络游戏产业竞争力实证研究 [J]. 企业经济，2012（9）：102—105.

[31] 肖斌. 我国网络游戏产业人才现状、原因与对策 [J]. 广州市经济管理干部学院学报，2005（1）：50—54.

[32] 熊文红. 发展我国网络游戏产业的战略选择 [J]. 新疆师范大学学报（哲学社会科学版），2006（4）：96—98.

[33] 彭文治. 我国网络游戏产业现状及发展政策分析 [J]. 中国集体经济，2008（8）：148—149.

[34] 颜锦江，张益明. 我国网络游戏产业战略分析 [J]. 改革与战略，2007（3）：43—46.

[35] 梁艳，宋辰. 中国网络游戏产业的实证研究 [J]. 大连理工大学学报（社会科学版），2005（2）：54—57.

[36] 叶恒. 美日韩网络游戏产业发展模式研究 [J]. 企业家天地（理论版），2010（2）：24—25.

[37] 张瑞良，彭蕾. 我国网络游戏产业的现状与对策 [J]. 贵州工业大学学报（社会科学版），2005，7（1）：112—114.

[38] 沈娟，谭根稳. 论网络游戏产业发展与青少年健康成长 [J]. 高等函授学报（哲学社会科学版），2007，20（6）：54—56，60.

[39] 叶恒. 中国网络游戏产业规制问题探讨 [J]. 企业家天地（理论版），2010（3）：15—16.

[40] 李慧芳. 中国网络游戏产业存在的问题及对策 [J]. 机械管理开发，2007（6）：92—93.

[41] 崔景华，李浩研. 韩日数字出版产业发展现状及扶持政策 [J]. 出版发行研究，2012（10）：88—90.

[42] 康建辉，赵萌. 我国数字出版产业发展中的版权保护问题研究 [J]. 情报理论与实践，2012，35（1）：30—33.

[43] 康建辉，马宁. 数字出版产业发展视野下著作权授权模式的完善 [J]. 科技管理研究，2010（9）：160—162.

[44] 李倩. 数字出版产业的内容差异与分类管理 [J]. 编辑之友，2013（4）：68—71.

[45] 李广宇. 我国数字出版产业现状及问题分析 [J]. 现代出版，2011（1）：9—13.

[46] 魏彬. 我国数字出版产业政府管制探析 [J]. 出版科学，2010（1）：47—49.

[47] 卢玲，田海明，魏彬. 数字出版产业协同创新研究 [J]. 出版科学，2012（6）：78—

80.

[48] 王宇红，刘盼盼，倪玉莎. 我国数字出版产业版权保护体系的构建与完善 [J]. 科技管理研究，2012 (8)：184－188.

[49] 刘燕. 网络视频产业"生态紊乱"乱象及其破解 [J]. 当代电影，2011 (7)：151－153.

[50] 刘亚娟. 网络视频产业发展现状及对策研究 [J]. 科教文汇，2012 (34)：205－206.

[51] 刘燕. 网络视频产业的版权困局与对策分析 [J]. 中国出版，2011 (10)：48－50.

[52] 詹成大. 网络视频产业发展中的政府管理 [J]. 学习月刊，2011 (22)：37－39.

[53] 关萍萍. 媒介融合背景下网络视频产业政策的内容分析 [J]. 电视研究，2011 (8)：52－55.

[54] 翟光勇. 中国网络视频行业竞争态势与发展战略研究 [J]. 学术界，2011 (4)：203－209.

[55] 朱旭光，关萍萍. 媒介融合背景下网络视频产业政策分析 [J]. 中国广播电视学刊，2013 (3)：74－75.

[56] 刘烨. 对待新兴网络视频产业政府监管有何作为 [J]. 新闻天地（论文版），2008 (8)：87－89.

[57] 孙霄凌，朱庆华. 日本信息通信政策研究及其对中国的启示（IV）——日本三网融合政策述评及其启示 [J]. 情报科学，2010，28 (11)：1746－1753.

[58] 付玉辉. 论我国三网融合政策的结构性缺失 [J]. 当代传播，2011 (1)：29－31.

[59] 沈金成，王良元. 为三网融合铺平道路——浅析基于大部制下的三网融合政策与体制 [J]. 中国电信业，2008 (11)：31－33.

[60] 马军，李怒放，马源. 三网融合监管政策面临的问题及建议 [J]. 互联网天地，2010 (6)：50－51.

（三）硕博士论文

[1] 杨吉华. 文化产业政策研究 [D]. 北京：中共中央党校，2007.

[2] 张慧娟. 美国文化产业政策及其对中国文化建设的启示 [D]. 北京：中共中央党校，2012.

[3] 周斌. 文化产业政策法规研究 [D]. 南京：南京师范大学，2005.

[4] 肖洋. 我国数字出版产业发展战略研究 [D]. 南京：南京大学，2013.

[5] 高旭琳. 中国互联网文化产业的发展战略研究 [D]. 武汉：华中师范大学，2006.

[6] 孔丽华. 中国互联网文化产业发展状况与对策浅析 [D]. 济南：山东大学，2007.

[7] 伊文臣. 中国互联网文化产业发展潜力分析与对策 [D]. 长沙：湖南大学，2008.

[8] 陈蓉. 互联网文化产业研究 [D]. 武汉：武汉大学，2005.

[9] 张景元. 我国政府在推进互联网文化产业发展中的问题与对策研究 [D]. 长春：长春工业大学，2011.

[10] 王静. 中国动漫产业政策探析 [D]. 沈阳：东北大学，2009.

[11] 李波. 我国动漫产业政策研究 [D]. 长春：长春工业大学，2012.

[12] 甄业萍. 动漫产业市场营销问题论析 [D]. 济南：山东大学，2008.

[13] 李月巧. 我国动漫产业知识产权保护问题研究 [D]. 北京：北方工业大学，2013.

[14] 沙敬焓. 网络游戏产业的资本运营模式研究 [D]. 大连：辽宁师范大学，2012.

[15] 桂春雷. 中国网络游戏产业商业模式研究 [D]. 石家庄：河北科技大学，2010.

[16] 李彬. 我国网络游戏产业的经济性进入壁垒研究 [D]. 上海：上海师范大学，2012.

[17] 叶恒. 中国网络游戏产业的产业组织理论分析 [D]. 长沙：湖南师范大学，2010.

[18] 贺司超. 中国网络游戏产业现状及政策分析 [D]. 北京：北京邮电大学，2007.

[19] 杨文. 我国视频网站的差异化战略研究 [D]. 成都：西南财经大学，2012.

[20] 车轴. 我国三网融合政策的研究 [D]. 成都：电子科技大学，2012.

[21] 何婧. 三网融合政策背景下电信与广电双向进入法律问题研究 [D]. 北京：北京邮电大学，2012.

二、英文文献

[1] TAYLOR CALVIN. Beyond advocacy：Developing an evidence base for regional creative industry strategies [J]. Cultural Trends，2006，15（1）：3－18.

[2] FERRAN MASCARELL. Creative Policies in Barcelona [C]. Compete network conference in Barcelona，2006：1－3.

[3] MICHAEL KEANE. Broadcasting policy，creative compliance，and the myth of civil society in China [J]. Media Culture & Society，2001（23）：783－798.

[4] RUTH TOWSE. Copyright and Cultural Policy for the Creative Industries [J]. Law and Intellectual Property，Springer US，2003：419－438.

[5] DERRICK CHONG. Culture Policy and Management in the United Kingdom：Proceedings of an International Symposium [J]. Bioresource Technology，2010，101（22）：8581－8586.

[6] PETER SKILLING. Trajectories of Arts and Culture Policy in New Zealand [J]. Australian Journal of Public Administration，2009，64（4）：20－31.

[7] PHILIP M. NAPOLI. Bridging Cultural Policy and Media Policy [J]. The Journal of Arts Management，Law and Society，2007，37（4）：311－332.

[8] WINEGAR JESSICA. Cultural Sovereignty in a Global Art Economy：Egyptian Cultural Policy and the New Western Interest in Art from the Middle East [J]. Cultural Anthropology，2006，21（2）：173－204.

[9] AUDLEY P. Cultural industries policy：Objectives，formulation，and evaluation，Canadian Journal of Communication [J]. Canadian Journal of Communication，1994，19（3）：317.

[10] CUNNINGHAM S. The Creative Industries after Cultural Policy A Genealogy and Some Possible Preferred Futures [J]. International Journal of Cultural Studies，2004，7（1）：105－115.

［11］ COLIN MERCER. Convergence，Creative Industries and Civil Society：Towards a New Agenda for Cultural Policy and Cultural Studies ［J］. Culture Unbound Journal of Current Cultural Research，2009，1 (1)：3009－3016.

［12］ CHRIS BILTON. Special Issue：Creativity and cultural policy ［J］. International Journal of Cultural Policy，2010，16 (3)：231－233.

［13］ JOHN HUGHSON，DAVID INGLIS. 'Creative industries' and the arts in Britain：Towards a third way' in cultural policy? ［J］. International Journal of Cultural Policy，2000，7 (3)：457－478.

［14］ WILLIAMS JENNIFER. Research in the Arts and Cultural Industries：towards New Policy Alliances ［C］. Report (of) a Transatlantic Workshop, UNESCO Headquarters，Paris，2001：24－26.

后 记

1992 年，国务院办公厅编著了《重大战略决策——加快发展第三产业》一书，明确起用"文化产业"的说法，文化"产业"性质第一次被我国政府部门认可。1994 年我国正式接入国际互联网后，互联网文化产业开始在我国萌芽发展。2000 年，中共中央颁发《中共中央关于制定国民经济和社会发展第十个五年计划的建议》，文化产业概念政策正式进入国家政策体系。2015 年 3 月，李克强总理在政府工作报告中明确提出：制定"互联网＋"行动计划，推动移动互联网、云计算、大数据、物联网等与现代制造业结合。"互联网＋"正式从民间概念上升为国家概念。互联网文化产业的发展越来越需要科学合理的政策体系来规范、引导、促进。

《中国互联网文化产业政策研究（1994—2015）》是我国第一部系统研究国家互联网文化产业政策的专著，秉承我们团队"大文化、大传播、大产业"理念，坚持"建设学派"主张，坚持"元素—结构—程序—模式"方法，充分结合团队在前期参与国家《文化产业振兴规划》编制，《文化产业导论》《文化产业比较案例》《版权兴市："世界现代田园城市"路径探索》等专著研究编写过程中积累的一系列关于国家文化产业政策、版权保护政策、文化金融政策、文化企业政策需求等研究成果，从互联网文化产业政策议题设置、政策制定、政策执行、政策效果评估的全要素、全过程去分析研究相关政策，以期在系统梳理政策发展历程和全面分析政策制定执行现状的基础上，更好地为未来政策的调整、完善、发展提供科学合理的建议。

本书共七章，蔡尚伟教授总体设计了全书框架、研究问题、核心观点，龙莉博士负责整理录音、搜集资料及撰写书稿，严昭柱教授作为总顾问参与了全书的总体工作，为书稿的完成提供了许多宝贵意见。此外，四川大学出版社社长熊瑜教授、上海交通大学刘锐副教授为本书的修改提供了宝贵的意见。同时，姜丰参与了第三章、第四章的编写，李宁蒙、王康力、冯恒、陈云萍参与了第六章的编写。最后，本书由蔡尚伟教授和龙莉博士统稿完成。本书的出版得到了国家出版基金的大力支持，得到了四川大学出版社毕潜编审和有关人员的大力帮助，在此一并表示感谢！

作为第一本系统研究中国互联网文化产业政策的专著，本书的缺陷和遗憾是客观存在的，尤其是国家政策本身的复杂性和发展性极大地提升了本专题的研究难度。为了更好地完成本书的问题研究和书稿写作，作者团队走访调研了多个政策制定部门和执行单位，深入采访了多个不同类型的互联网文化企业和互联网文化消费群体，以期为国家政策的制定提供更科学合理的建议。但是，由于时间紧、任务重，本书还存在不少问题，欢迎读者批评指正。

龙 莉

2016 年 9 月 2 日于四川大学